教师的

教学智慧

苏成栋 ◎ 编著

上册

贵州民族出版社

图书在版编目(CIP)数据

教师的教学智慧:全2册 / 苏成栋编著. —贵阳:贵州民族出版社,2013.4
ISBN 978 - 7 - 5412 - 2032 - 6

Ⅰ. ①教… Ⅱ. ①苏… Ⅲ. ①中小学 - 教学研究
Ⅳ. ①G632.0

中国版本图书馆 CIP 数据核字(2013)第 083067 号

教师的教学智慧(上下)

苏成栋　编著

出版发行	贵州民族出版社
地　址	贵阳市中华北路 289 号
印　刷	北京建泰印刷有限公司
经　销	新华书店
开　本	690mm×960mm　1/16
印　张	22.5
字　数	400 千字
版　次	2013 年 5 月第 1 版
印　次	2013 年 5 月第 1 次印刷
书　号	ISBN 978 - 7 - 5412 - 2032 - 6
定　价	49.80 元

目　录

上　册

下　册

第一章　教师概述

一、教师的特点

教师是人类文化科学知识和社会思想、道德风尚的传递者，是继承和发扬人类文化遗产的桥梁，是年轻一代的培养者。教师通过自己的劳动培养人，既促进社会的发展，又促进人自身的发展。

（一）教师的劳动直接推动社会精神文明

人们对自然、社会和人自身的认识越深刻，人类积累起来的社会精神财富越丰富，社会生产力发展的水平越高，科学技术、社会文明越进步，青少年一代需要学习继承的内容就越多，就需要更加精心的教育培养，以教育为专职的教师的作用就越显得重要。学校和教师，使年轻一代在较短的时间内掌握和继承人类长期积累起来的精神文明宝库中的精华，帮助年轻一代掌握社会发展所需的一般文化知识、科学技术、文学艺术、社会思想和文明的行为规范。有了教师培养人的劳动，社会的精神文明才谈得到继承和发展。

（二）教师的劳动对社会物质文明的建设起着间接而巨大的作用

教师的劳动虽然一般说不是直接创造物质财富，却是物质财富生产及其进步的重要前提。因为，物质生产是由人来进行的，推动物质生产进步的科学技术也是由人来研究和投入应用的。而从事生产（特别是现代生产）的劳动者及科技人才，都是需要通过教育，也就是通过教师的劳动来培养的。在现代社会中，从社会效益来看，教师的教育劳动是现代社会物质文明进步的奠基性劳动。

（三）教师的劳动是促进现代社会人自身发展的必要条件

首先，教师向年轻一代传授文化科学知识，教导学生如何在掌握前人已有的基础上探索新知、如何运用知识去指导实践的过程，也就是促进年轻一代的智力得到发展的过程。

其次，教师在传播文化科学知识的同时，还包含着传播社会思想、道德风尚等方面的知识、观点、信念。在平时还可通过多种课外活动用自己模范的行动，培养学生良好的道德行为习惯，帮助学生获得自我调节行为和遏制不良思想行为的自我教育能力。这对学生思想品德的成长，也是奠基性的工作。

再次，青少年一代入学时，都是身心正处在成长发育的关键时期。他们绝大多数人是在学校接受教师教育的过程中同步成长的。教师在教育活动中，通过合理的作息制度、良好的体育锻炼、健康的审美和创造美的运动，也能有力地促进学生身心健全的发展，使他们得到美育的陶冶。

在现代社会里，特别是在一些发达国家，近几十年来，由于科学技术的飞速进步，由于社会生产力的高度发展，人们越来越认识到造就人才、开发智力对于经济竞争和社会生存的巨大意义，因而重视教育，精心选拔教师。他们给教师以较高的工资待遇，较好的工作条件和生活条件，时间较长的假期和继续学习提高的机会，教师的职业得到全社会普遍的尊重。

每一个教师和全体教育工作者必须"与时俱进"，努力学习，积极进取，尽快地提高自己的思想水平、道德水平、业务水平、管理水平和教育教学的能力，使自己具有真正符合教师的崇高称号的各方面素养，完美地履行教师崇高的、值得骄傲的和值得羡慕的光荣职责。

二、教师劳动的特点

教师的劳动是在教育教学过程中进行的，教师的劳动对象、手段、成果，各有其特殊性。充分认识教师劳动的特点，对增强教师工作的自觉性，提高工作效率有着重要的意义。

（一）教师劳动的主要对象是人，劳动的复杂性和创造性更突出

教师劳动的对象主要是学生，学生是有思想情感、有主观能动性的活生生的人，教师在教育过程中不仅要充分发挥自己的主动性，而且必须充分发挥学生的主动性，还要把两者的主动性恰当地统一起来，才能实现自己劳动的目的。这就大大增加了教师劳动的复杂性。

学生在活动中又总是各具特色而又处于不断成长、不断变化和相互影响过程中。每一个学生都有着不同的遗传素质，接受着客观环境的不同影响。同一种影响对不同的学生来说，产生的效果又往往大不一样。因此，教师的劳动没有千篇一律的模式可循。他必须在充分了解学生的基础上，对不同的学生区别对待，因材施教，才能取得良好的教育效果。这就迫使教师在劳动中必须发挥极大的创造性。

教师的主要任务之一是传授知识，他除了自己必须具有丰富的知识储备之外，还必须掌握如何传授知识，如何培养创造型人才的手段、方法和艺术。

此外，教师不仅要传授知识，也要育人，还要发展学生的智能。并且，既要把学生培养成为德、智、体全面发展的人，又要使每一个学生的个性和

才能得到充分的、和谐的发展。因此，这是一种更加复杂的劳动。它要求教师有高度的事业心和责任感，有伟大的献身精神和创造性，只有这样，才能真正完成好造就人才的光荣使命。

（二）教师的劳动手段是"言传身教"，劳动的示范性很强

教师在教育教学过程中运用得最普遍、最经常的教育手段是"言传身教"。教师的"言传身教"，主要是运用语言工具，依靠言语手段，非言语手段（表情、姿态、手势等）以及教师自己的人格和言行来对学生施加影响。这种影响又主要是通过知识、信息的传递、情感的感染、意志的努力和行为的引导等方式来实现的。

教师在运用语言这个工具来作为自己的劳动手段时，必须赋予它以正确的丰富的思想内容才能有效。这就要求教师必须把凝集在教材中的知识、思想、情感等等完全内化为自己的东西，并进行一番加工改造，才有可能真正去使用他的劳动手段。

另外，许多的教育手段就存在于教师本身，如教师的人格、言行、举止等，都是教师言传身教的重要内容，都属于劳动手段的范围。由此看来，教师的劳动手段在很大程度上都体现在教师自身这个主体上。教师主要是凭借着自己的理想、智能、品德、情操、言行以及他的事业心与献身精神去教育自己的学生的。

教师劳动手段的这一特点，决定了教师的劳动具有很强的表率性和示范性，反映了教师的劳动是非常艰巨而光荣的。为此，教师必须十分重视自身的修养和发展。

（三）教师的劳动成果是集体劳动和多方面影响的结果

从现代学校教育来看，任何一个学生德、智、体几方面的发展，都不仅仅是不同科目、不同学龄阶段许多教师共同教育影响的结果，而且也是学校、家庭、社会和学生本人长时间共同努力的结果。一个合格人才的成长，可能受某一位教师的影响较大，但很难说完全是哪一个教师的功劳，这个特点要求全体教师除了个人努力学习、积极工作之外，还要自觉地树立起集体主义观念，要与同事通力合作；要坚持统一的、正确的教育思想和教育措施；要注意协调家庭、社会与学校的影响，共同造成良好的教育环境。每一个教师也只有置身于教师集体之中，才能最大限度地发挥自己的教育才能，取得良好的教育效果。

三、教师的知识结构

具备比较渊博的知识是教师完成自己工作任务的基础。对一个教师来说，

知识越多越好。比较合理的知识结构，应包括下列三个组成部分。

（一）通晓所教的学科和职业

教师所教的学科和职业是他用以向学生传授知识时必备的基础。要做到这一点，就要对所教学科的知识有比较系统而透彻的理解。

（二）具有比较广泛的基础文化知识

教师对学生施加的影响必须是全面的。应该在通晓一定职业知识的前提下，拥有比较广泛的文化科学基础知识。

（三）掌握教育科学理论，懂得教育规律

教师仅仅有了广博的知识是不够的，他要善于把这些知识传授给学生，并要教会学生自己去学习，还要善于"科学育人"。这就要求教师必须有良好的教育学、心理学的知识修养，懂得青少年身心发展的一般特点、个性和品德形成的一般规律以及如何根据这些特点和规律去教育学生。

四、教师的素质结构

教育的改革、发展和创新以及教师职业化，对教师素质提出了新的更高的要求。现代教师必须具备爱教、能教、善教、会研的综合素质和全面能力，不仅其素质结构应当包括知识、能力和个性三个维度，而且每一维度也必须具有新的内容。

（一）知识维度

宽厚坚实的知识结构是教师素质结构的基础。知识结构中，不仅需要具有普通文化知识和所教学科职业知识，这是对教师的基本要求；而且更需要具备相关学科知识。在提倡通识教育的今天，教师应当是通才和专才的结合，不仅要做到文理兼备，而且要具有一定新兴学科知识，了解科技发展的最新成就。只有这样，才能做到知识的互补与综合，形成完备合理的知识结构。不仅如此，教师还必须掌握教育科学知识，懂得教育教学规律，用现代教育理论指导教育教学实践、教育科研，提高教育教学改革的理论性和科学性。

（二）能力维度

面对未来知识社会的挑战和教育改革发展的要求，教师除了应当掌握教学的基本能力和技能外，还必须具有更新知识、不断充实和完善知识结构的能力，掌握获取新知尤其是获取信息、处理信息的能力、方法和技术。同时现代社会是一个高度开放的系统，这就需要教师具有广泛的社会交往能力，并提高对社会变革的适应性的应变能力。网络时代的教育肯定会有许多新的特点和规律，需要教师通过广泛的实践探索和深入的理论研究，去发现、去掌握。这就要求教师必须具备进行教育科研的能力。教育科研能力是一种综合能力，包括创造思维、创新能力和教育科研的技能。

（三）个性品质维度

正如世界上绝不会有两片完全相同的树叶一样，世间也绝没有任何一个人与另一个人完全相同，想想我们周围的人，每个人都是独特的，每个人都有自己的个性。教师也是如此，虽然从事相同的职业，但他们也都是互不相同的，有着自身的个性品质，是一个个充满个性特点的"个人"，在履行"教师"的职责。教师之间存在着个性品质差异。在教师的个性特征之中，有些特征对教学活动有重要的影响。

过去，人们对教师的评价往往着重于知识结构和外部行为，认为教师的知识水平，智力水平是非常重要的，而现在，越来越多的研究表明教师的个性品质与教师的职业道德有密切的关系。因此，教师的个性品质在教师的行为中起着非常重要的作用。未来社会，随着物质文明的高度发达，精神文明的重要性日益突出起来，未来教师要帮助学生确定丰富的人文精神与和谐的生活方式，发展学生丰富的个性以及健康的心理品质，这些有赖于教师自身个性心理品质的发展。因此，现代社会对教师的心理素质提出了更高的要求，教师自身的个性品质，就具有和其他职业不同的，更重要和更广泛的作用。

1. 具体－抽象。具体－抽象是对个人信念的一种分类维度，是个人在认知活动中表现出的稳定的特征倾向。倾向于具体的人往往关注于事物的细节和直观特征，注重事物的特殊性的一面，而倾向于抽象的人则喜欢对事物的特征进行概括，更关注事物的一般特征。研究表明，抽象水平高的教师往往更能在教学中灵活应变，较少专制和惩罚。这样的教师所教出的学生比那些具体思维水平上的教师教出的学生学习更专心，更积极主动，更有合作精神，也更有成就。抽象水平高的教师往往更爱思考，更能发现和运用来自于学生的信息线索来鼓励学生提出问题、作出假设。

2. 教师的场定向。在认知活动中，有的人更多地利用外在线索，而有的人更多地利用自身的内在线索。教师的场定向对其教学也有显著影响。教师的个性是影响教学方法有效性的重要因素。要改进教学，可以通过改进教师自身的特征或改进教学方法来实现，而这两方面之间是相互依赖的。

3. 个性是人进行活动的基本动力，也是其中最积极最活跃的因素，对个人的心理和行为有明显的影响。一个人总是以一定的态度和行为方式对待周围现实的各种事物。个性倾向性制约着人的全部心理活动的方向和行为的社会价值。心理过程是人人共有的，但表现在每一个具体的人身上时都会带有个人的特点，表现为千差万别。个性心理特征就是个体身上经常表现出来的稳定的典型的心理特点。它是人的多种心理特点的一种独特的结合。因而，它较集中地反映了人的心理面貌的独特个性。个性心理特征也是一个人在固有的生理基础上，在能动地反映客观现实的活动中逐渐形成的稳定心理结构，它包括气质、性格、能力。

4. 教师的个性品质的影响。

（1）教师的个性品质影响学生个性品质的形成与发展。中小学生正处于性格形成的时期，因此教师的个性品质对学生影响很大。教师的个性品质对学生的影响是长期的，其影响力不只是在学生的学校生活，还可以改变他的将来。这种影响是深刻的，它不仅表现在举止言行，穿着打扮，而且是心灵深处。这种影响还是广泛的，它不仅表现为一种教育的力量，而且还表现在教育教学的效果上。

（2）教师的个性品质影响教育和教学的效果。教师的个性品质影响教师对教学内容的理解与教学方法的选择。同样的教学内容，个性品质不同的教师采用的教学方法和途径不会相同。教师的个性品质还直接影响教学的进行。教师作为学生集体的组织者，领导者，通过他的个性品质吸引学生产生积极的情感体验，创造一种舒适、宽松而有动力的学习气氛，有效的利用学生的潜意识作用，收到最好的教学效果。教师也可以通过他的个性品质影响构成对教学的排斥，使学生产生消极的情感联系，形成一种不良的教学情境，从而影响教学效果。教师的个性品质是一种心理影响，教师的人格往往是他所领导的学生集体的文化核心，构成核心的人体本身具有一种学习管理和教育的力量。

五、教师类型与教学水平的关系

在现实教育情境中，教师存在以下四种类型，即"记问型"、"经验型"、"研究型"和"专家型"教师。教师类型不同，教学水平也不同。

（一）"记问型教师"及其教学水平

教师在教学时，抱本宣科，既不能做到"善问"又不能做到"善答问"，即不能做到启发教学。喋喋不休，搞满堂灌，丝毫不考虑学生对教师讲授的内容能否接受、理解、消化和巩固，不能做到循序渐进。教学中，不注意激发学生的兴趣，调动学生的自觉主动性，发挥学生的智慧和才能；所提出的教学要求不是从学生的实际出发，整个教学严重违背了教学的原则和规律，不适应学生身心发展的需要。其结果，致使学生厌恶和逃避学习，嫉恨和埋怨教师，视学习为痛苦的事情，而不能体味到其中的好处和乐趣。虽然在老师的督促下完成了学业，但所学习的知识由于不能满足学生的自身发展需要而很快就被遗忘掉。教学未能收到应有的功效，不能达到预期的目的。

这种教师的教学属于记忆水平的教学。他不仅没有多少学识，知识结构浅窄，充其量只死记硬背了一些书本知识（"记问之学"）；而且既不懂得教育教学的原则和规律，也没有掌握教育教学的良好方法，更不了解学生身心发展的特点和规律。因而其教学以教师的讲授为中心，学生处于被动接受的地位；采取注入式，满堂灌，水平低下，效果很差。教师被看作是传统信念、价值、态度和知识的传递者，教学的设计者、管理人和对学生的具体学习进行评定的人，主宰着整个教学过程。他们把教学的重点放在教授事实和材料上，把教材知识作为组织教学活动的中心，丝毫不考虑学生的学习兴趣和需要，照本宣科，机械灌输；学生呆读死记，只记住和保持一些对他的理智行为的能力和将来思考的需要没有多少关系的事实材料。他们通常能够在考试中获得高分，但当被放到要求独立思考的情境中时，可能不知所措。这种教学功效低下，不能达到启发思维、培养能力的预期目的。

（二）"经验型教师"及其教学水平

这种教师首先能够做到"善喻"、"博喻"、"善教"、"善问"，进行启发式教学。但是，这种教师仍以教师的讲授为中心，学生仍处于相对被动的地位。教师被看作是传统信念、价值、态度和知识的传递者，教学的设计者、管理人和对学生的具体学习进行评定的人，主宰着整个教学过程。他们不仅采用定律、关系或概括等形式对学生描述和解释答案，使学生掌握有关的概念原理，还向学生提示掌握和运用这些原理的方法；不仅能够做到启发诱导，培养学生的思维能力，还做到教书育人，进行思想品德和个性品质教育。但他们对教学的理解仍停留在经验的层面和事实的解说上，重视教学经验的总结积累而不重视教学规律的探索与发现，未能将个人的教学实践经验提升到理论的水平，并且缺乏自觉的教育科研意识，对教育科学理论的价值及其实践运用不够重视。因而，其教学处于理解水平。在现实教育情境中，相当多的优秀教师的教学都属于这种水平。

（三）"研究型教师"及其教学水平

这种教师具有渊博宽厚的学识，懂得教育教学的规律和原则方法，掌握教学成败的原因。而且懂得学生心理发展的规律和学习的心理机制，发现学生的闪光点，发挥其长处，帮助学生寻找学习失败的原因并帮助其克服不足，才能够做到因材施教。这种教师还能够自觉重视教育科研，对教育理论有着自觉的追求，随着教育教学实践的发展，在总结教学实践经验的基础上不断探索，勇于开拓，不断发现，不断创新，努力寻求教育教学的内在特点规律，并最终形成自己富有个性的教学模式、教学方法，形成独具特色的教学思想和教学风格。

"研究型教师"的教学属于探究水平。探究水平教学与理解水平教学的区别在于，理解水平教学以科学原理为教学的中心，探究水平教学则以问题为教学的中心；理解水平教学是教师主宰教学过程，探究水平教学是师生共同主宰教学过程；理解水平教学局限于课堂情境，探究水平教学不限于课堂情境；理解水平教学是理解式的，强调综合（概括）与理解，探究水平教学是探索式或发现式的，强调想象与创新。"反映性教学导致发展一种更有生气的和更令人兴奋的、更有批判性的和更深入的以及对新颖的和独创的思想更加开放的课堂气氛。"在探究水平的教学中，教师被视为传统文化的改造者和新型文化的创造者，他们非常重视培养学生异想天开的想象力、独立思考能力和大胆探索精神，鼓励学生去研究、发现和创新。不仅如此，他们还有强烈的教育科研意识，走教学科研一体化的道路，力图通过科学研究，寻求教育教学的内在规律，重视教育科学理论对教育教学的指导作用。他们在长期的教育教学实践和研究中，不仅教学技巧十分娴熟自如，教学水平非常高，而且形成了富有个性的教育教学思想观点。我国很多特级教师的教学属于这种水平。

（四）"专家型教师"及其教学水平

"专家型教师"就是社会知名度高、影响广泛深远的教师，他们是教师中的精英和杰出人才，是教师的楷模。这是教师职业的最高层次、最高境界和理想追求。

"专家型教师"应当具备六个条件：①远大崇高的理想信念；②宽厚渊博的知识结构；③精湛独特的教学艺术；④高尚伟大的人格风范；⑤开拓创新的教育实践；⑥博大精深的教育思想。名师对教学内在规律已经有了深刻的认识和自觉的把握，教育科研已经成为他们教育工作的有机组成部分，他们已经形成了自己独特的教学思想、教学风格和教学模式，并且产生了深远而广泛的影响。

专家型教师是有效教学计划的制订者。专家型教师能制订更为有效的教学计划，这主要表现在三方面：在计划观念上，专家教师是以学生为中心，考虑如何让学生来学习；在计划形式上，专家型教师所计划的很多内容并没有反映在书面上，其教案内容有时虽然不多，但在头脑中已经对学生学习进行了反复思考；在计划的功用上，专家型教师的计划是为教学目标或学习目标服务，往往会根据学生当前的学习状况作相应调整。究其原因，最主要在于专家教师善于根据各种有关于自己、学生和教学情境的知识，对课堂中发生的行为模式加以区分，并设计出具体行动计划来处理它们。

与"研究型教师"的教学水平相比，专家型教师的教学水平更具有开拓创新性。"专家型教师"的教学水平还体现在他们对教学规律的深刻认识、对教学理论的独到建树上。

在以提高国民素质为根本宗旨，以培养学生的创新精神和实践能力为重点，以培养创新型人才为核心的素质教育的今天，教师必须适应新世纪基础教育课程改革的要求，尽快完成从"记忆型"、"经验型"教师向"研究型""专家型"教师的转变，把教学由记忆水平提高到理解水平并力争达到探究、创新水平。这是培养学生的创造意识、创新能力和创造个性的需要，是造就创新型人才的客观要求。

六、教师有效与无效行为的表现

有效行为	无效行为
1. 机敏，热心	1. 呆滞，烦恼
2. 表现关心学生及班活动	2. 对学生及班活动不感兴趣
3. 愉快，乐观	3. 不快乐，悲观
4. 自我控制，不易烦乱	4. 易发脾气
5. 有幽默感	5. 过分严肃
6. 认识和接受自己的错误	6. 不自觉或不接受错误
7. 公平、客观地对待学生	7. 不公平，偏爱
8. 忍耐	8. 无忍耐
9. 与学生工作时表现理解和同感	9. 对学生冷淡、讥讽
10. 与学生关系和善有礼	10. 与学生关系远离、逃避
11. 帮助学生解决个人及教育的难题	11. 不觉察学生个人的需要与困难
12. 赞扬努力的并奖励表现好的	12. 不赞扬学生，过分挑剔
13. 恳切认可学生之努力	13. 怀疑学生的动机
14. 在社交情境中，考虑别人之反应	14. 在社交情境中，不考虑别人之反应
15. 鼓励学生尽其所能	15. 不鼓励学生尽其所能
16. 妥善计划及组织课堂的步骤	16. 步骤没有计划和组织
17. 在教学计划内，课堂步骤有弹性	17. 步骤过分死板，不能脱离计划的限制
18. 预期别人的需要	18. 不能照顾个别差异和需要
19. 教材技术新鲜有趣，能刺激学生	19. 教材技术枯燥死板，没有趣味
20. 示范与解释清楚实用	20. 示范和解释不清楚，无引导性
21. 指示清楚透彻	21. 指示不完整、含糊
22. 鼓励学生自己解决难题及评估成就	22. 无机会给学生自己解决难题及评估成就

有效行为	无效行为
23. 用平静、威严及正面态度去引导 24. 乐意帮助学生 25. 预见及尝试解决潜在的困难	23. 用长时间带有敌意的斥责，残暴或无意义的处分 24. 不愿意帮助学生 25. 不能预见和解决潜在困难

七、指导学生掌握合理的学习方法

（一）制订学习计划

不同的人学习要求、水平层次不同，学习计划的要求也各不相同。学习计划可以根据课程表，大致安排好自己每天课外配合学习活动的时间、科目，注意合理作息，安排合理的文体活动。由于中小学生一般发展尚未定型，教师应该关心学生在计划执行过程中的发展情况，适时修订计划。

（二）课前预习

预习是指上课前，在教师的提示下，由学生自己独立地阅读将要学习的新教材，做到初步理解新课内容，找出教材难点，以便为听课做好准备的学习活动，预习了有利于启发学生的思维。培养学生的预习能力、提高学生的学习积极性，帮助学生有目的地听讲，提高听课效率。学生预习的能力，一般也需要教师培养，因此教师应该注意以下几点。

1. 在学生没有预习经验和习惯时，要有一段时间，安排预习指导工作，根据课程教材的需要，提出预习提纲和一些提示性问题，指导学生预习，逐步使学生体会到一定课程一定类型教材预习的程序和方法，然后再逐步增加独立活动的成分。

2. 预习要求，应该因教材、因人而异。学生理解力强，预习提示问题可以深入一些。学生困难较多，预习提纲要可低一些。这样，各类学生都能在预习中有所得，利于提高自学信心和积极性。

3. 预习中培养学生发现问题，解决问题的习惯。这样不但可以增进对教材的理解，也可促进学生自学兴趣，有利于他们智力的开发。

（三）听　课

听好课，是学生整个学习过程的中心环节。

1. 课上能集中注意力，带着预习的问题，有目的地听讲。

2. 紧跟教师讲课的思路，比较教师所讲跟自己的理解之异同努力抓住讲课的重点，理解好难点。

3. 课上对老师的启发提问，积极思考。课上产生的自己不明白的问题，如和教学内容有关，可以在课上积极提出；如果超出讲课范围，可以留到课后向教师提出。

4. 要根据各科特点及教师要求，做好随堂笔记，记下教师讲课的要点。

（四）复　习

复习是与听课紧密相连的一个学习环节。课后及时合理的复习，不仅是巩固重要知识的需要，也是消化知识加深理解知识的需要。复习时加上系统地思考，使知识条理化，还可以起到促进对新知识的掌握和运用。学生合理的复习方法一般包括以下几点。

1. 课后及时结合所学内容，阅读教材。阅读时，要努力思考，做到消化吸收课上所讲的内容，并要明确掌握教材中的要点。对重要问题，还应该努力提出疑点，并努力试着解疑。实在弄不懂的问题，可以请教同学或老师。

2. 结合整理笔记、新知识与旧知识的分析比较，在弄懂新课概念的过程中，尽量使知识条理化、系统化，以加深对新教材的理解和巩固。复习中有新的体会，也可以记到笔记本上，使勤动脑与勤动手结合，巩固复习效果。

3. 识记和复述教材。在阅读教材时教师应该教会学生按照心理学中识记的方法进行识记。复述教材，也可灵活多样，可在晚自习最后时间，把当天所学知识的要点，默想一遍，在默想中发现疑难不清之处，第二天早上可及时补习；在学完一个或几个章节后，或在学期末了，可以提纲挈领地回顾过去一个阶段学习的要点，做到在认识上从分段走向整体，必要时可以默写章节目录，也可以列成各种图表，提纲，进行复述，把大量知识，归纳成基本要点。纳入自己的记忆体系。

4. 合理安排复习时间。一般说，复习应在遗忘之前就进行。所以新学完的重要知识，应该在当天就及时复习，以后还要分配适当的复习时间，进行平时复习、阶段复习、期末复习，把新旧知识结合起来，使每一项所学重点知识复习，得到必要的重复，而且在整个复习过程中，时间分布合理。不同科目性质相近的复习，要适当错开，避免长时间重复同样活动造成疲劳。

（五）课外阅读

课外阅读是学生扩展知识，吸取智力营养很有价值的活动。要使课外阅读进行得好，应该注意以下几点。

1. 选书。教师认真向学生介绍趣味性、知识性、思想性较好的可读的课外书籍。重点配合课内学习或思想教育的书，可指定适当的篇章、段落或全书，指导学生精读；引导学生形成一定的职业爱好。

2. 帮助学生学会读书方法。

（1）预读。如果读物是一篇文章，想初步了解它的内容，这种读法是先看开头两段接着看以下各段的第一二句，然后将最后两段逐字逐句读完。最后想一想，这篇文章大概说的是什么事，如果是一本书，可以先读读序言、绪论，再看看目录和最后一章的结束语，需要时也可读读每章的开头结尾，泛读一下各章节的内容，达到对所读内容有个概括了解。

（2）浏览。浏览是能快速得到一个总印象的好方法。浏览，主要是视线快速扫视每一行字，只注意其中少数几个重要的字。

（3）快读。在阅读时，每一次扫视，以一个字群或以一个词组群为单位，进行快速阅读。采用这种方法，一次也许能扫视不多几个字，但如能坚持练习，可以大大提高泛读速度。

（4）自我讲授的精读法。用这种方法阅读，可以先看目录，运用自己所掌握的知识，试着对每条目录加以尽可能多的自我讲述。然后带着自己的理解和鲜明的课题意识，集中注意去读这本书。读后，用自己的语言编出目录一览表，再进行第二次自我讲授，看看比自己原来的理解增加了哪些新认识。在自我讲授时觉得模糊、无把握之处，可在自我讲授结束时再查阅原书，进行第二次通读与第三次自我讲授。一般就能较好地掌握所读的内容。

3. 作读书笔记。有重点地作一点读书笔记，对锻炼思考能力、阅读能力和积累资料都有好处。

八、教师自我评估的五条准则

教师对自己行为的自我评估是份难于把握的工作。当问题涉及师生时，教师往往把责任统统推到学生头上来，在教师自我评估时注意以下几方面，可防止上述的评判不公。

（一）组织性和目的性

整个教学过程犹如一项工程，使工程顺利进展的关键是有组织性。班级的日常琐事必须长远规划，以便师生都能把主要精力放在教学上。教师是教学的主导者，他的言谈举止应有明确的目的性。如教师对所布置的作业应进行详细解释，学生才知道他们该干什么；引导学生做作业时，要根据学生的年龄与理解能力而变。

（二）分清事情轻重、做事要前后一致

许多教师对一些不重要的问题紧追不舍，这就很难造就一个良好的学习环境。如果一个教师今天对某种行为点头赞许，明天又对它大发雷霆，会使学生无所适从。教师与学生的关系应始终如一，教师特别宠爱某个学生最能引起其他学生的反感，所以，我们作为教师要尽量避免这一点。但有时对某些学生特殊照顾却是必要的。

（三）注意自己的年龄，不要做作

学生不会把你看作"朋友"或同伴，而是长辈。他们认为师生之间存在着代沟。许多年轻教师的想法是要得到学生的拥戴，但并不考虑后果。尽管一些师生间的年龄差距较小，但毕竟是成长阶段上不同层次的人。一个刚开始任教的大学毕业生对他的高一学生说，可以直接叫他的名字，问题接踵而至。师生关系毕竟不是同伴关系。

即使小孩也能觉察得出别人的不诚实，甚至厌恶这种行为。大多数学生喜欢教师保持自己的本色。只要我们做到这点，就比较容易与学生融洽相处。我们面对的是机灵的学生，任何耍弄他们的意图都会带来麻烦。

（四）不要过于敏感，不要急于作出惩罚

如果一个教师过分敏感，教室将会是他的恐怖之地。许多学生说话直爽，甚至粗俗，随时随地都有可能使教师情绪受伤害，假若斤斤计较，只会使自己陷于不满、自怜与愤懑之中。更有甚者，一些教师始终用成年人的标准来衡量一个学生行为。经验表明，如果"违纪—定性—惩罚"的环节进行太快，当事者会很快地忘掉惩罚，甚至还认为自己是清白的。很多教师都发现稍慢为宜，间隔一段时间还能促使其反省和自我检讨。

（五）避免发脾气和争吵，避免使学生难堪

一个教师情感成熟的标志是：不轻易发怒，更不大声叫嚷。一些学生喜欢故意使老师产生这种感情发泄。有经验的教师会冷静地对待，最不明智的做法是大发雷霆或气得面红耳赤。同样，对学生的过错行为要耐心分析其原因，不要轻易作结论，避免与学生争吵。

九、教师的教学专长

（一）教学专长的类别

1. 教材知识专长是指所教学科的内容知识。它包括一个组织良好且易于提取的知识实体，例如：事实的或概念性的知识；各种特殊解题方法；对课程目标、内容等的反思；知识的优化组织；任务的难度；等等。因此，教材知识专长不仅指特定内容的知识，还有优化教学所需的知识结构。

2. 课堂管理专长是指支持有效教学和有效学习的课堂条件。此专长的作用在于：维持课堂中教学任务的进行；预防或迅速消除课堂不良行为；创造良好课堂气氛而采取的教学行为；等等。

3. 教授专长是指与完成目标有关的教学策略与教学方法的内隐知识和外显知识的总和。教授专长一般包括在复杂但有规律的教学活动中，所形成的能力，包括计划、监控、控制、评价和应变等；这些能力适应于不断变化的课堂情境，使教学变得更为流畅。

4. 诊断专长是指获得关于全部学生和个别学生的信息状况的方法。这些信息状况的内容主要有：学习需求，学习目标，学生的能力，学生现有学业水平，学生的强项与不足等等。

拥有上述四类专长只是成为专家教师的必要条件，而非充分条件。所以，教师的教学能力并不仅仅是上述四类专长的综合运用，它还与教师的人格特征、动机、价值观与情绪等因素相联系。

（二）教学专长的知识结构

1. 一般教学法知识，是指不依赖于特定学科内容的课堂管理与组织的一般性原则和策略。

2. 课程知识，是指对教学媒体与教学计划的熟练掌握。

3. 学生及其特点的知识，包括个体发展与个体差异方面的知识。

4. 教育情境的知识，包括小组或班级的活动状况、学区管理与资助、社区与地域文化的特点等知识。

5. 有关教育宗旨、目的、价值和它们的哲学与历史背景的知识。

6. 自动化的基本技能，是指课堂教学在无须教师明显的意志努力下达到流畅、高效的效果。

7. 灵活多变、适应性强的教学策略，是指教师有效地计划教学，进行课堂教学和评估教学效果时采用的方法与策略，如教学反馈、先前知识回顾等。

（三）教学专长的主要表现

教学专长主要表现在教师的课堂教学之中，并与他的教学特点和规律有关。

1. 教学专长的形成需要一定的教学情境、时间与经验。教学专长的获得至少要五年的课堂教学工作经验。尽管并不是所有有经验的教师（是指教学年龄较长，不是指教学专长的获得）都能获得教学专长，但是，不经过大量的课堂教学实践就成为专家教师几乎是不可能的。要成为专家教师，就必须积累丰富的教学经验。另外，教学专长的形成需要教师了解学生的认知水平，并据此较快地确定教学起点，但这是一个渐进的过程，需要经过一定量的教学时间来形成。因此，一定的教学工作实践经验是教师专长形成的必要条件。

2. 高任务要求与关注教学情境。对课堂中的一些情境性因素的注意是教学专长的表现。在计划教学的过程中，教学专长不仅表现在教师需要对教学方法进行了解，还表现在教师要知道学生的能力、经验与知识背景，据此确定这一知识内容的可教性及其教学方法。在课堂教学过程中，拥有教学专长的教师不仅能预期自己的教学行为，还会根据学生的课堂行为来调整并最终导致教学目标的完成。所以，根据当时的教学情境与学生的反应和要求来安排教学是教学专长获得的一个标志，也是专家教师与新教师的差别。

3. 合理、一致、有意义的课堂教学解释模式。教学专长表现为教师对课堂教学事件进行合理的解释。在同一学科内不同的专家教师能以同一方式注意相同事件并作相同的解释、推论，或依据某些重要的信息设计、改变教学方法，运用相关概念和原则赋予信息以意义。

4. 审慎的问题解决方式。由于有丰富的知识和自动化的技能，专家教师在处理一个课堂教学问题时总是"三思而后行"，考虑多种解决方法和学生的学习特征，运用不同的教学原则于不同的教学事件，而且在解释问题和设计解决方案的相对时间上比新教师长。

5. 创造性的问题处理方式。专家教师能创造性地和完善地陈述一个学科问题，引出学生的各种解题方法，从学生的回答中获知学生思考问题的方式，推论学生知识的不足之处。这种处理学生学习问题方式的教学专长表明专家教师不仅拥有这一学科的丰富知识结构，而且他们的知识、经验与课堂教学紧密联系。

6. 自动化水平高。拥有教学专长的教师是指某些教学行为达到了自动化水平的教师。林哈特和格林诺研究了专家教师与新教师在课外作业的课堂批改中的差异：专家教师用的时间只及新教师的三分之一，且专家教师能迅速地得知学生作业情况（如哪些学生需要个别辅导），并能迅速地核对作业答案，同时保持课堂气氛的安静。

（四）教师教学专长发展的五阶段理论

教师教学专长的发展可以划分为新手教师、熟练新手教师、胜任型教师、业务精干型教师和专家型教师五个阶段。所有教师都是从新手阶段起步的。随着知识和经验的积累，经过 2～3 年，新手教师逐渐发展成为熟练新手教师，其中大部分熟练新手教师经过教学实践和职业培训，经过 3～4 年成为胜任型教师，这是教师教学专长发展的基本目标。此后，需要 5 年左右知识和经验的积累，有相当部分的教师成为业务精干型教师，其中部分业务精干型教师在以后的职业发展中成为专家型教师。

1. 新手教师的特征。新手教师是经过系统的师范教育与学习，刚刚从事教学工作的教师。新手教师教学专长的特征主要表现在三个方面：（1）新手教师是理性化的，在分析和思考的基础上处理问题；（2）新手教师处理问题缺乏灵活性；（3）新手教师处理问题时，刻板地依赖特定的原则、规范和计划。在这个阶段，他们需要了解与教学有关的一些实际情况和具体的教学情境，对于他们来说，经验积累比学习书本知识更为重要。

2. 熟练新手教师的特征。熟练新手教师的特征主要表现在以下四个方面：（1）实践经验与书本知识逐渐整合，并逐步掌握了教学过程中的内在联系；（2）教学方法和策略方面的知识与经验有所提高，处理问题表现出一定的灵活性；（3）经验对教学行为的指导作用提高，但还不能够很好地区分教学情境中的重要信息和无关信息；（4）对自己的教学行为还缺乏一定的责任感。

3. 胜任型教师的特征。胜任型教师具有以下四个特征：（1）他们的教学行为有明确的目的性；（2）能够区分出教学情境中的重要信息，并选择有效的方法或手段达到教学目标；（3）他们对自己的行为结果表现出更多的责任心，对于成功和失败表现出强烈的情绪情感反应；（4）胜任阶段教师的教学行为还没有达到快捷性、流畅性、灵活性的程度。

4. 业务精干型教师的特征。该阶段教师的最突出特征表现在以下三个方面：（1）具有较强的直觉判断能力。由于在长期的教学实践中积累了丰富的经验，他们对教学中出现的与以往教学情境类似的情况能直觉地观察与判断，并做出相应的反应；（2）教学技能方面接近了认知自动化的水平。在教学活动中，业务精干型教师无需太多的意识努力便能对教学情境做出准确地判断和有效地处理，尽管如此，仍未达到完全的认知自动化水平；（3）业务精干型教师的教学行为已经达到了快捷、流畅和灵活的程度，这是他们在教学实践中积累了丰富知识和经验的结果。

5. 专家型教师的特征。从新手教师到胜任型教师阶段，教师处理问题都是理性化的，业务精干型教师是直觉型的，而专家型教师处理问题则是非理性的。专家型教师对教学情境的观察与判断是直觉性的，不需要进行仔细的分析和思考，凭借他们的经验便能准确地发现问题，并采取适当的解决方法。他们对教学情境中的问题的解决不仅达到了快捷性、流畅性和灵活性的程度，而且已经达到了完全自动化的水平，在没有意外情况发生的情况下，不需要有意识的努力就可以处理遇到的各种教学问题。在一般情况下，他们很少表现出反省思维，一旦问题的结果与预期不一致，他们才会对问题进行反思和分析。在教学专长发展的过程中，只有业务精干型教师中的一部分发展成为专家型教师。

教师教学专长发展的五阶段理论，对教师职业专长发展的阶段及各阶段的特点进行了详细的论述，对教师教育有重要的理论与实践价值。该理论对教师的资格认证问题、新手教师的职业培训形式和内容、培训的标准与规范、如何使教师的知识与实践经验更好地整合、如何培养更多的专家型教师等，有重要的指导意义和参考价值。

第二章　教师的教学能力

一、教师教学能力的含义

教师教学能力是指教师应具有的运用特定教材、从事教学活动、完成教学任务的能力。人们从事某种活动的效果如何，在很大程度上取决于他们自身的素质和能力。从事教育教学活动的教师，其能力和素质是影响其教育教学效果最直接和最基本的因素。现代社会发展和科学技术的进步以及素质教育改革的推进，对学校教师的能力和素质提出了更多、更高的要求，当代教师不仅要有广博深厚的知识和热爱教育事业的情感，还要有适应教育教学工作的较高的能力和素质。

二、教师教学能力的结构

（一）教学认知能力

教学认知能力指教师对教学目标、教学任务、教材内容和形式、教学方法和策略、学习者的特点、教学情境等加以分析判断的能力。它主要包括分析掌握教学大纲的能力，分析处理教材的能力，对教学进行设计的能力，对学生的学习准备状态及其个性特点加以了解和判断的能力等。教学认知能力是基础，它直接影响教师教学准备的水平，影响教学方案设计的质量。

（二）教学操作能力

教学操作能力指教师在教学中使用策略的水平，其水平高低主要看教师是如何引导学生掌握知识、积极思考、运用多种策略解决问题的，它是教师课堂教学能力的集中体现。在教学过程中，为了确保任务的完成，教师必须采用灵活多样的方法，组织好课堂教学。例如，教师必须深入分析教学内容和合理安排教学进度，善于根据具体情况，规划自己和学生的行为，有条不紊地完成教学任务。教学操作能力指教师在实现教学目标过程中解决教学具体问题的能力。该能力在教学内容方面主要表现为以下几种。

1. 选用教材能力，如恰当选择教学内容、编排合适的学习顺序、选择适宜的呈现方式等。

2. 教学评价能力，如全面及时获取反馈信息的能力、编制评价工具的能力等。该能力在教学手段或方式方面主要表现为言语和非言语表达能力、选择和运用教学媒体的能力。

3. 在学生集体的形成过程中，教师能组织学生的力量，运用多种形式开展多种活动，加强对学生的管理。

4. 在教学过程中，教师能自己制作教具、使用教具，进行实验演示。

5. 对所教知识进行加工处理的能力，中学教师用以向学生传授贮存在教学大纲、教科书之中的知识，必须对它们进行一番加工处理。使得准备去讲授的知识既符合知识本身的逻辑结构，又符合学生的认知水平和心理特点。把所要传授的知识加工处理成既符合教学大纲的要求，又适合教师自己的特点和学生的特点，既能充分发挥教师的优势，又能适合学生的水平和兴趣。教师的这种能力，实质上是一种高超的教学艺术。这种能力的形成，来自教师对教材的通盘掌握和对学生的充分了解，并在此基础上进行深思熟虑，设计好所要讲的知识的结构和师生的行为方式。

6. 向学生传授知识和施加影响的能力，经过教师加工设计过的各种方案，要付诸实施并作用于学生还必须经过一个传导或施加影响的过程。这种传导或施加影响的能力，也是教师能力结构中的一个重要方面。它包括教师的言语表达能力，组织管理能力和教育机智等内容。

7. 在课外活动中，教师能对学生作具体指导。

（三）教学组织能力

教师的主要职能是通过教学活动向学生传授知识和技能，故组织教学的能力就成了教师必须具备的一种特殊能力。

在制订教学计划之前，首先，教师要对教学大纲和教学目的充分理解，同时要善于应用教育和教学理论。结合学生的年龄阶段发展的特点，分析教材的重点、难点、疑点，组织好教材，选择好教学方法并用于课堂教学，便于学生深入理解；其次，教师要对教材进行深入细致的钻研，准确、熟练地把握教材。在制定教学计划时，教师一要考虑教学内容的系统性、科学性和思想性。这种组织能力是在具有一定深度和广度的专业基础上，通过教学实践锻炼，以及在掌握教育理论知识的情况下形成的。有了这种能力，教师就能充分估计教学时间和教学内容。

在课堂教学中，首先，教师要根据不同的教学目的、内容和对象，选择不同的教学方法；其次，教师要能创设一种情境和气氛，充分调动全体学生的学习积极性；再次，教师还要灵活妥善地处理好课堂教学过程中的突发事件，使课堂教学能顺利进行。

（四）课堂组织管理能力

课堂组织管理能力是指教师对课堂教学中各种要素进行调控，使教学得以顺利进行的能力，主要表现为课堂教学的有序实施、营造课堂学习气氛、调动学生积极参与教学和控制课堂教学的节奏等。教师的课堂组织管理能力建立在教师对每一个学生了解的基础上，建立在对教学内容的深刻把握上，否则教师不可能具有良好的课堂管理能力。其具体要求是：必须具有按照教学设计实施教学方案的能力，如导入新课、创设最佳教学情境和教学总结等；同时，教师要能有效地"管理"学生。

（五）教学言语表达能力

言语是教师用以向学生传授知识或施加影响的最经常、最重要的形式。言语表达能力是教师的教育才能的重要组成部分。学校的教育、教学效果在很大程度上取决于教师的言语的丰富、清晰、简练、准确和生动的表现力。每个教师都应该自觉地注重自己的言语能力的训练。言语能力是教师职业要求的最基本条件，缺乏这种能力，就无法正常地与学生进行交流，更谈不上对学生的教育。善于清楚地、有说服力地表达自己的思想是优秀教师的基本品质之一。教师运用准确简练、通俗易懂、生动形象、富有感染力的语言来表达教学内容，学生容易理解，便于接受。教师良好的言语表达能力，还能诱发学生的求知欲，激起学生的学习兴趣，陶冶学生的情操，同时也直接影响到学生的言语发展。

从性质上看，①教育性，即教师用富有教育性的言语，将思想教育渗透到知识教学中去；②启发性，善于利用言语解疑、设疑、激疑，促进学生积极思维；③针对性，即教师根据学生水平、教材及课堂中不同情况和问题，运用不同的言语形式；④直观性，即教师应当生动活泼、形象鲜明、感情洋溢、抑扬顿挫、和谐有趣、有声有色、深入浅出、富于感染力；⑤科学性，即教师必须确切地使用概念，科学地作出判断，合乎逻辑地进行推理：力求言简意赅，说话中肯，切中要害；⑥自控性，即教师的言语是可控的，速度要适当、语调要适中、语句有条理。

从内容上看，①要有新的思想和观念，给人以新鲜感；②要言之有情，即在言语中要反映真挚的情感，以此打动学生的心灵，激发他们的情感；③要言之有物，即在言语中要反映出切合事物本质特点的东西，能抓住事物的本质特点。

从形式上来看，①准确精练，能确切地使用概念，科学地作出判断，合乎逻辑地作出推理，表述简洁清楚；②通俗易懂，说话能深入浅出，善于把复杂的东西讲得简单，把抽象的东西讲得具体，教师用的词语应能确切地表达自己的思想情感，既合乎语言规范，又通俗易懂；③生动形象，言语要具有趣味性，能引人入胜，用学生熟悉的形象去加深他们对于概念、公式、法则、定理的理解；④严密含蓄，言语要具有逻辑性，结构严密，思路清晰，必要时不直接讲出所要表达的意思，使学生思而得之，具有启发性。

从方式上来看，教学语言可分为口头语言（有声语言）、书面语言（教学板书）和身体语言（无声语言，例如表情、动作等）三种类型。言语手段和非言语手段同时使用，即要借助表情、姿态、手势等非言语手段来加强自己言语的表现力。但非言语手段的运用必须是自然的、逼真的和恰到好处的。教师在课堂上的言语应以口头言语为主；口头言语、书面言语（板书）和书面言语"口头化"交替使用。在描述对象、现象、叙述故事情节和进行解释时，最好用口语。在讲述一些重点的关键性的内容（如定义、定理、公式、结论等）时，就要一字不差地按照教材上的书面言语讲（或板书）。而在少数情节精彩的地方，用上几句较为完美的富于逻辑力量的书面言语"口头化"，将会收到很好的表达效果。

教师在讲课时，要一面讲授，一面密切注意学生的反应，并根据自我的监听和听众的反应，随时对自己的言语和非言语手段进行必要的调节。教师言语的调节包括言语内容（内容的深度、广度、趣味性等）方面的调节；言语品质（言语的速度、节奏、声调、情绪等）方面的调节；以及表情、姿态、手势等非言语手段是否与讲授内容一致的调节等。只有调节及时和适度，才能收到良好的效果。

教师良好的言语表达能力并非生而有之，也非朝夕可得，它要求教师有丰富的词汇储备，掌握语法的规律，有一定的逻辑学、语言学、心理学和教育学的修养，并在这个基础上不断地训练，不断地发展。

（六）了解学生的能力

学生是教育的对象。善于了解学生是教师完成教育工作任务，实现教育目的所必备的重要教育才能。经常了解和掌握学生德、智、体诸方面发展的情况，对于教师来说是至关重要的。它能够帮助教师选择切实可行的教育方式，并预见教育行为的后果。一个教师，即使掌握了广博而深厚的基础知识和教育理论知识，如果不注重对学生的研究，不注重对教育、教学方法的选择，他就难以达到良好的教育效果。

教师这方面的能力的形成，首先基于教师高度的教育事业心和高涨的工作热情，也来源于教师的教育学、心理学知识的修养以及丰富的教育实践经验。这种事业心、知识和经验，通过反复的实践训练就能转化为能力。

了解学生的能力与教师的两个心理因素有关：一是观察力；二是注意分

配能力。首先，教师要具有了解学生个性和学习情况的敏锐而精细的观察力，既能找出某类学生共同具有的典型特点，又能发现每个学生的个性特点；既能从学生的听课、提问、回答问题中发现他们掌握了哪些知识，又能从学生的作业、考试中找出他们学习上的薄弱环节。其次，教师要善于分配和灵活转移自己的注意力，以了解学生的反应。在课堂教学中，教师除了将主要精力放在授课上外，还要随时注意学生的听课情况，从学生的眼神、表情、动作等方面发现他们的微小变化，并用眼神或声调去提醒那些思想开小差的学生。

（七）较强的创造能力

教师的教育与教学工作是极其复杂而多变的，需要具有创造意识和创造能力。教师的创造能力是搞好教育和教学工作的关键。苏霍姆林斯基说过：我深信没有比教师更富有求知精神、不满足现状、更充满创造思想的人。只有善于思索和进行创造性劳动的教师，才能取得教育上的成功，才能在教育工作中不断有所发现，不断做出新贡献；而因循守旧和故步自封的教师，是很难胜任教育工作的，每一位教师都应成为一个勇于创新的开拓者。

教育工作过程是创造过程，教师必须具有创造性思维的能力，这是由教育工作特点、教育对象特点决定的。

1. 要有创新意识。教育改革需要教师具有独立创造的能力，教师只有在教育思想、教育形式、教育方法上不断探索、不断创造，方能跟上教育改革的发展。

2. 要有强烈的求知欲。没有丰富的材料，就无法进行创造性的构建活动，教师只有不断地学习、掌握新知识、了解新信息，加强自身的知识修养，才能不断创新。

3. 要掌握科学的育人艺术。凡具有创造性思维能力并在教学中大显身手的教师，无一不是具有丰富的教育科学理论知识或实践经验，并在教育实践中自觉运用教学法、教育学、心理学知识的。教育工作不是千篇一律的，教学条件不可能原封不动地重复出现，也不会有两个完全相同的教育对象。因此，教师只有因材施教，因时因地因人制宜，充分发挥独立性和创造性，经常探索新途径，才能有所收获。

4. 正确分析和对待他人的经验。重视学习、研究他人的经验，但从不机械照搬，总是根据新的具体情况，加以创造性地运用。

（八）适应新情境的能力

教师作为人类文明的传递者，适应新情境的能力显然是不可或缺的。教师要适应教育发展的总趋势。教师要适应面向社会的新要求。教育的发展已打破了学校教育封闭的格局，在这种形势下，首先，教师要能深入社会，进行社会调查，从教育发展的需要出发，转变自己的教育观念；其次，教师要能联系社会，调动社会上的一切积极力量，为学校教育服务，如组织家长委员会、开展社区教育等；再次，教师要能服务社会，强调教育的社会效益，将自己的知识、能力运用于创造和革新之中，为社会创造出更大的财富。

（九）注意分配能力

善于分配注意力是对教师的一项职业要求。在课堂上，教师面对几十名学生，边讲、边写、边教、边导，还要随时注意学生的听课情况，处理各种偶发事件，排除各种干扰，维持好课堂纪律，这就需要教师具备良好的注意分配能力。教师要既能注意讲授内容，又能眼观学生，还能根据具体的教学情境及时调节自己的言语、举止和表情。缺乏注意分配能力的教师，往往顾此失彼，不是讲课内容丢三落四，就是对学生纪律不能顾及。因此，教师应当注意培养自己这方面的能力。

（十）观察能力

教育观察能力是教师的基本功，是教师搞好教育、教学工作不可缺少的心理品质。教育观察能力是因材施教的依据，是发现人才的关键，也是培养学生观察能力的前提。具有敏锐观察能力的教师，能够迅速、全面、正确地根据学生细微的外部表现，去洞察学生的内心世界，从而抓住教育的关键点，采取有针对性的教育措施。在课堂上，教师可以根据学生的面部表情、姿态、回答问题等情况，调节自己的教学工作。在课外，教师可以根据学生的各项活动，了解学生的兴趣、能力及人格等，选择有针对性的教育措施，及时发现学生不良的苗头，以便及时教育，防微杜渐。

教师要全面地教育学生，必须全面地了解学生。而全面了解学生，除了通过间接方法外，主要靠自己直接观察，获得第一手资料。教师的教育观察能力应具有三个特点。

1. 细致而深入。善于透过不易被人觉察的蛛丝马迹，探索到学生心灵的奥秘。

2. 迅速而准确。善于在瞬间捕捉学生表情和行为的细微变化，迅速掌握学生的特点，真实地判断学生的心理活动。

3. 全面而客观。善于利用各种场合，对学生进行多方面的观察和了解，并能实事求是、客观地看待学生。

（十一）教师沟通能力

教师的交互沟通能力也是很重要的。适当的沟通是一门需要学习的艺术，良好的师生关系会因为忽视适当的沟通而疏远甚至恶化。大部分教师需要学习相关的专业知识使自己具有教育学生的能力。教师要想拉进自己和学生之间的关系，教师要了解学生的想法，理解学生的做法，让学生理解自己的工作，了解自己的苦心，明白学习对他们的重要性。提高课堂上师生沟通的效果，可以从许多方面去做，改变客观条件，丰富教师的沟通知识，端正教师与学生沟通的态度，但最终还是要转化为教师的沟通能力上。教师要从学生的心理出发，激起学生学习的内在动机和学习的兴趣，这就要求教师要有与学生建立良好人际关系的教育能力，指导学生学习的能力。

（十二）教师胜任力

1. 教师胜任力的含义。胜任力是指能将某一工作中有卓越成就者与普通者区分开来的个人的深层次特征，它可以是动机、特质、自我形象、态度或价值观、某领域知识、认知或行为技能等任何可以被可靠测量或计数的并且能显著区分优秀与一般绩效的个体特征。教师的胜任力就是教师从事教育教学应具备的进取心、责任感、理解他人、自我控制、专业知识与技能、情绪觉察能力、挑战与支持、自信心、自我评估等。

2. 教师胜任力的结构。胜任力是由胜任特征所构成。胜任特征分为知识、技能、社会角色、自我概念、特质和动机等六个层次。胜任力模型可以划分为两大部分：基准性胜任力特征，即知识与技能部分，这是对胜任者基础素质的要求，但它不能把表现优异者与表现平平者区别开来；鉴别性胜任力特征，包括社会角色、自我概念、特质和动机等胜任力特征，它是区分表现优异者与表现平平者的关键因素。教师的胜任力特征包括：专业知识、专业技能或能力、专业态度或价值观。其中专业技能是运用专业知识解决专业问题的能力，是教师胜任力的核心。专业技能可分为三类：知觉或信息收集技能、决策技能、执行或实施技能。

（十三）运用现代教育技术的能力

教师除具有使用传统媒体（如教科书、黑板、挂图等）的能力外，必须具有使用现代教学媒体的能力。教师运用现代教育教学技术的关键，不仅仅是教师能够使用各种教育教学设备，而是使用这些设备如何提高教与学的质量，现代化教学媒体不是教育的装饰品，而是发挥教学作用的工具。其中要注意：运用现代化多媒体教学手段，要注重发挥教师的主导作用，学生的主体作用；多媒体的使用应符合学生思维发展的特点；多媒体的使用应符合教学内容的特点。

（十四）教学监控能力

教学监控能力是指教师为了保证教学成功达到预期的目的而在教学的过

程中将教学活动本身作为意识对象，不断地对其进行积极主动的计划、检查、评价、反馈、控制和调节的能力。教学监控能力不仅是教学活动的控制执行者，而且是教学能力发展的内在机制，是教师教学能力的重要体现。教学监控能力实质上是教师对自己教学行为的一种自我意识、自我指向的能力，与西方心理学者提出的元认知监控能力和教学反思能力的概念密切相关。可以说，教学监控就是教师以一定的元认知知识为基础，对自己的教学活动进行认知监控的过程和自觉反思的过程。它体现了教师的整体思维水平，通过影响教师教学认知水平和教学行为，最终影响学生学科能力的发展，学生的学习成绩和学习监控能力的发展，从而成为教师素质的核心成分。教师的教学监控能力大小会左右着教学效率的高低。教学水平高的教师，其教学监控能力一般也高，即他们具有较多的关于教育、教学、教学方法等方面的知识，善于计划、评价、调节自己的教学过程，灵活地运用各种策略，以达到预设的教学目标。教学水平低的教师则正相反。这说明，在具备一定的学科知识以后，教学监控能力已成为影响教师教学效果的关键性因素，我们常看到有些教师的学历虽高，但教学效果并不一定好，而学历低的教师教学效果不一定差，这其中的原因便可由教学监控能力的差异得到解释。

1. 教师教学监控能力的内容。教师的教学监控能力有多方面的内容和多样化的表现：一是教师对自己教学活动的事先计划与安排；二是对自己实际教学活动进行有意识的监察、评价和反馈；三是教师对自己的教学活动进行调节、校正和有意识的自我控制。教师在教学过程的不同阶段，其教学监控能力有多种表现形式，包括课前计划与准备、课堂的反馈与调节、课后反思与评价。

2. 教师教学监控能力的种类。

（1）根据教学监控的对象，可以把教学监控能力分为自我指向型和任务指向型两类。自我指向型的教学监控能力主要是指教师对自己的教学观念、教学兴趣、动机水平、情绪状态等心理操作因素进行调控的能力。任务指向型的教学监控能力主要是指教师对教学目标、教学任务、教学材料、教学方法等任务操作因素进行调控的能力。这两种能力是相互联系、相互影响的。根据其在教学过程不同阶段的表现形式的不同，教学监控能力可以包括以下几方面：计划与准备；课堂的组织与管理；教材的呈现；言语和非言语的沟通；评估学生的进步；反省与评价。

（2）根据其作用的范围，教师教学监控能力可分为一般型和特殊型两类。前者是指教师对自己作为教育者这种特定社会角色的一般性的知觉、体验和调控的能力，是一种超越具体教学活动的、具有广泛概括性的整体性能力；

而特殊型的教学监控能力是指教师对自己教学过程中的各具体环节进行反馈和调控的能力。它决定教师在具体教学活动中的具体的自我调节和控制的行为。

（3）根据其结构体系，教学监控能力主要分为三方面：一是教师对自己教学活动的事先计划和安排；二是对自己的教学活动进行有意识的监察、评价和反馈；三是对自己实际的教学活动进行调节、校正和有意识的自我控制。由于教学活动极其复杂，包括的方面和涉及的因素多种多样，因此，教师的教学监控能力也具有多方面的内容和多样化的表现。

3. 教师的教学监控过程。根据教学过程，教师的教学监控过程分为三个有机联系的部分：自我检查、自我校正和自我强化。所谓自我检查是指教师对自己教学活动进行有意识的、自觉的检查、审视和评价的过程，它是教师对自己教学活动的一种敏感反应，是教师对自己的教学活动的预先计划和安排，是教师对自己教学活动进行有意识监控的开始阶段。自我校正是教师在自我检查的基础上，对自己教学活动中存在的问题所进行的主动的改进、纠正和调节的过程，它是教师教学监控能力的外在体现。自我强化是自我校正过程的延续，在这个过程中，教师主动地寻找自我强化的方式和手段，以期巩固自己已经出现的好的教学行为，防止原有问题的重新出现，这是教师教学监控过程一个循环的结束。值得注意的是，教师的教学监控过程是一个螺旋式发展的过程，在这种发展中，教师的教学监控能力得到不断的提高，教学效果会越来越好。

4. 教师教学监控能力的发展趋势。由于个体的差异，每个教师的教学监控能力是不相同的，教师教学监控能力的发展也表现出不同的水平，其总体的发展趋势主要表现在几个方面。

（1）从他控到自控。他控是指教学活动为外界因素所影响，而自控是指教学活动是由自己自主的进行调节管理。在教师的教学监控能力得到发展以前，教师的教学活动常会受到教科书、专家、同事的影响被动地、甚至是机械地进行教学，一旦脱离开书本，没有其他人的指导就束手无策了。随着各方面知识的不断丰富，教学监控经验的日益增多，教师教学监控能力便由低级到高级发展起来了。这时在教学活动中，书本和专家的指导和监督由主导作用变为辅助作用，教师的教学监控能力逐渐发挥主要作用。可见，教师教学监控能力的发展呈现由他控向自控发展的趋势。

（2）从不自觉到自觉。在教学监控能力开始形成时，教师的监控行为往往表现出很大的不随意性。随着教学经验的积累和有意识的自我培养，教师可以主动地在教学过程中进行监控活动，能够注意到自己教学的进程，能根据学生的反应调整自己的教学。这时可以说教师的教学监控能力已经初步形成，但还不够完善。随着教师自身的努力和外界的指导，教师几乎不需要再作意志的努力就能随机应变地进行自我反馈和调控；同时，整个教学监控过程较为简洁，少有多余的步骤和环节，教师能对自己的教学状况和学生的反应迅速地做出评介和反馈，并能迅速而有效地采取措施进行干预，这时自觉性、自动化水平逐步提高。总之，教师教学监控能力的发展经历了"不自觉—自觉—自动化"的变化过程。

（3）敏感性逐渐增强。教学监控的敏感性是指教师根据教学情况和学生反应对自己的教学活动做出最佳调节和修正的灵敏程度。它一般包括对教学情境中各种线索变化的敏感性和对在不同情境下最适合的教学策略的激活与选择的敏感性两个方面。前者直接决定教师进行教学监控的信息反馈水平，后者则与教学监控能力中的调节水平密切相关。一般来说，教学监控能力差的教师在很大程度上是因为上述一个或两个方面的敏感性较差所致。教师在教学中不仅要具有所学学科的知识、教学策略、教学方法方面的知识，而且还要懂得如何去使用，而这与教学监控中的敏感性是密切相联系的。因此，敏感性是衡量教师教学监控能力高低的一个重要指标，敏感性的不断提高是教师教学监控能力发展的一个明显特征。

（4）迁移性逐渐提高。教学监控能力的迁移性是指教师教学监控过程可以从一种具体的教学情境迁移到与其相同或类似的其他教学情境中去。教学监控能力高的教师表现出良好的迁移能力，善于将以往的教学监控的经验有效的应用于当前的教学中。教学监控能力差的教师，他们可能并不缺乏教学监控的知识和经验，但在面对新的教学情境时，却不能有效地借鉴和应用这些知识和经验。所以，迁移性的增强是教师教学监控能力真正提高的一个重要标志。

5. 教学监控能力的因素。

（1）计划性与准备性。即在课堂教学之前，明确所教课程的内容、学生的兴趣和需要、学生的发展水平、教学目标、教学任务以及教学方法手段，并预测教学中可能出现的问题与可能的教学效果。

（2）课堂教学的组织与管理。即在课堂教学中密切关注学生的反应，努力调动学生的学习积极性，随时准备有效应对课堂上出现的偶发事件。

（3）教材呈现的水平与意识。教师应对自己的教学进程、方法、学生的参与和反应等方面随时保持有意识的反省，并能根据这些反馈信息及时地调整自己的教学活动，使之达到最佳的教学效果。

（4）沟通性。教师努力以自己积极的态度去感染学生，以多种形式鼓励学生，并保持对自己和学生之间的敏感性和批判性，只要发现沟通中的问题就努力纠正。

（5）对学生进步的敏感性。教师教学的效果最终要体现在学生身上，因此，教师要认真了解学生的掌握情况，采用各种方法评估学生的进步程度，以便于改进自己的教学。

（6）对教学效果的反省与评价。教师在一堂课或一个阶段之后，对自己的教学情况进行回顾和评价，仔细分析自己的课哪些方面取得成功，哪些方面有待改进，分析自己的教学是否适合于学生的实际水平，是否能有效地促进学生的发展等。

（7）职业发展性。职业发展性是指教师对自己的职业发展的设计与期望。

6. 教学监控能力的训练技术。

（1）自我认知指导技术。本方法通过认知－行为策略改变教师的思维定势，学会自我陈述的方法，使教师的认知和情感得以重建，最终形成自动化的教学监控能力。这一技术的实质在于调动教师的教学积极性和自信心，引导他们对教学活动的高度醒觉状态。采用这种方法有助于教师形成预先计划的能力，对教学过程有高度清晰的认识，与学生之间保持良好的合作关系，提高言语的自我调节能力，从而形成较高的教学监控能力。

（2）角色改变技术。本方法旨在使教师形成新的教育观念，提高其参加教育科研的自觉性和主动性，最终使教师的角色由"经验型"向"科研型"转化，由"教书匠型"向"教学专家型"转化。其实质在于促进教师自我意识，特别是对自己的教学活动的自我意识的提高，而教师教学监控能力的实质也正是教师对自己教学活动的自我意识，因此，角色改变技术用于教师教学监控能力的培养是有效的。

（3）归因训练技术。本方法旨在改变教师对自己教学状况的不合理的认识，强调通过自身努力可以使学生得到更好的发展。所谓归因训练，是指通过一定程度的训练，使个体掌握某种归因技能，形成比较积极的归因风格。例如，就教师中存在的某些不合理的归因与观念组织他们进行小组讨论，引导他们作出正确的归因；聘请专家型的教师，给受训教师作具体示范，为他们树立榜样，使其从中观察学习。

（4）教学策略提高技术。研究表明，教师教学方法不当的一个重要原因是，教师缺乏正确的教育方法，不知道科学、合理的教学策略到底是什么。本方法旨在使教师了解科学的教学方法和教学策略，为教师掌握教学策略、提高教学水平奠定基础。其具体内容包括两个方面。第一是专家讲座，共六大方面，分别是：新时代教师素质的构成；第一线教师参加科研的目的、意义等；学一点教育科研的知识和技能；中小学学生思维品质的培养途径；课堂教学策略培训；学生评估的方法与价值。第二是观摩课，共三种形式：听特级教师上公开课；请著名的教师上示范课；观摩外省市优秀青年教师的表演课。

（5）教学反馈技术。其目的在使教师对自己教学各环节有一个准确而客观的认识。正确地评价自己的教学效果和学生的学习状况是教师形成教学监控能力的基础，教师教学监控过程都是从其对教学活动的反思与评价开始的，是通过多种教学反馈技术实现的。具体地说，从反馈来源分，有自我反馈、学生反馈等，从反馈方式来看，有现场言语反馈、摄像反馈、测验反馈等。

（6）现场指导技术。这种技术可以帮助教师针对不同教学情境，选用最佳的教学策略，以达到最佳的教学效果，使教师对自己课堂教学进行有效的调节和校正。这也是培养教师教学监控能力的根本目的。

（十五）教育机智能力

1. 教育机智的含义。教育机智是指教师对学生活动的敏感性以及能根据新的意外情况特别是偶发事件，迅速作出反应，及时果断地采取恰当教育措施的一种独特的能力。教育机智是教师在教育教学活动中的一种特殊智力定向能力，教育机智实质就是教师观察的敏锐性、思维的深刻性和灵活性、意志的果断性、教育的技巧性等在教育工作中有机结合的表现，是教师优良心理品质和高超教育技能的概括，也是教师迅速地了解学生和机敏地影响学生的高超的教育艺术。教育机智要求教师重视自己的行为后果，以最小的代价取得最佳的教育效果。

2. 教育机智的影响因素。

（1）对工作和对学生的态度。教师对工作和学生的态度是能否表现教育机智的前提。教师不可忽视自已性情的陶冶。要学会遇事能够镇静、详和，善于控制自己的感情。一个教师如果对事业与工作缺乏责任感，对学生冷漠无情，那么当他遇到学生出现意外的情况时，就有可能认为是节外生枝，故意刁难或成心捣乱，因而就可能以厌烦甚至粗暴的态度对待。那样就很难体现出教育机智。只有满腔热情地对待事业、工作或学生，注意力才能高度集中，思维才能积极活动，这样在必要时就可能产生机智，妥善巧妙地处理意外事件。

（2）意志的自制性和果断性。这是产生教育机智的重要因素之一。教师只有具备了良好的自制力，才能善于控制感情冲动并以理智来调节和支配自己的思想和行为，才能迅速地判断和分析问题。当然，除此还要有果断性，面对意外的问题，教师不能表现惊慌失措、犹豫不决，要头脑冷静，当机立断，即使是无法立即解答的问题，也不应当在学生面前含混不清或拖泥带水、随心所欲地解释或解决，那样会破坏教师的形象。

（3）深厚的知识素养和经验积累。教师的态度和自制力都是在一定的教育实践中、在知识经验积累的基础上逐渐形成的。因此，每个教师平时都要加强专业知识学习、拓宽知识面、不断提高自己的知识水平。另外，还要注意积累各方面的生活经验。只有这样才能得心应手地解决遇到的各种问题，机智地处理学生中出现的意外情况。

3. 教育机智的表现方式。

（1）善于因势利导。所谓因势利导，教师要能根据学生的要求和愿望，利用并调动积极因素，循循善诱地对学生进行思想教育，培养他们的优良品德，从而使学生扬长避短，加强克服缺点的内在力量，自觉地、主动地提高学习效率和按照教育要求发展良好品质。教师还要根据学生的兴趣和特点，因势利导，把学生引向学习活动或对集体有益的活动中去。例如一位教师上课时，发现某学生看小说，就突然提问他。可这个学生站起来嬉皮笑脸地说："这个问题嘛，我可以给全班开个讲座了。"全班哄堂大笑。这时教师沉着地说："好呀！正好教学计划中有个专题讨论，下周进行，你作中心发言。"那个学生一下子泄了气。课后为了下周的发言，他查找了许多资料，作了充分准备，发言时效果很好。教师表扬了他，他也公开向老师道了歉。这位教师正是能因势利导，化消极因素为积极因素，才解决了这个棘手问题，充分展示了自己良好的教育机智。

（2）善于随机应变。教师能根据错综复杂的教育情境，迅速判明情况，灵活果断地处理突发事件，及时、果断地调节和消除矛盾冲突，从而有效地组织教学活动。正如马卡连柯所说，教育技巧的必要特征之一就是要有随机应变的能力。有了这种品质，教师才能避免刻板及公式化，才能估量此时此地的情况和特点，从而找到适当手段。随机应变能力是教师教育机智的最好表现。一是善于随机应变。教师在随时可能发生意外的教学情境中，能沉着冷静、迅速判明情况，确定行为的方向，采取果断的措施，及时地调节情绪、消除矛盾的行为。

（3）善于对症下药。教师要从学生实际出发，正确分析问题的原因，针对学生的具体特点，巧妙地采取灵活多变的教育方式方法，有的放矢地对学生进行教育。从而使学生易于接受，取得良好的教育效果。二是善于"对症下药"。教师要了解学生、研究学生心理，善于从学生实际出发，采取灵活巧妙的教育措施，有的放矢地对学生进行教育。

（4）善于掌握教育时机和分寸。教师要讲究教育的科学性、严肃性，在

— 29 —

教育学生和处理问题时，要讲究方式，既体贴关心又严格要求；要讲究时机，既不延宕推诿也不急于求成。既能实事求是、分析中肯、判断准确、结论合理，又能对学生要求适当，说话合度，方式适宜，使学生心服口服。选择恰如其分、恰到好处的处理措施，把握批评与表扬、惩罚与奖励的适当适时，都能体现出教师良好的教育时机和教育分寸，也有利于教育机智的有效发挥。对待不同的学生可以采用"热处理"（及时处理）、"温处理"（温和处理）、"冷处理"（事后处理）等不同的方式。

（5）创设教育情境。教育中不存在完全相同的情境，也不存在任何情境下普遍适用的经验，教师只有不断创新才能不照搬别人的经验、不套用自己以往的经验。

（6）区别教育对象。教育的对象是一个个富有个性的学生，这就要求教师根据不同的对象采用不同的方式，因材施教，不断地创造出新的东西。

（7）有分析地对待自己和他人的教育经验。

（8）不断吸取新的知识，总结经验，有所创新。

教师的教育机智是教师在学习教育理论、总结教育经验、努力参加教育实践的过程中逐步形成和发展起来的。教育机智是与教师的教育能力密切联系的，同时还与教师积累的教育技巧有着不可分割的关系，是教师所独有的心理素质。比如高度的责任感，对学生爱护、尊重、公正的态度，冷静、沉着的性格，对学生深刻的了解等等。它与教师的许多良好人格特征联系着，是教师多种能力的结合。教师如果没有教育机智，他就不可能成为一个优良的教育实践者。

第三章　教学效能感

教师的教学效能感影响着教师自己的知觉、判断，进而影响其教育行为及教学质量。教师的教学效能感已成为教师心理素质的一个重要组成部分。

一、教学效能感的含义

教学效能感是指教师对自己影响学生学习行为和学习成绩的能力的主观判断。这种判断，会影响教师对学生的期待、对学生的指导等行为，从而影响教师的工作效率。它是解释教师内在动机的一个关键因素，对教师教育工作的积极性具有重大的影响，效能感的高低往往会影响一个人的认知和行为。教师教学效能感至少应包含以下几层意思：第一，教师的教学效能感是一个多层面的整体性概念，它既包括认知成分，同时也包含情意成分；第二，教师的教学效能感既是一种能力，又是一种信念；第三，教师的教学效能感反映了教师在教学活动中的主体性、积极性和创造性，即使在某种特殊情境下，教师也能帮助学生进行有效的学习。

教师的教学效能感是影响教师教学行为的一个重要因素。教师的教学效能感与学生的成绩、学生的动机、教师教改的欲望、校长对教师能力的评价以及教师的课堂管理等之间存在显著相关。

教师的教学效能感分为个人教学效能感和一般教学效能感两个方面。

个人教学效能感指教师对自己的教学能力、水平及其效果的认识和评价。该信念一旦形成就渗透到个体的各种活动中，成为稳定的人格特征，影响着个体目标的确立、行为的选择和坚持，并通过行为结果得到不断的激活和强化。个人教学效能感直接决定教师教学行为、影响教学效果及学生学习成绩和学习动机等众多教学变量。认为自己能够有效地指导学生，相信自己具有教好学生的能力。教师的教学效能感是解释教师动机的关键因素。它影响着教师对教育工作的积极性，影响教师对教学工作的努力程度，以及在碰到困难时他们克服困难的坚持程度等。

一般教学效能感指教师教与学的关系、对教育在学生发展中的作用等问题的一般看法与判断，即教师是否相信教育能够克服社会、家庭及学生本身素质对学生的消极影响，有效地促进学生的发展。由一般教育效能感和个人教学效能感组成的教学效能感是解释教师内在动机的一个关键因素，它对教师教育工作的积极性具有重大的影响。下面是教师的一般效能感的检测指标。

1. 一个班上的学生总会有好有差，教师不可能把每个学生都教成好学生。
2. 一般来说，学生变成什么样是先天决定的。
3. 一般来说，学生变成什么样是家庭和社会决定的，教育很难改变。
4. 教师对学生的影响小于家长的影响。
5. 一个学生能学到什么程度主要与他的家庭状况有关。
6. 如果一个学生在家里就没有规矩，那么他在学校也变不好。
7. 考虑所有因素，教师对学生成绩的影响力是很小的。
8. 即使一个教师有能力，也有热情，他也很难同时改变许多差生。
9. 好学生你一教他就会，差生再教也没用。
10. 教师虽然能提高学生的成绩，但对学生品德的培养没有什么好的办法。

二、教学效能感的影响

（一）教学效能感对教师行为的影响

1. 影响教师在工作中的努力程度。效能感高的教师相信自己的教学活动能使学生成才，便会投入很大的精力来努力工作。在教学中遇到困难的时候，勇于向困难挑战。效能感低的教师则认为家庭和社会对学生影响巨大，而自己的影响则很小，因而常放弃自己的努力。

2. 影响教师在工作中的经验总结和进一步的学习。效能感高的教师为了提高自己的教学效果，会注意总结各方面的经验，会经常反思自己的教学，不断总结经验教训，不断学习有关的知识，进而提高自己的教学能力，因而能提高教学质量。而效能感低的教师由于不相信自己在工作中会取得成就，便难以做到在教学过程中不断地积累、总结和提高。

3. 影响教师在工作中的情绪。效能感高的教师在工作时会信心十足、精神饱满、心情愉快、表现出极大的热情，往往取得良好的教育效果；效能感低的教师在工作中感到焦虑和恐惧，常常处于烦恼之中，无心教学，以至于不能很好地完成工作。

效能感高的教师对学生寄予较高的期望，认为自己对学生的成长负有责任并相信自己能教好所有的学生。在课堂教学中，效能感高的教师注意对全班学生的指导，不断探索新的教学方法。在对学生进行指导时，效能感高的教师表现得比较民主，鼓励学生自由地探索解决问题的方法，而不是用表扬、批评等外部强化控制学生。当学生失败时，效能感高的教师表现得很有耐心，他们会通过重复问题、给予提示等方法去促进学生对知识的理解。

（二）教学效能感对学生学业成就的影响

教师的教学效能感会影响学生的学习行为和学业成就。教师的教学效能感对学生的学习成绩有很强的预测力。教师的教学效能感之所以能够影响学生的学业成就，是因为教师的教学效能感必然会在相应的外部行为上表现出来，通过其外部的行为表现影响学生，而这种行为又影响学生学习的效能感进而支配学生的学习行为，从而影响其成绩。反过来，学生的成就和他们的各种学习行为又会影响教师的教学效能感。

教师对待学生的外部行为是教师传递教学效能感的必由方式，它影响学生的效能感并最终体现在其成就上。教学效能感高的教师对学生的成就寄予较高的期望，他们对自己的教育能力信心十足，相信自己能教好每一个学生。因此这些教师在遇到困难时，就会想方设法寻找新的教育方法，探索新的教育途径来加以克服，而不会将学生看成是不可教育好的。在课堂上，教学效能感高的教师对教学活动的投入和关注比效能感低的教师要多。在课堂上，教学效能感高的教师注意对全班学生的指导，不易受个别学生行为的影响，能较自如地灵活地执行教学计划；教学效能感低的教师在教学时很容易受无关因素的干扰，往往花过多的时间去解决个别学生的问题，从而忽视了对大多数学生的指导，他们对困难的处理显得呆板，因而不能很好地完成教学计划。教学效能感高的教师和学生交往、相处的时间长，他们对学生多给予鼓励和表扬，而较少进行批评、指责，对学生的错误表现出极大的耐心，对学生的正确回答表扬鼓励较多。教学效能感低的教师的表现则恰恰相反。教学效能感高的教师比教学效能感低的教师在对学生的指导和监督中更易采用民主的态度，倾向于发展学生的个性、培养学生的自律意识。个人教学效能感低的教师则更易盲目服从上级的命令，缺乏独立见解，不敢进行教学改革。总之，教学效能感不同的教师对学生学业成就的影响是不同的。

教学效能感与管理、控制和学生动机定向之间的关系表明，教师的个人教学效能感越强，教师对学生控制定向越人道，学生的自主性就越强，教学效果也越好。而那些教学效能信念低的教师，认为学生必须受到控制且不信任学生，在激励学生时，他们更相信外部奖励的必要性。已有的证据和教育实践经验显示，一般教师和优秀教师在教学活动中发挥着不同的作用，而教学效能感是这种作用机制中的重要因素。

（三）教师教学效能感的作用

教师的教学效能感影响着教师的行为，影响着教师教学工作的积极性和教学效果。而教师行为必然会对学生造成影响，同时教学效能感也会受各种因素的影响。

　　教师的教学效能感通过影响教师行为而对学生自我效能及学习能力与成绩起作用，而学生自我效能和学习能力与成绩是相互影响、相互作用的。与此同时，环境因素和教师自身因素也对教师的教学效能感产生着影响。教师的工作发展条件、所处学校的条件、学校风气、师生关系等对一般教学效能感和个人教学效能感都有影响；而教师的价值观、自我概念等对效能感也有显著的影响。具体来说，教师的教学效能感具有以下作用：影响教师工作的努力程度；影响教师的工作经验总结和进一步提高；影响教师在工作中的情绪；学生的自我效能感、学习能力和学习成绩等都会受到教师教学效能感的影响。

三、影响教师教学效能感的因素

　　影响教师教学效能感的因素一般可分为外部环境因素和教师自身因素。外部因素包括社会文化背景、学校的特点、人际关系等。研究表明，工作发展的条件和学校的客观条件对一般教育效能感具有明显影响；工作发展的条件、学校风气和师生关系对教师的个人教学效能感具有明显的影响。教师自身因素包括他的价值及自我概念等。

　　（一）外部环境因素对教师教学效能感的影响

　　1. 社会文化背景对教师教学效能感的影响是显而易见的。例如，生活在一个不崇尚教育、教师职业完全不受尊重、教师地位很低的文化环境中的教师是很难对学生的成就抱有责任心的，也就是说，教师的教学效能感是不可能高的。今天党和政府把科教兴国作为国家重大发展战略，并确定每年 9 月 10 日为我国的教师节，足见对教师工作的重视。大力提倡尊师重教，已蔚然成风。这种良好的社会风气，对于提高教师的教学效能感至关重要。

　　2. 某些传统教育观念也影响着教师的教学效能感。例如，一种传统观点认为学生的学习能力是一种稳定的个性和特征，因个体差异而不同，据此得出了学习成绩是稳定的，而且是合乎正态分布的。某些学生天生就是优秀的学习料子，而成绩差的学生则是难学好的。这种观点往往给某些教师以一个借口，为自己开脱没有教好学生的责任。还有一种观念认为家庭环境是决定学生成就的关键。这一结论也会影响教师教学效能感。例如，刚走上工作岗位的新教师，如果对这些观念没有一个正确的认识，也往往会影响其教学热情和教好每一名学生的责任心，并把学生学习的优劣归于家庭环境的影响。

　　3. 学校所处的环境对教师的教学效能感有明显的影响。这表现在学校所处环境的社会经济水平，自然环境好坏，地方政府、群众和新闻媒介的教育观等等方面。学校所处环境的经济发展水平越高，教育水平就越高，教师对教育好学生的信心就越足，教师的教学效能感也就越强。其中，地方政府、群众的教育观尤为重要，一个社区的教育政策、监督和奖励等会对教师的教育效能感产生巨大的影响。另外，人民群众，特别是学生家长的教育观对教师的教学效能感也有影响。如果学生家长的教育观失之偏颇，并对教师采取不合作态度，或者偏袒学生，责怪教师，甚至敌视学校、敌视教师，那势必会影响教师的积极性，影响教师的工作热情，而使教师的教学效能感降低。至于学校的自然环境，空气状况，绿化状况，噪音状况及公共卫生程度和教学设备等也会影响教师的教学效能感。

4. 教师群体的学生观对教师的教学效能感也有影响。学校中教师之间对于学生的教育观，这种无形的教育态度对教师的教学效能感和学生的成就都有很大的影响。当一所学校里的大部分教师都认为某一类学生是不可教育的时候，这种观念便会逐渐固定下来，成为这所学校的惯常行为作风。这样对于那些学习较差，表现不好的学生，往往持放弃的态度，推卸责任，不愿花更多的力气去教好这些后进生。相反，在另一学校里，校风不同，广大教师对后进生以尊重和爱的情感去感化他们，树立他们的自信心和责任心，情况则正好相反。

5. 学校中的人际关系也影响教师的教学效能感。首先，学校中教师间的人际关系状况也影响着教师的教学效能感。融洽和谐的、朋友式的同事关系不仅有助于教师交流信息，切磋教学经验，而且还能从同事那里得到友爱、温暖、帮助和鼓励，有助于教师以顽强的毅力去学习，去工作，从而有助于提高教师的教学效能感；相反，矛盾冲突，互相嫉妒的同事关系不仅教师之间无法进行正常的交往，而且容易使教师生产孤独、压抑、焦虑等不良情绪，会给他们带来巨大的心理压力，对搞好教育工作失去热情和信心，从而降低教师的教学效能感。其次，领导与教师的关系也影响教师的教学效能感。例如，校领导对教师多做服务工作，多给予支持、鼓励，并给予正确的评价，对教师在教育中出现的问题提出合理、善意的建设性意见，那么这个学校教师的教学热情就高，教学效能感就强；反之则会降低教师的教学效能感。最后，学校的领导方式也会影响教师的教学效能感。有研究表明，学校领导能够让教师参与学校的决策、管理并以民主公开的态度，充分接纳教师的意见，就会提高教师的教学效能感；反之则会降低教师的教学效能感。

（二）教师的主观因素对教师教学效能感的影响

外部因素之所以能够影响教师的教学效能感，是由于它们通过教师主观因素而起作用的。与外部因素相比较，教师的主观因素则是影响教学效能感的关键。其中最重要的是教师的价值和自我概念。价值通常被看作是人们用来区分好坏、重要性并指导行为的心理倾向系统。价值观首先表现在人的认知评价体系方面，同时又充满着情感和意志。相同的外部环境，由于人们的价值观不同，特别是其中的理想、信仰不同，对这种环境理解的意义就不同。以教师的工资待遇来说，教师的工资待遇低是一个普遍的事实。但是如果一个教师有崇高的理想和甘于奉献的精神，即使工资待遇低一些，也不会对教育工作抱不负责的态度，不会把精力浪费在整天抱怨之中，而是理解国家的困难，对教好学生信心十足，努力做好教育工作。因此，要提高教师的教学效能感，作为管理者必须要加强对教师道德理想和价值观、人生观、世界观的教育；作为教师自己来说，则应加强自身的理想修养，树立正确的价值观、人生观和世界观。研究结果表明，学历的高低显著地影响着教师的教学效能感。学历差别的实质在于不同学历的教师所受的职业训练程度不同，这种职业训练不仅给教师以从事教学工作所必需的学科知识、教育技能，而且也给他们以教育观念上的熏陶。可以说，学历的差别从某种程度上造成了教师知识、技能的差别，而这常常又影响到一个人的自信心。同时，学历的差别也引起了教育观的差别，从这个意义上说，学历对教师教学效能感的影响正是教育观和自信心对教师教学效能感产生的作用。但问题只是一般而言，不能绝对而论，生活中有的教师学历并不高，但由于自己的不断学习和努力，也为国家、为社会培养了许多有用的人才。如果没有一定水平的教学效能感，没有对教育工作的执着和热爱，是难以做到这一点的。总的来说，影响教师教学效能感的因素是多方面的，它们也不是单独起作用的。这些因素往往相互综合在一起对教师的教学效能感产生影响。因此，对于教师教学效能感的培养，也需要我们从多方面考虑，才能采取更好的措施，进而收到满意的效果。人的能力不是生而有之的，教师的教学效能感也不是先天形成的，而是在其教学活动中逐渐形成和发展起来的，并存在一定的规律性。研究表明，教师的一般教育效能感随着教学时间的增加，有降低的趋势；而个人教学效能感则随教龄的增加，则表现出一种上升的倾向。如何培养教师的教学效能感不仅仅是教师培训工作所要解决的问题，因为影响教师教学效能感的因素是多方面的，所以我们除了做好教师培训工作外，还必须从政府、学校及教师本人等多方面考虑来提高教师的教学效能感。

四、提高教师的教学效能感的方法

1. 从教师自身方面来说，要形成科学教育观，这需要教师不断地学习和掌握教育学与心理学的知识，在教学实践中运用这些知识，通过自身的教育实践验证并发展这些知识。

2. 向他人学习，如观摩优秀教师教学、学习其他教师的好经验，增强教师的自信心；教师要注意对自己的教学进行总结和反思，不断改进自己的教学。

3. 在校内，必须建立一套完整、合理的管理制度和规则并严格加以执行，以及努力创立进修、培训等有利于教师发展，有利于教师实现其自身价值的条件。良好的校风建设、提高福利待遇等措施也会对教师的教学效能感产生积极的影响。

五、教学效能感的发展

教师的教学效能感不是先天形成的，也不是一成不变的，而是教师在教学实践中逐渐形成和发展的。教师的一般教学效能感随教龄增长而呈下降趋势；而个人教学效能感则随教龄增长逐渐上升；在教师教学效能感总体水平上，虽然也表现出随教龄增长而上升的趋势，但变化不明显。这是由于随着教学经验的积累，教师由最初持有的"教育可以决定学生成长与发展"的观念，逐渐转变到认为学生的发展受多种因素影响，是一个复杂的过程。但也正是由于教学经验的积累，教师在教学实践中慢慢学会灵活而恰当地处理各种教学问题，从而教学方面的信心不断增强，其个人教学效能感也随之上升。

第四章 教师的人格

教师作为人类灵魂的工程师，是培养一代新人的工作者，从事教育和培养祖国一代新人的事业，教师人格品质影响着教育过程，不仅影响着教师自身的行为及情绪，而且直接感染学生，影响着教育教学效果。教师人格特征对学生的影响主要通过两条途径：一是教师的人格特点影响学生人格的发展；二是教师的人格特征影响学生学业成就的发展。性格良好的教师在教学过程中更可能创设良好的教学氛围，其行为方式容易成为学生的楷模，影响学生的个性及心理发展。另外，学生的个性特征与其学习行为及学习效果息息相关，而教师的个性特征又直接或间接地影响着学生智力发展及学习成绩。

一、优秀教师的人格特征

（一）热爱教育事业，富有事业心、责任感

这是教师做好教育教学工作的基本动力。没有爱就没有教育，爱是教师教育学生的基础和开始，这是教师最基本的个性心理品质。教师要热爱教育工作，一个对教育事业充满深厚之爱的教师，就会乐于献身教育事业，精心哺育一代新人。教师的这种情感，是与教育年轻一代的责任感、义务感、荣誉感、自豪感等联系在一起的。教师只有热爱自己的工作，对教育产生极大的热情，才能发挥教师的巨大潜力。献身于培养人的教育工作，忠诚于人民教育事业，教师所付出的劳动是艰辛的，正是对教育事业无私奉献的精神促使教师认真负责地做好各项工作，一个对所教学科充满爱的教师，就会加深对教材的理解，富有情感地去讲授每一堂课，从而使学生产生相应的情感体验，更深刻地感受与理解教材。教师只有热爱教育工作，才会乐于献身教育事业，而这又与教师的责任感、义务感、荣誉感、自豪感等联系在一起。

（二）热爱学生

只有对学生充满诚挚的爱，教师才会真心去关心学生的成长。当然，不能把教师对学生的热爱，仅仅看作是用慈祥的、关注的态度对待他们。教师对学生的爱包括：教师了解学生，因材施教；尊重学生，维护他们的自尊心；信任学生，想方设法增强他们的自信心；对学生怀有积极的期待，激励他们成长。教师对学生的爱具有普遍性、自觉性、原则性和恒常性的特点。

（三）情感成熟而稳定，情绪自控力强

由于各种因素的影响，教师会产生不同的内心体验，教师成熟而稳定的情绪是教师顺利完成教育教学工作的重要条件，这就需要有较强的情绪调节与控制能力。教师的这种品质主要有以下几方面的表现：（1）能够预料行为的后果，控制环境和自己的反应，谋求自我情绪稳定；（2）能够在遇到不良情况产生消极情绪时，既延缓自己消极情绪的发作，又不压抑自己的情绪表现，而是以恰当而有效的方式及时宣泄自己的不良情绪，例如选择及时表达愤怒的策略或升华、转移的策略进行自我调节；（3）能够坚持不懈地了解和关注学生的成长，对学生严格要求、不断督促与检查；（4）能够控制自己的惰性，穷尽自己的所有资源来获得职业和职业的成长。教师的情感成熟而稳定和情绪自制力与教师的自我支配、自我调节和持之以恒的坚持性紧密地联系在一起，是影响学生的身心发展和教师自身身心健康、职业发展的重要心理品质。

（四）浓厚的兴趣

对教育工作的浓厚兴趣是教师创造性地完成教育工作的重要动力。首先，教师的兴趣要广泛。科学的发展、人类的进步，给教育带来了许多新的东西。事物的不断出现使学生的兴趣范围也越来越广，孤陋寡闻、见少识浅的教师很难胜任培养学生成才的重任。其次，教师要有中心兴趣。教师的中心兴趣是指对学生身心发展和对所授学科的研究兴趣。这种兴趣不仅促使教师接近和了解学生，也促使他们积极地钻研教材，研究教育方法，进行创造性的工作。将中心兴趣与多方面兴趣结合起来，乃是教师创造性地完成教育工作的重要心理条件。

（五）高尚的情操

一个具有深刻的道德感、强烈的理智感和高尚的审美感的教师，就会在任何场合下诱导出学生相应的情感。这对于学生高尚情操的形成，将会产生重大的影响。

（六）坚强的意志

教师坚强的意志品质是顺利而有效地进行教育工作的保证，也是学生学习的榜样。教师的这种意志品质主要有下面几种表现。

1. 目的明确。具有明确的教育工作目的性和力求达到这一目的的坚定意向，是教师动员自己的全部力量以克服重重困难的内部条件，它能使教师在任何情况下都矢志不移地坚守教育岗位。

2. 坚韧不拔。教师具有这一意志品质，就能不怕困难、持之以恒、坚定

不移、百折不挠，在教育实践中保持旺盛的精力，克服内部和外部的各种困难，并以自身的行为陶冶学生的情操，培养他们的大无畏精神。

3. 沉着自制。慎重地对待自己的言行，善于支配和控制自我，是教师有效地影响学生的重要心理因素。在教育过程中，教师常常会因自己内心的烦恼或学生中出现的问题而感到不顺心。在这种情况下，教师应沉着自制，坚持以理智的态度对待学生。

4. 坚决果断。遇事头脑冷静并迅速合理地作出处理，是影响教师工作成效的又一重要的意志品质。教师既要在出现问题时能及时地作出反应、果断地作出处理，又要在发现自己的决定有错误时能及时地改变或停止执行这一决定。

（七）良好的性格

1. 公正无私。教师必须公平地对待每一个学生，关心、爱护全体学生，不可偏爱，尤其对那些学习有困难、品德行为较差的学生更应如此。

2. 谦虚诚实。教师一方面要正确地分析自己，对自己身上的缺点和错误勇于改正；另一方面，教师又应虚心地向别人学习，甚至"不耻下问"向学生学习。

3. 活泼开朗。教师应保持乐观开朗的态度，以积极饱满的情绪去从事教育。因为活泼开朗的性格会感染学生，能起到潜移默化的教育效果。

4. 独立。不偏听偏信，不人云亦云，独立地发现问题和解决问题，即使在困难甚至紧急的情况下也能如此。这是教师进行创造性劳动必须具备的品质。

总之，教师的心理素质是培养学生成才的可靠保证，也是教师自我价值得以实现的重要基础，是在教师长期的教育实践中逐步培养和形成的。

二、教师人格塑造的原则

教育工作的重心，是塑造学习者新型的自由人格。学校教育的根本任务在于使学习者学会如何学习、学会如何劳作、学会如何与他人共同生活以及学会如何生存。现代教师人格作为教师应具备的优良的情感意志、合理的知识结构、稳定的道德意识和个体内在的行为倾向，更要求有敬业精神。

三、教师人格修养的境界

（一）教师的职业境界——经师

教师就要在自己的工作岗位上勤勤恳恳、任劳任怨，认真备课、上课，批改作业，辅导学生。既然选择了教师这个职业，就要耐得住寂寞，受得了清贫。

（二）教师的专业境界——能师

对教育教学内在规律有较深刻的认识，视野开阔，个性鲜明，教育教学上挥洒自如，游刃有余。

（三）教师的事业境界——人师

把教育当作一种艺术，通古晓今，博采众长，能把最恰当的事例信手拈来，融入课堂，天衣无缝，学生在和谐愉悦的课堂气氛中，汲取知识芬芳，不再有学习之苦。教师人格的修养，是每一个教师升华人生境界的必由之路。必须在实践中刻苦学习，身体力行，砥砺意志，涵养品性，在知行相济中求真，在内省自律中至善，在求真至善中达美，迈向真善美统一的人生境界。

四、现代教师人格的培养塑造

塑造现代的教师人格，既是教师劳动的特点、人民教师的崇高职责和新时期历史使命的客观要求，也是广大教师内心的愿望。

（一）教师劳动的特点规定了教师人格的特殊性

教师劳动的最大特点是培养、塑造新生一代，是做人的工作。教师的劳动对象是一个个活生生的具有不同个性的学生；教师的主要劳动工具是涵盖着其全部人格、知识和才华的教师本人；教师的劳动产品，是能够带着教师在他心中播下的种子，使之发芽、开花、结果，播撒更多的种子影响社会的学生。教师是学生最亲近、最尊敬的人，学生具有天然的向师性，教师往往成为学生最直接的榜样。教师的理想人格，会像一丝丝春雨，潜移默化地影响着学生的人格。

（二）教师肩负的责任决定了教师人格的高尚性

他们的思想觉悟、道德品质、文化知识和工作能力如何，直接关系到社会主义建设能否兴旺发达、党的事业是否后继有人的大问题。为了完成这一光荣艰巨的任务，不仅要求具有高度的文化修养、专业知识，而且要求具有高尚的道德品质。唯有高尚的教师人格，才能保证广大人民教师切实担负起培养新世纪接班人和建设者的历史重任。

（三）教师人格反映了广大教师对真、善、美的自觉追求

教师人格是构成教师道德内在本质的精神力量，是思想、品德、情感的有机组合，是主体真、善、美的统一，是主体与客体的和谐统一，是人生的最高境界，也是教师的理想人格的集中体现和自觉追求。

五、教师人格塑造的基本要求

（一）民族性要求

善于吸取中华民族的优秀文化遗产，继承和弘扬民族精神，为祖国培育品学兼优、德才兼备的高素质人才。

（二）科学性要求

科学是人类文明的最绚丽的花朵。把科学文化转化为学生所认知所把握的课程、教材，是素质教育的一项基本任务，教师不仅要传授给学生知识，还要教给学生如何做人，弘扬科学理性，树立科学的世界观、人生观、价值观。

（三）时代性要求

当今世界竞争十分激烈，竞争的焦点在人才，人才的培养靠教育，教育的关键在教师。优先发展教师教育，教育和培训高水平的教师，实际上已经成为参与国际竞争的一项先导件的战略措施。

未来世界范围的经济竞争、综合国力竞争，说到底是科学技术的竞争和民族素质的竞争。提高全民族的素质，迫切需要培养和造就千百万优秀的人民教师，去促进未来公民在德、智、体等方面获得全面的发展，去继承和发扬优秀的民族文化传统，去借鉴和传播人类社会一切文明成果，去树立和培育新时代的民族精神。师资素质如何，不仅直接影响着中小学生的素质，而且对社会也会产生很大的影响。

（四）职业性要求

在师德方面，教师职业要求教师具有高尚的道德品质，热爱学生，关心集体，为人师表，教书育人，要有坚定的敬业精神和乐于奉献的献身精神，热爱教育，甘为"人梯"，培育英才；在师才方面，教师职业要求教师具有渊博的知识，学而不厌，勇于创新，刻苦学习，追求真理，专博相济，深广结合，钻研业务，认真施教，以扎实的专业知识和现代的教育思想搞好素质教育；在师能方面，教师职业要求教师具有娴熟的教师技能，懂得教育规律，掌握现代教育的内容、方法和技术，讲究教学艺术，把握教育分寸，提高教育质量。

新世纪教育，将更加重视素质教育。因此对未来教师的人格素质将更加强调以时代精神为主体的师德素养，以学术性、师范性和人文科学知识为内涵的文化修养，以开拓创新能力为核心的能力结构，以心理健康为标志的身心素质。

六、教师人格塑造的模式

教师人格是指教师作为教育职业活动的主体，在其职业劳动过程中形成稳定的道德意识和个体内在的行为倾向性。它是由教师的职业道德品质和道德行为的总体构成的。教师职业人格有两个明显的特征：一是教师的道德品质，它是教师职业人格的内部心理；二是教师的道德行为，它是教师职业人格的外部行为特征。老师的学识、能力、性情、品德修养等综合素质融铸成其人格，这是一名老师吸引学生力量的主要源泉。

（一）教师的人格魅力来源于渊博的学识和教书育人的能力

具备这样条件的老师不但在教学上游刃有余，而且善于处理、协调跟学生以及同事之间的关系，能够创造融洽和谐的工作氛围。

（二）教师的人格魅力来源于善良和慈爱

他们会在平等的基础上善待每一个学生，不会因为学习成绩的好坏与家庭背景的不同高看或歧视某些学生。在他们心里，教好每一个学生是老师的天职。他们胸怀博大，容得下性格脾气各不相同、兴趣爱好互有差异的学生。他们不仅是学生的良师，也是慈爱的长者，更是学生的知心朋友；他们不仅关注学生的学业成绩，也关心学生的思想品德与行为习惯，更把学生的喜怒哀乐放在心间。

（三）教师的人格魅力来源于对学生的信任和宽容

在课堂上他们把学习的主动权交给学生，让学生在探索之中享受成功。他们是指导者和引路人，相信学生的能力并想方设法锻炼提高学生的能力。在人品上他们更是给学生以充分的信任，相信学生改正过失重新开始的能力。他们既是学生现在的引路人，也是学生未来发展的设计师。教师的人格魅力来源于对事业的忠诚，他们不是仅仅把教书看成谋生的手段，而是毫无私心杂念地投身其中，以教书育人为崇高的职责，并能从中享受到人生的乐趣。他们以自己的真诚去换取学生的真诚，以自己的正直去构筑学生的正直，以自己的纯洁去塑造学生的纯洁，以自己人性的美好去描绘学生人性的美好，以自己高尚的品德去培养学生高尚的品德。

（四）教师的人格魅力来源于从不满足的执著精神

教师始终用胜不骄败不馁的形象去感召学生追求卓越。在挫折面前，他们是当之无愧的强者。他们不会陶醉于成功之中而不思进取，更不会沉溺于暂时失败的痛苦中不能自拔。他们会反思，并从反思中获得宝贵的经验教训，确立新的奋斗方向和目标，用勤奋和智慧浇灌出更丰硕的成果。

七、教师人格的具体表现

(一) 追求高层次的人格需要

表现为具有崇高的教育理想和教育信念，具有为教育事业献身的精神，忠诚于人民的教育事业。教师只有树立崇高的教育理想，才能热爱教育事业、献身教育事业；以满腔热情和忘我的精神投入到工作中，才能对教育事业呕心沥血，执著追求；才能克服工作中的各种困难，跨越各种障碍，完成人民教师的神圣使命。

(二) 具备高尚的人格品质

表现为具有强烈的事业心、责任感和敬业精神，教师只有具备高尚的人格品质，才能产生强烈的事业心和责任感，忘我工作，无私奉献，勇于牺牲个人利益；才能发自内心地热爱学生，关心学生，做学生的良师益友。

(三) 具有优良的人格心理

一个心理健康的教师，才能意识到自身的责任，自觉履行教师职责，并以自己优良的个性、稳定的情绪，积极的心态、广博的兴趣、顽强的意志，以及良好的心理承受能力和社会适应能力去影响学生，带动学生，引导学生形成良好的的个性品质。

(四) 具有优良的人格智能

表现为具有教师职业所需要的基本技能，较高的文化素养、智力、能力协调发展。

(五) 具有健康的人格身体

表现为身心健康和谐，精力充沛，教师要形成健全人格，必须注意强身健体，保持旺盛的精力、充沛的体力，这样才能完成教师繁重的脑力、体力双重劳动。

八、影响教师人格的主要因素

(一) 工作态度

教师的工作态度是教师人格的重要组成部分，因为工作态度一旦形成，就会成为教师的一种习惯性反应，关系到教育教学质量，关系到学校领导、同事、学生对他的看法。

(二) 知识经验

完整的知识结构是教师搞好教育教学工作的前提，是影响教师威信的重要因素。教师的知识结构大致说来包括以下几个方面。

1. 所教学科的专业知识。它关系到教师能否正确地确定教学目标及恰当地选择教学内容，是对教师最基本的知识要求。

2. 一般文化知识。它是指教师要有广阔的知识面，它关系到教师能否科学地分析教材，能否最大限度地满足学生的求知欲。

3. 教育科学知识。它是教师了解学生，组织教育教学工作的一把钥匙，是关系到教师能否卓有成效地把教材变成学生的财富，能否最大限度地开发学生智力的一项重要知识要素。教育教学经验对于教师正确地认识教育教学规律，提高教育教学的技巧和效果有很大的影响。

（三）能力因素

教师的能力包括一般能力（如观察力、记忆力、想象力、思维能力等）、特殊能力（如音体美等各方面的特殊才能）和教育教学能力，它们直接关系到教师的教育教学效果及其在学生心目中的威望，共同影响着教师的人格魅力。例如，一个观察力较强的教师不仅能及时准确地发现学生的细微变化，争取教育的主动权，同时还能让人觉得他见微知著；一个想象力丰富的教师会带领学生浮想联翩，见到他就会使学生觉得他是知识的化身、智慧的使者。

（四）品行因素

品行是影响人格魅力的稳定因素。高尚的情操和修养使学生产生敬意，以身作则，为人师表的美德对学生则是无声的命令。教师的表率作用能赢得学生对他的尊重和爱戴，"身教"和"言教"的完全结合会使教师的人格魅力丰富和增强。

（五）气质、性格因素

气质是人的心理活动和行为在速度、强度和灵活性等动态方面特点的综合表现，教师的气质能渲染出其人格独特色彩。优良的性格特征，如真诚、勇敢、谦虚、幽默风趣、随和得体、与人为善、富有同情心等，会得到肯定的。

（六）意志品质

意志是人在行动中自觉地克服困难以实现预定目的的心理过程。良好的意志品质是一种巨大的教育力量。教师意向的果断性、自制性、坚持性是提高自己和顺利进行教育工作所必需的意志品质，也是教育艺术中一项重要内容。

（七）感情交往因素

教师所要处理的感情关系是多方面的，如与校领导的关系、同事关系、家庭关系、师生关系和其他社会关系等。特别是作为一种特殊人际关系的师生关系，这种人际关系的力度如何，直接关系到师生之间的感情深度，影响着学生对教师交往态度和信任程度。就师生之间的交往情况看，影响师生关系的因素主要有：人际需求、空间距离、交往频率、社会关系等。

（八）生理因素

教师的生理因素影响着教师自身的各种特质，并因此而影响他在学生心目中的形象。其主要表现有：体质的强健与衰弱、体型的高大与矮小、肥胖与消瘦、外表的美丽与丑陋、高级神经活动的类型等。

（九）自我意识

教师的自我意识与其人格发展是紧密联系的，它对教师人格的发展具有制约调控作用，影响着教师人格的发展方向。如果一个教师能经常进行自我监督、自我反省、自我强化、自我批评，那么就有助于进一步完善人格发展目标。

（十）言表风度，生活作风

对教师来说，言表风度、生活作风和习惯。直接关系到教师的外在形象，影响着教师的人格魅力。"桃李不言，下自成蹊"，教师作为人类灵魂的工程师，首先要纯洁自己的灵魂，端正自身形象，健全人格，才富有感召力，教育教学才会取得成功。

九、教师人格特征对学生的影响

教师的人格特征不仅关系到教师的行为以及在学生心目中的威信，而且对学生的学习情绪、学习效果、智力发展和品德形成都会产生广泛而深刻的影响。在教师的人格特征中，有两种重要特征对学生有显著影响：其一是教师的热情和同情心；其二是教师富于激励和想象的倾向性。

优秀教师比一般教师更为外倾，情绪更趋于稳定，倔强性更低。这表明优秀教师往往对学生更加热情、更富有活力，能运用理智调控自己的情绪，同时也更加随和、能关心和体谅学生。有激励作用、生动活泼、富于想象并热心于自己学科的教师，他们的教学工作较为成功。在教师的激励下，学生的行为更富有建设性，因此教师能否引起学生理智上的兴奋感和内部的学习动机，对他们取得教学工作成功有重要影响。此外，教师对待教育事业积极的态度和认真负责的精神，也是影响学生和搞好教育、教学工作的重要人格品质。

十、教师的人格特征与其职业成就之间的关系

俄罗斯教育家乌申斯基说："在教育中，一切都应以教育者的人格为依据，因而教育的力量只能从人的人格这个活的源泉流露出来。任何规章制度，任何人为的机关，无论设想得如何巧妙，都不能代替教育者人格的作用。"

在教师的人格特征中，有两个重要特征对教学效果有显著影响：一是教师的热心和同情心。当学生把他们的教师看作富有同情心时，课堂内的学生之间更能分享喜爱和感情。教师的热情与学生完成的工作量、对学科的兴趣、小学生行为的有效性均有重要的关系。当教师热情鼓励的时候，学生更富有创造性。一是教师富于激励和想象的倾向性。研究表明，有激励作用、生动活泼、富于想象并热心于自己学科的教师，他们的教学工作较为成功。在教师的激励下，学生的行为更富有建设性。这种教师的人际关系一般比较好，常受到学生的尊敬和爱戴。还有的研究发现，教师对学生思想的认可与课堂成绩有正相关的趋势，尽管教师的表扬次数与学生的成绩之间未发现明确的关系，但教师的批评或不赞成，与学生的成绩之间却存在着负相关。这些研究比较深入地揭示了导致教师职业成功的特殊能力和人格特征，为教师的造就和培养提供了重要依据。

但是，有迹象表明，教师特征与学生的个别差异和年龄阶段特征存在着相互作用。例如，教师的认知方式与学生的认知方式存在着相互作用。若两者相互协调，教学效果会因此而提高。如场独立与场依存的学生对教学有不同的偏好。前者易于给无结构的材料提供结构，易于适应结构不严的教学方法；后者喜欢有严密结构的教学，因为他们既需要教师提供外来结构，也需要教师的明确指导和讲授。对知识具有浓厚兴趣并以追求知识获得满足的学生同以追求教师认可来获得满足的学生不同，他们喜欢的教师与教师的热情程度无关。加涅的研究指出，对知识具有浓厚兴趣并以追求知识获得满足的学生同以追求教师认可来获得满足的学生不同，他们喜欢的教师与教师的热情程度无关。可见，要深入探索教师的特征怎样影响其事业成就，还应更进一步从师生相互作用的角度开展广泛研究。

第五章　教师的威信

威信是一种社会心理现象，它是指个人、社会群体或社会组织对于其他人的一种影响力。从本质上讲，教师的威信是其具有积极、肯定意义的人际关系的反映，它一经形成将会对教育、教学成效产生巨大的作用。因此，形成和维护良好的威信对教师来说意义重大。

一、教师威信的含义

教师的威信是指教师的地位、资历、声望、思想品德、学识、能力、教育艺术等各方面在学生心理上所引起的服从和信赖的感召力量。威信是教师知识、能力和个性品质在学生心理上产生的效应，是以教师良好的品质、作风、知识、能力自然地影响学生，使学生自觉自愿信服、尊重教师。

教师的威信是有效地影响学生的重要条件，是完成教育和教学任务的一种推动力量。教师的威信越高，对学生的心理影响越大，工作也越能顺利地展开。概括地讲，教师的威信是学生接受教诲的基础和前提，是有效影响学生的重要条件，是完成教育任务的一种推动力量。教师的一切教育和教学措施往往受制于教师的威信。有威信的教师才能获得学生的尊敬和爱戴，学生才会乐意接受他的指导；反之，没有威信的教师，他提出的教育要求容易被学生忽视，甚至拒绝。

教师的威信之所以在教育工作中起着如此巨大的作用，主要是因为三种原因：首先，学生确信有威信的教师的指导的真实性和正确性，主动地接受，并很快地把教师的要求转化为自己的需要，引起相应的积极行为。他们的要求可以较容易地转化为学生的需要，这就增强了学生在学习和培养自己优良品质上的积极性。其次，有威信的教师的表扬或批评能唤起学生相应的情感体验。有威信教师的表扬，引起学生愉快自豪的情绪，促使学生要求自己表现得更好，即使没有被老师表扬的学生也会争取受其表扬；而他们对学生哪怕是极其轻微的批评，也要比威信较差教师的严重处罚更能唤起学生纠正自己的缺点和错误的动机和决心。无威信的教师，即使表扬也不起激励作用，有时学生会产生耻辱感；他的批评，也不会使学生心服口服。再次，有威信的教师往往成为学生心目中的榜样、楷模，学生会加以模仿，使教师的示范起到更大的教育作用。

每个教师都希望自己在学生心目中有崇高的威信，但教师威信的形成取决很多因素。教师在社会生活中的地位，教育行政机关、学校领导对教师的态度等都影响教师威信的形成；而教师自身条件是威信形成的决定性因素。

二、教师威信的作用

教师威信的高低，是直接影响教学教育效果的重要因素之一。作为一种无形的教育力量，教师威信会在教育教学中产生以下作用。

（一）教师的威信影响学生的认识，是学生接受其教诲的前提

有威信的教师能使学生产生信任的心理感受，对于他们的指导，学生会更积极主动地接受。比如同一种教学方法，在知识、能力水平大致相当的教师中，有威信的教师运用起来效果更好。这是因为学生对有威信的教师持有信任和尊敬的情感，这种心理状态常常会迁移到学习上，从而乐于学习；而对于威信较低的教师，学生往往持不大信任的态度，甚至会有抵触情绪，因而学习效果一般较差。

（二）教师的威信影响学生的思想品德和行为习惯

有威信的教师常常被学生自觉或不自觉地视为心目中的榜样而加以模仿，所以有威信的教师一言一行都能起到教育作用，这样的"言传"和"身教"，无形当中塑造着学生的思想品性。

（三）教师的威信影响学生的情感体验

有威信的教师的表扬，能引起学生的愉快和自豪感，其批评也更能引起学生的悔悟、自责和内疚感，这样的情感体验有利于强化学生的行为方式，对思想和行为的塑造具有推波助澜的作用，因而能够放大教育的效果。

由此可见，有威信的教师能够在认知、情感和行为上影响学生。但是，教师威信有不同的内容和程度。有的教师在品德、学识、能力等各方面都有很高的威信；有的教师是某方面的专家，学生敬佩其该方面的才能，但在别的方面则不一定有威信；有的教师在部分学生中有威信。俗话说："人无完人，金无足赤。"不同年龄、性别、个性特点的学生对教师的期望也不同，所以教师的威信在不同的学生中有不同的深度和广度。

三、教师威信形成的因素

任何教师在教学教育的实践活动中，都有可能建立较高的威信，但实际上并不是每个教师都是如此，这是由于教师威信的形成取决于多种因素，既

有客观因素，如教师的社会地位、学生家长和学生对教师的态度等，也有教师主观因素，如教师自身的身心素质。其中主观因素对教师威信的形成起着决定作用。影响教师威信形成的主、客观因素包括以下几种。

（一）客观因素

1. 社会对待教师职业的态度和教师职业的社会地位。在影响教师威信形成的众多客观因素中，最为主要的是社会对待教师职业的态度和教师职业的社会地位。因此，要使教师有较高的威信，首先应形成尊师重教的社会风气。其次应采取切实可行的措施，提高教师的社会地位，尤其是改善教师的生活待遇和工作条件，使教师职业真正成为全社会关心、向往的职业。

2. 教师的仪表风度。教师的仪表是指教师的穿着、情态、举止，体现和反映了教师的精神面貌。教师的仪表对学生的心理影响较大。教师穿着整洁美观，仪表端庄，举止从容大方，不仅给学生一种可亲可敬的形象，使学生尊敬你、亲近你，而且直接影响学生的举止情态。

（1）教师的仪表风度是一种重要的教育因素。教师总是作为一个人的综合整体，作为一个"审美客体"亮相在学生面前，存在于学生心目之中。教师的仪表风度直接参予教师的劳动过程，作用于学生的心灵，影响着教育效果。

学生是具有丰富的精神生活的人，特别是儿童和青少年富于情感，热烈地追求着美。美的事物对他们始终具有强烈的吸引力、诱发力和感染力。一个从外表至内心都很美的教师，他的照人的风采，往往能在学生的心灵深处留下难以磨灭的印记，并为学生所终身效仿。

（2）教师的形体自然美。健康是人体自然美的基础与核心，不论男女，只有健康匀称、充满活力、朝气蓬勃的人体才是美的。因此，作为一个教师，决不可忽视自己体格的锻炼和"朝气"的养成。

（3）教师的服饰美。服饰美是指人的衣服样式、发型以及对装饰人体美的各种物品的使用。教师的服饰应该与教师的身份、职业、年龄、身材、肤色、性格、气质相适应。一般说来，教师的服饰应该大方、朴素、和谐、得体。

教师的服装美包括服装的颜色美与造型美，作为教师，就一般而言，适宜穿冷色调的服装。这样显得宁静、典雅、纯洁、大方而富有朝气。就个体而言，服装的颜色应考虑自己的肤色、性格与年龄。如青年教师的服装宜色调明快，表现青春的活力与健美。中老年教师的衣着则不宜过于鲜艳，朴素大方显得更加庄重稳健。教师服装的款式，应该考虑身材的高矮、胖瘦和肤色。在课堂上课时的服饰应朴实无华，淡雅大方。

（4）教师的风度。风度是一个人的德、才、体、貌等各种素质在社会交往中的综合表现所形成的独特精神面貌。教师美好的风度能在学生心灵中留下深刻的可供效仿的印记。衣着朴实整洁而不呆板，举止态度稳重端庄而不矫饰，活泼开朗而不轻浮，轻松愉快而不懒散，热情大方而不做作、善良和蔼而不怯懦，谦逊文雅而不庸俗，一个人的风度是其内心世界与教养程度的外部表现。教师的形象需要从内在心灵美和外在仪表风度美统一去掌握，重在内在心灵美，也不忽视外在美，因为心灵美是通过仪表、言谈、举止显现出来的。一个教师要重视外表美，更要陶冶内在心灵美，只有具有美的情操，才会有照人的风采。

3. 教师给学生的第一印象。教师与学生初次见面时，学生会根据教师的表情、态度、声音、语调等形成初步印象和评价。学生对新来的教师总是满怀热切期望和充满新奇感。此时，学生对教师的一言一行特别敏感，由此而产生的先入为主的印象以及有关的态度，往往成为影响教师威信的重要心理条件。第一印象好，就会很快获得学生的尊敬和爱戴，有利于今后的交流与沟通，为树立威信打下基础；第一印象不好，会使学生大失所望，教师威信难以形成。因此，教师应高度重视与学生的第一次见面，力求一开始就给学生留下良好的形象，如高超的教学艺术、广博的知识、亲切的举止等，取得第一次良好感知效果，为初步建立起在学生心目中的威信奠定基础。

4. 教师的作风和生活习惯。教师的作风和生活习惯是指其在日常生活和工作中表现出来的比较稳定的行为方式。教师作风严肃活泼，庄重亲切，待人谦虚，谈吐文雅，都影响着教师威信的形成。教师仪容不整、生活懒散、不讲卫生以及自己意识不到的习惯性的不雅观的语言动作会损害教师的威信。

（二）主观因素

1. 崇高的思想品质和良好的心理品质。教师的思想品质集中表现在热爱教育事业，对教师工作有强烈的自豪感、光荣感和责任感，为培养下一代勤勤恳恳地工作；严于律己，宽于待人，不为名，不为利，赢得学生的尊敬，获得威信。言行一致、以身作则也是教师获得威信的一种重要思想品质，要学生做到的，自己必须先做到，要求学生不做的，自己坚决不做，不说大话，不提出自己做不到的诺言。只有这样，才能使学生心悦诚服，建立起威信。教师良好的心理品质集中表现在：热爱、关心、爱护学生，具有良好的意志品质；工作认真负责，一丝不苟，坚毅果断，正直诚实；好学多思，勤奋刻苦，有渊博的知识，又掌握教学技巧。这样，就很容易在学生中获得威信。

教师作为社会文化价值与道德准则的传递者，极易被学生看成代表与具有这些价值和准则的人。一个表里不一、华而不实的教师，会对学生产生不良影响。良好的道德品质还体现在教师对教育工作的高度负责精神上，具有敬业精神，对自己所教学科有着浓厚兴趣和热情，这样的教师才能得到学生的尊敬。

2. 渊博的知识以及高超的教育、教学艺术。集中表现在：在教学中能突出重点、讲透难点，解决学生的疑点；能丰富教学内容，开阔学生的视野；能介绍学科发展的最新成果；有较高的应变能力，能迅速有效地处理教学中的突发事件；善于掌握教育分寸，有较高的教学艺术和教育机智。

3. 师生之间平等交往。师生关系处于平等地位，学生容易产生近师、亲师、信师的心理和行为。教师主动关心、爱护、体谅学生，可以融洽师生的感情。教师的威信是在长期与学生平等交往中形成的。教师不严格要求自己，不平等对待学生，即便已建立起的威信也会逐渐下降甚至丧失。

4. 教育教学技能和心理素质。随着时代进步和科技发展，社会对教师的教育教学技能和心理素质都提出了更高的要求。教师不仅要有丰富的知识，还要有效地传递知识，这就需要教师提高现代教育技术的应用能力，不断改进教学艺术；同时教育又是一项复杂的、高负荷的工作，面对困难，难免会产生挫折感，这又反过来影响教学工作。因此，教师只有树立终身学习的意识，积极进取，其威信才能提高。

5. 师生关系。师生关系并非只限于课堂教育教学中，在日常的生活交往中，教师与学生交流思想、兴趣、情感、目标等，也能增进了解，融洽关系，使学生对教师产生亲近感，从而增强了学生对教师的信赖和尊敬。

6. 珍惜"自然威信"有助于"自觉威信"的形成。教师对于学生一般都具有一种自然的威信，它是在师生交往的初期，由学生对教师自发的信任和尊敬而产生的，它是建立在教师身份所赋予的权威、权力和影响力的基础上。由于教师的社会角色赋予的地位和权力，由于教师个人拥有的学识经验的影响力，每位教师在学生面前总是有一定威信的，这是教师威信的自然基础。因而这种不自觉的威信极不稳定，如果滥用，势必引起学生反感。所以，教师不能满足于这种自然威信，而应在此基础上，通过自身的努力去建立自觉的威信。

教师的威信是在长期与学生相互交往中形成的，它主要取决于教师自身的条件。但是，对不同年龄、不同发展水平的学生来说，教师的主观条件并不是起着同等的作用。研究表明，初入学的儿童认为老师都有很高的智慧，把老师看成是至高无上的绝对权威。到八九岁才开始对老师持批判态度，有选择地对待老师。小学生喜欢慈祥、温柔而热心的老师；中学生则喜欢教学态度端正、教学效果良好、是非分明、严格要求的老师；对大学生来说，有威信的教师是品德高尚的专家、学者，即使他们在仪表和人格方面有某些缺陷也不一定影响其威信。

四、教师威信的变化

教师的威信一旦形成之后，便具有一定的稳定性，但并不是一成不变的。随着主客观因素的变化，教师的威信也会相应发生改变。它可能继续保持和不断发展，也可能逐渐下降，甚至完全丧失。引起教师威信变化的因素，既有客观因素，如社会的变迁、学生的发展等，又有主观因素，如教师的知识面、生活态度、教育教学技能等。教师自身素质的提高或降低，决定着教师威信的变化方向。其中影响教师威信降低或丧失的主观因素有以下几点。一是安于现状，不思进取，求知欲弱，导致知识面窄，既不重视本门学科的发展趋势和最新的科研成果，更不注意了解其他学科的知识，在信息时代这样一个闭目塞听、孤陋寡闻的教师的威信肯定难以维持。二是思想保守，因循守旧，故步自封，导致不敢创新，不能自我扬弃，自以为威信一如既往，实际上威信早已下降。三是随年龄增加教育观念变得消极，教育态度变得冷淡，导致教学质量下降，引起学生反感。总之，教师如果不是经常处于积极的发展状态，行为表现不合乎教师角色的要求，其威信就有可能降低或丧失。教师想要恢复已失去的威信，要比最初获得威信困难得多。

教师具有的威信有可能演变为两种情况：一是变为强制的教师威信，这常常是教师有意无意地滥用权力的结果，其师生关系的性质是"权力—（强制性）支配—顺从（或盲从、屈从）"，典型表现是教师在与不在时学生表现完全不同，其实这样的教师在学生心目中并不具有真正的威信；二是形成理性的教师威信，其师生关系的性质是"权威—尊敬—信服（心服）"，典型表现是不管教师在与不在，学生都能主动努力地达到教育要求。

建立理性的教师威信。首先，教师要十分珍惜和利用上述教师的自然威信。既要防止忽视它，也要严禁滥用它。其次，教师应该努力使自己具有必要的心理素质。必要的心理素质是教师在学生心目中赢得威信的最基本的条件。再次，教师要把握好前述那些影响师生关系的因素。这些因素有助于形成尊师爱生的师生关系，理性的教师威信容易在良好的师生关系的基础上建立。最后，教师要重视留给学生的"第一印象"。教师最初的仪表、行为会给学生留下深刻的印象，对后继的师生关系的发展和教师威信的形成都会产生影响。

五、教师威信的维护和发展

教师不仅要注意在学生中形成威信，而且还要注意维护和发展已形成的威信。维护和发展教师威信的首要条件是使自己的道德和心理品质以及业务能力始终处于积极的发展状态，经常严格剖析自己，严格要求自己，不断加强自己的道德修养，提高自己的教育能力。其次，教师要时刻意识到自己教师的身份，不仅在课堂上、在学校里，而且在家中、在社会上、在各种场合下都不能忘记自己是个教师。只有处处注意检点自己，才能不会出现有失教师身份的言行。否则的话，就会使辛勤培育起来的威信一落千丈。要知道，教师已经建立起来的威信如已丧失，要想恢复，必须付出加倍的努力。在大多数的情况下，恢复已丧失的威信比获得威信困难得多。

教师威信的维护和发展指以下几方面：一是巩固已有的威信，防止威信的下降和丧失；二是发展不全面的威信为全面的威信；三是发展低水平的威信为高水平的威信。教师威信的维护和发展，主要取决于教师自身具有的特征。

（一）教师要有坦荡的胸怀、实事求是的态度

没有人是完美无缺的，教师也不例外。教师勇于承认自己的错误，并能够为自己的过失承担责任，及时纠正，这不但不会降低威信，还会提高教师在学生心目中的地位，赢得学生的尊重。

（二）教师要正确认识和合理运用自己的威信

要对威信有正确的认识，威信不是威严，不能为了维护自己的威信而不恰当地运用教师的权威，损害学生的自尊心，挫伤其积极性和对教师的亲近感，削弱学生对教师的信赖感和尊敬心理，最终导致教师威信的降低。只有认识到威信的实质，妥善处理师生关系，才能有效地维护和提高自己的威信。

（三）不断进取的敬业精神

社会生活日新月异，以传道、授业、解惑为己任的教师要根据时代要求和教育对象的变化，不断更新自己的知识、观点，完善自己的各种素质，以满足学生不断发展的相关需要。同时，教师不断进取的敬业精神也能激起学生的敬佩之情，提高其威信。

（四）言行一致，做学生的楷模

教师代表着社会中年长的一代，向年幼的一代传授人类文化、先进思想和社会生活准则，一方面要管理、组织、引导并评价学生的学习，另一方面又要培养、训练和陶冶学生的品德情操。所以一般来说，每位教师在学生心中都有一定程度的威信，在学生心目中教师是知识丰富的人，是举止文明的典范，但如果教师的言谈举止与学生期待的"教师形象"有云泥之别，其威信就会降低。同时，教师言行一致，则"言传"与"身教"并行，不仅增强教育效力，而且会赢得学生的信赖与尊重，提高威信。

第六章　教师的职业角色

一、教师的角色概述

（一）角色的含义

角色是指个人在特定的社会环境中相应的社会身份和社会地位，并按照一定的社会期望，运用一定权利来履行相应社会职责的行为。人类社会就像一个大舞台，人类的社会活动就像是一部社会剧，每个人都在其中扮演着自己的角色。社会决定了人们的角色，人们的角色反映了社会赋予的身份与责任。个体在社会中占有与他人地位相联系的一定地位，当个体根据他在社会中所处的地位而实现自己的权利和义务时，就扮演出相应的角色。

（二）教师角色的含义

教师角色是指教师按照其特定的社会地位承担起相应的社会角色，并表现出符合社会期望的行为模式。今天，随着时代的发展、社会的进步，教师肩负的教书育人之重任的内涵在不断拓展，社会大众对教师这一社会角色的期望在日益提高，这决定了教师需要扮演丰富多彩的角色。教师必须据此建立角色意识，认识到自己所承担的角色职责和应有的行为。在传统教学中，教学中处于中心地位，教师直接以文化权威的身份出现，在知识、技能和道德等方面具有不可动摇的权威性，师生之间是直接的传递和接受关系。然而在当代，随着科技的飞速发展和社会的急剧变革，特别是以计算机为核心的信息技术在教育中的应用，从教育目标到教育内容、教育方法等都在发生巨大变化，教师的角色也相应地发生了重大变化。师生之间已不再是单一的授受关系，同时可能是同伴关系、组织者与参与者的关系以及帮助者与被帮助者的关系。

"教师角色"这一术语含有以下三层意思：①在学校或课堂上的行为；②由人们的社会地位和身份所决定的，角色行为真实地反映出个体在群体生活和社会关系体系中所处的位置，教师角色也就表示教师的社会地位和身份；③符合社会期望的，按照社会所规定的行为规范，责任和义务的行动。因此，教师角色也指对教师的期望，其中包括教师对自己的期望，也有学生、家长、学校行政领导、社会公众对教师的期望。其中，有些期望属于一般规范性的，

另一些则可能反映了某些信念、偏爱或别的思想方式。

任何一种社会行为，不仅反映出角色扮演者的社会地位及其身份，而且体现出个体心理、行为与群体心理、行为及社会规范之间的相互关系。个体在特定的社会关系中的身份反映了个体在社会关系中所处的地位，它是个体的社会职能、权利和义务的集合体。每种社会身份都伴随有特定的行为规范和行为模式，当个体产生为自己的社会身份所规定的行为规范和行为模式时，便充当了角色。学生期待的教师角色是集多种角色于一身的复合体。如果学生把教师看成是家长的代理人，他们希望教师具有仁慈、体谅、耐心、温和、亲切、易接近等特征；如果学生把教师看成是知识传授者，他们希望教师具有精通教学业务、兴趣广泛、知识渊博、语言明了等特征；如果学生把教师看成团体领导者和纪律维护人，他们希望教师表现出公正、民主、合作、处事有伸缩性等特征；如果他们把教师看成是模范公民，则要求教师言行一致、幽默、开朗、直爽、守纪律等。总之，要成为一名受学生欢迎和爱戴的好教师，他不仅需要具有一般公民需要的良好品质，而且需要具备教师职业所必须的特殊品质。

（三）教师角色的特征

教师职业角色的突出特征是角色组合。任何一位从事过教学实践的教师都深有体会。教师职业工作的内容并非单一、纯粹的"教书"工作，要成为一名合格的教师，不仅需要在课堂上传授知识，还需要做许多看起来与课堂教学无直接关系的事情，如疏导学生情绪，塑造学生品格，组织班级活动等。因此，教师的教育教学角色是角色组合，这就意味着，教师职业角色包括多方面的工作内容，这些内容之间关系紧密、相辅相成。同时，教师角色组合还处于动态变化的过程当中。世界快速发展，时代赋予教学更多更高的责任，人们对教师角色的期待和要求也在发生着变化，相应地，教师角色组合也随之在数量和内涵上有所改变。下面我们具体说明教师角色组合的成分及特征。

1. 从"知识的传授者"到"学习的促进者"。一直以来，传道、授业、解惑是教师最显著的标志。教师的功能就是把人类已有的知识经验传授给年轻一代，使其在较高起点上发展。因此，教师作为"知识的传授者"不仅要有广博的基础知识、精深的专业知识及相关学科知识，还要时刻把握所教学科最新研究成果和发展趋势。因此教师的知识要"广"、"深"、"新"。不仅如此，还必须懂得如何传授知识，是学科教学法与学科知识的双重专家。同时，由于科学技术的高速发展，多媒体和网络技术的运用广泛地拓展了人们获取知识的途径，教师作为唯一信息源的作用日趋减少。教师不能再把单纯的知识传递作为教学的主要任务，而应把形成学生正确的学习态度、方法以及灵活的知识迁移能力作为教学的主要任务，担当起"学习的促进者"的角色，即从传统的"知识的传授者"角色转变为"学习的促进者"角色，实现"教"学向"导"学的转换。

2. 从"严格的管理者"到"灵活的组织者"。大部分学生的活动都以集体方式进行，因此，教师还需要扮演"严格的管理者"角色，成为学生集体的领导者和纪律的执行者。教师的领导职能具体表现在：从集体中选拔学生干部，分配集体职务，形成班级、团队和学习小组，营造良好的集体氛围等。作为纪律的执行者，教师不但要传递社会规范，安排学习情境，制订学习规则和程序，还要培养学生遵守纪律的习惯和自律自控的能力，评价学生行为的正误，并实施奖励或惩罚。作为管理者的教师具有一些强制性的权利，如奖惩、维持教学秩序、安排班级活动等。教师扮演管理者角色，在运用权利时要顾及学生身心发展的群体特征及个体差异。这就要求教师懂得管理心理学的知识，具备良好的领导作风和心理素质。同时，由于社会多元化的发展带来学生个性的多样化，时代的发展也使学生的主体意识被进一步唤醒，这使学生平等、民主意识增强，导致师生关系更多地向平等的方向发展，因此在师生交往中，教师将更多地引导学生进行活动，"严格的管理者"角色将转变为"灵活的组织者"角色。

3. "思想品德教育者"结合"心理咨询者"。教师不仅要向学生传授知识，还必须对学生进行思想品德教育，在思想品德方面促进学生的社会化。这类教育问题，通常是通过教师言传身教的影响，促使社会意识和道德规范转化为学生的内在品质。因此教师要扮演好"思想品德教育者"角色，注重自己的道德修养，成为学生的好榜样。同时，学生成长中的问题，多数属于心理问题，而非绝对的道德品质问题。例如，说谎、偷窃、露阴癖等，这些问题既有思想根源，也有生理心理原因；而且在学生成长过程中的每一个年龄阶段都需要完成不同的发展任务，例如小学时期培养学习习惯，中学时期的适应、交友、青春期性心理、择业等；同时也要解决各种发展问题，如考试焦虑、抑郁、强迫等。以上方面，皆不能单纯依靠道德教育的方法来解决，必须结合心理咨询的方法由教师辅助学校咨询人员加以指导、帮助或治疗，从而促进学生心理的社会化过程。因此，教师还要扮演好"心理咨询者"角色，教师对学生的咨询辅导，是超越课本的教学，不仅是必要的，更是必需的。当然，教师要扮演好咨询者角色，并不是使自己成为专业咨询员，而是学习一些基本的咨询知识（学生心理问题的类型特征和咨询理论）、技术（倾听的技术，言语和非言语表达的技术），形成积极关注、尊重、真诚、感同身受的咨询态度，为学生提供心理安全的氛围和支持性的心理环境，从而发现学生潜在的问题，为之提供建议和咨询，并在自己力所不能及时转介到专业人员处进行咨询和治疗。

4. 从"经验积累者"到"行动研究者"。教师是一门专业，教师作为教育教学的专业人员，要经历由不成熟到相对成熟的专业发展历程。师范生毕业可获得任教资格，但并不意味着他在教学上能够胜任，更不能说他是教育教学方面的专家。教师的专业发展过程有其周期和规律，一般要经历五个阶段：新手、熟练新手、胜任型、业务精干型，最后成为专家型教师。专家型教师是教师专业发展的最高目标。单纯的经验积累不足以造就教育教学的专家，教师从新手向专家型发展，需要将职前学习与职后培训相结合，拓展专业内涵，不断反思、学习、实践、研究，成为教育教学的研究者。因此，教师角色还应该从"经验型"向"研究型"教师转变。教师成为研究者是指教师参与研究并成为研究的主体，而不再只是被研究的对象，也不再只是研究成果的操作者、执行者。教师成为研究者并不是使教师成为专门的研究人员，而是教师在自己的教育教学实践中去发现问题、研究问题和解决问题，研究的对象是自己的教育教学活动，包括教材、教法、教学手段和教学策略的选择等，研究的问题来自于教师自己教学中亲身经历或直接感受到的问题，目的是为了改善自己的教学效果，而不是纯粹的学术研究。这样的研究就是教育教学实践研究，即教育行动研究。

以上教师角色是教师在教学中，特别是在面对学生时应该扮演好的最主要的角色。实际上，由于教学过程的复杂性，在每位教师的职业生活中还存在各种各样的角色，虽然这里没有提及，但并不意味着它们就可以忽略不去考虑。同时，这些角色并不具有排他性，相反，它们仅仅代表了教师这一复杂角色组合的一部分。这些角色相互之间并非孤立存在，而是共同存在于一个动态的整体性的教学关系之中。

（四）教师的角色形成

1. 教师角色形成的含义。教师的角色形成是指个体逐步认识教师的职业角色及相应要求，通过实践将社会对教师的角色期待予以内化，形成相应的心理特征和能力的过程。

2. 教师角色形成的阶段。

（1）角色认知阶段。角色认知，指角色扮演者对某一角色规范的认识和了解，知道哪些行为是合适的，哪些行为是不合适的。教师角色认知表现在理解教师角色所承担的社会职责，能够将教师特有的角色与社会其他职业角色区别开来。一个人在正式成为教师之前就可以达到这个阶段。如，大多数师范生已经能够对未来将要充当的角色有所认识，当然此时的认识常停留在层次较低的理性认识上。

（2）角色认同阶段。在认知的基础上，一个人通过实践和体验接受了教师角色所承担的社会职责，并能以此指导和评价自己的行为，这时达到了角色认同阶段。此阶段的一个特点是在情感上还会产生相应的内心体验。对教师角色的认同离不开一个人真正承担这一角色，并进行实践活动。

教师的角色认同通常要经历两个环节。一是职前准备。从教前，可以让个体对教师角色有一个比较全面的认识，包括对教师职业的行为、规范、特点、意义、价值等的认识，以及可能伴随的情感体验。师范院校对学生的专业思想教育就属于这一环节。二是职后强化。从教后，通过自身的教育教学实践，通过与学生、与同事、与周围环境的交往与互动，教师会产生不同程度的积极或消极的情绪体验，这会加强或削弱他们对教师角色的认同。

（3）角色信念阶段。角色信念是个体坚信某种角色职责的正确性，并伴有较深刻的情感体验，进而成为个体角色行为的内在动力。在这一阶段，教师角色的社会期望和要求能够很自然地转化为个体的心理需要，教师坚信自己对教师职业的认识是正确的，并视其为自己的行动指南，形成了教师职业特有的自尊心和荣誉感。如，优秀教师都坚信教师是"人类灵魂的工程师"，教师职业是一种崇高而光荣的职业。

（五）教师角色心理冲突与调适

1. 教师角色心理冲突。教师角色心理冲突是指围绕教师角色的预期目标与现实状况之间的对立、对抗而产生的内心矛盾。在现实生活中，教师角色心理冲突主要有这几种。

（1）期待角色与实际角色的心理冲突。随着经济发展和社会进步，人们对教师角色的期待的内容日益丰富、要求日益提高，这不仅要求教师具有高尚的道德素养、全面的专业修养、良好的心理素质，还要求教师能够不断学习、不懈进取、适应环境发生的新变化和工作提出的新要求。对此，尽管教师尽力而为，但是由于种种原因，教师的实际工作没有或一时没有跟上社会期望的情况仍然有可能发生，期待角色与实际角色之间的心理冲突就会发生。

（2）声誉地位与现实遭遇的心理冲突。世界很多国家和地区十分重视教师工作和教师职业，我国也不例外。今天，教师的社会地位有了前所未有的提高，生活水平也有了明显的改善。但是，在现实生活中，轻视教师劳动和教师职业，甚至谩骂、殴打教师的情况仍时有发生，使教师感受到劳动成果不能得到尊重、职业尊严难以维护的威胁。在社会给予崇高声誉地位与不良环境的遭遇之间的不和谐，会使教师内心产生冲突。

（3）抱负水平与工作绩效的心理冲突。每个教师都希望取得良好的教育教学效果，希望自己的学生品学兼优、德才兼备，希望自己的工作获得社会认可和赞扬。但是，教师工作的性质决定了教育效果要经过较长周期才会显现。另外，由于种种主、客观条件的限制，教师的工作也常常不尽如人意，或不能得到及时肯定。工作上的抱负水平与自身难以把握的工作绩效两者的差距，很容易在教师内心引起矛盾。

上述教师角色心理冲突很容易使教师情绪低落、自责内疚，最后导致职业倦怠。

2. 教师角色心理冲突的调适。

（1）不断学习，充实提高。教师要不断汲取知识、充实自我，不能仅满足于完成一般性的教育教学任务。科技的迅猛发展，信息科学突飞猛进为人们认识世界、适应环境提供了便捷条件。教师更应以不懈的努力更新自己的知识结构，以适应不断发展的社会和教育的要求，适应学生发展的需要。通过学习和充实，教师的工作效果和自身的心理素质都会得到提高。

（2）情系学生，充满师爱。情系学生是教师对工作、对学生应有的态度。教师要时刻关注学生的一言一行、观察学生的喜怒哀乐，让学生感受真挚的师爱。在与学生情感炽热的交流中，教师可以从中吸取无穷的力量，鞭策自己不计一时一事的得失或可能出现的环境压力，在教书育人的工作中踏实前行。

（3）谦虚淡泊，心怀坦荡。对教师工作的意义在任何时候都不可低估。但是，教师自己不能过高地评价自己。教师应该多看到他人的优点和长处，多看到社会提出的更高要求和提供的良好条件，应该多比贡献少讲待遇、多思奉献少想索取。谦虚淡泊，方能宁静致远；心怀坦荡，才能自尊自爱。

（4）期望适度，体验成功。教师对学生、对自己的期望都要适度。教师对学生的期望固然不可偏低，这无助于学生产生学习动力，但期望过高而难以达到更会使师生双方都产生挫折感。教师对自己的期望值也不宜过高，脱离自身基础和客观条件的期望值必然会带来焦虑、挫折、冲突等适应问题。教师对学生、对自己持有适度的期望，通过努力能够达到，才会时时体验成功，增强自信心和自我价值感。

（六）教师的心理结构

1. 角色认知。角色认知是指角色扮演者对角色的社会地位、作用、行为规范以及与其他社会角色的关系的认知。角色认知是角色扮演的先决条件，它决定了一个人能否成功地扮演特定角色。对于教师来说，具有清晰的角色认知才能在各种社会情境中恰当地行事，形成良好的社会适应能力。通过职前学习、职业训练、职业工作、社会交往等，教师在不断了解社会对教师工作的期望和要求后可以形成对自身角色的认知。

2. 角色体验。角色体验是指个体在有关各方的评价与期待中产生的、在扮演某一社会角色过程中产生的情绪体验。教师角色体验来自于自身行为是否符合角色规范并因此受到的评价，这种体验有积极与消极之分。例如，自尊心、自卑感就是教师常会产生的不同的情绪体验。

3. 角色期待。角色期待是指角色扮演者对自己应该表现出怎样的行为的看法和期望。角色期待会随着具体情境的不同而变化。教师的角色期待可以来自对角色的自我期待，也可以来自社会对教师的角色期待。这两者之间是相互作用、相互影响的。社会对教师的角色期待不断地被认同和内化，就会转化为教师的自我期待。

社会对教师的角色期待主要体现在以下方面：根据社会规定的教育目标和学生身心发展的特点来培养人才；遵循教育与教学规律来教书育人，针对实际情境创造性地进行因材施教；做到言传身教，真正成为学生的楷模；既有高深的教育理念，也有培养学生成才的方式方法。

二、教师角色的多样性

在传统教学中，教师的角色是比较单一的。他在教学中处于中心地位，直接以文化权威的身份出现，在知识、技能和道德等方面具有不可动摇的权威性。教师的基本职责主要限于阐明事理、监督学生，师生之间是直接的传递和接受关系，师生关系的单一性与教师角色的单一性之间是一致的。然而在当代，随着科技的飞速发展和社会的急剧变革，特别是以计算机为核心的信息技术在教育中的应用，从教育目标到教育内容、教育方法等都在发生巨大变化，教师的角色也相应地发生了重大变化。师生之间已不再是单一的授受关系，同时可能是同伴关系、组织者与参与者的关系以及帮助者与被帮助者的关系。由于社会对教师期望的多样性，学校教育活动的多样性，决定了教师社会角色的多样性。一般来说，教师在学校教育中充当以下角色。

（一）教学的设计者

当代教师作为教学的设计者，不仅要对教学目标、教学策略、教学方法、测验手段等问题分析教学情境，进行教学设计。还要更多地考虑学生因素，从学生的角度出发，在理解和灵活运用各种教学策略和原则的基础上，针对学生的特点和特定的教学内容等，创设一定的学习环境。其中有教学中的各种社会性的相互作用，包括师生间的相互作用（如提问与反馈引导等）和学生之间的相互作用（如合作性问题解决等）；另外还要设计学生与教学内容及媒体和实物之间的相互作用。教师进行教学时已不仅仅是三尺讲台、一支粉笔、一张嘴了。计算机多媒体和网络的广泛应用，给教学提供了更为广阔的空间，同时也给教学设计提出了更高的要求，教师要学会选择合适的教学媒体进行相应的设计，为学生提供深入学习的支架，使学生在理解原来知识的基础上，在宽松、合作的氛围中通过自己的探索活动来组织、改组、甚至发现知识。最后教师还要设计出一定的测验手段，来检查教学和学习的效果，针对其中的不足作出相应的调整和补救。整个教学设计的过程渗透了教师的创造性活动。

（二）人类知识的传授者

这是教师的教学角色，教师成为学生学习的发动者、组织者和评定者。通过教学，传授文化科学知识，发展学生智力。在学生的心目中，教师是知识的宝库，是一部活的教科书，教师的职责就是要把知识、技能传授给学生。教师在教学中，传授给学生的知识技能要做到：在学生、家长以及社会上人们的心目中，教师是知识的宝库，教师的工作就是把知识和技能传授给学生。在教学过程中，教师传授给学生的知识技能一要"博"，即给学生丰富的知识，打开学生的知识眼界；二要"深"，即给学生带有规律性的知识，引导学生深入学习；三要"新"，即给学生带有时代感的知识，帮助学生丰富探索未知世界的基础知识。为此，教师本人首先应该成为某一学科的专家和学者。在某一学科领域内缺乏较深造诣的教师，是不能扮演知识传授者的角色的。同样，满足于现有知识，缺乏求知精神的教师，也无法扮演知识传授者的角色。真正出色的教师应该热爱教育工作，对自己所教的学科充满热情，有钻研的能力，善于运用心理学和教育学的原理，以适合学生年龄特点的方式传授知识，使学生为教师的热情所感染，激励自己自觉地学习，准确地理解和牢固地掌握教师所传授的知识。教师在教学的过程中，要起到促进学生学习的作用，要激发学生的学习动机，为学生的学习提供一个框架。作为一个成功的激发者，教师要知道如何激发学生的参与性，如满足学生的个别需要，避免让学生感到失望和在公众场合感到尴尬等。教师要实现激发者的角色，首先还必须激发自身的积极性，这样才能激发学生。格利克曼很好总结了教师作为激发者的角色："为什么我们的很多学生在学校做得不好，其原因不是他们自身存在不足，或是他们的教师缺乏能力或不认真，而是这些学生没有看见学习能改变和促进他们在社会中即时生活的适当性。"

（三）学生学习信息源的传播者

教师作为信息源有两层含义：一是指教师按自己设计的方案主动向学生提供一定的信息，这一过程更多受教师的控制；二是学生在对一定的问题情境进行探索时，可能会在已知条件与目标之间进行探索的过程中感到缺乏必要的信息，从而主动向教师寻求一定的信息，这一过程中学生具有更大的主动权。随着人们对学习者在教学过程中地位的日益重视，教师的这种作用在现在的教学中相对来说越来越突出。在现在，信息传播的途径日益丰富，电视、书刊的大量传播，特别是计算机信息网络等开始在教学中应用，学生可以从更广的途径获得信息。在这种背景下，教师不再是学生的唯一的，甚至最主要的信息源。这时教师作为信息源的最主要的方面不是将所有的信息都装在头脑中，而是掌握了获得信息的线索，知道该以何种方式以及到哪里去寻找信息，从而可以为学生提供支持和帮助。

（四）学生学习的指导者和促进者

教师不仅是知识的传授者，还应该是学生学习的指导者和促进者。教师是学生学习的指导者，必要的讲解和指点，特别是对低年级学生而言，是不可或缺的。教师基本职责是"传道、授业、解惑"，包括把人类社会积累的知识和技能传授给学生，解答学生在学习、生活中遇到的各种疑难问题。在指导学生学习的过程中，教师既要面向全体使他们都得到发展，又要因材施教、发展每个学生的特长。所谓促进者是指教师要从过去作为单纯灌输者的角色中解放出来，促进以学习能力为中心的学生整个个性的和谐、健康发展。传统的课堂教学往往是教师的独白，学生被动地接受教师灌输的书本知识，而忽视了情感、态度、价值观等的发展。随着信息社会的飞速发展，学生获取知识的途径多元化，教师不再是学生的唯一知识源。教师不能简单地把知识传授作为自己的主要任务和目的，而应成为学生学习的激发者、辅导者、各种能力和积极个性的培养者，把教学的重心放在如何育人和促进学生学习上，帮助学生构建自己的知识体系。

此外，在教育教学过程中，教师要激发学生的学习兴趣、学习动机，为学生的学习提供认知支架等，努力促进学生自我成长，使学生在未来的社会生活中能够持续发展。这一促进作用对学生在学习生涯初期作用较大，其奠基作用能在未来的学习中发挥持久的作用。

（五）学生学习的配合者

传统的课堂理念下，教师的角色是课堂活动的监控者，是教学活动中的绝对权威。学生学习什么，怎样学习，学到何种程度，都由教师决定。这无形中塑造了教师的主体地位，而难以实现学生的主体地位。要实现教学过程中师生交往、共同发展的有效互动，教师需要从居高临下的权威转向"平等中的首席"。在这个学习共同体中，教学成为师生个性化的创造过程，从而使学生得到充分的发展。

教师可以做学生的同伴，共同促进学生的学习。一方面，教师与学生之间建立友好融洽的关系有利于增强教育的力量。教师要善于观察和理解学生，甚至应研究学生，了解他们的需要、学习特点和个性特征，了解他们学习的过程，理解他们在学习中犯各种错误的原因，从而在教学中与学生很好地配合和合作。另一方面，教师有时甚至要以平等的身份和学生进行讨论或合作，作为学习的同伴与学生共同进行意义的理解建构，共同解决问题。由于教师有更丰富的经验和更高的能力，因而在这种交往中，教师作为成熟水平较高的社会成员，通过学生与他们的交往，可以促进学生的"最近发展区"向现实发展的转化。

（六）言传身教者

教师肩负着培养年轻一代的重任。教师不仅要对学生传授科学技术、文化知识，培养能力，而且还要按照一定的世界观塑造学生的灵魂。人们常说"教师是人类灵魂的工程师"，就是指教师在学生思想品德教育方面的特殊角色。教师要培养学生具有正确的世界观、人生观和远大理想，培养他们丰富而高尚的精神境界，培养他们追求真理、热爱科学、热爱和平的美好情操，培养他们具有不断完善自己的道德品质。

教师是人类文化知识的传递者和精神文明的传播者。这种传播教育主要是通过言传和身教来实现的。言传固然重要，但从某种意义上来说，身教的意义更大。教师通过言传身教，对学生进行思想品德教育，提高他们的思想觉悟，培养他们良好的道德品质。言传身教在于学生乐意接受教师的言行影响，有学习、模仿教师行为的倾向。在学生、家长和社会人们的心目中，教师是有知识有教养的人，是宣传伦理道德、社会政治原则的人，教师就是他们愿意仿效的现实榜样。教师是为人师表的楷模，由此可见，教师的言传身教对学生的成长具有更大的影响。所以教师要严格要求自己，以自己的身教来激励学生健康地成长。

（七）班级集体的领导者

学生在学校里通过相互交往，形成各种正式和非正式的群体。班级集体是学校里最主要的正式群体。由于教师的地位、知识、年龄等原因，学生普遍认为教师就是学生班级集体的领导者。在学生集体中，教师的领导职能具体表现在：从集体中选拔学生干部，培养积极分子，正确地分配集体的职务，形成以积极分子为核心的班级集体；造成良好的集体气氛和集体舆论，形成良好的班风；培养学生高尚的精神面貌和自觉遵守纪律的习惯；开展多种多样的学习活动和教育活动（包括社会活动和劳动），形成优秀的班集体。当班集体形成后，学生追随教师，对教师的要求言听计从，教师对学生进行有指导的教育。此外，要看到学生中还存在许多文艺的、体育的、学习的非正式小群体，有高度责任感的教师常常自觉地充当这些小群体的领导和顾问。即使班内有一些落后的非正式群体，教师也有不可推卸的引导职责。特别是随着人们对合作学习和交互性学习的重视，教师作为组织者和管理者的角色更为突出。他要组织学习小组，引导和指挥学生进行讨论与合作活动，使学习得以深入，通过组织好的群体互动来促进个体的发展。

（八）课堂纪律的管理者

为了使课堂教学顺利进行并收到预期的效果，教师还要充当课堂纪律管理者的角色。虽然不同的教师对课堂教学的控制程度不同，但维持一定的课堂秩序，组织学生进行课堂学习是进行教学的前提。作为课堂和教学的组织者，教师首先要明确教学的目的和目标，这些目的和目标指导着教学策略的类型，即决定教师选择什么样的策略来满足学生在学习、情感和生理上的需要。教师必须根据教学目标设置学习情境，制订必要的规则和程序，判断学生行为的正确与否，并施以奖励或惩罚。这样做的目的是为了形成良好的课堂秩序，使每一个学生都遵守学校所制定的规章制度，最终能在班级里形成自觉的纪律。组织课堂最重要的因素是把班级作为一个整体和许多个体来了解，学生的学习风格、先前的经验和其它各种因素给教师提供了许多有价值的信息来满足学习的需要。教师在讲授教学内容的同时，必须督促全体学生自觉地遵守课堂纪律，评价学生某种行为的正确或错误，并实施奖励或惩罚。在课堂管理中，教师的自信心是保持良好纪律的一个重要因素，教师只有相信自己的才能并取得学生的信任和尊敬，才有可能维持好课堂纪律。如果教师对课堂纪律问题处理不当，学生的注意力就难以集中到教学内容上去。要成为一个最佳的课堂纪律的管理者，教师应帮助学生逐步形成自觉地遵守课堂纪律、自觉地控制和约束自己行为的能力和习惯，而不是将主要精力放在对纪律的控制上。罗森塞思的研究表明，小学教师每天只有 20% ~ 30% 的时间在与学生进行言语上的交流，而其它的大部分时间用在了组织管理活动上。特别是随着新课程的改革，人们日趋重视合作学习和研究性学习，教师作为组织者的角色变得更为突出，要组织学生分成学习小组，引导学生之间开展各种讨论与合作活动，使学习得以深入，通过组织好的群体互动来促进个体的发展。不要为学生的纪律问题唠叨不完，或者无情地训斥学生，甚至体罚或变相体罚学生，这样，教师似乎成了无情的教育警察。教师扮演的纪律执行者的角色超过了学习指导者的角色，这无疑是无成效教学的前兆。在课堂管理中，教师作为管理者，主要是体现其对学生行为进行管理的信念与态度，很多富有经验的教师认为，只有当学生知道了在学习环境中可被接受的行为类型，学生的学习行为才会发生，即只有已经形成了良好的班级秩序，教师并且已经解释和实施了这个程序，学习和教学才能发生。要保证一个有序的学习环境，教师使用的方法是最重要的，要保持一致性的、公平的实施原则，以及教师的自信心，取得学生的信任和尊敬，是维持好课堂纪律的重要因素。

（九）人际关系的协调者

教师在教学过程中主要与学生进行交往。交流不仅是教学的灵魂，也是教学的中心，如果没交流，教与学将很难进行，教师处在交流者这个角色时，应该在代表有确定学校气氛和文化的各种不同的形式和环境中，与各种不同的人进行有效的交流。交流的形式一般有：学生—教师、教师—教师、教师—家长、教师—校领导，教师必须在这些形式中寻求有效的交流。在处理师生关系时，教师应有意识地调节和控制自身的态度和行为，热爱学生、尊重学生、相信学生、关怀学生，坚持做耐心细致的思想工作，努力使自己成为学生的朋友，成为学生集体的带头人。有些教师不理解班级集体的作用，他们认为教学、教育工作只不过是教师与学生个人之间的一种关系。教师之间的工作都处于隔离的状态，很少就教学、班级管理的问题进行讨论，他们的决策往往只影响自己的班级，与校领导之间也很少就学校的管理和发展进行探讨，只是被动的服从上级的决策。随着时代的发展，基础教育课程的改革，教师不再作为管理者的下属，而是以同事的身份工作，参与到整个学校的决策制定中去。学校中这种角色的变化要求校领导和教师共同制定决策，在放弃权威的同时要保留责任感，发展人际交流的技能，以及通过教师、校长和家长之间的合作关系到建立信任感。没有有效的交流，是无法适应学生和家长的需求的，作为交流者，教师要了解交流的基本过程，仔细分析影响交流的障碍，采取灵活有效的交流方式。其实，集体中的某些因素会激励学生的学习。学生在勤学振奋、团结一致的集体里学习要比在涣散的集体里学习更有效。当然，集体中的某些因素可能妨碍学生学习的进步。因而，教师有责任帮助班集体里的学生彼此了解和信任，乐于在一起学习、工作和娱乐，共同分享成功的愉悦和失败的忧虑，进而使学生之间、师生之间、教师之间、师生与家长之间能够有效沟通和交往，形成良好的班级集体。这样的教师就是善于处理人际关系的艺术家。这种艺术家只具备交往技巧是不够的，还必须通晓社会心理学，善于运用社会心理学来协调学校集体内的各种错综复杂的人际关系，协调学校师生之间，师生与家长之间的关系，与学校领导以及社会其他方面的关系。教师不仅是这些人际关系的协调者，还应该是人际交往与信息沟通的促进者。

（十）心理的辅导和治疗者

随着社会的发展、人们需求的变化，学生承受的心理压力也在增大，他们的心理问题有明显增多的趋势。这要求教师担当起学生的心理健康辅导者的角色，做好心理健康教育的工作。为此，教师一方面要提升教育理念，认识到今天的教书育人中包括了维护学生的心理健康；另一方面要提升职业素养，自觉学习和掌握有关心理卫生方面的知识，关注学生的心理问题或困惑，注意防微杜渐，及时干预。

在学校教育中，教师要尊重学生，把学生视为学习的主体，重视学生的意愿、情感、需要和价值观，要在师生之间建立良好的交往关系，形成情感融洽，气氛适宜的学习情境，相信任何一个学生都能自己教育自己，发展自己的潜能，最终达到自我实现。教师也应对自己所处的客观环境、自身情况、自己与学生的关系作出正确的判断。为此，教师还要充当心理导向的角色，成为学生学习的鼓励者、促进者，使学生确信教师是他们真诚的、可信赖的、无限深情的指导者。

教师帮助学生讲究心理卫生，保持心理健康。这就要求教师还应该是一位心理卫生的治疗者。由于社会竞争性增强，学业负担过重，学生的心理压力会越来越大。有的学生胆怯退缩、多疑抑郁；有的学生郁郁寡欢、情绪不佳；有的学生喜怒无常；有的学生人际关系紧张而又改善无方；有的学生自怨自艾，悲观失望；有的学生离家出走甚至厌世轻生；也有的学生骄傲自满，盛气凌人……他们中的不少人身体健康，但歪曲了的心灵却造成了悲剧。在这种情况下教师毫无疑问地要充当心理卫生的治疗者的角色。一名优秀的教师会意识到他的责任是培养一个全面发展的学生，并且意识到学生的心理健康和他们的学业成绩一样重要。因此在教学和咨询之间要有密切的联系，在学校里，教师总会遇到向学生提供咨询和给予建议的情况，在扮演咨询者的角色时，教师要引导学生的认识和情感朝正确健康的方向发展，当学生愿意和教师分享他内心的想法时，教师也愿意倾听时，才能找到解决问题的办法。应做好两方面的工作：一方面要指导学生健康地生活和学习，克服种种心理失常或心理障碍。把学生从过度的焦虑、孤僻、羞怯、嫉妒、猜疑、自卑、冲动、执拗、抑郁、亢奋中解救出来，以发展正常心理，防止各种心理问题的发生；另一方面，在学生遭受心理挫折和痛苦后，教师要设法创造一种谅解和宽容的气氛，减轻学生的痛苦，并及时提供帮助、咨询和诊断，治疗学生的心理创伤，以增强他们的自信心和自尊心。当然，严重的精神疾病是精神病学家的事，教师是无能为力的。

（十一）终身学习者

在科学技术飞速发展的社会，人们必须不断学习、终身学习才能适应社会的变革。终身学习、终身教育、学习型社会等理念的提出，对人类的教育思想、教育观念形成了巨大的冲击，传统的教师固守本领域、本学科的观念已经不适应社会的需要。教师应是某一学科的行家或专家，是文人应该具有学者的风度和气质。学者是要不断学习的，所以教师又是一个孜孜不倦的学习者。孔子曾要求教师是"学而不厌"和"诲人不倦"的人。教师的知识是通过不断的学习获得的，要教好知识，就得不断的学习，只有学而不厌，方能诲人不倦。对许多教师来说，完成每天的日常教学任务，保证学生不出岔子就算完成了做教师的任务了，很少会去考虑尝试一些新的和自己不熟悉的事物。然而，作为一个创新者对课堂中的每一个教师来说都是非常重要的，一个富有成效的教师能够实际的把握自己的长处和不足，他们知道学生的学习过程是存在个体差异的，并且能够通过使用策略和行为来满足学生的这些需要。他们还会鼓励学生成为一个独立的思考者和问题的解决者。但是，更为重要的是，作为创新者角色的教师应该会更容易接受新事物，并且很乐意为了更好的满足所有学生的需要来改变自己的行为。因此，一个称职的教师，首先要学习专业知识，精通本专业的基础知识，是搞好教学的前提。其次要学习教育理论，掌握有关教育学、心理学的原理，这是搞好教育工作的关键。再次要学习相关的知识。使自己的知识渊博，知识面宽广，这是增强教学效果，适应科学发展的需要。只有不断的学习，像海绵一样，从人民中、生活中、科学中吸收更多的营养，充实自己，才能使自己成为一个名副其实的学者。

（十二）反思者与研究者

教师能够经常回顾、重建、重现并能够对自己的行为表现和学生的行为表现进行批判性的分析和审视，从而提高教学能力。孔子曾提倡"吾日三省吾身"。在教育教学过程中，教师要充当教学的反思者与研究者的角色。在教学过程中，教学反思分为教学前、教学中、教学后三个阶段。教学反思被认为是教师专业发展和自我成长的核心因素。教师要不断对自己的教学进行反思和评价，提高对自己的教学活动的自我觉察，发现和分析其中存在的问题，提出改进的方案。教师对教学的自觉的反思过程，就是教师以一定的元认知知识为基础，对自己的教学活动进行认知监控的过程。另外教师之间可以相互进行观察分析，并讨论交流，帮助对方发现问题，共同提高教学的水平。此外，教师还可以寻求专家小组的支持，通过专家的专业引领提高专业素质。

反思是教师教学能力提高的一条重要途径，作为一名合格的教师，要不断对自己的教学进行反思，以提高对自己教学过程的自我观察，发现和分析其中存在的不足，提出解决和改进的方案。在教师专业发展过程中，他更强调教师要成为行动的研究者。他认为教师可以针对某些实际问题改变自己的教学方式，在解决问题的过程中自我监控、评价，教师最初对问题的理解可望在评价的过程中得到修正和改进，即"以行促思"。教师必须对自己的教学进行研究，成为一个科学的研究者，从而能够以一定的理论为基础，灵活的解决教学中的各种问题。

教师是教学和学习的研究者。在教学中，教师总是不断地作出各种决策。教学与学习的基本原理是对一般规律的概括，没有哪一种理论能告诉我们在某一特定条件下该怎样做，而教学中的决策又要考虑到这些特定的背景条件。传统的教书匠式的教师已不能适应社会经济文化的发展以及教育自身的需要，专家型、学者型的教师将成为未来教师的重要角色之一。因此，教师不能仅满足于向学生传授现成的知识，而要积极探索和研究教学与学生中出现的问题，成为一个科学研究者。特别是对自己教学的研究，要掌握一定的教育科研方法，并注重运用所掌握的方法解决自己在教育教学实践中所遇到的问题，从而使自己不仅成为一名教育实践家，而且还要成为教育理论家。从而能够以一定的理论为基础，灵活地解决教学中的各种实际问题。如果教师的教育教学没有一定的理论作为指导，没有以研究为依托进行深化和提高，就容易陷在固守旧经验、照搬老方法的窠臼里不能自拔。同时，教师还应该相互观摩、彼此切磋、共同探讨，提高教育教学的水平和效果。只有通过反思和研究，教师才会使自己的工作"渐入佳境"、"再上新台阶"。

（十三）学生家长的扮演者

教师与其他职业人员的一个重要区别是，他们经常扮演家长代理人的角色，学生对待教师的态度很像他们对待自己父母的态度，迫切希望教师能像其父母那样对待他们。特别是年龄小的学生，常常把教师当作自己父母的化身。所以教师在课堂上、学习上是老师，在生活上是长者和父母。因此教师不仅要关心学生的学习，还要培养他们良好的生活习惯和技能，解答他们在生活中遇到的各种问题，充满热情地关怀、期望、帮助学生，扮演父母形象角色。事实上，大多数教师也愿意并且接受了这一角色，他们对学生充满了热情、希望和关怀，又不放弃严格要求。教师在扮演家长代理人的角色时，还有优于学生父母的一面。教师在教育过程中，既要扮演父母温暖关怀的角色，又要充当严格要求的角色；要引导学生逐步把家长的权威与教师的权威分开，使他们超越个人情感的圈子来认识教师的权威，以加速儿童社会化的发展。

（十四）模范公民的形象代言者

教师是"人类灵魂的工程师"，这既是对教师的赞誉，也是对教师的期望。教师要为人师表，他的道德和学识使他在学生，乃至公民的心目中具有一定的威望。常言道，言教不如身教，榜样的力量是无穷的。在学生心目中，教师是知识的源泉，是智慧的化身与行为的典范，教师所有的举止言行都无疑成为学生模仿和学习的表率，在学生心灵上打下深深的烙印。每个教师也都应意识到这一点，要通过自己的榜样、模范、表率作用去感染每一个学生，教育每个学生，对学生施以潜移默化的影响。社会性学习主要通过模仿来进行，对于学生来说，一个成功的教师无疑是他们崇拜与模仿的对象。在培养学生道德品质和人格特性的过程中，教师不仅要指导学生掌握社会价值观念和行为规范，更要充当起示范者的角色，通过自己的一举一动，给学生提供良好的示范榜样。一天中花最多时间与学生待在一起的人是教师，教师的行为往往影响了学生的道德选择，教师带着一定的价值体系进入课堂，而学生或多或少的会受到影响。教师与学生、其它教师交流的方式，说的话，带进教室的个人习惯无一不成为影响学生的行为示范，因此教师要不断反省自己的思想品德、行为作风、处世态度，充分意识到自己的榜样作用，使自己的言行成为学生的表率。例如，要求学生正直公正，教师首先要公正地对待学生；要求学生关心他人，教师首先要关心学生。教师作为社会文化价值与道德准则的传递者，很容易被学生看作代表和具有这些价值、准则的人，如果教师的言行能够与自己说教相吻合，学生容易受到积极的影响。因此，教师对学生要求做到的，教师自己必须首先做到，不仅在学校里要做到，在自己的家里，在社会上的公开场合都要严格地做到。教师的表率，远远地超过了一个模范公民的作用。

角色观念明确的教师应该做到以下几点。（1）能够成功地扮演角色的教师对自己会有清晰的认识，他们清楚地知道自己是一个怎样的人、自己的努力方向是什么，自己想成为怎样的人。使自己的行为举止敏感而有节制。（2）善于扮演角色和顺利实现角色转换的教师，比较容易发现爱别人，受人的爱，能充分体验到自尊、自爱、自强与事业有成的体验。（3）具有清晰角色观念的教师能够使自我角色期望与对他人的角色期望相一致。能够客观地对待学生，理解学生，能够深入到学生的内心，使自己的理智和情感都处于学生的地位，能为学生设身处地着想，产生移情作用，可以避免主观随意性的诱惑，做到心胸豁达。（4）善于扮演角色的教师能够真诚待人与学生和谐相处，能够与学生进行有效的交往，因而能取得有效的教学、教育效果。角色观念明确的教师是学生心目中理想的教师，是学生最喜爱的教师。

（十五）行为规范的示范者

教师更要重视学生的思想品德教育，既要有"言教"，更要有"身教"。在学生的心目中，教师是有教养、有道德、讲原则的人，教师是他们很愿意仿效的榜样。在要求学生掌握社会价值观念和行为规范时，教师自己的言谈举止是学生的鲜活榜样。教师的率先垂范、身体力行对学生成长有着巨大的影响。

（十六）社会活动家的充当者

学生除了在课堂学习活动外，还有许多课外活动，也称为第二课堂，这些活动多是按集体方式进行的，然而任何集体活动都必须有担负领导责任的人去管理、组织，教师的地位、年龄、知识、经验、威信决定了他在学生集体中负有指导者的责任，充当青少年工作的指导者。现代教育是一个全方位的系统工程，学校、家庭、社会三位一体。如何协调这三者关系，谁来协调？这就成为教师新的角色及其行为。一个优秀教师，要想取得最佳的教育效果，必须要担当起公共关系人员的角色，在学校、家庭、社会三者之间协调好各方关系，使之成为和谐一致的教育网络。心理辅导人员这个角色在帮助学生学习和适应更有效的生活方式，减轻、消除心理压力和矛盾，获得心理健康等方面起着十分重要的作用。心理辅导人员是当代教师不可忽视的重要角色。

第七章　教师的专业成长

一、教师专业成长的概念

教师的专业成长是指教师内在专业结构不断更新、演进和丰富的过程。可以从内容和程度两个角度来衡量其发展水平。其中内容是指教师专业成长的结构，即教师的专业发展包括哪些方面；而程度是指教师专业成长所达到的层次。判断教师专业成长水平的高低，需要结合内容和程度两方面。

二、教师专业成长的结构

（一）教育理念

教育理念是指教师在对教育工作本质理解基础上形成的关于教育的观念和理性信念，反映了教师对教育、学生以及学习等的基本看法，一经形成，即具有相对稳定性，但也并非一成不变，会随着教师个体的生活背景和阅历的不同而发生改变。教育理念既可能是外显的为教师自己所意识到的，也可能是内隐的，不为教师自己所察觉的观念。它在教师的专业结构中处于较高层次，统摄并影响着教师专业结构的其他方面，左右着教师自身各个方面的成长。好的开放的教育理念会促进教师接受新的观念、改进自己的教育行为，而那些教师自认为好，实际是陈旧甚至错误教育理念则不仅会阻碍教师的发展，使其裹足不前，而且还直接影响教学效果，压抑学生的成长。

（二）教师专业知识结构

1. 陈述性知识，即具有普通文化知识以及所教学科的专业知识，这是正常教学的基本前提。

2. 程序性知识，即如何把学科知识和其他知识教给学生的操作方法的知识，即前面所说的关于如何教学的一般教学法知识和学科教学法知识，这是有效教学的保证。

3. 策略性知识，即有关教师在特定的教学情境中为完成教学目标和适应学生需要而作出的教学谋划和采取的教学措施方面的知识，这是教师专业知识结构必不可少的一部分。教学问题的判断和解决需要教师具备良好的教学策略，高水平的教学策略是有效解决教学问题的核心所在。教学策略实质上是教师在教学情境中策略性知识的运用，这部分策略性知识是将程序性知识和陈述性知识结合起来的实践知识，它检验、修正并补充着前两种知识内容，使之成为活的知识，因而策略性知识的水平制约着教师教学水平的高低。

三、教师专业成长的历程

从一名新教师成长为一名合格教师的过程中，教师的成长大致划分为关注生存、关注情境和关注学生三个阶段。

（一）关注生存阶段

这是教师成长的第一阶段，这时教师非常关注自己的生存适应性，因而有些新教师可能会把大量的时间都花在如何与学生搞好个人关系上。有些新教师则可能想方设法控制学生。这种情况通常是由于新教师过分看重校领导或同事的认可和评价造成的。

（二）关注情境阶段

当教师感到自己完全能够生存时，便把关注的焦点投向了提高学生的成绩即进入了关注情境阶段。这时教师更多地考虑和关心诸如班集体的建设、时间的压力和备课材料是否充分等与教学情境有关的问题，他们所关注的是如何教好每一堂课的内容。传统教学评价也集中关注这一阶段，一般来说，老教师比新教师更关注此阶段。

（三）关注学生阶段

当教师顺利地适应了前两个阶段后，成长的下一个目标便是关注学生。能否自觉关注学生是衡量一个教师是否成长成熟的重要标志之一。

四、教师专业成长的途径

（一）理论学习

教师理论水平的提升、知识的积累和能力的增强，除了在高等院校的学习，还必须在日常教学生活中不断进行系统的理论学习。这是由于，首先，理解和把握教育教学的真谛、确立新的教学观念，需要一个不断将外在的教育教学理论内化的过程；其次，教育教学实践中反映出来的问题只有上升到理论层面，才能知根知底。有的教师忽视理论学习，希望学习现成的、直接能用于实践的操作方法。他们认为理论没用，也没时间听，只要知道做什么、怎么做就行了。实际上，具体的操作方法常常是在特定的背景中使用才行之有效，若缺乏理论根基，只知道做什么和怎么做，而不知道为什么要这样做，也不知道情况有所改变时是否需要改变，在实践中不仅易出偏差，而且操作方法也不能灵活迁移到类似的教育教学情境中，更不会在教育教学实际中加以创新和发展。因此，教师只有不断系统学习理论，才能在较高层次上更新知识结构，提升专业能力。

当一个人开始其教师职业生涯时，就需要树立终身学习的理念，不断进行理论学习。理论学习的内容既包括陈述性知识（有关"是什么"的知识，如自然科学中的新发现、新理论，人文学科中的新思想、新观念），也包括程序性知识（有关"如何做"的知识，如教学策略、教学技能等）。这样才能随时了解教育教学的新近发展动态，掌握新的教学方法，学习使用最新教学技术，及时吸纳所教学科和教育学科的最新研究成果，扬弃自己知识结构和观念系统中陈旧和不合时宜的成分，进行知识和观念的更新与重构。在理论学习时应对各种新观点和现象保持开放的心态，把自己现有的教育教学理念、理论和教学方式方法的合理性放在接受挑战和审视的位置，对其检查、修订和改进。

（二）研究其他教师的经验

教育教学工作中充满了各种不确定性，在实践中遇到的问题，多数属于结构不良问题，从书本上得来的理论，并不一定就能解决实践中的疑难问题。系统的理论学习对于一名教师来说是必要的，但也是远远不够的，还必须在实践中学习活的教育教学知识和技能。案例教学和课题观察就是两种典型的研究其他教师经验的"做中学"的专业发展途径。其着眼点在于教师实际解决问题能力的发展，而不仅是获得不变的原理、规则。

1. 案例教学。案例教学最突出的特征是案例的运用。案例是包含有问题或疑难情境，同时也包含有解决这些问题的方法的真实发生的典型事件。案例教学法就是运用案例进行教学的方法，是通过对一个个含有问题的具体、真实的教育情境的描述，引导学习者（这里主要指教师）对其进行讨论的一种教学方法，在一定意义上与讲授法相对立。

教师先要选出适当的案例，并撰写出来，然后讨论。选择案例有几个基本要求：第一，要突出事件中的矛盾、对立；第二，要有完整的情节；第三，叙述要具体、明确；第四，把事件置于具体的时空背景中；第五，揭示教师与学生复杂的心理活动。一句话，案例来自于真实的教育教学实践，是发生在教师身边的事情。教师对撰写出的案例中涉及的各种问题进行分析、讨论，提出解决问题的各种策略并加以演示、比较。通过讨论案例，教师学会如何去分析问题，遇到类似的情境或问题如何对待，从哪些方面着手去处理，同时也就学会反思自己的教学实际，能设身处地地从实际的情形出发，设想可能遇到的种种障碍，自己有可能产生的种种偏见，以及解决问题的多种可能方案等。

案例教学是传递理论、原理的强有力的方式。在案例教学中，教师分析讨论案例中的教学情境和师生的各种反应，辨别其中所包含的基本原理和规律，把案例中隐含的有关理论展示出来，并通过讨论说明为什么这个事件应该这样处理而不应那样处理，就能促使教师对理论运用的方式、原因等作更深入的思考。不仅如此，还要考察情形已有所变化的案例，讨论如何把先前案例中的理论转变成解决新情形新问题的变式。这样，理论就可以被迁移。因此，教师在选择案例前，先要确定哪些基本原理是要通过案例教学揭示的，然后再选择能够说明这些原理、理论的案例；在讨论分析案例时，针对案例中的重点难点（如教学策略、教学技巧等）进行分析；不要停留在具体的事实上，而要挖掘事实背后的规律；对不同的观点不要持批判的态度，鼓励表达观点；总结放在讨论的最后进行。

2. 课堂观察。课堂观察又称"观课"或"听课"。观课不但要注意"听"，还要着重"看"。其目的是促进教师专业发展而非考核考评，因而常常是同事、同级之间的互助指导。它包括三个环节：观课前的共同准备、观课过程、观课后的共同讨论，其中讨论是重要的一环，不是去评价，而是有充分切磋的交流。由此可见，观课的意义在于互助指导，使教师共同感兴趣的问题得到分析，从而共同提高。因此观课者要在教案的设计上提出建议，帮忙收集资料和进行课前准备，共同商定课后将要讨论的问题或范围。这既减轻授课者的压力，也使观课者卷入教学中而非置身事外。可见，被观课教师的教学过程就是一个活的教学案例，观课后的讨论实质上是案例分析，因此，观课活动同样具有案例教学的作用。

（1）观课内容的确立。从课堂要素这个角度看，课堂包括教师、学生、教室环境、教学材料等物质要素和教学方法、教学艺术、教学风格、教学理念和教学策略等隐形要素。观课既可以观察师生在课堂上的角色扮演、教师所使用的教学设备和材料，也可以观察教学方法的使用、课堂管理组织策略或提问策略的运用，及教学艺术风格等。教师要根据不同的观课目的来确定观课的重心。若观课的目的是探讨学生对课题的掌握情况，则观课重心就放在授课教师的讲解情况、提问及回答问题的情况等；若观课的目的是探讨教师如何照顾到差生，则观课时要留意的是教师的讲解是否深入浅出、目光在差生身上停留的时间、布置练习时是否切合差生的能力水平等。

（2）观课方法。根据观课目的采用适当定量或定性方法。若采用定量方法则要对课堂事件计数，如教师提问的次数；若用定性方法就要关注意义、影响及个体和群体对某事件的理解。

（3）观课记录。观课的核心环节是观课后的讨论，讨论要有所依据，避免空泛，则需要进行观课记录。观课记录有多种方法，各有利弊，应综合使用。其中笔录最简便易行，但较浪费时间，有所遗漏。同步录像或摄像既不影响听课，又能如实记录下可重复的声音和图像，但可能遗漏镜头之外的情形，甚至可能影响师生的教学活动。录音能提供可重复的声音信息，但丢失了视觉信息。

（4）课后讨论。讨论的要求与案例分析的要求相同。需要注意的是：①不持批评批判的态度，鼓励不同见解，以开放的心态共同探求答案，避免权威意见；②针对课前商定的关键问题、重点难点或双方感兴趣的问题或范围进行，先罗列资料，如实报告观课记录，然后讨论分析；③从具体的言行上总结出理论和规律及规律的变式，以提高理论水平及迁移能力。

（三）教师专业成长的教学决策训练

从某种意义上说，教师的教学过程也是一个决策的过程。判断自己的教学行为所引起的学生的反应是否符合期望，如果符合，就继续维持自己的行为，如果不满意，就要采取一定的预防和矫正措施，等等。通过让教师进行教学决策的训练可以提高教师的教学能力。决策训练事先向接受训练的教师提供有关所教班级的各种信息，包括学业水平、学习风格、班级气氛等。然后让他们观看教学实况录像，从中吸取他人决策中自己认为重要的成分，同时指导者一面呈现出更恰当的行为、一面予以解释说明。通过这种方法，接受训练的教师可以获得近乎实际上课的经验，而且可以获得指导者的及时的解释说明，会在一定程度上促进其教学。这种方法不仅可以改善他们的教学行为，而且可以使他们对决策的有效线索更加敏感，这正是专家教师的重要特征。

微格教学就是一种较好的训练模式。微格教学又称微型教学。微格教学"是一个缩小了的、可控制的教学环境，它使准备成为或已经是教师的人有可能集中掌握某一特定的教学技能和教学内容"。微格教学实际上是提供一个练习环境，使日常复杂的课堂教学得以精简，并能使练习者获得大量的反馈意见。通过自己实际进行教学而获得丰富的经验，这是提高教学水平的另一种重要途径。采用微型教学，即以少数的学生为对象，在较短的时间内（5~20分钟），尝试做小型的课堂教学，可以把这种教学过程摄制成录像，在课后再进行分析。微型教学对教师来说也是很有效的。

微型教学虽有各种方法，但基本采用以下程序。

1. 明确选定特定的教学行为作为要着重分析的问题（如解释的方法、提问的方法等）。

2. 观看有关的教学录像。指导者说明这种教学行为的特征，使实习生和教师能理解要点。

3. 制定微型教学的计划，以一定数量的学生为对象，实际进行微型教学，并录音或摄制录像。

4. 和指导者一起观看录像，分析自己的教学行为。指导者帮助教师和实习生分析一定的行为是否合适，考虑改进行为的方法。

5. 在以上分析和评论的基础上，再次进行微型教学，这时要考虑改进教学的方案。

6. 进行以另外的学生为对象的微型教学，并录音录像。

7. 和指导者一起分析第二次微型教学。

微型教学使得教师可以对自己的教学行为进行更为深入的分析，并增强了改进教学的针对性，因而往往比正规课堂教学的经验更有效。

（四）教师专业成长的反思

通过反思来提高教师的教学水平，这是近年来教师心理研究的一个重要课题。反思是教师着眼于自己的教学活动过程来分析自己做出某种行为、决策以及所产生的结果的过程，是一种通过提高参与者的自我觉察水平来促进能力发展的手段。

反思是立足于自我之外批判地考察自己的行为及情境。教师的自我反思是以自己的实践过程为思考对象，来对自己的行动、决策以及由此产生的结果进行审视和分析。反思不仅是一种能力，更是一种意识，是教师职业生活的态度和方式。这种生活态度和方式能够促进教师的自我觉察水平，有助于教师向专家型发展。

1. 反思的对象、内容和目的。反思涉及两个不同层面：一是指向教师专业行为与活动，目的是促进教师对专业行为的改进，提高教学成效；二是指向教师专业成长过程，把教师自身的专业发展作为对象，以改进其专业结构和推进专业发展进程为主要目标，对目前自我专业发展状况、水平以及当前所处的职业发展阶段进行思考，使教师更清楚今后的专业发展方向。前一种反思内容涉及教师平时的教学知识、技能、风格，及教学过程中隐含的教学假设、教育理念等；后一种反思内容涉及教师专业结构发展阶段和目标。

2. 反思方法、工具和方式。针对以上两种反思，可使用不同侧重点的反思方法和工具。针对第一种反思，可以通过分析文献、写传记、写教学日记、记录关键事件的方式；反思工具包括教学录像、教师教学经历和自传、教学日志、角色模型简介等。针对第二种反思，则需要列出教师专业结构的发展序列表，并将自己目前的专业发展阶段和发展结构、水平与之相比较，找出自己薄弱的方面，制订提高的计划。可使用测试工具，如国内外已标准化的专家测试量表，或教师自行编制的调查问卷，来了解自己目前专业发展状况。反思方式有多种，如自我反思、交流反思、实践前反思、实践中反思、实践后反思、随机反思和阶段反思。教师可以根据自身情况自行选择。既可单独进行，也可与他人合作。

　　反思内容、方法和工具等都属于反思能力的范畴，教师进行自我反思，最重要的是提高反思意识。反思意识是反思能力的前提，只有具有强烈的反思意识的教师才会努力去提高其反思能力。提高反思意识的方法有归因法和自我提问法。（1）不同的归因导致不同的行为。若某教师认为学生成绩差是由于学生不认真学习，那他就不会从自己的教学方式方法上着手改善。若归因为自身的教学观念和教学方法，那么他就会努力改进自己的教学理念和行为。同时，归因的过程也是自我分析的过程，因此归因法有利于自我反思能力的提高。（2）反思是从发现问题开始的，反思能力的提高通过发现问题、解决问题来实现。因此培养问题意识，发现教育问题是提高反思意识的关键。

　　3. 反思的成分。

　　（1）认知成分，指教师如何加工信息和作出决策。在人的头脑中，大量的相互关联的有关事实、概念、概括和经验的信息被组织成一定的网络，成为图式，可以有效储存和快速提取，构成了个体理解世界的基础。莱因哈特和格里诺对专家教师和新教师对课堂事件的解释做了对比研究，结果表明，专家教师在教学决策过程中体现出更深刻的、具有丰富联系的图式，这些图式使得他们能够准确判断哪些事件是值得关注的，并从记忆中提取出有关的信息，以便选择最恰当的反应策略，这是使得他们能够自动化地处理各种问题的基础。

　　（2）批判成分，指驱动思维过程的基础，包括经验、信念、社会政治取向以及教师的目标等。反思过程中，教师不再像以往那样单纯关注解决问题，而是更关注提出问题，他们对这些没有确定答案的、非线性的问题更感兴趣。

　　（3）教师的陈述。要反映教师自己的声音，包括教师所提出的问题，教师在日常工作中写作、交谈的方式，他们用来解释和改进自己的课堂教学的解释系统，这些就是教师的陈述的基本成分。它可能包含一些认知成分和批判成分，但它重点是指教师对做出各种教学策略的情境的解释，这种解释可以使教师更清醒地看到自己的教学决策过程。

　　4. 反思的环节。

　　（1）具体经验阶段。这一阶段的任务是使教师意识到问题的存在，并明确问题情境。在此过程中，教师接触到新的信息是很重要的，他人的教学经验、自己的经验、各种理论原理以及意想不到的经验等都会起作用。一旦教师意识到问题，就会感到一种不适，并试图改变这种状况，于是进入到反思环节。

（2）观察与分析阶段。教师通过自述与回忆、他人的观察模拟、角色扮演，也可以借助于录音、录像、档案等方式收集材料，然后用批判的眼光进行分析，看驱动自己的教学活动的各种思想观点到底是什么，它与自己所倡导的理论是否一致，自己的行为与预期结果是否一致等，从而明确问题的根源所在。

（3）重新概括。在观察分析的基础上，教师反思旧思想，并积极寻找新思想与新策略来解决所面临的问题。新信息的获得有助于更有效的概念和策略方法的产生，这种信息可以是来自研究领域，也可以是来自实践领域。由于针对教学中的特定问题，而且对问题有较清楚的理解，这时寻找知识的活动是有方向的、聚焦式的，是自我定向的，因而不同于传统教师培训中的知识传授。与上一过程一样，这一过程可以单独进行，也可以通过合作的方式进行。

（4）积极的验证。这时要检验上阶段所形成的概括的行动和假设，它可能是实际尝试，也可能是角色扮演。在检验的过程中，教师会遇到新的具体经验，从而又进入具体经验阶段，开始新的循环。

在以上四个环节中，反思最集中地体现在观察和分析阶段，但它只有和其他环节结合起来才会更好地发挥作用。在实际的反思活动中，以上四个环节往往前后交错，界限不甚分明。

五、不同教师成长的过程

教师的成长过程是其敬业精神形成并发挥作用的过程。教师的成长过程是他们的素质结构调整的过程。教师的素质具有一定的结构性，随着工作过程的变化，所要求的素质结构也应变化。

教师的成长过程是一个不断学习、不断实践、不断创造的过程。学习活动的作用在于继承前人和他人创造的知识即间接的知识，通过学习，可以扩大视野，增长知识，以便在较高的起点上进行实践。实践活动的作用在于锻炼实际工作能力，提高教育教学实践所需要的素质。创造活动的作用，在于解决教育活动中提出的新问题和课题，把教育质量提高到一个新的高度，同时也形成教师自己独特的教育思想或教育方法。

（一）特级教师的成长

1. 特级教师成长条件。个体素质条件是教师成长的内在因素，其中以教育和教学活动为定向的强烈的成就欲、崇高的理想和坚定的信念所组成的政治方向明确、道德品质高尚、激励作用巨大动力系统；由各种高超的教育教学能力、创新能力和以"热爱学生、热爱教育、热爱所教学科"的教育态度为核心，并辅之以良好意志品质的性格以及气质形成的特征系统；具有良好的自我调控、自我完善功能的调节系统。组织培养条件是特级教师成长的基础条件，其中优秀的上级领导、融洽的人际关系、良好的工作机遇、老教师的传、帮、带和高层次的培训学习等。社会环境条件是特级教师成长的社会土壤，包括科教兴国战略的积极实施、全社会"尊师重教"风气的形成、公平的竞争环境、家庭的支持等。

2. 特级教师成长途径。教师成长是一个连续的、长期积累的过程，它是一个不断学习，不断实践、不断创造的过程。国内外的研究表明，一般教师成长为优秀教师要经历三个阶段：积累期、成熟期和创造期。特级教师的成长是职称晋升和心灵成长相互作用的过程。他们的成长周期可分为知识准备期、素质磨砺期、优势发挥期、成熟发展期等阶段；其成长途径概括为学习提高与教育实践相结合、自我发展与组织培养相结合、政策导向与制度保证相结合等方式；其成长模式呈现出直线渐进式、偶发阶跃式、曲折交叉式等形态。总之，特级教师的成长过程，就是以成长周期为横坐标，以成长途径为纵坐标，以成长模式为曲线所连接而成的人生轨迹。

3. 特级教师成长机制。特级教师的成长是依据一定的规则和机制竞争择优的过程。建立特级教师培养机制，优化培养措施，是加快培养高素质教师的积极办法。具体包括确定目标，实施目标和反馈调节三个环节。确定目标可以提供活动的方向和动力，通过高水平的实施目标，反馈调节可以发现实施中的问题和偏差，并通过调节保证目标的实现。这三种功能发挥得好，就能够形成一种良性循环，从而提高教育活动的效率和效果，促进教师成长和成才。特级教师之所以成为特级教师，就是因为他们有很强的自我意识和自我控制能力，通过自我监控，提高自己的教育教学水平和层次。

特级教师的成长是一个自觉的修养提高过程，优秀教师根据主观优势和客观条件对自己的成长做出战略设计，并不断按照科学合理的成长目标完善和超越自我，才能使自然成长变成自觉成长，加快特级教师的成熟进程。

（二）优秀教师的特征

1. 从事教育工作的使命感。优秀教师把从事教育事业看作一种使命，深知自己肩上的责任，他们拥有自己的职业信仰，那就是坚信自己的教育活动在个体活动和社会发展过程中所起的作用，拥有对教育价值的认定和承诺，无私地去追求教育整体价值的实现。特别是在外界始终坚持自己的职业信念，排除干扰与杂念，始终保持一种平和的、愉悦的工作心境。

2. 稳定而持久的职业动力。一个教师的职业动力系统包括其职业价值观、职业理想、职业动机等组成成分，它决定了教师从事教学行为的内在动力和方向，是其工作积极性的源泉。正是优秀教师在需要、理想和信念等方面都表现出良好的特点，才能推动他们在教书育人的工作中不辞劳苦，取得卓越的教学成果，并为其他个性品质的发展创造有利条件。

3. 对工作的事业心与上进心。教师的事业心在于他总是高标准，高追求，高效率，高水平在工作中努力实现最佳境界。

4. 获取成就的动机与欲望。教师的成就动机是其从事并完成教学工作的重要动力基础。它是指教师在充分认识到教育工作的价值的基础上，愿意去完成自己的本职工作，并力求达到完美地步的一种内在的推动力量。具有高成就欲望的教师一般表现为事业心强，有很大的理想抱负；责任心强，愿意承担责任；甘冒风险，喜欢挑战性的工作；有高而切合实际的奋斗目标，注意工作反馈；从工作的成功中得到乐趣和激情。教师的工作还表现为一种高超的智慧和技能的输出，教师要不断强化自己，充实自己，为输出才智而勤奋地吸取养分，需要教师要始终保持旺盛的求知欲望，把教学看作一种价值追求、一种乐趣。

5. 良好的性格特质。优秀教师对己对事对人有着积极态度，大都非常热爱教育事业，对学生满怀一片爱心。他们对自己的能力充满自信，同时能够虚心求教、精益求精。在行为方式方面，优秀教师在教育和教学工作中都能认真负责，能够自始至终地认真执行已经制定的教育和教学工作计划。他们在教育和教堂工作中有明确的自觉性和目的性，有自己的独立见解。

6. 对教育教学具有高度的自我调节和完善能力。教师对自己教育教学行为的自我调节水平越高，就越能促进一个人的发展，并进而实现自我的逐步完善。在自我调控方面，优秀教师在面对困难与挫折时能自我调节，保持心理平衡，设法摆脱困扰，继续努力，优秀许多优秀教师在各种不同的班级、各种类型的学生的教学和教育中都表现出很强的适应性。在自我完善方面，优秀教师更表现出较高的自觉性，他们能时刻注意培养自己各方面的兴趣，扩大知识面，不断完善自己的个性，加强各方面修养。正是由于优秀教师能自觉地完善自我，保持不断进取，不断发展的势头，才能攀登上一个又一个教学和教育上的高峰。

（三）名师培养

1. 引路子。培养名教师一要选好苗，二要护好苗。苗子选定后要及时向其指出阶段性的发展目标，如教学方法、教学艺术、教学风格的发展方向等。

2. 厚底子。名教师应当有渊博的学识，较高的理论素养，扎实的教学功底。要努力使教师在教育思想上由考试型向育人型转变，知识能力上由单一型向复合型转变，教学方法上由经验型向科研型转变。

3. 架梯子。即为教师的成名成才架设台阶，帮助其不断向上攀登，脱颖而出。

4. 压担子。即给教师委以教学上的重任，并不时向教师提出教育教学研究任务。要充分信任和使用教师，让他们到教学第一线担任重要的教学任务，努力成为教学骨干，同时要求教师定期拿出教学成果，让教师在实践中增长才干，在实践中提高能力，在压力中奋进。

5. 设台子。即为教师创设登台亮相、脱颖而出的舞台。

第八章　教师的职业发展

一、教师职业特点

（一）教师职业的规范性

教师这一职业的规范主要包括两方面：一是职业道德规范，二是制度规范。首先，就职业道德规范来看，相对于其他职业，人们对教师的道德要求更为严格。在中国传统文化中，"学高为师，身正为范"是我国历代教师基本的精神操守，也是社会评定、衡量教师的重要依据之一。其次，就教师制度规范来说，主要来自国家的教育制度以及由此衍生的各种制度、法规等。现代社会和教育制度规范规定了教师职业的义务、教学内容、教育要求和教育目的，并相应制订了一套考评体系，作为一种监控机制对教师的职业行为绩效进行评定，同时也作为一种动力机制推动教师为不断提高自身的教学效率而努力。教师职业规范在方向上统整着教师的行为，成为教师群体共有的"职业理想"。

（二）教师职业的复杂性

教师职业的复杂性主要表现在教师的任务是培养德、智、体、美、劳全面发展的人。而教师职业的创造性则体现在其工作方式和方法的灵活性。虽然教师职业规范和教育教学理论成体系，但教学本身并非简单、机械的过程。教师的劳动并没有固定不变的规范、程式或方法可以套用。教师工作的对象是学生，每个学生都有不同的个性、爱好、禀赋、知识经验、家庭环境、生活背景，随着年龄的增长、阅历的增加，学生的心理处于不断发展变化之中，这就使教师的劳动有别于某些技术性工作。虽然国家规定了教师的职业规范，但每一位教师在面对不同的学生时，其教育教学方法、手段、策略和要求等都应因人而异、因地而异、因时而异。所以说，虽然教育理论成体系，但教育本身无定法，这就决定了教师职业的复杂性和创造性。

（三）教师职业的专门化

教师作为一门专门职业，有其职业标准，要求教师经过严格、持续的学习，获得并保持相应的职业知识和职业技术，这就需要对从教人员进行职业培训。教师的职业教育通常包括职前、入职和在职教育三个环节，其中在职培训时间最长，持续教师整个职业生涯，是促进教师职业成长的关键。教师的职业发展水平可以从"内容"和"程度"两个角度来衡量。其中"内容"是指教师职业发展包括的教育理念、知识结构和能力结构等方面，而"程度"是指教师职业发展所达到的层次。教师职业发展水平的高低，需结合内容与程度两方面来判断。教师的职业发展是一个长期的、持续性的过程，如果教师的教育教学能力充分发展，就会具备专家型教师的基本条件。专家型教师是教师职业成长的最高目标。要由一名新手教师成长为专家型教师，既离不开教育机构的培训和支持，更离不开教师个人长期的不懈努力。要有效驾驭教育教学这项极为复杂和富有挑战性与创造性的工作，需要经过长期的职业学习——在职教育和教师个人有意识的自我培训。

（四）教师职业的自我发展性

教师职业的自我发展性是指教师职业具有促进教师自我实现的功能。应该看到，教育学生与教师自身发展并非不可调和，教学过程并非教师牺牲、消融、失去自己的过程，教师在燃烧自己、照亮别人的同时，也点燃了自己的人生。任何人的自我实现、自我发展都必须有得以施展的载体，教师个人的自我发展愿望和生存意向正是由教师每天亲历的教学实践来承载，因而教师创造性地教育教学的过程，也正是教师自己人生价值和生存意义得以实现的过程。一方面，教师教学课堂是其获得主动发展的最佳场所，在教学课堂中肩负的期望和责任、遇到的挑战和机会、遭遇的矛盾和冲突，都为教师提供了智慧发展和人格完善的外部氛围和条件，促使教师将自己的内在需求与现实要求融合起来，激发教师自我发展的潜能。另一方面，教师在日常教学中担当和完成教学任务，就是教师解决问题的实践，是创造性、灵感和智慧的展现和提升，是自己的职业信仰、人生理想的落脚处。因此，谋求教师自我实现与有效完成国家培养高素质人才的任务在本质上是同一的，二者不可剥离。这正是"教学相长"的体现。

二、教师职业发展的原则

教师发展要坚持自主性的原则，即教师发展应该是积极主动的而非被动应对的。自主性是教师发展的本质属性，这是教师发展职业化方向的必然逻辑。职业化需要教师全身心的投入，离开教师本人的自主性就根本谈不上其自身的发展。教师发展的自主性原则也反映了当前国际教师教育的趋势。教师教育曾先后出现六种范式：先是"知识"范式，认为教师职业化就是知识化；后来是"能力"范式，认为具有综合能力更为重要；继而是"情感教育"范式，认为知识能力达到一定水平，情感因素如对学生的爱心决定着教学水平和质量；接着是"建构论"范式，认为知识是在教学者与学习者之间相互作用、共同建构的；再接着是"批判论"范式，认为教师还要关注、审视课程和校外的世界，要有独立思考能力和批判精神；最后是"反思论"范式，认为教师要有反思意识，要探究自己实践着的教学理念和行为，通过自我调适来促进职业成长。可见，教师发展的自主性原则与反思论范式这一国际教师教育的主流是吻合的。

三、教师发展的必要性

（一）社会的需要

教师发展的时代要求。社会发展进入了知识经济时代，标志着人类文明发展进入了一个新阶段。这一时代对教育提出了新要求，主要是更加突出育人尤其是思想道德教育的根本意义，更加关注人的智能特别是创新意识和能力的培养，更加重视人的各种素质的全面健康发展。面对这些新的更高的要求，教师只有自身发展了，而且发展好了，才能对此作出合格的回应。这是今天教师发展所面对的社会需要，这种需要为教师发展提供了客观基础和外部动力。

（二）个体的需要

人的一生都有追求自身发展即终身发展的自然心理倾向。当今时代，科学技术迅猛发展，社会、职业、家庭也常会发生急剧变化，这就要求人们的知识及其观念及时更新，以获得新的适应能力，教师亦是如此。当今时代，生产力发展、劳动时间缩短、人的寿命延长、自由支配时间充裕，使人们不再满足一次性学习，渴望通过不断学习来满足自己的精神生活和自我完善，教师亦是如此。这些都反映了当今时代教师自身对发展的个体需要，这种需要为教师发展提供了内部动力。

四、影响教师发展的因素

教师发展受众多因素的影响，了解和把握它们对教师发展意义重大。许多学者对影响教师发展的因素进行了分类研究。美国学者费斯勒借用社会系统理论，提出了动态的教师生涯理论，并把影响教师生涯发展的因素分为个体环境、组织环境两大类。

（一）个人环境因素

1. 家庭因素。家庭是教师发展的支持系统，是重要的个人环境因素，家庭的社会经济地位、成员的身心健康状况、配偶的素养、孩子的成长等都可能促进或阻碍教师的发展。

2. 积极的关键事件。这类事件是多样的，如美满的婚姻、孩子的降生、参加社团组织、完成重要任务等，这些大好事会对作为家庭一员的教师提供心理安全和支持，对教师职业活动产生积极影响。

3. 生活危机。人在生活中难免遇到各种困难，有时还会遭遇危机，如教师本人或配偶患病、亲友突然故世、理想遭遇挫折、陷入法律纠纷、面临婚姻危机等，这些都会使教师疲于应付，面对巨大压力的教师就无暇顾及自身的发展。

4. 个体倾向性。个体倾向性一旦形成，就会影响一个人的行为动机和行为表现。如，成年早期，人的倾向性会影响是否把教师作为自己的职业生涯。进入中年以后，又会影响着一个人对自己的教师职业作出重新思考和评价，此时较容易产生职业生涯的挫折感甚至职业的变更。

5. 兴趣或爱好活动。兴趣或爱好使教师参加自己喜欢的活动。这类活动既使教师发挥了自身的才智，又能使教师获得学科知识和教学工作之外的素养的滋养。不管是否有组织，兴趣和爱好活动能为教师的成长发展提供良好机会。

6. 人生阶段。一个人所处的人生阶段对于他的职业生涯发展有重要影响，教师亦然。如，"成人"阶段是人生中相对多变的阶段，此时会面对较多的生活事件，会对职业、家庭、婚姻、生活目标等进行反思，教师也会重新评价自己的职业行为，对自己的职业发展作出新的抉择。

（二）组织环境因素

1. 规章制度。学校、地区、国家的各级规章制度规定了学校的规模、性质、特征，同时又反映了它们对学校教育教学的目标要求和价值取向。教师工作于其中，自身发展就会受这样的组织因素的影响。

2. 管理风格。校长或校领导集体的管理风格会对教师发展产生影响。如果学校领导能以鼓励教师向上进取、积极发展作为办学的一项重要目标，能对教师的责、权、利三者有明确的合理界定，并予以制度化的规范操作，能给予教师更多的自主权和为教师提供更多的成长发展的机会，那么教师就会有更多更积极的反应来追求自身的发展。

3. 公共信任。学校要努力提倡开放支持的心态，营造彼此信任合作、互相支持帮助的氛围。在这种具有公共信任特征的组织环境中，教师会具有强烈的自豪感，表现出更强的信心和干劲，赞赏自己的职业选择，把教师工作作为一种事业去追求，并对未来充满信心和期盼。

4. 社会期望。学校时刻接受着来自社会的关注，这种关注体现在社会期望和要求上。它们常常通过特定的价值观念、评价取向影响着学校和教师。教师会据此来思考和评估自己的教学行为和职业定位，自己未来的发展会直接受此影响。学校会据此来思考和评估自己的办学方向，教师未来的发展会间接地受此影响。

5. 职业组织。教育科学领域中有各种学会、协会，它们是各相关职业的人士彼此切磋、相互交流、共同提高的组织。鼓励教师参与其中并积极活动，是对他们职业生涯的一种肯定。参与职业组织的活动，教师职业的胜任感、成就感和满足感会油然而生，同时也会激励教师追求更高的发展水平。

6. 教师工会。教师工会是维护教师权益的组织，要坚持公正、公开、公平的原则，要保证教师获得正确、充分的信息，要让教师感觉到机会均等、程序透明、结果公正。必须认识到，保障教师权益是促进教师发展的一个重要动力因素。

需要指出，上述诸因素中的"个体倾向性"归于个体环境因素，这可能要从生活环境影响所致来理解。另外，上述分类突出了"环境"的因素，其实教师本人素质如认知发展等同样十分重要。

五、教师职业发展的阶段

从事教师职业的人们，由于有着相似的劳动方式，受过相同的职业或职业训练，往往会表现出与教师职业特征和要求相匹配的心理活动特点。教师职业生涯的演进过程，在不同年龄阶段和职业发展阶段，教师群体表现出不同的心理和行为特征，关注着不同的核心问题。

（一）教师职业发展理论

1. 教师职业发展八阶段理论。（1）职前教育阶段，即教师角色的准备阶段，多指在师范院校接受教育阶段，也包括教师担任新角色或工作时的再培训。（2）实习引导阶段，指教师适应学校环境，学习教师角色，学做教学日常工作，希望被学生、同事和上司接纳的阶段。（3）能力养成阶段，教师尽量改善教学技能、充实教材、尝试新方法和策略以提高教学效果，参加各种继续教育培训，寻找机会提高自己。（4）热情和成长阶段，教师持续发展自己，以求突破现状、创新、改进和丰富自己的教学，其工作积极性和满意感较高。（5）挫折阶段，工作压力增大，满意感降低，对教学生涯的意义产生怀疑，是教学受挫时期。（6）稳定停滞阶段，教学态度敷衍，不求进取，只求做分内之事。（7）低落阶段，教师准备离开教育岗位前的低潮期，回首往事，有人欣慰，有人黯然。（8）退出职业阶段，退休或离开教师岗位。

2. 教师职业发展五个阶段理论。（1）预备阶段，教师初入职或重返岗位，适应与准备新的角色，精力充沛，有创造性，开放而上进。（2）专家阶段，教师具有丰富的专门化的知识，并能有效运用，能高效率解决教学领域中的各种问题，富有敏锐的职业洞察力，有创造性。（3）退缩阶段，又分三个小阶段，一是初期退缩，表现为较少参与活动、创造力下降、反应不积极；二是持续退缩，批评性质的言语增加，人际不和谐，对教学上的探讨消极对待；三是深度退缩，教学行为不当，无意留在教育领域。（4）更新阶段，设法采取积极的反应方式，依赖外在支持克服困难。（5）退出阶段，离开教育教学领域。

（二）教师职业周期

1. 入职期。教龄为 1~3 年，与费斯勒的实习引导阶段和斯特菲的预备阶段类似。

2. 稳定期。教龄 4~6 年，教师不断改进教学技能，形成自己的教学风格。

3. 实验和变化期。教龄为 7~25 年的教师尝试在教材、教法和课堂管理等方面进行改进，不断寻找新的观念挑战自己。

4. 再评估期。在实验和变化之后，可能会导致自我怀疑危机，教师会重新评价自己。

5. 平静疏远期。教龄 26~33 年的教师在经历了自我怀疑危机后平静下来，在教学上较为轻松自信，但志向水平开始下降，职业投入开始减少，师生关系逐渐疏远。

6. 保守抱怨期。50~60 岁的教师变得较为保守，抱怨新教师工作不认真、学生纪律差、社会对教育态度消极。

7. 脱离期。教龄 34~40 年的教师为退出教育教学领域做准备。

以上所述是教师职业发展的一般过程：职前培训—入职适应—职中发展—退出职业。但每个教师的发展轨迹会受多种偶然因素影响，既可能依次经历职业发展的每个阶段，也可能跳过某些阶段直接进入下一个时期，也可能会长期停滞在某个阶段，甚或在某些阶段之间不断进行小的循环。因此，具体到每个教师个体的职业发展是顺序式还是跃进式，是停滞式还是循环式，就要视其自身特质与经历而定了。

（三）教师职业发展的阶段性问题

1. 适应问题。教师进入新环境，面对新问题，会产生心理和生理困扰。"不适应"不只在新教师身上才会发生，任何年龄、处于任何发展阶段的教师都会在每个职业发展的转折期或多或少出现适应问题。比如，新教师会觉得在学校里学到的职业知识与实际教学是两回事，自己的生活习惯与学校的工作安排之间有很大的矛盾，与不同类型的学生、家长、同事和上司很难相处等。不过，处于成长期的教师，问题则可能是这样的：需要改变习惯的教学方法，新教材很难把握，工作内容和责任大幅度增加或减少……所有这些问题都会影响教师的教学效果和身心状况，而这又会间接影响学生的学习成绩与心理状态。因此，教师适应问题应当引起研究者的广泛关注。

2. 工作压力问题。适当的压力有利于提高工作绩效和满意感，是有益的，压力过大则会起反作用。教师的生活充满了各种压力，其压力主要来源于工作要求和教师个人特征。教师工作要求指教师所从事的工作任务的数量和困难程度，如工作负荷、角色冲突、竞争机制、升学率要求、人际矛盾等；而教师个人特征指其能力、性格、抱负水平、对工作的控制程度、自我效能感等个人因素。教师个人所感受到的压力大小是压力源与个体特征交互作用的结果，即对同样的压力不同的教师会有不同的心理感受，有的游刃有余，自信满意，有的则紧张忧虑，甚至产生职业倦怠。这在各阶段都可能出现：新教师的压力可能与教学能力、人际关系及职业能力有关，成长阶段的教师可能担心无法发挥能力和施展抱负，中年教师的压力可能涉及婚姻、家庭生活或经济。虽然个人心理特征会减轻或加重外界压力，但教师职业特点决定了教育教学任务普遍较为繁重，若能觉察压力来源，并善用各种压力调适方法来缓解，才能使美好的教师职业生活成为可能。

3. 拓展和创新问题。教育教学的理念、课程、教材和教法虽然不会在短时间内有较大变化，但社会的变迁、新的文化观念、新的科技成果无时无刻不在影响着教育教学中的主体：教师和学生。加之教师在教学中面对的学生大都处于相对固定的年龄，如中学生多在 12～19 岁，而教师自己的年龄却在逐渐增大，因此教师与学生在思想观念、行为方式各个方面的距离会逐渐拉大。如果教师不注意与时俱进，接受新的思想观念，善用新的科技成果和新的资讯来充实自己的教学内容、改进教学形式，而是因循守旧、思想僵化，则会引起职业发展的危机。

六、教师职业发展的取向

教师职业发展是指教师在整个职业生涯中，通过终身职业训练，习得教育职业知识技能，实施职业自主，表现职业道德，并逐步提高自身从教素质，成为一个良好的教育职业工作者的职业成长过程。近年来，教师职业发展主要呈现出以下三种取向。

（一）教师职业发展的理性取向

教师的职业发展就是教师接受充足的学科知识与教育知识。有效教学的影响因素就在于教师自己拥有的学科知识和借以将这些知识、技能传递给学生的教育知识。因而这种取向的教师职业发展，主要就是向专家学习某一学科的学科知识和教育知识。

（二）教师职业发展的反思取向

教师职业发展的主要目的并不在于外在的、技术性知识的获取，而在于通过这种或那种形式的反思，促使教师对于自己、自己的职业活动直至相关的事、物有更为深入的理解，发现其中的意义，以促成反思性实践。

（三）教师职业发展的生态取向

教师实现职业发展不仅要通过教师个人的学习与实践反思，更为重要的，是在教师群体中形成合作的职业发展文化与模式。教师并非孤立地形成与改进其教学策略与风格，而是在很大程度上依赖于教学文化或教师文化。正是这些文化为教师的工作提供了意义、支持和身份认同。这一取向更为关注教师发展的方式或途径而不是教师职业发展的具体内容。

七、教师发展的模式

（一）从青年教师发展分析

青年教师是教育的未来和希望，有必要探讨了解他们的发展轨迹。达到专家型/学者型教师是教师发展的目标，期间大体有如下四个阶段：

1. 适应阶段。刚从学校毕业走上工作岗位，他们适应工作要求需要有两个转变。第一，由学生或师范生向教师角色的转变；第二，从具有理论知识向具有实践能力的转变。

2. 定型阶段。在适应阶段的两个转变的基础上。绝大多数教师能全面掌握和提高自己的教育、教学和管理能力，成长为一名胜任的合格教师。

3. 突破阶段。不满足于只是一名合格教师，通过反思性教学和接受继续教育，努力使教育教学行为科学化、规范化和理性化，力求理论与实践大融合，成为准学者型教师。

4. 成熟阶段。在创新精神指导下，以自身学科特点和教学个性为基础，形成自己独特的教学特点风格和思想理念，成为一名真正的学者型/专家型教师。

（二）从教师关注焦点分析

在成为职业教师的过程中，教师所关注的事物是循着一定的次序更迭的，并呈现出如下的发展阶段。

1. 教学前关注。这是处于职前培养的时期。他们未经历过教学，无教学经验，仍然扮演着学生的角色，对教师角色则仅停留于想象。因此，他们只关注自己，对教师抱有观察、评判的态度。

2. 早期生存关注。这是开始了接触实际教学工作的实习阶段。此阶段，教师关心自己的生存问题，即自己能否为新工作环境所认可和接纳。所以，该阶段教师常常把组织管理班级、谙熟教学内容、学生和同事的反应、领导的评价等作为关注的焦点，同时会伴有较大的压力感、焦虑感、紧张感。

3. 教学情境关注。这是对教师提出一定的教学能力和技巧的阶段。此阶段，教师除了关心前阶段的内容，还需要关注如何满足教学上的各种需要、应对各种可能的挫折。为此，他们较多地关注教学所需要的知识、技能和技巧，以及如何应用于自己的教学实践，关注的是自己的教学表现而非学生。

4. 关注学生。这是主要关注学生、而非主要关注自己教学表现的阶段。此阶段，他们已能适应教学的角色压力和负荷，关注学生在学业、情绪、品德诸方面的需求，并能适应和满足学生的各种需要，体现了对学生的真正关爱。

（三）从教师任职教龄分析

1. 求生存阶段。此阶段，教师刚进入学校新环境，没有实际教学经验，对于教育教学的各种活动只有很有限的书本知识，对面临的一切均处于适应之中。此时教师所关心的是任教班级的管理、任教学科的课堂教学、教学方法和技巧的运用，如了解学生情况、熟悉教学内容、制订教学计划、准备教学资料和传媒等。

2. 调整阶段。此阶段是进入教学的第二年至第四年的时期。此时，教师有了一定的经验，心情比初任教师时更为轻松。教师有精力开始关注和了解学生的内心世界，也会努力探索追求新的教学技巧和解决问题的方法。教师变得较为开放，较能关心学生，对自己更有信心，能更好地满足学生的需要。

3. 成熟阶段。此阶段始于教师任教进入第五年或五年以上。此时，教师已充分了解和熟悉教学环境和要求，教师积累更加丰富的经验，对教学已能驾轻就熟。教师情绪放松稳定，能专心处理教学中发生的各种事情，能不懈地追求并尝试新的教学方法。教师能更加关心学生，更加关心与学生的交往和关系，更加努力满足学生的需要。教师能发觉自己能够悟出一些教育和教学方面的见解，形成这样或那样的教育教学的观点和理念。

八、教师发展的途径

（一）建立教师发展学校

教师作为终生的学习者，学校和政府要为教师的继续教育与终生学习提供良好的环境和条件。必须与高等院校建立联系，充分利用高等院校的教育资源，以便提高教师的教学专长和教学水准（如开设中小学教师的在职研究生课程班）。教师学校或教师职业学校是指由一所大学的教育学科的系、所、院与所在社区的中小学建立起紧密合作关系，以达到促进教师发展的目的。

1. 理论上，教师学校要体现如下理念。（1）教师发展是学生发展的一个前提条件，也是提高学校教育质量的重要基础，在深化教育改革过程中还是影响其成效的一个决定因素，教师发展学校的宗旨就是以服务于这样的"条件"、"基础"、"因素"为己任。（2）师范院校或综合大学的教育科学系、所、院应该与中小学合作，教师学校是双方合作活动的平台，也是教师发展得以实现的一项重要保证。双方通过合作活动，各自会在内部结构和功能上发生建设性的变化。（3）中小学不仅是培养学生成长成才的地方，也是教师生活、发展的场所，它能够承担促进教师发展的功能。教师发展需要持久地学习知识、及时地更新理念、不断地实践探索，这些都离不开学校教育和课堂教学的历练和积累，学校是教师发展的理想场所。（4）以科学研究的价值取向从事教育教学，在工作中坚持科学研究，是教师自身发展的有效途径。教师发展学校要尽可能为教师的教育科学研究提供先进的思想、具体的方法、充分的机会，促进教师早日成为专家型教师，让教师形成教育教学与科学研究紧密结合的职业生活方式。

2. 实践中，教师学校应把握如下特点。（1）合作性。双方共同协商、形成协议、明确责任和义务。大学方面派出人员指导、开放教育资源，或中小学向大学师范生提供实习和撰写论文的机会，或双方在工作上组成合作小组、形成合作伙伴等，所有活动的性质是合作的，双方地位平等、彼此尊重、相互信任、高度包容、共同发展，使学校成为一个学习型的团体和社区。（2）生成性。教师发展是为了使教师在促进学生发展、提高教育质量、深化教育改革中更好地做好自己的工作。这决定了教师学校的工作主题、计划编制、具体方案、操作路径以及要研究的问题、要解决的困惑等，都要来自和贴近学校教育教学第一线的实践，并在实践中不断加以生成和完善。（3）研究性。教育科学研究是教师学校必须发挥的重要功能之一，是教师学校诸多工作的重中之重。为此，要突出以教育科学研究为主线的教师职业发展活动，营造"在研究状态下工作"和"在工作中进行研究"的浓厚氛围。（4）主体参与性。参与教师学校活动的双方，他们都是自身发展的主体、也是教师学校的主体，要使他们通过人人参与的过程，实现人人提高的目的。同时，对参与教师学校活动的双方都必须尊重彼此的经验积淀、历史传承、优良传统。

（二）在职培训

在职培训是在教育专家指导下，由学校组织、实施的一种培训，目的是提高本校教师在教育教学和教育科学研究方面的能力，进而提高学校的办学水平。教师发展是在职培训重要的出发点和落脚点。为此，在职培训要做到以下几点。

1. 坚持针对性。在职培训从内容到形式，都针对学校和教师的实际需要，力求解决它们的现实问题，以是否有助于教师和学校自身的发展为评判的依据。教师培训计划和培训内容应与课堂教学紧密地联系在一起，其主要目的是为了培训教师如何理解课堂教学，提高教师的课堂教学知识、方法和技能，并应用到实际教学情境中。

2. 重视主体性。学校和教师是在职培训的主体。在校本培训的各个方面和各个环节，要重视让学校和教师感受到自己在决策、活动、评价中的主体地位。只有这样，他们才能在校本培训中真正获益。

3. 力求多样化。在职培训无论是理论学习还是实践研讨，形式方法应该结合学校和教师特点、力求灵活多样，如教育理论报告、教育科研讲座、课题研究、名师示范、专家教师与新手结对、教研组集体备课、观摩公开课、说课评课、经验总结和交流等。

4. 以校为本。自己的学校是在职培训的基地。学校承担制定方案、组织力量、操作实施的主要任务，学校的领导、管理、制度等都要考虑如何成为在职培训有力的支持系统，如何更好地为教师发展服务。

5. 及时反馈培训效果，指导教师将学习方法和技能迁移到实际教学情境中。

教师反思、教师发展学校、校本培训，是教师发展的重要途径。三者都是现代教师发展的理论研究和实践探索的产物，教师发展是三者的共同追求。教师反思是一种以教师个体为主的活动；教师学校、校本培训则是有组织的以学校群体为主的活动。教师反思应该是教师发展学校、校本培训对教师的基本要求；教师发展学校、校本培训则为教师反思提供了良好环境。

（三）学校教师的自我发展

教师要提高自身的素质修养，基本的条件是要促进自我身心健康的发展，在自我发展、自我实现的过程中向"全人"（完善的人、全面发展的人）目标努力，才能教育和引导学生向德、智、体、美全面发展的目标迈进。"全人"教师能够使自己的个性和能力最大限度地发挥，而且身心健康、人格健全、适应力强，使自己成为儿童青少年成长、发展的"楷模"或示范者。

1. 身体素质。作为一名教师，必须理解"健全的精神生活寄寓在健全的身体中"这句名言，健康的身体是从事教育工作的一个基本的条件，其中主要包括以下几点：（1）了解食品营养的知识，调整饮食生活；（2）实行有规则的生活习惯；（3）具有调整自我体重的知识；（4）具有对公共卫生的维护管理以及对突发事故紧急处理的能力；（5）能解消自我身心的压力（特别是食欲和性欲的压力）。

2. 再学习的素质。俗话说，"学得好，才能教得好""经常学习的人，才有资格去教他人"，因此，教师的再学习是一种生涯性的学习。其特点如下：（1）读书要有效率，读精品书籍，向掌握大量精华知识的教师学习；（2）具有收集学习资料、现代社会各种知识信息的能力；（3）对自我职业以外的知识要有一定涉及或了解；（4）对自己的知识要有更新提高、不断加深拓宽的意识。

3. 自我价值的确立和判断的素质。教师要培养一种自我决定、自我实现、自强不息的精神。主要包括以下几个方面：（1）具有正确自我评价的能力和自主性；（2）具有适当的自我调控的行为；（3）成为一个价值观成熟的人，成熟的标志是既能正确理解他人的价值观，又能遵守自我的道德、价值观。

4. 职业技术和知识的修养。教师要加强对教材教法的科学研究，只有通过对职业技术和知识不断的学习，才能发挥自我实现的最大力量。主要体现为四个方面：（1）教师对自己的教学研究能力具有自信，因为有自信的人才能自我实现，自信是自我实现的阶梯；（2）经常研究如何取得最佳教学效果，并懂得如何扩大自己的教学效果；（3）教师在教学中，要给学生一种安全感、安心感；（4）教师除了自己的职业外，还要掌握一门或一门以上的其他技术知识，如图画、书法、体育等，以利于加强与学生的交流，陶冶自我的身心。

5. 人际关系或交际能力的修养。人际关系或交际能力的修养包括三个方面：（1）教师与学生的良好人际关系；（2）教师与其同僚的人际关系；（3）教师与社会上的从事其他职业者之间的人际关系；（4）进行社会交往时良好的沟通、交流能力。

6. 情绪智慧修养。情绪智慧包括几个方面的内容：（1）能认知自我的情绪和行为；（2）能妥善管理和调控自己的情绪；（3）能激发自己的动机，自我激励，碰到困难、挫折不气馁，具有较强的抗挫、应激、应变能力；（4）能理解他人的情绪，即有与他人感情交流及产生共感的能力。

7. 生活素质。教师的生活素质指家庭生活技能的修养，"和平的社会从安定的家庭开始"。具体包括：（1）教师具有管理自己家庭经济生活的能力；（2）热爱家庭，对自我家庭的将来生活具有设计能力；（3）能有效地处理家庭中的人际关系；（4）丰富自我家庭业余生活的能力。

8. 职业发展的修养。职业发展的修养包括五个方面：（1）热爱教育事业，具有为教育事业奉献身心的精神；（2）具有调整、适应教师职业及自我所处教育环境的能力；（3）具有不断提高自己教育技术能力的志向，挑战自我，发挥自身最大教育潜力的能力；（4）理解学生、能从心理上辅导学生的教师，其价值是不可估量的；（5）在教育教学生涯中自我创造、自我实现。

9. 游戏、娱乐技能的修养。"娱乐生活充实的教师，心灵才会丰富"，"得到生活喜悦，才会关怀学生"，游戏调节身心的三种理论学说为：（1）净化说，在日常生活中所压抑的情绪、欲求或矛盾等，在游戏活动中可得到解消、净化；（2）补偿说，在日常生活中心理的矛盾、痛苦、挫折和欲求不满，作为替代的方法，在游戏中可以得到补偿；（3）自我表现说，在日常生活中不能保证的成功、欲求，可以在游戏活动中象征性地表现出来。

教师要积极利用休闲日、节假日等，进行自我保健、游戏、娱乐、闲暇或休闲等活动，调整自我的身心、保持精神的健康状态。

闲暇生活可以使一个人获得职业生活中难以得到的收获或乐趣。如，丰富角色生活、避免社会角色的单一和呆板；宣泄消极情绪、增进身心健康，拓宽社会视野、促进人际关系，投身社会活动、提升自我价值，学到鲜活知识、充实经验历练等。

关于教师的闲暇生活安排，首先，要考虑有关的环境和条件，如工作性质、生活环境、教育程度、经济状况、时空条件等。教师闲暇活动倾向于一般、传统性类别，因为比较简单、经济、省时，他们较少参与那些新潮、特殊、用时较长、花费较多、需要特殊设施的活动。其次，要考虑闲暇活动的功效性，如，一般应该尽可能安排那些符合兴趣的、有益身心健康的、能共同参与的、时空条件能充分利用的、能促进成长发展的活动。再次，要考虑拟定针对目标的具体计划。根据个人兴趣和爱好，可以拟定近期、中期、远期的目标，从最希望又最可行的活动开始，结合需要与可能排定优先顺序、逐步推进。最后，要及时总结、反馈和修正。对闲暇活动要及时分析概括、总结得失、作必要修正，同时要适当地自我奖赏和激励，保持高度的参与动机。

第九章　教师的创新

一、创造型教师的素质结构

作为创造型教师首先要自觉地加强学习，更新自己的教育观念，掌握革新传统教育系列的现代教育教学新理念，特别是要加强对创新教育理论的研究。

（一）创造型教师的创造力教育观

1. 教师要转变传统教育观念中阻碍学生创造力发展的观点。在具体教育教学过程中，教师要鼓励不同观点的碰撞，允许学生大胆质疑。

2. 要鼓励创造性的学习，发挥学生的主体能动性。学习是学生创造力发展的重要活动，教师要善于创造条件让学生在自由、民主的学习气氛中开展学习，鼓励学生从各自的学习风格和思维特点出发，寻求最佳的创造学习方式，打破一刀切的思维定势，最大程度地调动学生的学习能动性。

3. 教师要充分尊重学生的个性，为创造性人格的形成创设良好的基础。良好的个性品质是创造型人才成长的重要条件，也是创造性素质的重要组成部分。教师尊重学生的个性，就要克服因自己的喜好、性格特点而对不同个性的学生所持有的偏见，要以一种欣赏的眼光看待每个学生的个性特点，要积极引导和激发学生个性结构中的积极倾向，克服其中的不良倾向所带来的影响。

4. 建立新型师生关系，鼓励大胆创新。研究表明，良好的师生关系是学生取得学业成就的重要支持条件，也是学生创造力发展和发挥的土壤。教师与学生的平等、开放和合作的关系，有利于调动学生探究的欲望和对成功的期待，而这种积极的情感体验无疑是创造力发展的支持性条件。教师对学生创造行为的积极期待和评价，也有利于提高学生的自我概念，增强自我效能感，从而增强学生的创造性学习动机。另外，师生之间和谐的人际关系容易使学生对教师的创造行为产生认同，从而在自己的学习活动中体现出来，充分发挥教师的创造性人格对学生的感染作用。

5. 重视实践活动。创造力是一种实践的能力，它不能离开客观的实践活动。幼儿早期认知能力是通过身体与外界的接触而发展起来的，儿童早期的创造性也是在与外部环境的互动中得以萌发的。对学生而言，他们的实践活动除了课堂学习活动之外，还包括实验活动、手工制作活动、社会调查以及社区服务活动等。

一般认为，创造型教师在知识结构方面的特点为：职业知识要新、相关知识要博、教育科学知识要活。创造型教师要具有合理的知识结构，懂得自己的职业发展的前沿知识并能够与其他相关学科知识达成和谐的统一，使学生能够从自己的教育教学中汲取营养。

（二）创造型教师的能力素质

创造型教师要求有转知为智的能力，有很强的教育教学能力、较强的教育科研能力、良好的创造性思维品质以及创新的思维方式。要具有较强的应变和适应能力，能够针对不同类型学生的特点，随时改变自己的教育教学方式方法以提高驾驭课堂教学的能力。

1. 创造型教师一定要是一个有很强教学能力的老师。他必须能够通过自己的教学，开发学生的智力，让学生在学习过程中有所成就。

2. 创造型教师应当是一个有较强应变能力的老师。他能够根据教学的需要，不时地调整自己的讲授内容，让大家感受到学习内容的有趣和精彩。

3. 创造型教师要具有较强的创造性思维能力。要培养学生的创造性能力，教师自己首先必须具有创造性能力。

总之，创造型教师的能力素质是在一般教师教学能力的基础上形成的，是一般教学能力在创造性活动中的体现和表达。

（三）创造型教师的人格素质

创造型教师的人格素质，指那些对教师完成创造任务起促进或保证作用的个性特征。主要包括开拓进取的创新精神、热爱学生和教育的执著情感、锲而不舍的顽强意志。

教师的个性风格影响其创造活动，因为"创造能力绝不仅仅是一种智力特征，更是一种人格特征，一种精神状态，一种综合素质"。

要具有热爱学生的真挚的情感，真正做到理解学生，站在学生的角度思考自己的教育教学。一个创造型教师要善于发现和把握学生的个性特点，采取措施让每一个学生都抬起头来走路。

要具有大度的胸怀，争取以民主的姿态激发学生的创造力。教师的成功就在于培养出值得自己推崇的学生。

总之，创造型教师的人格素质的核心就是尊重学生，平等地对待学生，给学生创设民主、自由的学习环境和生活环境。

二、创新教育视野下的教师素质

创新教育是以培养人的创新精神和创新能力为基本价值取向的教育，通过学校各种教育形式，培养学生再次发现知识的探索精神，培养重新组合知识的综合能力以及准备"首创前所未有"事物的创新意识和创新能力。适应创新教育的教师素质内涵除力图体现教师职业特征外，还应具备如下要求。首先，抛弃单纯以传授知识为中心的思想，要以促进学生创新精神和实践能力为目标，突出教师的创新品质。其次，反对采用单一、静止的思维方式，教师素质观，应当将教师素质看成是多层次、多维度、系统化的动态开放结构。再次，这些素质应该是在先天素质的基础上，通过后天教育和自身发展而形成的。只要潜心学习，勇于进取，每位教师都有发展的可能，都能成为适应创新教育需要的优秀教师。基于此，创新教育视野下的教师素质，从操作的层面来看，就是教师在教育教学活动中表现出来的，为顺利实现培养学生具有一定创新精神、创新能力和技能以及创新人格品质的教学目标而应该具备的认知、情感、行为、德性等心理品质的总和。

学生对适应创新教育的教师素质标准的理解包括以下几方面。

1. 尊重学生。包括教师不刺伤学生的自尊心、避免使用讥讽的态度以及避免当众为难学生，即理解和信任学生。在教育活动中，教师与学生在法律人格、道德人格上是平等的，应当互相尊重。

2. 公正。即教师要对全体学生负责，使全体学生得到全面发展，是目前素质教育的本质要求，所以教师必须对所有学生一视同仁，没有偏见。

3. 教学技术。教师必须精通教学技术，懂得如何运用技术手段引起学生的学习兴趣和积极性。

4. 教学能力。即教师应熟悉学科教材和运用教材的能力、善于了解学生个性的观察力等。它是教师对教学目的、对象、信息和环境的整体认识，是创造性从事教学活动、完成教学任务的能力。

5. 教学方法。即教师要善于运用教学方法，使深奥、晦涩难懂的知识，变得容易领悟，而且饶有趣味。

6. 能力培养。该因素主要包括注意培养学生分析问题、解决问题的能力以及了解学生，给予鼓励等方面，它们均与培养学生能力相联系。

7. 师生关系。良好的师生关系是教师进行教育教学活动的必要条件。有了良好的师生关系，学生的想像力和创造力才能得到充分发挥，学习的自觉性和坚持性就会增强，教师传输的信息学生才会乐意接受。

三、创造型教师的自主成长

教师自主成长是指教师对自我职业发展的主动选择和自主控制。自主成长型教师具有一种内在积极要求的发展动机，不断反思，不断探究，不断进取；具有可持续发展素质，是能主动适应社会发展需要和社会条件的新型教师。在创新教育视野下，教师自主成长的内容和形式是由教师在创新教育中的地位、作用决定的。

（一）转变教师角色意识

教师角色意识是教师对自己的社会角色规范的认识和体验，是社会角色期望在教师头脑中的反映。当教师形成了一定的角色意识，就会调节和控制教师的教育教学行为，影响教育效果。因此，只有形成明确的角色意识，教师群体才能形成一种符合社会要求的职业行为规范，教师个体也才能不断地调节、完善自己的职业行为，以取得社会的全面认可。在传统教育中，我们长期把教师定位为知识的权威者、知识的传授者、学生的监管者等角色，师生之间是单向的传递和接受关系。这样，教师表现出明显的权威感和优越感，无视学生的个性，任意地处置，强调绝对服从，而且对"不听话"的学生，常常用嘲笑、挖苦、羞辱、体罚等手段，以致形成不良的师生关系。要实现教师的角色转变，教师必须做到：第一，充分信任学生能够发展自己的潜能；第二，以真诚的态度对待学生，教师本人应该表里如一；第三，尊重学生的个人经验，重视他们的感情和意见；第四，深入理解学生的内心世界，设身处地地为学生着想。教师角色意识的形成一般经历了三个阶段，即从了解认识教师的社会责任到认同理解教师职业的行为规范，再到将社会期望转变为自己头脑里的心理需要即理想和信念阶段。教师的角色意识总是与一定的行为活动模式相联系，并且影响教师对活动方式和内容的选择，使他的行为朝向社会所期望的行为活动模式。

当今，素质教育呼唤教育改革，以创新精神和实践能力培养为核心的创新素质教育更加要求教师采用灵活多变的教学形式，要求教师成为创造型的教育工作者。教师要鼓励学生用批判的眼光来学习、掌握所学的知识；教师要突破教材内容的限制，联系社会现实和学生的实际，注重对学生的能力和素质培养；教师要意识到教育无处不在，课堂学习、课本知识仅仅是学生学习的一个方面，仅仅是学校教育的重要场所。教师只有以开放的态度，发挥自己的创造性，开展丰富多彩的学生喜闻乐见的教育活动，在课堂教学中给学生提供更多的经验和创造性解决问题的办法，才能促使学生全面素质的提高，才能培养学生的创新精神和实践能力。教师只有在不断汲取教育科学新知识的营养并积极加以运用的前提下，只有在突破教材内容的束缚并积极尝试新方法的过程中，才能成为富有创新精神的教育行家。

1. 教师要淡化权威角色，强化指导功能，由管束走向指导。长期以来，教师被视为"辛勤的园丁"，教师职业被当做传播知识、培养人才的社会工作而受到人们的重视。"传道、授业、解惑"是我国古代对教师角色的最精辟概括，也是人们对教师职业的角色期望。这种思想深深地影响了一代又一代教师的教育行为模式，并逐渐形成了传统的教师角色意识。它突出了教师"知识传授者"的角色。在这种角色意识的作用下，教师注重系统知识的传授，学生看重学业成绩的高低。学生知识掌握的牢固程度、知识掌握的多少成为衡量教师教学和学生学习水平高低的重要尺度。不可否认，教师通过方法和学习策略的有效指导，能教导学生学会学习。教是为了不教，这应当成为新时期教师角色意识中最重要的教育理念。当然，淡化教师的权威意识，并不是要教师放松对学生的严格要求，并不是要求教师迁就学生的错误或者对学生干脆不加管束。严格要求不是让学生感到恐惧和害怕，而是使学生心悦诚服。教师应当在更高的层次上树立自己的教育威信。创新，需要宽容和谐的氛围。如果教师在学生面前摆出一副不可冒犯的权威面孔，要求学生对教师言听计从，任教师发号施令，那么，儿童的发散思维能力、丰富的想像能力就会受到压抑，学习的主动活泼性就无从表现。学生在学习上亦步亦趋，在行动上因循守旧，在人格发展上独立性差等，是不利于学生创新精神培养的，也是和创新教育的精神背道而驰的。学生的学习是一个积极主动的知识结构建构过程，教师在这一过程中应充当指导者的角色。

淡化权威角色，就是要求教师充分认识到旧的权威式教育的不足，认识到它对学生创造精神和实践能力培养的消极作用，教师不再经常以"领导者"和"家长代言人"的身份出现，不再要求学生对自己言听计从。而是要求教师放下架子，深入到学生中间去，与学生共同探讨教育教学的规律。教师不再是单纯的知识传授者，而是学生学习的发动者、组织者、促进者和帮助者。教师要学会以平等民主的态度对待学生，通过活泼民主的教学方式，唤起学生的学习兴趣和注意，帮助学生调整学习目标和计划，因材施教，充分调动每一位学生的学习积极性，使他们有所进步，增强他们的自尊心和自信心，减轻他们的焦虑感。这样，学生身上潜在的创造才能便会得以表现。

强化教师的指导者角色意识。要处处想到自己是一个给学生提供服务的学习引导者，不能代替学生学习，更不能逼迫学生学习。实践证明，包办代替和逼迫将不利于学生创新精神的培养。因此，教师必须从学生的角度出发，理解学生，帮助学生，提高学生；必须认真倾听学生的意见和申辩，不急于发表自己的意见，从仲裁者逐步转变为一位倾听者。正如联合国教科文组织编写的《学会生存——教育世界的今天和明天》对教师角色的论述那样：教师的职责现在已经越来越少地传递知识，而是越来越多地激励思考；除了他的正式职能以外，他将越来越成为一位顾问，一位交换意见的参加者，一位帮助发现矛盾论点而不是拿出现成真理的人。只有这样，教师才能发现学生身上的思维闪光点，才能激励学生的发散性思维，才能真正培养学生的创新精神和创新意识。一旦教师成为一位倾听者，他就不会急于做出对与错的结论，他就会启发学生，站在学生的角度思考问题，让学生自己去发现问题的答案。这无疑是有利于学生创新精神和创造性培养的。著名创造力培养专家奥斯本提出的"头脑风暴法"，是培养创造性的有效方法，其精髓就是倾听而不是急于评判。

2. 教师要抛弃保守观念，树立创新意识。教师的角色意识一方面体现在教师与学生的关系上，另一方面体现在教师与教学内容的关系上。一段时期以来，有些教师甘于充当"教书匠"的角色，教育教学满足于工作中的"轻车熟路"，习惯于对以往经验的重复。结果，在这种角色意识的支配下，他们惟教材是举，以本为本，以纲为纲，以标准答案为唯一正确的解答，不敢越雷池半步。由于他们习惯于对以往教学经验的简单重复，对不同基础、不同天赋、不同个性的学生采用千篇一律的教学计划、课程内容、教育教学方法以及相同的考试形式和标准。实质上，教师成了"教材的维护者"和"教案的朗诵者"。这种保守死板的教育观念的最大危害，就是培养了学生死记硬背的能力和教条主义，同时却忽视了对学生思维和应用迁移能力尤其是学生创造性思维的培养，很显然，这是不符合创新教育的要求的。因此，教师应当抛弃旧的保守观念，树立新的教育理念，实现从教书匠到教育家的转型。要探索成为专家型教师、研究型教师、创造型教师的有效途径；要根据学生的实际和教育目标的要求，深入钻研教材，精心选择教学内容，充分发挥各种条件和因素的教育意义和价值。

现代学习理论的最突出之处，便是强调知识的运用和态度的培养。"未来的教育不应仅限于给学习者坚实的基础和培养他们对继续学习的兴趣，还应当培养人的行为和能力并深入到精神生活之中"。抛弃保守观念，树立创新意识，就是要求教师成为教学内容的决策者。要根据学生的兴趣爱好、个性特长精心选择教学内容，合理设计教学方法，创造性地完成教学大纲所规定的教学任务。"教是为了不教"，教师应当把学生学习能力的培养放在第一位，要时刻注意对学生创新精神的培养和训练。因此，教师应当善于汲取现代教育科学研究的成果，注重运用启发式教学，传授给学生以程序性知识、策略性知识，教会学生如何学习、怎样创造，从而激发学生的自我意识、自主学习精神去进行创造性的学习。

3. 教师要从仲裁者转变为倾听者。由于教师本身的社会角色所赋予的意义的缘故，教师在学生面前乃至在人们的心目中，往往是一个社会责任和义务纠纷的"仲裁者"，他的一言一行极易被学生视作社会价值和道德准则的典范。因此，教师是各类事件最可信赖的评判者。学生中出现的矛盾和纠纷，自然而然地会受到教师的关注。由教师给予评判和调解，便是顺理成章的要求，教师俨然成了真理的化身。然而，如果教师不注意尊重学生的人格和倾听学生的意见，简单武断地加以评判，就有可能导致错误的结论。学生身上所蕴藏的此种关于教师角色的意识，有利于学生掌握系统、完整的科学文化知识，便于学生对知识的选择、总结、概括、应用，教师的主动性会得以充分的发挥。然而，教师的角色如果被限定为"知识、道德内容的传递者"，就必然会导致教师成为教学内容的维护者、课堂纪律的监督者、学生组织的代言人。与此同时，教师的教学行为方式就必然会大多采用"填鸭式"的灌输而较少采用启发式；教师的教育管理模式则倾向于严格要求、按部就班而较少理解、忍耐；相应地，教师对学生的考核评价重心就必然落到死记硬背知识内容的程度以及温顺听话的行为活动方式上，造成了"千校一面，万人一貌"的刻板的教育局面。更为不利的是，将学生视作知识容器，忽视了学生学习的主动积极性，也扼杀了学生学习的创造性。学生的创造精神、创造能力、实践能力的培养也就成了一句空话。由此可见，在当今国家大力提倡创新教育的形势下，转变教师的角色意识已成为当务之急。

未来的文盲不再是不识字的人，而是不懂得如何学习的人。一个学生在校期，不可能也没有必要将以后工作生活中所需的知识内容悉数掌握。惟有掌握了一定的学习方法、能够学思结合、充分发挥自己的创新精神、学以致用的人，才能在未来的信息社会站稳脚跟，才能适应时代发展对人才素质的要求。因此，教师应充分认识到科教兴国战略对自己提出的更高的要求，树立新型的现代教育观念，淡化传统的教师角色意识，形成新的创新教育视野中的教师角色意识。在注重知识传授的前提下，充分调动学生学习的主动性和积极性，激发学生身上蕴藏的创造力，强化对学生综合创造素质的培养，探索成为创造型、研究型教师的有效途径，为社会培养出高素质的创新人才。

（二）教师的素质创新

当前，我国教育正面临着一场深刻的变革。我们要全面深化和推进素质教育改革，实施科教兴国战略，培养高质量高素质人才，就必须要把学生创新精神和实践能力的培养放在重要位置。教师作为教育过程中的一个最重要的影响源，在培养学生创新精神和实践能力中起着举足轻重的作用。"只有具有高素质的师资，才能有力地推动素质教育；只有具有创新精神和创新意识的教师，才能对学生进行启发式教育，培养学生的创造能力；只有教师了解当今高新技术发展的最新成果，才能站在高科技革命的高度，鼓励学生勇敢探索；只有教师自身具备不断学习提高的能力，才能教会学生如何学习"。

只有创造型教师，才能培养出创造型学生，这是教育界的共识。因为只有具有创新素质的教师才会"保持一个人的首创精神和创造力量而不放弃，把他放到真实生活的需要中；传递文化而不用现成的模式去压抑他；鼓励他发挥他的天才、能力和个人的表达方式，而不助长他的个人主义；密切注意每一个人的独特性，而不忽视创造也是一种集体活动"。实际上，教师在发展儿童创造性方面具有极其重要的作用。美国创造心理学家托兰斯认为，创造型教师的职能主要在于建立相互尊重的人际关系，不采取控制儿童的态度，不压制集体意见和个人意见，启发儿童探究事物的真谛，创造宽容诚挚的气氛，与儿童有共同的感受，创造性地对待儿童的各种表现等。日本创造心理学家恩田彰则认为，创造型教师的职能就在于创造宽容的、温暖的、理解的气氛；善于引发学生的动机并给予正确评价；培养儿童的自学能力和研究能力；创造一个有助于儿童发展的教学环境；重视儿童的个性；创造性地组织班级活动；发扬教学相长的态度等。另外，教师的创造素质对儿童创造能力的发展也有影响作用。教师创造性高低对学生创造力的培养是至关重要的。

然而，在传统教育中，教师往往被视作传授知识的最佳人选，他们往往被视作真理的代言人。因此，从师生之间的关系来看，教师拥有绝对的权威，表现出明显的优越感和监管职责。这样一来，学生在教师面前便失去了个体的创造性，只能够被动地接受教师的传授。教师是知识的拥有者，学生只是知识的接受者；灌输是常用的教学方法和教学的中心环节；教师是领导者，学生只能够服从；领导制订的规则是课堂必须遵守的政策；教师与学生的不平等；学生在教育教学中常常感到恐惧等。从教育教学的相互关系来分析，教师总是处于主动的地位，而学生只能够被动地接受已经规划好的惟一的标准答案。学生无需具有创造性，也不能够具有创造性。这样的教育教学过程是绝对不能够培养学生的创造性的。

在强调创新教育和创新精神、创新能力培养的新世纪，一方面要革新传统教育中那些不利于创新精神和创新意识培养的框框条条，打破传统的禁锢；另一方面，教师是学校开展创新教育的主力军，教师的素质高低是影响学生创新精神和创新能力培养的重要因素。因此，教师只有改变传统的教育观念，以创新的眼光看待与爱护创造型的学生，鼓励他们大胆发问、敢于怀疑、不唯书、不唯上，才能真正适应创新教育的需要。同时，教师还应当在自己的教育教学过程中向学生传授创新学习的技法和手段，以促进学生创新学习的深化和提高。只有这样，才能适应时代发展的要求，才能适应学生创新学习的需要。

（三）更新教育观念，加强教学反思

教师的教育观念是教师对教育的职能和如何进行教育等问题的观点和看法，这是教师精神变革中最内在而且有前提意义的条件。在实际教学活动中，每个教师都会形成一些对教育教学的理解和认识，有时通过在职培训或自我学习，也知道一些新的理论。但由于缺乏深刻的理解和具体操作规程，这种理解和认识实际上是不到位的。教师本人常常无法意识到这种差别，在习惯、文化等影响下，照样按原观念支配自己的教学行为，结果教育教学水平原地踏步。因此，关键是教育观念问题。根据认知的内隐理论，真正指导个体认识和行为的还是个体自己内在的结构。我们认为要通过教学反思更新教育观念。反思就是教师对教学中自己的活动、学生的表现以及周围发生的教育现象做认真的观察和分析，并通过教师之间的相互观察讨论，从而使教师看到这种不一致，以便在教学中采取相应的措施，真正使所倡导的理论应用到教学中去，达到使其内化为自己的教育观念的目的。反思可分为对行动的反思和在行动过程中的反思二种，它整合了理论与实践、思想与行动，是一个思想与行动的对话过程，通过这一过程，促使教师教育观念得到新建构。相关研究发现，职前教师就已经具备了反思的潜能和倾向，如果能够提供合适的反思机会和环境条件，加之教师正确的引导，反思性是可以在职前教师身上得到发展的。因此，职后教师是完全有能力进行反思的。

教学研讨也是教学反思的有效形式。采取定期听课和评课的方式，使新基础教育的理念与教师日常教育行为产生"碰撞"，促使教师在观念和行为相结合的水平上发生转化。

（四）构建多元化知识结构

当今社会变化迅速，教师要成为或者保持自己作为一名能提供最佳学习辅导的创新型教师，其难度是非常大的，复杂的教学情景和多变的社会环境都对教师的职业基础、个人素质提出了挑战。在学习化社会，"学会如何学习，这不仅仅是另一个口号，它是指一种特殊的教学方式。如果教师想把这种教学方式传给别人，他们自己首先要精通它"。因此，教师应该是学会学习的典范，是终身学习的提倡者和实践者。

教师要自觉加强自身的学习。首先，要广泛订阅各类教育报刊和教育理论书籍；有条件的地方还可以通过计算机信息网络来学习。其次，参加各种

形式的座谈会、教学研讨，吸收各地同行的先进经验。再次，积极参加校本培训和师资培训机构的继续教育培训，从而不断优化知识结构、夯实知识基础。

（五）培养情感监控能力

现代教育的根本目的是促进学生的全面发展，它包括生理、心理、认知、情感等多方面的发展，而不仅仅是认知的发展。只有认识与情感相互协调发展，才能形成健全的人格。联合国教科文组织在《学会生存》中明确指出："把一个人的体力、智力、情绪、伦理多方面的因素综合起来，使他成为一个完善的人。""教育的一个特定的目的就是要培养感情方面的品质，特别是在人与人的关系中的感情品质。"在传统教育中，我们往往仅仅把学生看作装载知识的容器，而不是有血有肉、有思想感情的活生生的"人"。因此，教师要重视情感教育的重要性，加强自我情感监控能力的培养。

教师良好的情感特征突出表现在以下三个方面。第一，乐观。在教育过程中，教师经常会碰到一些出人意料的困难与挫折。面对这些困难和挫折，要鼓足勇气，振作精神，努力克服困难，达到目的。第二，自制。情感在很大程度上是人的行为自发形成的动力，因此它需要人们有目的、有意识地加以控制。教师每天要和许多个性迥异的学生接触，在授课和教育活动中可能会出现与活动进程要求不符的偶发事件，甚至是讽刺挑衅。这就要求教师自觉地控制自己的情感，用理智的力量来控制自己的情绪并用适当的方法转移和调整自己的情绪，从而提高教师控制情绪反应的能力。第三，宽容。作为教师，应能宽容学生的错误、误解甚至无礼举动，不是利用职权对学生进行打击报复，而是用宽阔的胸襟，去感化对方。

（六）走教学与科研相结合的道路

教师工作的对象是充满生命、千差万别的活的个体，传授的内容是不断发展变化的科学知识和人文知识，这就决定了教师必须要用一种研究的态度对待自己的工作对象和工作内容。研究工作对教师来说，并不是什么神秘莫测和高不可攀的东西。不要一提研究就害怕。就其本来的基础来说，教师的劳动就是一种真正的创造性劳动，它是很接近于科学研究的。教师又是教育实践的直接参与者，对实践往往有着比较深切的感受，相对于对实际情境了解非常肤浅的理论研究者而言，其提出的研究建议往往更能切入问题的关键。教师是教室的负责人，而从实验主义者的角度来看，教室正好是检验教育理论的理想的实验室。对那些钟情于自然观察的研究者而言，教师是当之无愧的有效的实际观察者。无论从何种角度来理解教育研究，都不得不承认教师充满了丰富的研究机会。因而教师要充分发挥这些优势，结合自己的实践工作与对象，开展大量的实验研究工作，对现有的教育理论提出质疑，提出自己的创见，逐步培养自己的科研意识、科研方法和科研精神，从而形成较为扎实的教育理论基础，具备合理的科学文化知识结构和相应的综合能力和分析能力。

为此，我们认为应从三个方面做起。首先，要有不怕问题和困难的精神，更要有解决问题的勇气。作为教师在工作中要敢于面对问题，敢于接受来自学生的挑战，积极参与改革，研究解决问题的对策。其次，认真学习科学研究的理论和方法。开展教育教学研究必须遵循科学研究的规范，只有这样，才能抓住教育教学中出现的主要问题及其主要方法，为最终解决问题提供保证。再次，在教育教学实践中尝试开展结合自己工作的研究。教育实践中存在大量值得研究的课题，教师要结合自己的工作实际，找出可改进教育教学效果的影响因素，通过自身的分析、实验和总结，再改变自己的教育教学行为，从而提高教育质量。这一过程实际上就是教师通过研究实际工作中的问题，形成教师高水平的教育科研能力的过程。

四、创造型教师的创造性教学

教学是学生接受系统创造力训练的主渠道。创造型教师的创造智慧主要是通过日常的教学活动才能转换为学生的创造性素质。因此，创造性教学是培养儿童创造力的最主要、最有价值的途径之一。

(一) 创造性教学的含义

创造性教学是在创造教育思想和学校心理素质理论的指导下，遵循学生心理发展规律和特点，教师与学生在创造性的教学活动中发展智能、提升德性、形成良好的学习品质和全面的心理素质的过程。创造性教学是学校创新教育的重要形式和渠道。造就具有创造心理素质的学生是学校创新教育的目标之一，也是实施学校创造教育的落脚点。

1. 创造性教学是学校创新教育背景下发展学生的创造心理素质的重要渠道和途径。学生的创造性发展不是自然形成的，更不是天生的。强调学生自我发展的主体性地位与重视教师在学生发展中的"指导"作用并不矛盾，这是外因与内因辩证关系的反映。任何企图脱离教师，尤其是脱离创造型教师的"帮助"和"指导"，完全靠学生自己的探究和研究性学习的想法必然是错误的。

2. 创造性教学是创造性的"教"与"学"的有机结合。长期以来，人们一提起创造性教学就会联想到教师富有创造性的教学行为和启发性教学，而忽视学生在创造性教学活动中的主体地位。没有学生主动参与的教学活动不是真正意义上的教学，更何况需要教师与学生发挥创造性智慧的创造性教学；反之，学生的地位也不能无限制提升。我们强调创造性教学中高度和谐的师生互动过程。

3. 创造性教学的目标不应与常规教学目标相抵触。这主要是一种教学观念上的"心理障碍"。常规的文化知识的教学、基本技能和能力的培养、学生高尚德性的修养以及心理素质的完善都必须在创造性教学活动中得到体现、发展和深化。从这个意义上说，创造性教学是一种崭新的教学思想和理念。

（二）创造性教学的特点

1. 培养学生的创造心理素质是创造性教学的直接目标。教学目标是教学活动所要达到的预期结果，它指引着教学过程的方向。创造性教学以培养学生的创造心理素质为其直接目标，就意味着教学过程始终要围绕这个目标来开展教学活动，从教学形式、教学内容及教学策略等方面体现并服务于这一目标。创造是每个人都具备的需要，是"自我实现者"的重要特征。因此，培养和造就儿童的创造心理素质是完全必要也是可能的。学生的创造心理素质结构包括创造意向、创造人格和创造能力三个部分。创造意向是儿童进行创造活动的需要、意愿、态度、理想等心理与行为的倾向性方面，它包括学生强烈的好奇心，对新事物的敏感性，对真知的执著追求，敢于标新立异，尝试新的东西，坚持真理，对发现、发明、革新、开拓、进取的百折不挠的精神，这是创造性教学的动力。对儿童而言，它常常表现为儿童的好奇、好问、爱探索等行为。教师如果无视这些看起来司空见惯的学生表现，不尊重学生的创造欲望，无形之中就会泯灭创造的萌芽。创造能力是创造性教学的核心内容，包括创造技能和创造智慧两个部分。创造技能是在创造过程中表现出来的能力，包括善于重新组合与分解问题、有敏捷的动手操作能力等；创造智慧则包括观察敏锐、想象丰富、思维深刻、解决问题迅速流畅且独特等。创造人格，主要指培养学生的责任感、使命感、事业心和良好的心理品质以及坚韧不拔的意志，这是创造性活动的根本保障。

2. 创造性教学过程是创造性教学取得成效的根本点。创造性教学活动是一个动态的、发展的过程。与传统教学过程相比较，创造性教学过程要侧重如下方面：首先，要以"问题"作为贯穿教学过程始终的出发点和归宿。创造性教学过程启于问题，推进于问题而结于问题。学生对问题产生困惑和寻求解决的欲望是创造性教学的前提。科学哲学家波普尔曾说过，"正是问题激发我们去学习、去发展知识、去实践、去观察。"他认为创造性思维活动是从各种问题开始的。因此，培养问题意识是造就学生创造能力的重要前提。在创造性教学过程中，教师应避免那种只求数量、不求质量的题海作业，要克服那种满足于将知识灌输给学生的错误观念。其次，教师要善于引导学生发展求异思维。创造性思维的特点之一就是另辟蹊径，同中求异，善于发现常规事物中的新关系、新组合，从而产生异乎寻常的创造性思维成果。因此，教师在设计教学情境、展示教学内容、选择教学手段和运用教学方法等方面，要从引发学生的创造动机、调动创造情感、激活想象能力等方面的要求出发进行课程设计。再次，教师要善于调动学生的学习自主性，让学生在自主探究中学会学习。从学生角度看，教会学生学习是创造性教学的任务之一，而自主学习能力是学会学习的重要能力。所谓自主学习，也叫自我调节的学习，是指学生自己调节自己的学习过程、监控学习结果的学习方式。简言之，就是学生主动、自觉地学习。创造活动是一项需要大量智力投入甚至顽强的探索精神的认知活动，它需要情感的、意志的和人格的因素的协同工作。一个对学习活动缺乏探究精神、对学习持被动应付态度的人是谈不上创造学习的。

3. 教师的创造性素质是实施创造性教学的保证。没有创造性的教师是无论如何也完成不了创造性教学工作的，因为创造性教学本身就是一项富有创造性的工作。这一点与非创造性教学是不同的。创造型教师可以开展非创造性教学工作，但缺乏创造性的教师是无论如何也无法胜任创造性教学的。创造型教师的素质构成，按照一般的理解，可以表现在教学观念、知识结构等基本素质方面，还包括创造能力、创造性教学技能和人格特征等方面。

（三）创造性教学的原则

创造性教学的原则既是对创造力自身规律的具体化，又是对教学实践经验的总结与升华。它是开展创造性教学应该遵循的基本要求和规定。

1. 整体协调原则。整体性原则是指创造心理素质结构中既包含智能因素，又有人格因素，两者是不可或缺，互为条件的。一方面，良好的智能品质为培养和发展创造力提供了物质基础。心理学研究表明，只有高智商的人才可能具有高创造力，低智商的人是不可能有高创造力的。另一方面，人格因素中的动机、个性、兴趣、情感、意志等因素对个体创造力的形成和发展有着重要的影响。因此，在培养学生的创造力时，要注意智能因素与人格因素的协调发展。在传统教学中，扼杀了学生的想象力，忽视了学生审美、道德能力的发展，不利于培养学生良好的智能结构，因而有悖于创造性教学的整体性原则，不利于促进学生创造力的充分和谐发展。

2. 民主平等原则。民主平等原则是指要承认创造力是每个个体身上都存在的发展潜力，而不是少数天才才拥有的能力。在教学活动中，要针对每个学生，面向全体，在发展创造力的目标下，人人处于民主而平等的地位。在传统教学中，教师往往认为创造性是少数"精英"才具有的能力，大多数人都是平庸而无创造力的。这种狭隘的创造观往往造成教师对少数优秀生的偏爱，把教学的重点放在少数学业成绩好的学生身上，忽视甚至牺牲大多数学生的发展。因此，创造性教学要求教师应树立"每个学生都能成功"的信念，通过艰苦细致的努力，使每个学生的创造潜能都能得到充分发挥；相信每个学生身上都蕴涵了无穷的创造潜力，教学应该促使每个学生的创造力得到充分发展。

3. 主体尊重原则。主体尊重原则是指在创造性教学过程中，时刻把学生当作创造的主体，充分尊重他们的主体地位，发挥他们的主观能动作用，把被动接受的学习变为主动探究的创造性学习，并把提高学生的创造力作为教学工作的出发点和归宿。人的主体性的最高表现形式是创造性，创造性教学的实质就是要发展个体的创造性。而发展人的创造性，则必须要遵循主体性原则。传统教学的最大弊端在于目中无"人"，把学生沦为考试的奴隶、机器和知识的存储器，学生个体的内在心理需求，如求知、情感、交往、审美、尊重等，在传统课堂教学中被视为"非法"，自由的个性遭到压抑。创造性教学认为，教学应唤起学生的自我意识、主体意识，使课堂焕发出生命活力，促使学生生动活泼地成长，从而塑造学生富有时代精神的个性与自我。

4. 承认差异原则。多元智能理论告诉我们，每个人都是不同智能的组合。不是有没有智能，而是智能的组合性质及其优势领域所在。创造性教学中的差异性原则，就是指教师在培养学生的创造力时，要注重个体在创造力发展倾向上的差异性。每个学生都具有无限发展的创造潜力，但不同个体的创造力往往表现在不同领域和不同方面。因此，教师在培养学生的创造力时，应根据学生自身的特点，因材施教。只有在承认学生个体差异的前提下，学生的创造力才能得到最大的发挥。

第十章　教师的工作压力

一、教师的职业压力

　　教师在学校中比较关心和注重的是如何扩大自己的教育、教学成果。教师这一职业决定他们在职业学科上必须具有丰富、正确的知识，熟练地掌握教材教法、现代化教学的手段，充分理解教与学的原理，以及具有对班级、年级等学生集体进行管理的能力，这些都是教师的职业技术，是决定教师的教育、教学成果的重要因素。

　　教师职业是非常繁重、紧张的。毕业班老师或小学语文老师较为辛苦，因为他们中许多人还要兼任班主任工作，对学生身心、学习等各个方面要做出全面的照顾和指导。因此，教师自身的心理压力和身心不适应状况也就容易产生。

　　教师的身心疲倦过度，对学生的观察、教育能力就会在无形之中降低，对学生的心理援助、管理指导等精神维持能量也会随之降低。

　　学校内的压力是很大的。教师压力过大时，将会表现出工作迟缓、旷工、烦躁以及对人缺少关注等。教师职业的众多冲突是引发教师压力与紧张的根源。社会对教师角色期望的不同，教师工作成效的潜在性，教师自身价值观与教学中所传输的价值观的冲突等，都可能引发压力与紧张。但是，压力的产生总是以教师自身特征为中介。教师的自我概念、对于冲突的态度、解决冲突的策略以及他的一般个性特征都有重要影响。一个教师对自己的角色有明确的概念，那他就会较少受他人期望的影响；一个教师能与他的同事愉快合作，那他便可能少些紧张和压力感。

二、教师职业压力的主要原因

（一）角色冲突和角色超载的压力

　　1. 角色冲突。教师需要同时扮演多种角色，这是由教育教学的特点和社会对教师的期望决定的。当教师不能同时满足对其有意义的多种角色期望，或对某一特定角色的期望不一致时所产生的矛盾或紧张心理，就是角色冲突。角色冲突有多种形式。一是角色间冲突。这既可能是教师需要同时扮演几个角色（如教师的职业角色与其他社会角色、女教师的家庭主妇角色与职业角色之间的冲突），也可能是几个角色同时对教师提出相互矛盾的行为要求（如慈爱的母亲与严格的班主任）所引起的角色间冲突。二是角色内冲突。不同群体对同一角色持有相互矛盾的期待（如校长和学生期望教师管理的态度不同），使教师很难同时令二者都满意；或教师对角色行为的理解与他人的期待不一致，甚至看法相反（如个别教师认为科研不是教师职责），但又必须履行时，就会发生角色内冲突。教师扮演多种角色发生角色冲突是很平常的事，但如果因此感到力不从心、顾此失彼、左右为难，便会由冲突转变成紧张，角色紧张有损教师的身心健康。教师体验到的角色冲突和紧张的强度与多种因素有关，通常取决于角色间差异和个体角色扮演能力。如果各种角色之间的差异很大，角色期望越高、越清晰，角色冲突也越大；如果教师的角色扮演能力越大，协调各种角色的能力越强，角色冲突的可能性就越小。

2. 角色超载。教师因缺少时间、精力或资源，无力实现角色的要求称之为角色超载。这既可能是角色要求过多，使教师无法在一定时限内完成，也可能是角色要求水准过高，超出个人力所能及的范围。角色超载来源于两方面因素，一是时代发展对教师要求提高，使教师角色组合中的角色数量和各角色的工作内容增加，同时，班级人数膨胀、过多测验等工作都大大增加了教师的工作负荷，使教师感到自己几乎丧失了休息时间。不过一名教师是否感到角色压力，不只与其实际的角色负荷有关，还与该教师的个人特点有关。这些个人特点包括对教师角色所持有的观念、应对职业角色压力的策略、个人的工作自我效能感等。同样的工作负荷，对于一个自我效能感高、持积极主动发现问题和解决问题的教师来说，更能够采用有效的应对策略，从而避免自己因工作负荷过大而感到倦怠。

（二）人际关系的压力

教育本身是一个巨大的人际系统，学校这一群体是教师人际关系的中心。教师与领导、教师与教师、教师与家长、教师与学生之间产生人际冲突会给教师带来沉重的心理压力。如大多数教师独立性强，他们在事业上富有竞争性而不肯认输，如果教师之间存在不合理的竞争，利益冲突，相互攀比、嫉妒造成人际关系紧张，沉闷的氛围抑制人的创造性，工作生活的乐趣，给教师带来自卑、嫉妒、焦虑郁闷的不良心态。教师与学生天天接触，由于立场不同，而且面对半大不小的叛逆的一班几十个孩子，师生之间时有冲突发生。特别是班主任要全部处理负责班上的大大小小的事情，像妈妈一样，时常要用心牵挂着学生的状况，但时常得不到学生的理解。并且，多数教师在待人接物方面正义感强，对不合理现象深恶痛绝，不愿迁就和屈从，刻意追求自已的独立人格，追求完美，因而易为他人所误解，这样就造成许多教师交往的障碍，人际交往障碍所导致的心理压力会影响教师的整体情绪，并波及他们的工作、学习与身心健康等方面。

（三）多重期望加重了教师的心理的压力

随着社会的发展，独生子女家庭的增多，家长对教育的期望值越来越高。面对家长"望子成龙"心切；面对学校的"升学率就是生命线"的威压；面对自己较高的事业期望值的追求；面对学生对教师的"挑剔"。教师期望自己具有精湛的教学艺术，较强的科研能力，优良的综合素质，高尚的道德情操，勇于创新精神，良好的心理素质等。教师理所当然地要充当知识的传授者、集体领导者、模范公民、纪律维护者和家长代理人等诸多角色，所以导致教师超负荷承担工作，体力和精神出现透支。其实教师也是普通人，教师的职业却要求承受这么多的"期望"，承受这么厚重的"关爱"。教师对寄寓在自己身上的厚望感到无比的荣耀又深感责任和压力大。以"升学率论英雄"的教育氛围下的教师努力地使自己做得更好但有时深感力不从心，难以达到尽善尽美的程度。这使得教师在教师的实际角色与多重期望方面存在内心冲突，越是责任心强，自我期望高的教师，冲突越突出。目前，一方面，改革开放和竞争机制的引入，为教师的迅速成才提供了有利的条件；而另一方面，日益强化的功利观念与相对拮据的现实生活的强烈反差，使部分教师失落心理强烈，因此出现各种心理冲突和心理压力在所难免。

（四）多元化需要长期被忽视的压力

需要主要表现为工资水平、社会福利、工作条件，付出与报酬平衡的需要还包括教师这个群体所要求的基本的精神因素，如教师对自尊、荣誉的需要，对教师基本权利和社会地位认可的需要、自我实现的需要等。"一身粉尘，两袖清风"，"照亮了别人，燃尽了自己"是教师无私奉献精神的写照，社会通常赞美老师的无私奉献精神，强调奉献、责任却忽视了教师的多种需求。许多人忌讳讲"功利"问题，认为那一定是对个人主义和利己主义的宣扬，这是一种错误的认识。当一个人选择教师作为其职业时，无论他对这个职业有多么崇高的追求和热爱，其前提都必须是他能依赖这个职业生存下去并获得社会对教师职业的认可和保障。随着社会的发展与进步，也在向更高层次发展着，这些都是正当的需要，应该适当的满足。教师只是一种职业称谓而已，教师也是社会中的一个人群，也会受到物欲横流的社会浪潮的巨大冲击。社会对教师的要求高，教师任务重，责任大，而相应的收入水平，社会地位不高，对教师关爱不够。一些乡镇的老师工资还经常被拖欠，出去学习的机会又很少，能调的调到城里去了，不能调的被迫辞职出去打工，使教师资源大量流失。当前主要是长期的辛勤劳动与低廉的收入和待遇；主观高期望与工作实效产生矛盾；自我实现长期得不到满足的压力；一些青年教师卖力工作全身心投入，可成绩不佳或成绩没得到认可，等等；教师容易出现职业倦怠感，出现心理疲乏的状态。

（五）教师自我心理调控能力不足的潜在压力

主要表现为抑郁、精神不振、焦虑、过分担心、有说不出的不安感、睡眠不佳等。相当一部份教师还没有认识到"亚健康"对自己工作生活的不利影响；没有认识到心理调控对自己、学生潜在的影响想寻求心理按摩但缺乏勇气。有人说教师是阳光职业，教师应有阳光一样的好心情。一些教师为了给学生做好表率和制造愉快的氛围，不把消极的情绪传染学生，教师压抑自己，强装笑脸。压抑自己心理负荷大，若当不良的情绪压抑太久，内容太多会给教师带来严重的心理问题。一些教师不能合理的宣泄自己情绪，动不动对人发脾气，给工作、人际方面带来不良的影响，事后又觉得内疚，带来不良的心态。这两类教师都是对自我心理调控能力不足的表现，自我心理调控能力不足是心理压力大的又一原因。

造成教师职业压力和耗竭还有以下这些因素：（1）工作时间长，缺乏休息，教师身心不能很快恢复；（2）备课笔记检查、教案展评、公开课、教学比武、各种学生统考等过多，精神压力过大；（3）班级中有问题行为、麻烦的学生较多；（4）班级中的独生子女的教育管理问题多，来自社会的压力责任重；（5）教师在学校中的午餐饮食等营养不良；（6）人际关系紧张，为处理学生、家长和同事之间关系花费不少精力；（7）焦虑心理严重，怕跟不上教改的力度；（8）事事追求完善，强迫型人格明显；（9）不合理的舆论宣传，如教师是"红烛"、"春蚕"等，强调无私奉献，使教师人格异常；（10）教师聘任制、结构工资制等考核机制挫伤一部分教师的积极性等。（11）教师去学校工作及回家途中交通状况拥挤或耗费精力、体力过大；（12）教育的环境恶劣（如学校设备、房屋不良、噪声过大等），或缺乏教育信息与资料等；（13）对教材教法研究时间较少或时间不能确保；（14）教师缺乏再学习、再进修及自我调整的机会；（15）组织结构与气氛，包括领导采取独断决策的工作方式（带来压抑感）、行为受到限制（如经费不足）、单位的政策难以让人认同和接受、组织内信息不通畅透明（暗箱操作会让人积极性受挫）；（16）家庭问题，比如年轻教师的恋爱婚姻问题，因工作忙而缺乏社交机会，使一些教师出现择偶困难的问题，而青年教师（尤其是男教师）收入相对不高，让他们在婚恋方面也可能处于劣势；生活危机，比如家庭矛盾、子女成长问题、家庭突发危机事件造成的困难等；财务问题，现代经济社会财务质量的好坏直接影响到个体的社会质量；一旦财务出现问题，就会给自己的生活乃至生存带来重大危机，而如果这种危机下的压力过大，就必然会影响到工作本身；（17）学校教育工作以外的繁杂事务或会议过多。

三、教师职业压力的表现

1. 工作压力的心理症状的表现为：（1）焦虑、紧张、迷惑和急躁；（2）疲劳感、生气、憎恶；（3）情绪过敏和反应过敏；（4）感情压抑；（5）退缩和忧郁；（6）孤独感和疏远感；（7）厌烦和工作不满情绪；（8）精神疲劳和低智能工作；（9）注意力分散；（10）缺乏自发性和创造性；（11）自信心不足、抱负降低。

其中焦虑、紧张、生气和憎恨为较为常见的症状。很多人觉得工作压力太大，因此变得压抑，这种现象发生在教师试图纠正应激状态却失败以后，结果可能导致无助，即使在个人能力范围内能做的事也做不成。

2. 工作压力的行为症状的表现为：（1）表现和创造能力降低；（2）酗酒或网络上瘾增加；（3）血压、心跳不正常；（4）为了逃避而饮食过度，结果导致肥胖；（5）消极低沉，可能伴随抑郁；（6）没胃口，瘦得快；（7）冒险行为增加，包括不顾后果的冲动行为增加；（8）与家庭和朋友的关系恶化；（9）自杀和试图自杀。

四、改善教师职业压力的对策

教师在面对由职业工作所引起的诸多压力时，可以采取一些有效的应对策略来缓解职业心理压力，避免职业倦怠感的产生，这些应对策略包括认知和行为改变以及情绪调控等一系列措施。

（一）提高自身素质，迎接挑战

教师应付各种压力最有效的策略就是不断的提高自己的品质素养，树立正确的价值观。教师压力缓解的途径在于教师本身的信念。如教学能力、组织管理能力、科研能力、人际协调能力、心理素质维护等，只有具备了高素质的能力在工作生活当中才会得心应手，不断增强自信。教师必须加强在职培训，更新教育观念和职业知识，加强提高教师心理健康水平辅导等，提高自身素质，迎接挑战，经常遨游于文化园林，精神充实，就会对不切实际的欲望和烦恼人心的庸俗是非形成一种超脱的态度，从而减轻心理压力。在我国现实的生产力水平下，无法使教师的工作、生活条件大大改善，要求教师要有奉献和牺牲精神，只为眼前暂时的经济利益，许多实际问题是无法解决的。历史上凡是对教育做出过毕生贡献的教师，在现实生活中的优秀教师，都是具有高尚的奉献精神的，否则，他就不能称之为好教师。组织教师学习模范教师的事迹、国家目前的经济状况及现实生活中的好榜样，提倡教师的精神境界，树立为教育事业奋斗终生的信念。

（二）端正职业认识，增强动力

有些刚当教师时有无比热情，在单调、强度大、见效慢、发展机会较少的环境中工作一段时间好像没有动力了，产生职业倦怠感。这主要是没有合理认识教师职业特点。教师对教师职业要有一个合理的认知，在看到教师的工作是平凡的、繁琐的，如"备、上、批、辅、测、评"，找学生谈心，组织班级活动，繁琐，平淡，周而复始，但应看到教师职业的神圣与光荣。树立良好的职业道德，责任心，爱岗位，爱学生将其化作自己无穷动力，精神饱满热情洋溢地挥洒在教坛上。这样在遇到困难和挫折时，才会产生适度的情绪和行为，才会提高自我效能感，增强克服困难的信心。而且，教师本人要提升自己的职业水平及其他普遍性的知识，以适应学生、社会的需要；并且要懂得教育理论知识及心理学方面的知识，以提高自己的心理防御能力；充分了解并坦然接受自己的优点、缺点、成功与失败，建立对人的基本信赖，培养建立亲密关系的能力；让自己的生活内容均衡发展，保持自己的兴趣爱好，充实自己的生活；掌握一些情绪调适的技巧，交一些可以完全坦白的知心朋友，与工作场合以外的人建立社交关系。

（三）重视教师需求，激发热情

教师是人，就有需求。对教师许多人忌讳讲"功利"问题，认为那一定是对个人主义和利己主义的宣扬，这是一种错误的认识。当一个人选择教师作为其职业时，无论他对这个职业有多么崇高的追求和热爱，其前提都必须是他能依赖这个职业生存下去并获得社会对教师职业的认可和保障，从中获得物质、心理的满足。随着社会的发展与进步，也在向更高层次发展着，这些都是正当的需要，应该适当的满足。应从经济上、社会地位上等方面改善教师待遇，在社会、学校中应设法帮助教师建立和发展积极的自我就感。社会提高教师的地位形成尊师重教的氛围，特别是领导积极肯定的评价，多给教师一些关注赏识，不仅仅只是关心教师教学成绩的优良，还有多一点生活上，心理上的人文关怀，激励教师敬业上进。转变管理观念，营造合理竞争氛围，增强全体教师凝聚力，开成良好的人际交往圈。关注教师的心理健康创设良好的环境，开办丰富多彩的健康活动。教师在这种宽松和谐工作环境中倍感愉快轻松。就能焕发教师强烈的归属感，激发教师的潜能，增强对教师岗位热爱，增强克服压力的信心，提高承受力。在学校领导层面，确保教师受到人文的关怀。创建和谐的工作环境，视教师如家人，关心教师健康；

给予教师从容的课前准备时间，鼓励教师间的交流与沟通，加强教师间的合作；作风民主，让教师更多地参与学校的管理与决策，肯定教师的成就，明晰教师的自我期望，明确教师的职责等；尊重、信任教师，给教师的进修、晋升提供方便。

（四）柔性管理，化解压力

柔性管理是相对于刚性管理而言的，它是指在研究人们心理和行为规律的基础上采用非强制方法，在人们心目中产生一种潜在的说服力，从而把学校意志变为人们自觉行为的一种"以人为中心"的管理。

1. 与教师建立畅通的沟通渠道。畅通的沟通渠道，可以化解教师的身心压力，使校园焕发应有的活力。特别是对不善交往、交往较少的教师更需如此。在沟通过程中，要注意变纵向沟通为横向沟通，使双方处于民主平等的地位。这样才能畅所欲言，把握教师的思想脉搏，洞察教师的内心世界；还要注意变单向沟通为双向沟通。这样可以及时反馈信息，减少信息的失真。

2. 对教师服务上要全面。作为管理者，应牢固树立为教师服务的思想，无论是为教师职业发展提供机会，还是为教师取得业绩提出要求，都需"以教师为本"。如，管理者在管理压力的运用上，就要充分考虑教师个体具体情况，合理安排工作任务，对工作量与压力作适当的调整，提出恰当的工作要求，以充分调动和保护每位教师的工作积极性。校长们开始意识到"服务"不仅要体现在学生身上，更要体现在教师身上，甚至服务教师比服务学生更重要，因为服务学生最终要靠教师去实现。

3. 对教师期待上要适度。"期待适度"同样也体现了"以教师为本"的服务思想。既然是服务，对教师的期待，应从教师的实际和发展需要出发，不能过于理想。一般来说，理想角色体现了社会对角色的要求和期望，但由于个体受知识经验、思想觉悟和个性等影响，所表现的现实角色千差万别。因此，管理者对教师个体的期望应把握一个"度"，要学会角色置换，将心比心地为对方考虑，多为教师实现理想角色出谋划策，并要积极营造教师为实现理想角色而不懈奋斗的良好氛围。只要我们学校管理者"以教师为本"调整、缓解教师过多的压力，擦亮教师心灵的窗扉，引发教师的工作热情，激发教师的内在动力，充分调动教师的才能和智慧，教师就会积极、主动、打心底儿愿意为学校的存在、发展与繁荣尽心尽力，那么教师的压力就会转化为动力，他们的生命就会在充满喜悦、感激之中轻舞飞扬。

（五）学习健康知识，维护健康

教师的心理健康水平直接影响学生的心理健康。教师应增强心理保健意识，认真学习心理健康知识和基本技能，增强心理素质。首先，要学会转变认识和心态，要从多角度审视自己和身边的事。有些时候不是事情本身让你不快乐而是你对事情的不良认识影响了你的心态，当你尽力去做而没达到理想的结果是不必过于自责，"君子有所为，有所不为"应当有一颗平常心，让丰富多彩的生活把忧虑撵出你的思想，懂得适时的清除心理垃圾，从共和上寻求快乐。其次，要学会心理调节方法如渲泄法，转移法自慰调节升华调节等。总之方法很多，这儿告诉你一个我觉得很管用的，不妨试试吧，解决烦恼的万灵公式：（1）问你自己，可能发生最坏情况是什么？（2）如果你必须接受的话就准备接受它。（3）然后很镇定地想办法改善最坏的情况。

（六）面对问题，换个角度思考

作为教师个体，当发现自己感觉压力或有职业倦怠的表现时，不能回避，要勇于面对现状，客观看待和评价自己及环境，主动适应。这就需要改变思维方式，增加积极的情绪体验。人们一般认为是外在不良事件引起了自己的情绪反应，实际上引起什么样的情绪反应不完全产生于外因，而主要是由当事人自己对该事件的认识、评价和解释引起的。认识、解释不同，产生的个人体验也就不同。任何事情都有积极面和消极面，教师职业角色压力及生活中所有压力也是这样，若能换个角度思考问题，往往能茅塞顿开、柳暗花明。

（七）使用问题解决策略和具体的放松策略

虽然改变思维方式可以部分化解已经存在的问题，但是要想在职业上不断成长、构建自己的幸福生活，教师还需要不断反思自己的压力来源，将导致压力的因素列出，确定其根本原因，并根据不同的压力源，主动、前瞻式地实施切实可行的解决方案。首先，处于任何发展阶段的教师都需要进行职业发展规划，尤其是入职之初感觉不是很胜任的新教师，要在教师职业生涯开始时就为自己设定发展目标，把目标细化，利用所有资源来实施这些目标，并定期审查目标达到情况以调整发展计划。其次，在出现问题时要使用问题解决策略，这些策略包括及时合理地宣泄情绪、寻求社会支持、立即处理问题、转移注意力和重新调整等。最后，运用具体的放松策略来调节生活，这些策略包括适度的体育运动、休闲，以及在感觉紧张时使用肌肉放松、冥想放松等方法来松弛身心。

总之，积极的认知方式有利于提高心理健康，不被重视、工作不胜任、人际关系不良、工作不满意是主要的紧张源，立即处理、寻求社会支持、转移注意力和重新调整是应对紧张的有效策略。教师要注意自己的身心健康，既要有积极的认知方式，正确看待自己的心理紧张源，同时也要运用各种应对策略有效解决职业压力问题，这样不仅能扮演好教师的各种角色，而且能获得满意的人生。

第十一章　教师职业倦怠

随着社会对教师职业重视程度的提高，教师与其他职业同样体验到职业竞争的危机和心理压力。重视教师面临的职业倦怠，保持教师心理健康尤其重要。

一、教师职业倦怠的概述

（一）职业倦怠的定义

职业倦怠是一种与职业有关的综合症状，职业倦怠是个体在职业环境中，由于工作强度过高且社会无视个人需要所引起的疲惫不堪的一系列心理、生理状态。这种知觉受个体、组织和社会因素的影响。倦怠通常有以下三方面的表现。

1. 情感衰竭。指无活力、无工作热情，觉得感情处于极度疲劳状态，这是职业倦怠最明显的表现，是核心症状。

2. 去人格化。指刻意在自身和工作对象间保持距离，对工作对象和环境持有冷漠、忽视的态度。

3. 无力感或低个人成就感。指具有消极评价自己的倾向，并且伴有工作能力和成就感下降的体验。

（二）教师职业倦怠

教师职业倦怠就是指教师对从教工作缺乏事业的动机和兴趣，勉强维持教学工作，感情冷漠，与人疏离，对学生容易失去耐心甚至爱心，备课变得不充分，对工作的控制感和成就感下降，工作满意度降低等。在内心产生一种对教书育人的厌烦和心力俱疲的状态，导致教学工作能力和工作业绩降低的一种现象。教师职业倦怠是教师不能顺利应对工作压力时的一种极端反应，是教师在长时期压力体验下而产生的情感、态度和行为。

典型症状是工作满意度降低、工作热情和兴趣丧失以及情感的疏离和冷漠。这种情况比较频繁地出现在那些乐于奉献和承担义务的教师身上，这些教师的工作量过大、工作时间过长、工作压力过大。职业倦怠被认为是"过分努力去达到一些个人或社会的不切实际的期望"的结果。许多教师对工作不现实的期望容易使得幻想破灭和倦怠。另外，导致倦怠的重要原因是教师的付出与所得不一致，这种不一致可以分为两类：一类是个体处于付出过多的情景，比如教师教太多的学生；另一类是个体面对有限的刺激情境缺乏挑战，比如一个教师多年教同一学科或班级。这种职业倦怠在教育、教学中的突出表现是：教师在工作中缺乏职业道德和敬业精神，教学方式落后，教学作风懒散，无意从教，工作厌烦，人心思动，想改谋他职。其结果导致教师厌教，学生厌学，相互影响，恶性循环，既影响教师队伍的稳定，又有碍教育质量的提高，更不利于教育教学的改革。

二、教师职业倦怠的核心成分

一是情感衰竭。情感衰竭是指个体情感处于极度疲劳状态，工作热情完全消失。

二是去个性化。指个体以消极、否定或麻木不仁的态度对待工作。

三是个人成就感降低。指个体评价自我的意义与价值的倾向降低。教师职业倦怠心理的产生，不是对某一特定事件的即时反应，而是在较长一段时期内，对工作中所遇到的压力，在情绪上产生的一种递进的反应过程。

教师职业被公认为一项高强度高压力的职业，教师是职业倦怠的高发人群。研究表明，有一半以上的教师认为很有压力感或极有压力感。中青年教师是职业倦怠最严重的时期，职称是影响职业倦怠最重要的因素，随着职称的提高，职业倦怠也有上升的趋势。

三、教师职业倦怠对教师身心健康的影响

一是生理上，经常疲劳、失眠、食欲不振、喉咙嘶哑、背痛、头晕，甚至全身酸疼、内分泌功能紊乱、血压升高等。

二是心理上，职业成就感和认同感降低，对自己工作意义与价值的评价下降，觉得工作无意义、无价值、枯燥、重复、琐碎，感到自己前途暗淡，没有希望，常产生厌倦、抑郁、压抑、焦虑、烦恼等负性情绪，减少教学工作的信心和热情。

三是教师的职业倦怠直接影响其教学品质，工作敷衍了事，不思进取，不愿钻研，工作投入减少，课堂准备不充分，创造性低，工作效率下降。

四是职业倦怠影响教师的人际交往，躲避领导，疏离同事关系。

五是对学生的身心健康造成不良影响。倦怠的教师对学生缺乏同情心，对违反课堂纪律的学生没有耐心，减少或断绝与学生的来往，无心教学，极大地挫伤学生的学习热情和创造性。学生成为教师职业倦怠最直接和最大的受害者。

四、教师职业倦怠的表现形式

（一）精疲力竭型

这类教师在高压力下的表现是放弃努力，以减少对工作的投入来求得心理平衡。这类教师的职业倦怠一旦出现，要想恢复就很困难，因为这些症状会得到自我强化。

（二）狂热型

这类教师有着极强的成功信念，能狂热地投入工作，但理想与现实之间的巨大反差，使他们的这种热情通常坚持不了太长时间，整个信念系统突然塌陷，最终屈服于精力耗竭。

（三）低挑战型

对于这类教师而言，工作本身缺乏刺激，他们觉得以自己的能力来做当前的工作是大材小用，因而厌倦工作。

上述这三种类型不是完全独立的，有时候是以混合交叉的形式存在。

五、教师职业倦怠的模式

第一种为应激过程四个阶段模式。（1）热情期，有希望且希望不切实际。（2）停滞期，仍能工作，但更关注个人需要。（3）挫折期，感到无效能，对其他人不满，而且开始经历情绪、生理与行为的问题。（4）冷漠期，要求更少的工作，回避挑战。

第二种模式是以倦怠的性质与强度为标志。一级倦怠，表现为烦躁、担忧与挫折。此水平倦怠是短期的、可恢复的。二级倦怠，表现为耗竭、玩世不恭、无效能、脾气起伏不定。此级倦怠比较固定、持久，不易克服。三级倦怠，表现为生理、心理问题，自尊降低，从工作与人际交往中退却。此级倦怠是弥散的、剧烈的、难以处理的。

第三种模式是经验性阶段模型。在这一模型中，认为教师的职业倦怠由人格解体、个人成就感降低、情绪耗竭三个维度构成，其中情绪衰竭是教师职业倦怠最为突出的特征。这三个维度受教师工作环境中不同因素的影响，工作本身的要求如工作超负荷和角色冲突等，更能预测情绪衰竭和非人性化，教师对自己工作的控制权和他所能得到的社会支持与个人成就感间的联系更为紧密。情绪衰竭最先出现，非人性化紧随其后，低个人成就感是独立出现的。但也有研究者认为，当教师感觉到倦怠时，他们最先表现的是情绪的极度疲劳，紧接着是非人性化特征，即消极地对待他人，最后才是低成就感。

另一研究发现，教师职业倦怠最先开始于个人的低成就感，然后是非人性化和情绪衰竭。

六、教师职业倦怠的成因

教师职业倦怠是在长期的工作环境及伴随的压力中积淀下来的，因此，职业倦怠的形成机制是较为复杂的，解决问题的对策也是多方面的。我们可以从社会因素、组织因素和个人因素三个方面进行探讨。

（一）社会因素

"以分数论学生，以升学率论教师"的现象普遍存在，人为加重教师间的竞争，迫使教师处于高负荷运转中。

社会把教师尊为人类灵魂的工程师，给教师贴上了神圣的标签；人们把教师比作"太阳"、"园丁"、"蜡烛"，其中包含着人们对教师的种种期待。家长对孩子的期望特别高，而他们又将这种期望寄托在学校后转嫁到教师身上，认为"没有教不好的学生，只有不会教的教师"，给教师涂上了一层理想化的神圣色彩。社会的高期望加重了教师的心理负担，使教师产生程度不同的压抑感。当教师被人们推上神坛的同时，也成了祭坛上的牺牲品。

（二）组织因素

学校本身是一个复杂的社会组织。学校的组织氛围和谐，教师心情就愉悦，效率就较高；如果领导专制，教师之间、师生之间、教师与家长之间关系紧张，教师就会感到压抑、烦躁和忧郁。同时，学校对教学的评价机制是否科学也会影响教师工作的积极性和创造性。教师职业的特殊性也决定了教师在这种工作压力下容易产生职业倦怠。教师职业是角色冲突的一种典型情境，随着学校功能的日趋复杂化和多样化，教师所要扮演的角色也越来越多重化，而一名教师往往难以处理两种同时并存但又相反的角色间的矛盾关系，如既要树立教师权威又要成为学生的朋友，这使得具有责任心的教师在经历了多种角色冲突之后，不可避免地感到心力交瘁。工作压力大，相对的封闭性，使得教师长期处于习得性无助状态，最终发展成职业倦怠。

（三）个人因素

1. 对自身要求不切实际。许多教师认为教师保持一个"完美"的形象是教师职业的必然要求，因而这些教师往往对自己提出不切实际的要求，有的甚至要求自己成为一个"完美主义"者。这样，使得他们常常在无意识中压抑和否定自己的正常要求以满足职业需要。然而，美好的愿望常常与客观现实产生冲突，一旦出现差错，这些教师内心的自我谴责往往强烈而持久。事实表明，对自身要求越高，其自身的压力也就越大。持久的压力势必导致倦怠的产生。

2. 个性品质不良。研究表明，那些具有 A 型人格、低自尊或外控的教师容易产生职业倦怠。这类教师常常抱有不现实的理想和期望，对外界干扰容易妥协，在人际交往中体验到无能感，这种不能客观评价自我使得他们容易产生职业倦怠。自尊是教师职业倦怠一个重要和起控制作用的因素，它通过影响教师对以环境为基础的组织因素的过滤来起作用。一些研究认为自尊和倦怠密切相关。大多数人对社会支持有一种强烈的需要，任何感到遭受社会拒绝的事件都被认为是有压力的，而且缺乏自信的人更容易受到这种威胁而感受到压力和产生倦怠。研究也表明那些相信外在控制点的教师更容易倦怠。当教师的高级需要得到满足时，他们很少会产生倦怠。

3. 自我效能感不高。自我效能感是个体对自我能力的知觉和判断。自我效能感可以影响一个人的行为动机。高自我效能感的教师对于自己的能力有信心，常设计较高层次的目标，对教学活动更投入。而低效能感的教师倾向于选择较容易的任务，遇到困难容易放弃，在工作时常常怀疑自己的能力，常常设想失败带来的后果，这就会导致过度的心理压力和不良情绪反应，致使职业倦怠的产生。

七、教师职业倦怠的对策

由于倦怠或耗竭具有伤害性，影响学校教师的工作和身心健康，因此越来越多的研究者开始关注倦怠的预防。从已有的研究来看，倦怠的预防策略被分成两种：改变组织的策略和改变个人的策略。

（一）改变组织的策略

1. 确立先进的管理理念。赋予教师更多的职业自主权与更大的自由度，听取教师对学校各管理层工作的意见，接受他们的意见和建议并且为教师提供更多参与学校决策的机会、激发教师的工作热情与动力，从而使教师具有更强的责任感、认同感和归属感；学校管理者在管理过程中，要坚持以人为本，实行人性化管理。要关注教师的成长与发展，为每一个教师提供发展的机遇，邀请专家给教师进行咨询或组织培训；要赋予教师更多的职业自主权和自由度，增强教师的主体意识；要实行民主开放的管理模式，在制定规划、目标以及各种制度时，要充分听取、接纳、采取教师的意见和建议，调动教师的主人翁意识，从管理层面上铲除滋生教师职业倦怠产生的土壤。少一点行政命令，多一些情感投入。让教师树立"生本意识"之前，领导要先有"师本意识"，设身处地替教师着想，树立教育行政领导就是为教师和教育教学服务的观念，以自己良好的人格魅力去影响教师，不以制度代替思想工作，及时沟通与教师的感情，多听教师的需要、意见，关心教师的身体和家庭生活状况，以诚待人、以情感人，创造一个民主和谐温暖的工作环境。

2. 建立和谐的人际关系。和谐的人际关系可以使教师获得良好的社会支持，可以提高教师的工作生活质量，有助于教师之间公平公正的交往，减少人际消耗与冲突。学校各级管理人员尤其是校长的支持与关心能有效地减轻教师的心理压力，减少心理问题的发生？掌握基本的人际交往技能，真诚对待交往对象。加强教师之间、师生之间以及教师与领导之间的交流和沟通，缓解人际关系的紧张状况。在教师感觉倦怠的时候，来自同事的工作支持以及情感支持能够提高个人成就感，降低压力感和倦怠感。因此，学校要协调教师间建立良好的人际关系，要通过组织开展多种多样的教师合作、交流活动，促进教师间的交往，增加教师间的亲和度，改变教师职业孤独感；领导与教师之间要多一点理解、信任和沟通，少一点埋怨、猜疑和指责；教师与学生间要建立平等民主的师生关系，努力营造一种尊师爱生的氛围。从而舒缓教师的人际压力，缓解职业倦怠。

3. 提高教师的职业素养。提高教师的职业素养是克服教师职业倦怠的基本手段。教师的职业倦怠的产生往往与不能很好地应对教育教学中出现的困难有直接的关系。尤其对刚参加工作的年轻教师来说，这一点显得尤为重要。职业的不足是教师职业的主要压力源。因此，学校应加强教师的职业知识和职业技能的学习。要充分利用校内各种资源完善教师的自我培养、提高体系，通过各种方式优化教师知识结构，为提高教师职业权威提供保障。如采取"传、帮、带"，进行各类观摩教学和学术交流，加强网络建设等来拓宽教师职业视野；利用校外各种资源，进行各种形式的师资培训，如短期函授、脱产进修、学历考试、专题报告等形式，以满足教师职业生存和职业发展的需要。

4. 提高教师的社会、经济地位。国家切实采取措施提高教师的经济待遇和社会地位，维护教师权益，使教师切实感受到社会的尊重。首先，各级政府要把尊师重教落在实处，在全社会掀起一个尊重教师的"教育热"。其次，政府部门要采取有效措施，切实提高教师的经济收入水平，要根据经济和社会的发展，对教师的经济收入水平加以调整。对教师的劳保、福利、住房等给予重视和落实，解除教师的后顾之忧，为教师创设良好的工作、生活环境，抵制一些并非学校、教师职责范围内的任务、活动，使学校和教师能专心教育；在制定政策时要替教师设身处地地想一想，是否符合大多数教师的利益，充分考虑学校实际和教师心理承受能力；所制定的政策要相对稳定，如职评条件要合理等。

5. 对教师建立合理的期望。要给教师合理的角色期待，引导教师合理的定位。社会对教师职业期望不宜过高，要充分认识到教师也是一个普普通通的人，是一个追求完善的"常人"，是一个具有多种个性和生活方式的多面体。要以一个普通人的身份来对教师加以考察。教师管理部门和新闻媒体应对教师职业角色进行合理的定位，要做好对普通公众的正面引导。学生家长应对教师职业给予合理的期望，以减轻教师的职业压力和心理负荷。

6. 建立有效的教师教育培训体系。高质量的培训是缓解教师职业倦怠的重要途径。将职前与职后培训有机结合，提高教师智力与非智力能力，重视教师承受工作压力和自我缓解压力的训练。一方面，在职前培训时，应重视培养新教师对教师职业特性的认识，同时，还应把处理压力和职业倦怠的策略和技巧教给教师，使他们对未来可能面临的压力有充分的心理准备。另一方面，将继续教育和培训落到实处，在教学工作过程中，继续培训教师如何从事教学工作，不仅维持他们对本职工作的责任感和兴趣，还应传授人际交往的技巧。此外，还应建立教师心理测评制度，及时地发现问题、解决问题。

7. 建立科学的评价体系。学校要完善教学评价机制，提倡过程性评价、发展性评价。考核教师工作，不应以分数为唯一尺度，要综合考察，兼顾教师平时的工作态度、工作状态、师德修养、教育教学科研等，促进教师全面健康和谐发展，实现自我价值；要建立发展性教师评价制度，激发教师的自我发展要求；要建立公平合理、赏罚分明的激励机制，充分调动教师的工作热情和积极性，防止懈怠情绪的产生。

（二）改变个人的策略

1. 提高职业认识，正视工作耗竭。首先，更新自己对职业的理解，提高对工作耗竭的认识、识别和监控能力，保证自己能够最大限度地避免不必要的职业危险。其次，对工作耗竭要有正确的态度。一方面，每个人在主客观因素的重压之下都有可能会经历工作耗竭现象，这是自然的心理反应，并不代表个人能力差。另一方面，工作耗竭也有积极意义，可以帮助发现自己的问题和不足，促进自己提升职业能力，只要合理应对，就可以将危机转换为机会。树立成功教师应有的信念和态度。如，深信成为怎样的教师完全取决于自身努力，积极参与各种活动，及时掌握教育信息和动态，加强学习，检视自己的教育理念和教学观点，与时俱进，勇于接受各种挑战，合理管理时间，发挥工作效率，运用各种沟通技巧，促成人际交往良性互动等。

2. 保持良好的自我觉察或监控能力，可以进行自我有意识的训练，或寻求督导，以提高反省意识和自我洞察的能力。

3. 积极客观评价自我工作，确立现实可行的工作目标，克服完美主义倾向，清楚了解自己的优缺点所在，正视自己的喜怒哀乐，不自我为难和自我拒绝，不过分苛求外部环境，以避免因现实与理想之间的差异而造成的心理冲突；客观评估自身能力，保持职业身份或价值观的认同。降低对工作和当事人的预期，重新解释某些行为的含义，改变对个人责任的看法，学习时间管理技术或冲突解决技术；走出教师"完美形象"的误区。

4. 积极促进自我成长，不断给自己补充"能量"。个人成长主要涉及关注个体的职业伦理水平、人生哲学观、对重大生活问题的态度、"未处理事件"、自我觉察能力，还应关注心理咨询过程中的重大具体问题，是影响心理辅导效果的核心因素，也是应对工作耗竭的有效因素。

5. 提高身体健康状况，包括在日常生活中注意加强营养、加强体育锻炼并了解健康常识；要注意自身的劳逸结合，使工作、娱乐、休息、锻炼及精神调节有机地协调起来。

体育运动作为应对工作应激策略常被人忽视。体育活动对紧张的工作节奏可产生很好的改变，尤其是那些常坐在办公室的人，体育活动可以使他们放松感情和精神的紧张程度，减少疲劳，消除生气以及一些焦躁行为。

6. 增加自己工作的内部动力。教师本人应认识到倦怠是源于自己所遇到的压力，解决的最好途径是提高自己的耐压能力。因此，教师必须采取适当的措施，增加自己工作的内部动力。实践证明，坚持对教育工作艺术性、创造性的探索，有意识地观察自己的工作环境，反省自己的失误，及时处理问题，可以有效地减少倦怠。

7. 悦纳自我。培养开朗、乐观、积极向上的个性品质，多参与社会活动，与他人分享工作体验，也可以减轻工作压力。妥善利用社会支持系统，包括从同事、机构管理者、督导处获得职业支持，从家庭和朋友处获得建议和帮助。保持幽默感，形成放松的生活风格，养成一些与教育工作无关的兴趣和爱好，学会享受生活；保留与配偶、伙伴、家人在一起活动的时间。

8. 改变原有的工作模式，保持个人生活与工作的平衡。例如试着减少工作量或者放慢工作速度，正常休息和避免加班，平衡工作与个人生活之间的关系。合理饮食、睡眠充足、积极锻炼，使身体保持良好的健康状况。

教师要学会改变自己不良的人格特征，提高自我调节能力，以开放的态度来学习新的知识和策略以便应对可能遇到的压力。改变自己内在固有的认知元素，尽量从积极的角度去接纳新思想，学会正确评价自己的教育教学效果，从而积极对待自己的工作付出与回报之间的关系，以最大限度地减少不适应心理。

9. 运用积极的心理暗示。积极的暗示能增进和改善人的心理、行为及机体的生理功能，帮助个体稳定情绪，树立信心及增强战胜困难和挫折的勇气。教师在工作中，难免与领导、同事及学生发生一些不愉快的事情，它会使教师受到打击而自抱自怨、退缩、逃避或走向极端，陷入倦怠。这时要用言语反复提醒自己，进行自我暗示，促进自己乐观向上，善待生活，充满激情，从而远离倦怠。

10. 学会规划好自己的教师生涯。如，分析自己的生涯发展动机，明确自己的发展定位，设置好发展的总目标和可行的分目标，正确评估并有效利用各种环境资源等。

第十二章　教师的职业心理

教师心理是指教师在教育教学中表现出来的心理活动特点及规律。客观认识教师心理活动规律，无论对于培养高素质的学生，还是对于形成高素质的教师队伍以及促进教师个人的职业生涯发展都具有重要意义。

一、教师职业心理素质的定义

教师职业心理素质是指教师职业所要求的、在教师职业发展过程中形成的、在教育教学工作中培养并表现出来的、直接影响教育教学效果的相对稳定的心理品质。

二、教师职业心理素质的特征

（一）教师的职业心理有多个相互关联的要素

教育是为了促进学生的发展，而发展不仅指获得知识、掌握技能、形成人格品质，还包括懂得生活、适应社会、不断创新等。因此，教师作为学生发展的促进者，应具备该角色所要求的一系列心理素质。

（二）教师职业心理处于动态发展之中

社会对教师群体心理素质的要求在不断变化。随着时代发展，学生心理素质教育的含义和内容在变化。作为素质教育的操作者，教师的心理素质在某种程度上制约着学生心理素质的发展。

（三）教师职业心理的形成具有个别化、阶段性特点

随着教师教育实践活动的深入，教师本人职业化程度的提高，教师心理素质在教师步入职业生活及职业发展过程中逐步形成、不断提高并渗透于日常教育教学行为之中。但教师个体心理素质构成的各方面在教育实践中的表现、比例等会有所不同。

（四）教师职业心理具有可培养的特点

心理素质虽然是内在的品质，但它可以通过外显的行为系列来表现。因而通过对教师的行为优化训练，就能够提高教师的心理素质。

三、教师职业心理的作用

教师职业心理是教师搞好教育工作的重要条件，有显性和隐性两种作用。显性作用是指具备良好心理素质的教师能够更好地向学生传授知识、技能及促进学生智能、个性的发展。隐性作用是指具备良好心理素质的教师能潜移默化地影响学生，这是其他任何教育手段都无法替代的。

虽然教师具有着其他职业人们所不具有的优秀的职业心理特征。但是，另一方面，在改革、开放的社会竞争中，教师工作的繁重和紧张亦使教师们的心理出现不少问题。

四、教师心理问题的调适

压力是外因，压力之下是不是会造成个体的不健康状态，还要看内因：个体的个人特质。影响个体健康程度的内在特质包括个体的焦虑程度（遇事是否容易紧张不安）、神经质程度（遇事是否过敏，反应是否会过度强烈）、个性的弹性和宽容度（是否能灵活应变、以宽容的态度待人处事）、A 型性格（成就动机是否过于强烈、是否是容易强化压力的性格）、期望值（是否过高）、非理性观念。如果个体气质性焦虑程度高、反应较为神经质、个性的弹性和宽容度差、典型的 A 型性格、期望值过高、有根深蒂固的非理性观念，那么同样的客观压力下，个体的主观压力感受就会比较高，进而容易对自己的身心健康带来负面影响。

（一）教师的心理健康是学生心理健康的先决条件之一

学校要帮助教师减轻职业压力，改善心理不适应问题，可以从以下几方面着手。

1. 学校中开辟供教师专用的静养休息室，以及专用的活动室，以减少对教师身心的干扰，或让教师有放松休闲的场所。

2. 建立教师的心理援助和危机干预机制，促进教师的精神健康。

3. 改善学校教育的气氛和环境，对教师的教育教学活动提供信息、资料、进修机制等方面的支援。

4. 提高教师自我修养的水准，提高教师的心理素质。

5. 学校的组织、行政机构等要倾听教师的要求、心声，加强教师群体间的沟通交流。

6. 要培养教师关注自身身心健康的意识。

（二）教师处理职业压力的方法

1. 了解职业压力模式，关注自己的身心健康状况。当发现自身状况不佳时，及时检讨压力来源，作出适当的调整，维持自己的身心健康。

2. 增加自己的职业认同度，尤其要检讨自己的职业兴趣、性格适合度、价值观等与职业满意度关系密切的因素。如果发现自己不适合教师职业或对教师职业不感兴趣，就应该作出改换职业的决定。

3. 参加各种学习和培训，提升自己的教育技巧，使自己更胜任教师工作，从而减轻自己的职业压力。

4. 消除或改善个人特质中不利的因素，尤其是非理性观念之类的心理因素，提高自身的压力承受力。

5. 学习问题解决之道，有技巧地处理好职业生涯中可能遇到的困境。

6. 劳逸结合，强身健体，学习放松方法，强健或放松自己的身心。

7. 建立自己的心理支持系统。当出现心理危机时，了解可能的求助渠道。

总之，作为教师应该意识到教育工作的重大责任和教师职业的巨大压力，关注自己的健康状况，尤其是心理健康，这不仅对自己有好处，而且从职业要求的角度看，也是必须的。

第十三章 教师的心理健康

心理健康是指个人生活适应上所表现的和谐状态。具体地说是指个人内部心理和外部行为的和谐、协调，并适应社会准则和职业要求的一种良性状态，即具有崇高的理想境界、正常的智能发展、稳定的情绪、坚强的意志、良好的性格和自我意识、和谐的人际关系。心理健康是人进行学习和工作的基本条件。一个人只有智能发展正常、情绪稳定愉快、心胸豁达开朗和具有坚韧不拔的毅力，以及与人相处友善和睦，才能一心一意致力于工作并取得良好成绩。尤其对教师这个职业来说，心理健康具有双层意义，显得更加重要。

教师的心理健康不仅有利于教师个人的身心健康，有助于教师提高生活、学习和工作的效率，而且也直接影响学生的个性发展、心理健康和知识学习，并将对学生的未来成长产生深远的影响。

一、教师心理健康的特点

心理健康的教师既能适应学校、社会的教育要求，又能充分发挥自己的潜能和价值。

1. 能正确认识自己的工作、生活环境；能对自我有恰当的认知，并予以悦纳。

2. 能有丰富的情感体验，且善于调适；能与学生、学生家长、同事、领导建立良好的人际关系，尤其与学生之间有良好亲密的互动。

3. 对所从事的工作深感其重大的社会意义和个人价值。

4. 能正确总结过去，丰富经验，能面对现实，把握条件和机遇，能展望未来，明确发展目标。

二、教师心理健康的问题表现

（一）人格异常问题

人格异常是指个体人格发展的内在不协调而导致人格特征显著偏离正常人群，并与社会规范相悖的一种持久的牢固的极端化的行为模式，在情绪反应、动机和行为活动上发生异常，从而影响了个体社会交往和职业功能，造成个体的社会适应不良。人格异常主要有下列几种。①强迫。做事要求完美，甚至妨碍工作的完成。按部就班，注意细节、规则、表格、次序或时间表。忽视全局和重点。不合理地要求他人应完全遵照自己的方式做事，或不相信别人而拒绝让别人做。过分严肃、认真和谨慎，常犹豫不决。墨守成规，缺乏应变。缺乏体贴柔软的情感，没有幽默感。过度投入工作，不善享受人生。②偏执。固执刻板，爱与人争论，敏感多疑。对他人没有信任感，过度自我保护和警惕，过分自负，夸大自己的重要性，很难接受他人的意见，缺乏热情和同情，对艺术类业余活动缺乏兴趣，常迁怒于他人，心胸狭窄，忌妒心强。③暴躁。也是冲动型人格，其行为情绪极不稳定，具有明显的冲动性。表现为忍耐性差，易激惹，情绪诱发后强度大，其行为有不可预测和不考虑后果的倾向，并失去自控能力，有短时间的暴力、谩骂和伤人毁物现象，也可能自伤，事后后悔。平时人际关系、工作等无明显异常或基本正常。④自闭。不愿展示自己的真实思想、情感和需要欲望，试图掩盖一切，与世隔绝，孤僻、不合群。不想与人进行交往，更难以与人进行心灵的沟通。⑤冷漠。过于严肃和认真，对学生缺乏热情和爱心，孤芳自赏，不愿与人为伍，讲究师道尊严，过分追求权威，对周围的人常有厌烦、鄙视或戒备心理。⑥自卑。对个人的能力和品质评价偏低，看不起自己的职业和工作，缺乏信心，悲观失望，无进取心，即便是普通的工作和任务也自感无能而放弃，意志消沉，无所作为，喜欢独处，不喜欢与人交往。另一方面极为自尊，稍有伤害和不满，就暴怒或自责不已。⑦怯懦。胆小怕事，懦弱退缩，容易屈从他人不敢坚持自己的观点和大胆独立地行事，逆来顺受。另外，意志薄弱，害怕困难，感情脆弱，经不起挫折。再就是谨小慎微，刻板固执，甚至自我折磨。

（二）人际适应不良问题

良好的人际关系是个体心理健康的标准和外在表现，同时也是个体心理健康的重要条件之一。教师人际关系淡薄。一般来说，教师在人际关系方面的障碍和适应不良主要表现为：①缺乏交往意识和欲望，很少交往和与人沟通；②缺乏必要的交往技能和手段，交往容易受挫；③不良人格和个性特征。

（三）职业心理枯竭问题

教师心理枯竭是指教师在处理教育教学事务中所表现出的由于工作的压力、紧张的心情及较低的成就感而导致的情绪低落、身心疲惫的心理状态。教师的心理枯竭通常表现在以下几个方面。

1. 生理枯竭。教师经常性地产生疲劳感、耗竭感，缺乏精力，对疾病抵抗力差，常感冒、头痛、眼花、失眠、声音嘶哑等身体不适，女教师还会出现生理紊乱、月经不调等症状。

2. 情绪衰竭。经常表现为烦躁、失望、焦虑、易怒、神经过敏。对教育教学工作感到厌倦，情绪波动大。一遇到不顺心的事，就发脾气、沮丧、抑郁、苦闷，嫉妒心强，缺乏热情和活力，精神萎靡。

3. 心智枯竭。常感自卑、厌烦，自我评价过低，常常怀疑自己，自尊心低，退缩，成就感差，失败感强，工作热情减退，感到前程无望，一有机会就想调动工作岗位。

4. 价值枯竭。对自己工作的意义和价值评价下降，自我效能感低，认为教育教学毫无意义、毫无价值，工作敷衍了事，备课不认真或不备课，缺少创造性，教学效率差，教学质量不高。

5. 非人性化冷漠。对领导、同事、学生麻木冷漠，悲观，不信任他人，对他人再无同情心可言，甚至冷嘲热讽。开始疏远学生，甚至自己的家人和孩子。

6. 行为症状。表现为冲动、言语过激、易激怒、好发脾气，人际摩擦增多，有时会体罚、打骂学生，对刺激物依赖性强，不愿意参加集体活动，极端的心理枯竭状态会出现自伤或自杀行为。

（四）身心健康问题的表现

1. 焦虑。焦虑是一种内心紧张不安，预感到似乎将要发生某种不利情况而又难于应付的不愉快情绪，它往往指向未来实际并不存在的某种威胁或危险。焦虑是一种普遍现象，只有焦虑过度才会成为心理问题。由于教育工作和教师职业的特殊情况，教师的焦虑程度较大，焦虑有两种：持续广泛的和急性短暂的。教师的焦虑以前者为主，表现出心理障碍的症状，具体有担心、不安、害怕，易激惹，注意力不集中，记忆力差等。有时还伴有躯体症状：口干、恶心、胀气、腹泻、心悸、胸闷、尿频、失眠、噩梦等。

2. 抑郁。常表现为沉默寡言，情绪低落，沮丧，压抑，孤独，郁郁寡欢，闷闷不乐，胡思乱想，精神委靡，悲观失望。对一切事物都缺乏兴趣，对学校的各种活动都不热心，不愿参加社交，对学生、同事冷淡，对自己和学生的未来发展没有信心，常感到沮丧和懊悔。躯体上的表现有：食欲下降，入睡困难，精力疲乏，常有头痛、头昏、耳鸣、口干、便秘、多汗、失眠、胃部不适等。

3. 神经衰弱。教师由于长期情绪紧张和精神压力，使大脑的精神活动能力减弱，表现为容易兴奋、容易疲劳、睡眠障碍、头痛等，伴有情绪烦恼和躯体不适症状，是神经症中最多见的一种。教师是一般人群中患病率最高的群体之一。其症状表现为以下几个方面。虚弱症状：精神疲乏，反应迟钝，注意力难以集中，记忆困难，工作或学习不能持久，效能减低；兴奋症状：

精神易兴奋，回忆及联想增多，且难控制，对声光敏感；情绪症状：易烦恼，易激动，工作或学习伴有焦虑、苦闷；紧张性疼痛：如紧张性肌肉痛，紧张性偏头痛；睡眠障碍：入睡困难，噩梦多梦，易醒，醒后感到疲乏；其他如植物神经功能紊乱，心动过速，血压波动，多汗，厌食，乏力，便秘，尿频等。不良的社会心理因素是导致教师神经衰弱的重要因素，如工作紧张，压力过大，工作、学习和生活环境较差，人际关系紧张，以及各种不良的刺激等。

三、教师心理健康问题的影响因素

（一）社会因素

1. 社会要求和期望不断提高的影响。人类社会进入快速发展时期，人们越来越感受到的国际竞争实际上就是科学技术的竞争，而科技的竞争，实际也就是教育的竞争。因此，各国都把教育放在首要战略位置来考虑，而教师则是教育成败的关键。于是社会及大众理所当然把国家的强盛、民族的兴衰，地区经济的发展，乃至家庭的幸福和孩子的未来系于教育、学校和教师身上，对教师的要求和期望愈来愈高，从而使教师的压力感增大。社会普遍持有这样的想法：教育质量低、学生问题多，要归罪于教师。由此，直接和间接地减少了社会对教师的精神支持，从而导致教师心理压力的产生。

2. 社会现实问题及不良风气的冲击。随着改革开放政策的实施，各种价值观念和生活方式都开始出现，新事物、新情况和新问题也不断产生，于是人们产生了种种疑虑和困惑，甚至迷惘，少数人还产生了信仰危机。教师也不例外，如一些教师的困惑、失落、无奈和忧虑不断增多，精神压力越来越大，少数教师的心理问题也越来越多。使教师感到心理不平衡和压抑的社会事件依次是没有文化的人赚大钱；官员贪污受贿，公款吃喝；行业乱收费；司法腐败；公事私办；豆腐渣工程；婚外恋，等等。

3. 教育改革力度不断加大的压力。从世界范围来看，由于经济和社会发展的需求，教育改革的力度不断增大，范围也不断扩展。从国内来看，这种改革的力度和范围可谓前所未有。面对急剧变化的教育发展形势和新的要求，如教学内容、教学方法、教学手段、教学形式等的不断更新，教师必须要尽快适应，在这一适应过程中，教师要承受巨大的心理压力才能自如应对变革，否则就将面临种种危机。为此，教师需不断提高自我，完善自我，尤其是在提升自己的学历、能力及知识方面要付出极大的精力和财力，由此，难免产生心理的负担以及紧张焦虑的情绪。许多教师认为教育改革的内容、方式和步伐都对他们构成了强大的冲击，使他们感受到了前所未有的压力。

（二）学校因素

1. 教师的角色冲突与困惑。在社会生活中，教师要扮演很多角色。因此极易引起角色错位及冲突，从而导致心理困惑。据研究，教师的角色冲突有两个主要来源：一是人们期望教师提供学生高质量的教育，但教师又缺乏选择自己认为最好的教学方法和教材的自主权；二是教师有维持纪律的责任，但教师又没有足够的权威做到这些。由此教师的压力不断增大，角色负荷过度。列宁曾说：从来没有人像教师那样长期置于广大青少年的监督之下。教师作为社会提倡的价值楷模，需要树立榜样的形象，他必须以标准化、典范化的形象影响青少年学生，时刻做到自律自控，甚至强制自己控制正常的需要和行为。然而教师到底还是一个普通的社会人、自然人，不断地在普通人和价值楷模之间进行角色转换，压抑正常的喜怒哀乐，会造成教师心理负荷过大，使其心理健康受到危害。

2. 学校管理方式不当。学校管理对教师各方面工作的影响都非常大，由于学校管理不当而引起的与教师直接相关的问题，除引起教师角色模糊和冲突以外，还使教师工作超负荷或不足，时间被占用，缺乏自主权，没有参与学校管理的机会，因个人评估标准不明确而造成失误，等等。这些都会引起或加大教师的心理压力，从而产生心理问题。有调查研究表明，以下七个学校管理方面的因素最易挫伤教师的积极性，危害教师的心理健康：领导者对教师评价不公正；领导者对教师不信任；教师生活实际问题长期得不到解决；无必要的精神安慰；领导者对教师挑剔过多，当众批评，挫伤教师的自尊心；忽视教师业务进修的要求，干涉教师参加正当的业务活动和社会活动；用非所长，使之感到自己在学校里是多余的人；政治上的进步要求得不到关心，入党要求长期无人过问等。近年来，随着教育改革的不断深入，学校内部管理力度也开始加大，在岗位聘任、职称评比、年度考核、奖金分配等方面的要求越来越高，竞争越来越激烈，这些都成为教师心理上的巨大压力，稍有不慎，极有可能导致心理问题的产生。

3. 学校环境与条件不良。学校的人与事的环境与条件。例如，班级规模过大，学生人数过多，师生比例高，这些都是压力源之一。特别要提出的是，学生的品行、学习情况与教师的心理压力也密切相关。因为学生的思想与行为不易为教师所控制，因而也易对教师构成心理的威胁，导致教师沮丧和焦虑。教师每天要遇到学生大量的不良行为以及对教师本人的不良态度，这些都会使教师感到紧张、不安、厌倦等，从而导致教师心理压力增大。学生对教师的恶劣态度和学生的不良行为是教师压力的主要来源。因此，教师如果长期在恶劣的环境和条件下工作，想保持心理的健康是很难的。

4. 学校人际关系紧张。拥有良好的人际关系是教师心理健康的重要标准，同时也是影响其心理健康的重要因素。与其他群体相比，教师由于工作繁重，时间紧，接触对象、交往范围小，与儿童的交往时间长，因而属于一个比较孤立、封闭的群体，因此与社会联系不多，人际交往能力有限。这些易导致教师的狭隘、固执、自卑、怯懦等不良心理倾向，影响其心理健康。

目前学校中人际关系不正常，表现在这样几方面：领导与教师关系不协调，一些校长作风不民主、校务不公开，导致教师内心压抑，心情很不舒畅；教师之间关系不协调，同事之间特别是平行班之间竞争过于激烈，人际关系复杂化；领导之间的矛盾冲突，使教师无所适从，无故受到冷落和压抑。当然学校中除了上述人际关系外，师生关系也是学校最基本的人际关系之一。近年来师生关系的冷漠与疏远、实用与功利、对立与冲突等，与上述的教师与领导之间、教师与教师之间关系的不和谐，都构成损害教师心理健康的重要因素。

5. 教师的工作任务繁重。教师的沉重工作负担是造成其心理问题的另一主要因素，突出表现在以下几个方面。①工作时间长：教师职业的特点决定了无法用在校正式工作的 8 小时来完成工作，教师大量的备课、批改作业、指导课外活动、辅导、家教、研究等时间是 8 小时之外无报酬的额外劳动；②任务重：中小学教师平均每周要上近 20 节课，除此还要参加和完成各种活动和任务，如应付各种学生、学校和个人的检查、评比和考核等；③要求高：教师的自尊心都比较强，来自内、外的因素时常伤害教师的自尊心，方方面面的事情都要做好，而且任何一项工作都不能出错，这无疑使教师处于长时间高度紧张和焦虑之中。如果教师不善于正确认识自己，自我要求过高，其结果将带来严重的挫折感。繁重的工作任务和压力，使教师的心理承受能力受到损害，身心健康得不到保证。

（三）家庭因素

1. 家庭牵累较多，缺少闲暇消遣时间。有些教师对工作和事业高度投入，夫妻之间缺少沟通，亲子之间缺少交流，家庭气氛紧张。也有些教师只知道工作，不知道娱乐和休闲，缺乏兴趣爱好，生活非常单调。课余饭后以及节假日除了工作，就是做家务，很少进行娱乐和文体活动，所以紧张的情绪、疲惫的身体得不到休整，从而使心理压力越积越多，越来越大。另外，一部分青年教师已进入大龄青年行列，但由于多种原因，未能找到称心伴侣，婚姻问题不如意，父母着急，同事催促，他们内心也深感焦虑。这一问题在城市的中小学男教师和乡村女教师身上表现较突出。

2. 教师子女的升学与就业压力较大，教师为子女的前途操心较多。由于每个教师都曾教育过或多或少的优秀学生，这些优秀学生的诸多优点组合，就成了教师潜意识中的一个标准，因此，他们常用这个标准去要求自己并教育自己的孩子，其结果当然不会令自己满意。为此教师不仅与孩子的关系紧张，而且自己也因此感到沮丧和焦虑，最终孩子在这种氛围中大都不如做教师的父母所期望的那样成功。再加上多数教师很少有精力和时间去辅导自己的孩子，结果孩子升学成了问题。于是教师又因孩子不能考入理想的学校而自觉羞愧，内心痛苦和懊恼。最后，又由于教师社会资源匮乏，而难以使孩子找到理想的工作，为此更深感自责和不安。

（四）个人因素

影响教师心理健康的内在因素主要有教师的自我期望、能力素质、感受力、人格状况以及个体自身的特点等。教师的职业特性使大多数教师有完美主义心理倾向，因此对学生的期望值较高，而这就成为教师心理压力的来源之一。因为期望值越高，与现实的冲突就越激烈，因此而遭受的挫折也就越来越多，于是产生的失望、烦恼、痛苦也就越多。近些年来，一些教师对学生采用过火甚至变态的教育方法和手段，其中大多数教师承认是"为学生好"、"恨铁不成钢"。其次是教师的人格因素，调查显示，教师队伍中有一部分人比较自卑、怯懦、偏执，还有的缺乏自知之明，过于自尊，这些都容易导致心理问题的发生。另外，教师个人的能力问题也是教师产生职业压力的根源之一。随着信息技术的发展，当今青少年学生获取知识的渠道越来越多，教师已不再是学生获取知识的唯一来源。因此教师在学生成长中的影响力有所下降，或者说，需要教师有更强的能力和更高的知识及素质来满足青少年成长的需要，在这种情况下，有相当数量的教师感到知识能力不足，为此惶恐和紧张，内心压力增大。再次，教师过强的感受力及领悟力也带来不必要的烦恼。因为多数教师注重精神享受，内心世界丰富而复杂，对外界变化敏感，因而也极易心理感染，同时心理也易受到污染，所以常为不必要的、无关的琐碎小事而烦恼、不安。还有，据研究，资历较浅的教师和女教师相对心理压力较大，易产生心理问题。

四、教师心理健康的维护和保持

影响人们心理健康的因素十分复杂多样，而生活在复杂的社会集体中的个人，难免会出现心理失衡，产生心理障碍，严重时还会损害人的整个身心健康。因此，如何维护和保持心理健康，以及出现心理失调之时怎样恢复心理平衡，这对每一个人，特别是教师来说，都是一件十分重要的事情。

（一）优化社会环境

1. 提高教师社会地位，改善教师生活条件。国家和政府要进一步加大对教育的投入，提高教师的工资收入和福利待遇，改善教师的生活条件。这不仅有利于提高教师的经济地位和社会地位，而且也能引导社会大众关注教育，关注教师的工作，形成尊师重教的社会风气，从而吸引更多优秀的年轻人进入教师这个行业，并促进教师对自我价值的认同，以进一步提高教师对自身工作的热情和自豪感。

2. 深化教育改革，减轻教师心理压力。学校追求升学率，不仅给学生造成了身心的巨大压力，也给教师带来了同样大的心理压力。所以要继续深化教育改革，全面推进素质教育，减轻教师为片面追求升学率而作出的种种违背教育教学规律的行为。另外，还要深化教育管理体制的改革，在分配制度、奖惩考评制度、人事制度等方面进行科学的改革，建立健全有效的竞争和激励机制，使教师积极参与社会的改革，融入时代生活之中，从而轻松愉快地投身教育事业。

3. 提高培训质量，增强教师的职业满意感。优质的职前培养和在职培训，是提高教师心理承受能力，缓解压力的重要途径。不仅一线教师应该接受高质量的培训，而且教育行政人员也需要相关的训练。不仅要培训教师从事教学工作的技能和技巧，增加他们的知识和能力，而且还应唤起他们对教育事业的热爱，对教师工作的责任感和兴趣。同时，还要培训和传授人际交往等必要社会生活技能和知识。对未来新教师培训时，还要高度重视他们对教师职业特性的认识，使他们对未来可能面临的压力及困难有必要的心理准备及认识，这样可以使他们避免压力的重负，并能在实际工作中坦然面对和处理各种压力，从而在教育教学工作中体验成就感和幸福愉快，增强职业满意感。

4. 坚持正确舆论导向，重塑教师形象。大众传播媒介在宣传教师时，应客观准确地反映教师在社会发展和经济建设及人才培养等方面的巨大作用和特别贡献，应全面而真实地反映教师的生活、工作、学习等情况，避免过度宣传给教师带来沉重的心理负担，使公众对教师产生误解。长期以来，媒体在宣传报道教师时，经常为了歌颂教师的无私奉献，对教师带病坚持工作、废寝忘食的工作情景大加褒扬，这本身无可厚非，确也取到了很好的宣传效果和教育效果。但同时也使教师产生了一系列心理压力，个别教师还会产生逆反心理。另一方面，使社会大众对教师的期望和要求也越来越高，但相应的理解和关心不够，于是教师的心理压力也越来越大。因此，要坚持科学的舆论导向，正确引导公众对教师进行认识和评价，改变某些不科学的、错误的印象。另外，要通过教师职业素质的提高和团体有效性的发挥，提高教师的社会地位，重塑教师的形象。教师良好的形象，有助于获得社会支持，而这又进一步减轻教师的心理压力，增进心理健康。

5. 开展教师心理健康教育，优化教师心理素质。首先是重视教师职前培养过程中对未来教师进行心理健康教育，建议在教师教育的课程中增设"学校心理健康教育"课程，在心理学、教育学等必修基础课中加人心理健康和教师心理健康的内容。其次，在教师继续教育的课程中，开设相关必修课，从而使教师树立心理健康的观念，并掌握维护心理健康的必要知识和技能。再次，政府和教育行政部门要建立教师心理健康教育的组织机构，为教师提供必要的心理健康教育与服务。同时开展科学研究，通过多种途径和方式对教师心理健康教育工作进行指导，使之科学化、规范化。

（二）完善学校管理

1. 优化学校环境。学校要努力创造一种良好的工作氛围，清除容易使教师产生挫折感和压力的各种因素，使教师始终置身于愉快和谐的集体氛围之中，并从中获得克服压力、战胜困难的力量。良好的环境包括人文环境和自然环境。人文环境包括学校里的人际关系、领导方式、激励机制、目标任务等，自然环境包括教师的工作条件、校园设施、卫生绿化、阳光空气等。所以优化学校环境，涉及学校的方方面面，不能忽视任何一方面，否则都有可能损害教师的身心健康。

2. 端正领导作风。教师作为知识分子的主体队伍，平均受教育程度较高，民主意识、参与意识相对较强，因此在学校的管理中实现广泛而真实的民主，不仅是必要的，而且也是可能的。学校领导要端正领导作风，树立民主平等观念，要实行以人为本的管理，多给教师自主性，多采取激励的措施，调动教师的积极性，真正关心教师的工作、学习和生活，为他们解决各种困难，满足其合理的要求。要尊重每个教师的人格和情感，创造条件和机会，使每个教师都有参与管理与决策的机会，获得发展与进步，杜绝管理的专横、独断，以及粗暴和严厉，要以廉洁、正直、善良、友好去感染每一个教师，避免因不良的管理方法、方式伤害他们的身心健康。

3. 健全激励机制。学校内部应建立健全有效的激励机制，对教师实行科学、规范、客观、准确的考核与评估，以调动教师的工作积极性，提高工作效率，给教师提供各种体验成功的机会，以增进教师的心理健康。另外，学校也应建立合理的适度的竞争机制，让教师通过竞争获得发展和提高。但在这一过程中，应让教师真正体会到竞争不仅仅是压力，也有乐趣，认识到竞争是公平的，机会也是均等的。建立健全学校的竞争与激励机制，要注意不能把市场经济的一套做法，完全引入学校管理之中，要充分考虑到学校作为文化场所、教师作为知识分子的特点，避免动辄与金钱利益联系在一起。另外，也不宜方方面面都搞竞争，应多鼓励协作，这才有利于缓解教师的心理压力，提高他们的心理健康水平。

4. 密切人际关系。密切学校的人际关系，首先要求学校领导和管理者要注意改善干群关系，要加强自身修养，深入教师生活之中，虚心听取教师的意见和批评；还要求学校领导能常以普通教职工身份，与教师进行平等的情感与思想交流，能不断调整自己与教师在地位、兴趣爱好、生活习惯等方面的差异和距离，以取得教师的心理认同。其次，学校还要通过营造良好的舆论环境，促进教师与教师之间，特别是教师与学生之间正常交往，建立良好的人际关系。除此之外，学校管理者还要注意改善学校中的人际沟通，帮助教师清除人际交往的消极因素，及时处理和化解各种人际冲突和纠纷，使每个教师都拥有良好的人际关系环境，从而心情舒畅地工作、生活和学习。

5. 开展健康休闲。开展丰富多彩的文艺、体育、娱乐等健康休闲活动，是缓解教师心理紧张、焦虑和忧郁等的重要途径。由于教师劳动强度大，业余兴趣和课外生活单调，因而对教师的心理健康产生了诸多不利影响。所以学校要注意经常开展一些丰富多彩、形式多样的文体娱乐活动，引导教师健康休闲。如在八小时工作之外，鼓励教师常在一起聚会、聊天散步、下棋、打牌以及打球等，利用双休日和寒暑假或其他节假日，组织教师外出旅游、观光、考察等。此外，还应设立教师心理宣泄渠道，使教师的不良情绪能够获得必要疏导。还可以从校外定期聘请一些心理辅导专家来校接待教师，为他们提供一定的心理咨询服务。再有，积极倡导丰富的校园文化活动，丰富教师业余生活，培育教师高雅情趣，从而优化教师的心理素质。

（三）注重自我维护

1. 树立科学观念。教师的职业和工作既丰富又复杂，充满了紧张和压力，发生心理问题的可能性较大。因此，教师要树立科学观念，拥有积极的自我保健意识，不可忽视心理健康的自我维护。为此，首先要树立科学的观念：心理问题与心理疾病可以预防，心理问题与心理疾病并非可耻，心理失常可以慢慢恢复正常，心理疾病也可以治愈，等等。同时，要消除对待心理问题的不正确态度与行为，如盲目乐观，认为只有生理疾病才是病，心理问题不会危及生命；或过度焦虑与恐惧，发现或感觉有心理问题或有心理疾病，就惶恐不安、极端焦虑，并伴发一系列生理反应；或病急乱投医、乱吃药，等等。针对以上情况，作为知识群体的教师，为了树立科学的心理健康观念，可以利用业余时间多了解和掌握一些心理健康及维护的知识与技能，这对提高认识、增强健康意识均有直接意义。

2. 进行身体锻炼。健康的身体是健康心理的前提和物质基础，每一个教师要想拥有健康的心理，就要注意积极锻炼身体，以塑造健康的体魄。为此要积极参加体育活动。体育活动能使人体内的内啡呔的含量增加，内啡呔是一种天然的止痛物质，能使人产生愉悦感。体育活动还可以消除压力反应中产生的荷尔蒙、葡萄糖等物质。因此，体育锻炼是促进教师身体健康和心理平稳的一种重要方法。另外，体育锻炼可以提高人体神经系统的功能，增强神经系统的兴奋性和灵活性，促使人的神经系统对外界刺激的反应迅速准确；体育活动又是一种精神娱乐法，它可分散教师的注意力，使其从情感或身体的紧张中放松下来，消除烦闷和焦虑。因此，体育锻炼对教师心理健康的维护具有重要意义。但是，有相当多的教师，因为工作忙、家务多，忽视了体育运动，久而久之一些身体的疾病产生了，而一些心理的问题如精神不振、失眠、记忆衰退、忧郁、紧张等也随之产生。如果能安排适量的身体运动，积极进行体育锻炼，一些身体和心理的问题与疾病就会自动消失。

3. 学会科学用脑。人脑是心理的主要器官，心理是人脑的机能。大脑如果机能失调，就会对心理活动产生深刻而广泛的影响，心理健康也无法保证。因此，教师心理健康的自我维护，必须要注意科学用脑，注意用脑卫生。首先，要适度用脑，防止大脑过度疲劳。人在从事脑力劳动时，大脑皮层兴奋区域的代谢加速，脑血流量和用氧量都在增加，大脑皮层兴奋区域的代谢逐步提高。其次，要合理用脑。单调刻板的学习和工作方式，会使大脑很快由兴奋转入抑制，并产生厌烦、急躁的情绪。如果使学习和工作的方式、内容等进行转换交替，动静结合，难易结合，多少结合，就可有效地避免大脑过度疲劳。

4. 丰富业余生活。一个教师如果能够培养和发展自己多方面的兴趣爱好，进行多方面的自我娱乐活动，保持积极广泛的人际关系，业余生活充实和丰富，他就能在寂寞、孤独、烦闷、抑郁时，很快获得解脱和调整，使紧张的生活得到调剂，并清除疲劳，解除苦闷，松弛情绪，焕发精神，陶冶情操。因此，首先要发展自己的兴趣爱好。人如果有一二种兴趣爱好，他就不会常常感到寂寞烦闷。教师的兴趣爱好可以很多，例如打球、旅行、读书、钓鱼、摄影、书法、音乐、美术、烹饪、雕刻、收藏、写作，等等，只要其中一二种能发展为中心兴趣就会有益于身心健康。其次，要妥善安排业余时间。业余时间应以休闲为主，多参加一些文艺、体育娱乐活动，对缓解高强度的脑力劳动是有益的。所以，教师的业余时间应多以身体活动性项目为佳，要动起来，避免过多静态的脑力活动，如唱歌、跳舞、郊游、旅行、各种体育活动，等等。还有，业余生活既要考虑到私人化，即单个人的状况，更要注意群体性，将个人的业余生活和他人联系起来，以保持良好的社会交往状态，避免长时间的独处或独居。

5. 扩大人际交往。教师作为社会的一员，必须生活在社会群体之中，因此不仅要与学校中的其他教师和学生交往，也要注意与社会中其他职业的各种人进行正常的社会交往。通过积极参加社会活动，扩大人际交往的范围，不仅可以使人增进理解，开阔心胸，还可获得更多的社会支持。更为重要的是，还可以使人感受到充足的社会安全感、信任感和归属感，从而大大增强生活、学习和工作的信心和力量，最大限度地减少心理压力和心理冲突，起到维护和保持心理健康的作用。应该说，积极参与社会活动，扩大社会交往还是不够的，要想拥有融洽的人际关系，还需要掌握必要的人际交往技巧和艺术。

真诚地对别人感兴趣；微笑；多提别人的名字；做一个耐心的听众，鼓励别人谈自己；谈别人感兴趣的话题；以真诚的方式让对方感到重要，等等。另外，主动交往，设身处地为别人着想，都有助于良好人际关系的建立。建立了良好人际关系，还需要努力去维护。维护的技巧是：避免争论；学会批评；勇于承认错误等。因此说，每个教师要想拥有良好的人际关系，除了扩大交往，主动交往，还要善于交往。当一个教师生活在人际关系和谐融洽的环境之中时，他的心理健康发展就有了必要的条件和前提。

6. 善于调控情绪。稳定而积极的情绪状态，使人心情开朗、轻松、安定、精力充沛，对生活充满乐趣与信心，工作热情、主动，并富有效率。但是生活毕竟不会永远一帆风顺，常有困难和挫折，也会使人产生烦闷、悲怨、焦虑、恼怒、紧张和恐惧等消极的情绪，这些消极的情绪不能得以及时化解和调适，时间持续过长，就会导致心理失衡和心理危机，甚至精神失常。因此，要维护保持心理健康就必须学会自我调控情绪。例如，在教育教学活动中，教师难免会遇到来自学生、家长和同事以及环境等多方面的不良刺激，而出现消极负面的情绪反应，甚至是强烈的情绪冲突。对此教师应理性对待，竭力控制。具体方法有：及时告诫和提醒自己制怒，适时脱离现场，接受他人的劝解，换位思考，转移注意力等。

7. 精神境界陶冶。精神境界是一个人修养、生活情趣等方面的综合性反映，是多年生活的积累和升华。一般来说，精神境界的提高是没有什么捷径可寻的，需要进行扎扎实实的努力，但不妨注意这样几个方面。

（1）音乐陶冶。在生活中许多人有这样的经历：当你听到一曲优美的音乐，特别是与你自己的情绪完全合拍的音乐时，会感到一种神奇的功效，使你忘却心中的隐痛，渐渐进入另一种情景，一种使人变得畅快的情景之中，这就是音乐对一个人的精神状态的调节作用。在课外的业余时间里，教师根据自己的兴趣、爱好，选择那些能引起美感的、激发上进的音乐，对自己精神境界的升华、陶冶是大有好处的。

（2）书籍陶冶。书籍是人类灵魂的重要源泉。有益的书籍会使人的灵魂得到净化、升华，冲淡你心中的烦恼，给人以力量和勇气。任何一个想使自己生活充实的人，都渴望尽可能地从书中汲取营养；任何一个喜欢自己事业成功的人，都离不开这个良师益友。另外，读书要注意三个问题：读什么书，怎么读，如何使用读书的时间，这些都是因人而异的。

（3）情趣陶冶。人的情趣来自生活中对美的感受。热爱生活，情趣自然会来到你身边。可供人们选择的情趣非常广泛。随着生活水平的提高，愈来愈多的人开始喜爱和经常进行郊游。此外，像欣赏音乐、演奏乐器、下棋、书法、种花、养鱼、舞蹈、烹调等这些生活中的乐趣，只要自觉培养，人们一定能体会到他所选择的爱好给自己带来的美的享受，在自己的精神境界中注入芳香的甘醇。另外，在选择和培养自己的情趣时，还应该注意这样一个问题：不同的人宜选择适合于自己的工作、年龄等特点的情趣，并具有针对性。

（4）幽默陶冶。幽默能使人产生喜悦、满足之感，令人久久难忘，是生活中一味极为有益的精神调料。幽默感并非与生俱来，它首先取决于一个人的知识修养以及对待生活的态度；其次必须有热爱生活和拥抱生活的勇气，对事业要豁达、乐观、超脱些，对人要大度、谦让、和善些，努力以和善的态度处理人际关系，无论遭遇如何，都努力处之泰然——以幽默的态度面对严酷的人生；第三，应学会对事物作多方面的多趣味的思维，学会体察事物的趣味方面——这是幽默感的基本条件。

8. 自我控制的一般方法。

（1）补偿与升华。补偿是指个人所追求的目标、理想受挫，或因自己的缺陷而失败时，选择其他能获得成功的活动来代替，借以弥补因失败而丧失的自尊与自信。如一些残疾人身残志不残，在自己所选定的某项事业中取得了成功，赢得世人尊重。升华是改变不被社会所接受的动机、欲望使之符合社会规范和时代的要求，也可以说是将消极因素转化为积极因素。如歌德因夏绿蒂另有所爱初恋失败，写了《少年维特的烦恼》，脍炙人口；孔子厄而著春秋，他的政治抱负经多年游说诸侯不被纳用无法施展，转而返回曲阜著书立说。

（2）找辙。当个人的动机或行为不被社会所接受，或由于从事某项工作失败时，为了缓解因挫折而引起的紧张、焦虑和维护个人的自尊，总想对自己的所作所为给予合理的解释，俗称"找辙"。找了一些能为自己作掩饰或辩解的理由，虽然经不起推敲，但某种程度上也能为社会所接受。"酸葡萄心理"就是典型一例。狐狸看到架上的葡萄很想吃，但又够不着，就说这葡萄是酸的，不好吃，把自己没有或得不到的东西说成是不值得关注和争取的。长得胖是富态，长得瘦是苗条，"比上不足，比下有余"皆是类似心态。推诿是找撤的另一种形式，目的是把自己的过失归咎于自身以外的原因，以达到推卸责任，减轻内疚。如学生考试失败，怪其他班级监考不严等。

（3）情景转换。当你被烦恼缠身时，如果使自己设法置身于一种迥然不同的气氛中，像参加一场舞会、游戏、串门等，这时新的刺激重新转移了原有的注意，于是烦恼暂时被忘掉，并会趋于平淡。这就是情景转换。此法除了可以采用上述客观环境转换外，还可考虑主观环境转换，如当上下级关系不协调，如果各自站在对方的立场来思考一下问题，进行"双向思考"，将有助于解除不必要的误解和烦恼。

（4）交往调适法。人们感到心理烦恼时，一般都愿意将自己的感受告诉较亲近的人。从心理学角度讲，真挚的同情常能使失衡的心理得到相当的缓解。既然可以用其他方式排遣，就不必用理智去压抑。如向亲人或朋友们倾诉苦衷，听取他们的开导，共找对付之策，还可获得感情上的慰藉。但需记住：不是知心朋友不要诉说。

（5）适当发泄法。这是指有度地发泄、迁怒。在心理压抑到一定程度时，与其压抑迸发出问题，不如"分道排洪"。比如找个适当的地方打几拳，大喊几声，写几句话，哭一哭等。当然，不顾后果的尽情倾泻会把事情弄得更糟。

（6）行为影响法。在日常生活中，用行动来影响心理状态。①缺乏自信心时，可以通过下面的训练来培养：开会时坐在前面；正眼看人，你不敢正眼看人，常表示"我怕，我没有信心"。强迫自己看着对方的眼睛，有助于克服这种恐惧。这不但给你信心，也替你赢得信任；抬头挺胸，丢弃那邋遢样和无精打采的架势；敢于说出自己的意见。不要怕别人笑话，虽然有人会不同意你的意见，但总会有人同意的。记住：愈不讲话，愈易发现自己的能力不足；机会把握得愈多，就愈自信。②怕当众说话时：以轻松的话题入手，为自己创造轻松的环境；从自己最"拿手"的内容讲起；放慢自己的说话速度，以迫使自己的紧张程度放松。③选择最佳的生活方式，从事脑力劳动较多的人们可以考虑遵循以下生活方式：每天早晨做半小时左右徒手操、快步走和健身跑；合理地安排工作和休息，注意劳逸结合，工作之余要保证一定时间的休息和文化娱乐活动；不暴饮暴食，饮食努力多样化，多吃蔬菜、水果、豆类和鱼类，保证维生素、微量元素和蛋白质供给，不要吸烟，尽量不饮酒，不滥用药物；努力不介意琐碎小事，不为其烦恼和生气；晚饭不宜吃得过饱，睡前不喝浓茶或咖啡等使人兴奋的饮料；睡前散步，散步后用温水泡脚、洗澡，使四肢肌肉得到放松，以有助于睡眠。

（7）不盲目地处处与人竞争，以避免过度紧张。解决中小学教师压力的两种途径。①工作繁重、压力过大：调整所受的内外综合压力，使之与自我强度相当；②"自我强度"不够，心理素质欠佳：增加自我强度，以便主动克服各种挫折。假如你总盲目地事事、处处都要与人竞争，有可能在某些方面以自己的劣势去同他人的优势进行竞争，从而招致失败，并给自己造成挫折和打击。同时，事事竞争还会给自己造成过度紧张，心理上承受过大压力，从而对身心健康产生不良的影响。所以，在与他人竞争时，应该有所选择和侧重。有所选择是指要注意发挥个人拥有的优势方面，有所侧重是指在竞争中应把主要精力放在对自己有较大意义的方面，而避免分散精力，去做无谓的竞争。这样，一方面会有利于充分发挥自己的优势，能够顺利地取得成果，以达到自己所追求的目标；另一方面也有助于维护自己的心理健康。

五、教师心理适应和发展的对策

（一）压力

应对压力要注意以下几点。第一，树立正确的压力观。要认识到生活中任何人都有压力，对教师职业会面临更大的压力要有思想准备，要相信把握好一定的"度"就可以使压力变为促进个人发展的动力。第二，提高应对能力。如，提高对压力的觉知水平，正确判断当前压力的程度和性质，预先估计各种可能发生的压力。又如，提高对压力的宽容度和承受力，树立信心、鼓起勇气、直面压力，降低压力对自身的威胁程度，面对同样压力越能宽容和忍受，就越不会轻易受到大的伤害。再如，学习掌握一些缓解压力的方法，包括参加休闲活动、从事兴趣活动、注意劳逸结合、学习松弛技巧、与压力隔离、建立合理期待、改善环境条件等。第三，寻求外部支持。如，可向自己的家人、亲属、朋友、同事、领导、下属等倾诉自己的情况和处境、获得理解和支持，也可以争取自己所在社区或所属团体的帮助来使压力有所消解，在外部支持中人际关系是应对压力的最宝贵的资源，必须充分重视并予以利用。

（二）挫折感

教师的挫折感是指教师的动机行为受到干扰或阻碍，自感不能克服的阻碍或不能满足其需要时产生的一种失意、沮丧、焦虑、紧张或愤怒的心理状态。教师遭遇某种客观的挫折情境后，是否随之就一定会产生有主观体验的挫折感，要取决于受挫教师是否有正确的认知、较强的心理承受力，学校群体氛围以及运用应对策略的有效性等因素。教师在事业上和生活中遭遇挫折是难免的，只是教师遭受挫折后，如何积极应对、尽量减少挫折感的产生，这是摆在中小学学校管理者和广大教师面前的重要课题。

1. 教师挫折感的成因。主要分为以下两个方面。

（1）客观方面。

①自然环境和地理环境。自然环境因素指来自于自然界或具有自然性质的对个体心理发生影响的方面。对个体心理来说，自然环境因素主要有两个方面，一是胎儿在母体内的生物环境，二是人出生以后的地理环境。从对个体发生作用的顺序来说，母体环境是人的第一环境，地理环境是人的第二环境。对于中小学教师来说，其工作单位、家庭住址等自然环境和地理环境不佳，会成为他们挫折感产生的原因之一。

②不良的学校环境。教师的教育教学活动主要是在学校环境中进行的，学校环境不良极易引起教师的挫折感。第一，工作、生活环境差。如工作未得到合理安排，缺少进修提高的机会；学校限制过多、过死，缺少以人为本的气氛，人际关系不良；住房条件、福利待遇较差等。第二，学校组织环境不良。主要有：政治思想工作的不力，学校领导管理作风和方式的不当，校风不佳；学校目标的设置与客观情况不符，评价失真，赏罚不明等。诸如此类的情况，都会造成教师的挫折感。

③复杂的社会环境。这是指个体在社会生活中所遭受的人为因素的限制而引起的挫折。第一，作为社会成员的每一位教师，时时都会受到社会政治、经济、种族、宗教、道德及人情、风俗、习惯、偏见等因素的限制，使教师的需要、动机与目的行为难以实现。如教师的住房、工资待遇等对比其他行业相对低下，有的家长对教师持消极态度，这些都可能使教师行为受阻，进而心理受挫。第二，社会环境变迁给中小学教师，特别是青年教师带来困扰。生活环境的变化（如先是独立过单身生活、然后成家立业）会增加他们适应新环境的困难。第三，对社会风气的强烈不满导致理想与现实的冲突加剧。多数中小学教师对目前的社会风气不满意。

（2）主观方面。

①才智因素匮乏。主要表现为教师个人的认知方式不正确：第一，由于知识经验、从业资质、个性特征、需要结构、人生观、价值观、判断力和心理成熟度等的不同，导致认知方式的差异，因而同样的挫折情境，对每个人造成的挫折感是不同的。如，部分青年教师在生活中很少身处逆境、遇到不顺心的事情不多，尽管遭遇较小的挫折，但由于对挫折抱有不正确认知，也

会产生较强的挫折感。第二，由于职业的影响，部分中老年教师追求尽善尽美，但他们对于新课程不太适应、接受能力较年轻教师差、所学知识相对陈旧、学历层次相对较低等，一旦过高的自我期望目标不能实现，就较易产生挫折感。第三，不正确的应对策略。当部分青年教师遭遇挫折时，由于缺乏相应的知识经验，较易使用自我防御机制，只能治标、不能治本，结果屡屡产生挫折感。

②非智力因素欠佳。第一，各种潜在的心理冲突。它是教师产生挫折感的直接内因。主要有教师角色与现实存在状况的冲突、渴望提高待遇与现实可能性的冲突，教师高抱负与失落感的冲突，成就需要与成功可能性的冲突，自尊心与自卑感的冲突，以及教师与领导的矛盾冲突等等。第二，教师主体的抱负水平过高。抱负水平是指一个人对自己所要达到的目标的标准。一个教师在心理上是否体验到挫折，与他的抱负水平有密切关系。抱负水平高的教师，由于目标不容易达到而要比抱负水平低的教师更容易体验到挫折感。第三，教师的挫折承受力较弱。挫折承受力强的人，能够忍受重大的挫折，并以理智的态度和正确的方法对待它，在挫折面前能够保持正常的行为能力，挫折承受力弱的人，则常常遇到轻微的挫折就不知所措，以非理智的态度和不正确的方法来应付，甚至可能使人格趋于分裂而导致行为失常或心理疾病。

③思想观念、道德行为问题。当部分教师的思想道德、职业理想与社会的道德标准不一致时，也较易产生挫折感。教师是社会上掌握较多文化知识的群体，思想中具有较多的超前意识，个人的超前意识往往为当前社会现实所不接受，为绝大多数人所不理解，这也是形成他们挫折感的原因之一。还有的教师自身品行有问题，如有的青年教师不努力钻研业务、自由散漫、不能自觉地遵守学校的规章制度，一经领导批评就易产生挫折感。近年来，中小学教师普遍存在着职业倦怠问题，这也是他们遭遇挫折感的影响因素之一。

④主体生理的局限性。生理方面，如有某种缺陷、身体矮小或肥胖、身体疾患、容貌欠佳等都会影响教学工作的成绩。抵御疾患和运动机能的素质差，一个身体健康、发育正常的人，一般对挫折的承受力比一个疾病缠身、有生理缺陷的人强。

此外，一个人的适应程度、心理准备状态、生活态度（如理想、信念、信仰）和兴趣爱好等与挫折感的产生也有直接关系。

综上所述，中小学教师产生挫折感的原因是多方面的，严重挫折感的产生是多种原因综合引起的。同时，易产生挫折感的中小学教师，在主观上多对自我缺乏正确估计或抱负脱离实际，对成功的期望值过高或对挫折缺乏正确的认识，没有经受挫折的经验。

2. 教师对待挫折感的态度。

（1）要有正确认识。要认识到挫折在一个人的生活中是难以避免的，一个人成长、学习的过程也是遭遇挫折、战胜挫折的过程；要认识到遭遇挫折表现出防御性反应是人的自然心理倾向，但是要使挫折成为成功、成就的基础，必须了解挫折的前因与后果，并采取适当的行动。

（2）要作因果分析。要冷静客观地分析发生挫折的情境，找出造成挫折的原因才有助于设法补救、避免重蹈覆辙。同时，也要了解挫折的具体后果，减轻不必要的心理负担。

（3）要采取适当行动。如修正原定目标，适当降低目标可以增加未来成功的机会。如把握主客观条件，了解自身具有的能力和长短处。了解客观环境的条件和限制，可以扬长避短、趋利避害；如制订可行的计划，计划要切合自身实际，并根据情况变化及时调整；如不断自我激励，实施计划过程中要充满信心，不断地自我肯定、自我强化；如寻求各种帮助，努力利用各种资源常常是避免挫折的有效举措。

3. 教师挫折感的预防。在学校管理工作中，应采取预防为主的方针，尽量减少教师挫折感的产生，做到防患于未然。

（1）提高管理水平，优化组织环境。教师产生心理挫折，学校管理工作出现失误和漏洞是个重要原因。为预防教师出现心理挫折，作为管理者必须做到如下几点。①知人善任，民主管理。对教师的工作安排、评优、晋级等要公正、科学、合理。要做到识才、爱才，用人之长，唯贤用人；要职责明确，赏罚分明，坚持民主管理，评优、晋级时要多听取群众意见和学生的反馈信息。②关心支持，满足需要。学校管理者要想方设法满足教师的基本需要，使他们在学校里产生温暖感。从而提高工作积极性，减少产生心理挫折的可能性。要帮助教师解决种种难题，指导他们提高业务水平，改善教师的生活和工作条件。

（2）创设民主氛围，改善人际关系。学校管理者要真正做到人尽其才，充分发挥每个教师的才能和智慧，使绝大多数教师能保持心理平衡。①以身作则，树立威信。作为学校管理者，事事应身体力行，先人后己。若教师对领导者有成见，应以宽阔的胸怀耐心地听取他们的意见和建议，对他们所表现的失落情绪和行为设身处地予以理解，对他们提出的意见有则改之，无则加勉，对他们提出的好建议尽量采纳，使教师产生主人翁责任感。②重视交往，融洽沟通。教师在一个充满团结友爱、轻松愉快的集体中工作，一人有难，大家帮助。一个人即使遭受一点挫折，也能从大家的关心和爱护中获取感情上的补偿，从而增加克服困难的勇气和力量。相反，在一个关系冷漠，充满敌意的环境中，一个人受到挫折得不到关心和同情，挫折感就会大大加深。有时紧张的人际关系也可能直接导致挫折的产生。因此，建立良好的校风，形成良好的心理气氛，创设一个轻松愉快、友爱温暖的心理环境是预防教师心理挫折的重要措施。

（3）超然对待名利，准确把握自我。①知人者智，自知者明。自负与自卑的自我意识极易导致心理挫折的产生。要避免由不正确的自我意识导致挫折感的产生，就要有恰当合适的自知。一是用他人对自己的评价来调整自我评价，二是与周围的相似者相比较来调整自我评价。最终能自尊、自知、自信、自制。只要选准适合自己的目标，定会成为一个正视自身价值的自信者。②淡泊名利，人生常乐。人的很多心理挫折往往是缘于把名利看得太重而又满足不了时产生的。因而，每位教师应在物欲上知足，而在精神上、知识上、人生境界上要知不足。知足与否无非涉及物质与精神两方面。若能在物欲上知足常乐，又能在精神上知不足以常自更新，到了这种知足与知不足的大境界，想有一次心理失衡都难。故"知足加知不足等于常乐"。

4. 教师的挫折感的调适。教师的挫折感形成后，学校管理者要想方设法消除教师的挫折感造成的消极影响，减少不良后果。

（1）正确面对现实，真诚善待教师。①澄清认识，加强指导。教师受挫折了，这是他个人成长的必经之路，应给予正确的认识。对受挫教师表现出的失常行为和情绪应予谅解。学校管理者必须有宽阔的胸怀，较强的忍受力。灵活而机智的容忍态度是管理水平和能力的表现。也只有这样，才能创设解决问题的气氛。②真诚相待，解脱烦恼。创造和谐的学习和工作环境，良好的心理氛围能够让人有一种安全感和归属感。教师如果处在一个充满互相关怀、互相学习、互相沟通气氛的集体中，不仅能减少产生挫折感的可能性，也有助于教师经受挫折后尽快地解脱烦恼，重新振作精神，积极工作。学校管理者的责任之一就是和教师建立命运共同体，形成一个相互学习、各取所长、相互合作、真诚相待的学习型组织。③公平合理，激发鼓励。对于教师可能因校内因素而产生的挫折感。首先，要注意教师工作量和质的考核与评定要合理，为评先进、评职称等提供客观依据，做到让人口服心服。其次，要注意克服平均主义思想。不应为了迁就教师的心理平衡，而搞大家轮流坐庄。平均主义不能满足教师的成就感，不利于调动积极性。另外，对于教师因社会因素产生的挫折感，管理者要尽可能帮助解决。当管理者与教师有同样的需求时，管理者能主动谦让，这对教师是最有说服力的教育。

（2）补偿升华自我，加强自我调节。人生受挫折是不可避免的，问题看怎么应对。对于教师个人来说，遇到挫折后，一定要妥善处理，确定正确的挫折观。①启发疏导，自我激励。学校管理者对受挫折教师要帮助其端正态度，启发其正确理解动机与效果的关系，分清是非，选择符合社会要求的行为目标；对受挫折的教师要给予关心、理解、同情和体贴。同时，管理者一方面要帮助教师正确分析受挫原因，让他们形成对挫折的解析能力，另一方面要帮助他们确立适当的目标，使他们感受到教育工作的兴趣和价值。②补偿升华，争取成绩。教师在遇到挫折时，要能自我控制，让理智、意志去摆脱或消除因挫折而引起的消极情绪。

（三）冲　突

冲突是指个体因两个或两个以上的需要彼此矛盾而产生的难以取舍、左右为难的一种心理状态。个体是否感受到冲突的存在，与其自身的人格特质、与其所处的环境压力、与冲突的类型、与有无外部支援有关。

面对冲突，个体包括教师可以通过以下途径予以解决。第一，选择。这是解决冲突最为简单的方法，即选择其中之一，同时放弃或抑制其他的需要。此法比较适用于不太重要的情境。如果情境较为重要的话，这样选择有可能在今后再次形成严重的冲突。第二，折衷。此法就是兼顾各方，采取"既不放弃一方，也不完全采用另一方"的原则，行动上力求同时适度满足有关的需要。第三，逃避。当面对冲突尤其是双避冲突又无对策时，逃避是一种处理方式。逃避可以是身体逃避即让自己离开冲突的场所，也可以是心理逃避即不让自己去思考有关事件或回顾有关体验。第四，压抑需要。这是不让有关的需要出现，或者让已有的需要消失，类似于佛教提倡的"清心寡欲"，通过节制欲求、克制需要来消弭冲突。第五，轻重排序。为自己确立一套处理问题、满足需要的原则或标准，面对冲突时可以据此对有关需要的轻、重、缓、急作出判断和安排。第六，重建。重新建构冲突问题的情境，全面分析有关需要的性质和强度，或变换视角权衡原来的选择，最后作出可行的抉择。

（四）焦　虑

焦虑是指对当前的或预计的对自尊心有威胁的任何情境怀有类似担忧心情的一种心理状态。伴随焦虑的总是不愉快的消极的情绪体验，如不确定、烦乱、恐惧等。焦虑及其情绪体验是自尊心受到威胁造成的，这种威胁可能在当前情境中存在着，也可能只是对这种威胁的主观臆测和估计。

教师的焦虑主要源自以下方面。第一，职业发展问题。随着科技进步和社会发展，教师工作的职业化要求越来越高，教师面临着紧迫的职业发展问题。第二，社会适应问题。社会转型、文化多元、价值观念嬗变等都要求教师花大力气去熟悉和适应。第三，工作挑战问题。教育改革的深化、课程改革的要求、学生创造性的培养等使教师工作面临更大挑战。第四，性格影响问题。在长年权威式工作氛围的影响下，一些教师具有封闭、偏执、既自大又自卑等不良性格倾向，面对信息沟通快速、人际互动频繁的社会，他们很容易产生焦虑。第五，身体健康和经济收入问题。教师普遍超负荷工作，也常无暇顾及自身健康，其中不少人常年受慢性疾病的困扰。同时，教师收入虽有提高，但仍然面临着购买住房、医疗卫生、子女教育等经济上的压力。

从心理学分析，应对焦虑的积极态度应该从"防"和"治"两方面入手。

1. 预防焦虑的主要措施。第一，调整心态。不消极应对，在权衡主、客观条件后调整自己的需要和预期。第二，调整工作。重新安排工作计划，包括调整工作的数量、质量、速度、节奏等，必要时可以暂停工作休息一段时间。第三，调整生活。及时体检了解身体状况，营养均衡和睡眠充足使自己精神饱满，参加文体和兴趣活动来消解焦虑。第四，学会放松。努力学会放松技术，必要时运用它可以摆脱焦虑状态，至少能有效降低焦虑的程度。第五，倾诉情绪。向同事、朋友、家人等倾吐困惑、诉说感受、交流看法、澄清问题，能使焦虑和压力得到缓解。第六，分散压力。避免同时从事多项工作，也可利用社会资源来分担自己的工作。

2. 对焦虑的治疗。在焦虑达到严重程度、个人感到难以承受时，就需要进行专门的心理治疗。面对上述各种适应问题，除了教师需要懂得如何恰当应对之外，学校和教育管理部门也应该努力为此创设条件。如，树立科学的现代教师观、教师心理健康观；教育改革要深化，但对教师的要求可以适度、适时地推进；注意领导作风、改善工作条件、密切与教师的人际关系；加强学校科学、有序的管理，确保学校正常教育教学秩序；组织集体活动、加强人际沟通、增强群体凝聚力，营造和谐的心理氛围和工作环境；重点关注教师中面临较大压力的人群，如新任教师、调任教师以及处于职业生涯转折期的教师；配备人员、建章立制，对面临巨大压力的当事人能够做到及时施以援手、帮其摆脱困境等。

第十四章　教师的职业道德

教师的职业道德是教师道德品质的一个重要组成部分。这种职业道德及其规范是在长期教育实践中形成的，它反映客观的教育活动对于教师的行为所提出的要求。教师劳动的效果，不仅取决于他具有的知识水平和才能，而且取决于他的道德风貌。教师的职业道德主要表现在对待教育事业，对待学生，对待教师集体和对待自己等教育实践活动之中。

一、教师道德概述

（一）教师道德的含义

教师道德是指教师在教育实践过程中，形成的比较稳定的道德观念和道德行为规范，它是教师职业活动范围内调节教师与社会、学校、他人相互关系的行为准则。

（二）教师道德的特征

1. 教师道德要求的高层次性。社会对教师道德的期望和要求的高层次性。教师的劳动影响着人类社会的发展，没有哪个职业比它更受社会的关注。人们认识到教师工作的社会作用，将它视为一种神圣的职业，在职业道德上，自然也提出了更高、更严格的要求。

2. 教师职业的特殊性。教师是培养新一代的园丁，教师肩负着培养有理想、有道德、有文化、有纪律的社会主义的建设者和接班人的重任。他们不仅要用自己的丰富学识教人，而且更重要的是要用自己的品格教人；不仅通过语言传授知识，而且是以自己的品格去"传授"品格，即以自己的良好德行和习惯去影响学生的心灵，使之成为健康、聪明、活泼的新一代。作为人类灵魂工程师的教师，其灵魂必须纯洁，道德必须高尚。教育者的崇高的道德品质是人类创造领域中获得成功的最重要的前提。

3. 教师道德意识的自觉性。教师的道德意识，是指对教师职业的观念、想法及态度，包括教师的职业认识、职业理想、职业信念和职业意志等内容。教师道德意识与其他职业道德意识相比具有更强的自觉性。

教师在遵守职业道德方面要有较强的自觉性。表面上看，教师的劳动是依据教育方针、教学目的、教学计划的要求进行的，但由于教师劳动本身的特殊性，决定了教师在教学过程中具有较强的独立性、灵活性。从教育劳动的时空看，教育劳动的时间一部分是限定的，如上课、下课、教学进度等都有明确的规定，而大量的劳动时间的支配、使用是自由的。教室内外、学校内外、家庭、社会公共场所等，都可以用来作为对学生进行教育的场所。这种教育劳动的独立性、灵活性，就要求教师在道德意识上有高度的自觉性，否则就不可能成为一名合格的教师。

教师在教育中抱有怎样的劳动态度，表现怎样的道德品行，完全取决于教师的责任感和内心的自我监督。从某种意义上说，由于教师劳动的特点，教师的一言一行都处于严格的监督之下。它包括学生的监督、教师集体的监督以及社会的监督。只有当这些外在的监督转化为教师内心的自我监督时，外在的监督才能真正发挥作用，这种转化过程就是教师的自觉行为。这就要求教师无论是在社会公共场所，还是学生面前，都要严于律己、以身作则，时刻牢记自己的神圣职责，以高度的责任心对待工作，特别要注意自己行为的后果和影响，自觉地为人师表。

4. 教师道德情感的丰富性。教师的劳动对象是人，人非草木，孰能无情，教师与学生的互相交往，不能没有感情。教师的职业劳动需要丰富的情感，教师的情感同样是其劳动的工具。有位教育家曾经说过，教育没有情感，就像磨坊没有水。从某种意义上说，教育的事业，也是情感的事业。教师道德的核心是爱，从爱出发，以爱为归宿。爱生是教师教育学生的情感基础，获得教师的爱是学生普遍的心理需要，教师爱的投入会在学生身上得到爱的回流。教师的道德行为总是伴随着丰富的感情，表现为对教育的忠诚，对同志的热忱，对学生的爱护。其教之勤、爱之切，都源于教师道德情感的丰富性。教师道德情感的丰富性，体现在以下几个方面。

（1）情感胸怀的博大。教师的爱比母爱更理智、更深刻、更高尚，甚至更丰富，是爱祖国、爱事业、爱一代新人的思想感情的自然流露。教师的爱是泛爱，对谁都有感染力。教师对思维敏捷的、反应迟钝的、乖顺的、顽皮的、倔强的、怯弱的，都一样付以爱心，用爱去激发学生的高尚情操，用爱去抚慰学生的创伤。教师恨铁不成钢的感情深处，是对学生成才的热切期待。

（2）情感体验的细微。教师情感的丰富性还反映在对学生思想情感的细微体验上。教师往往会在日常生活的细微变化中去觉察学生心灵深处的波澜，在学生一种眼神一种脸色中去读懂其内心的隐秘。教师最理解人心，特别是最善于理解青少年的心，理解他们一举一动的情感含义。许多时候，连细心的父母也不得不求助于教师。一些父母常常赞叹，孩子更听老师的话。

（3）情感调控的自觉。喜怒哀乐，虽为人之常情，教师却更为丰富。教师对七情六欲往往有很强的自我调控的能力。个人的不快甚至不幸，一到学生面前，很快克制并埋藏到心灵深处，依然以轻快乐观的情绪感染学生。自己年龄高了，一到学生面前，却还是童心未泯。出于职业的责任心，教师偶然出现的消极情绪会很快地转化为积极状态。有时学生的错误会使教师突生恼怒，但教师一般都会很快使自己感情冷化、转移，使自己在教育中处于最佳的情绪状态。教师越能自制自控、自我把握，学生对老师就越感到可亲、可信、可敬。

（4）情感育人的智慧。教师的情感很有感染力、渗透力，教师最善于以情感去感化人，激励人。学生中各人的生活经历不同，心理结构不同，领悟能力也不同，对同一环境、同一事件，各人的情感体验也会不同。教师最善于辨别差异，针对不同的人与事，以不同的情感去激起学生积极的情感反映，以达到教育的目的。

（三）教师道德影响的深远性

教师道德影响的"深"，表现在它直接作用于学生的心灵，塑造青少年的性格、品质，培养他们的个性。教师对学生的影响是任何教科书、任何道德箴言、任何惩罚和奖励制度都不能代替的一种教育力量，它比任何职业道德更具有穿透力。

教师的工作是一种精神生产，是教师通过心灵的努力而完成的，其成果也在劳动对象的心灵上产生。教师的工作是教书育人，教师在教学过程中，通过言传身教，每时每刻都在以自己的道德影响对学生的思想品德产生作用，改变着他们的精神面貌，用一定的世界观、人生观、价值观，塑造着新一代的灵魂。与此同时，还直接影响着学生的思维能力的培养，智力的开发，健康人格的发展等。正由于教师道德的影响深深地作用于青少年心灵的这一特点，人们尊称教师为人类灵魂的工程师，手执金钥匙打开学生心灵大门的人。

教师道德影响的"远"，表现在教师道德的影响不只局限于学生在校学习期间，而且影响其终身。"一年之计，莫如树谷；十年之计，莫如树木；终身之计，莫如树人。"（《管子·权修》）教师的道德影响在学生身上发挥的作用，有的当时并不能显现出来，要在多年后才能看到。

学生在校学习期间，由于年龄小，阅历较浅，缺乏生活实践经验，对教师的教育往往感受不深，领悟不透。离开学校，踏上社会后，教师对学生的影响就会自觉或不自觉地表现出来，并且扩而大之，绵延不断。如果一个对学生高度负责，且有很高威望的教师，或在学生成长过程中起着关键的教诲、引导作用的教师，会得到学生持久的爱戴和怀念。鲁迅与他日本老师藤野先生的友情是世人共知的，分别多年以后，鲁迅依然怀念他的老师。他说："我总还时时记起他，在我所认为我师之中，他是最使我感激，给我鼓励的一个……他的性格，在我的眼里和心里是伟大的。"鲁迅把藤野先生改正过的讲义珍藏着，在北京大学任教时，把藤野先生的照片挂在寓所的墙上，以示永久的纪念。由此可见，教师道德形象对学生的影响是多么的深远。

（四）教师道德教育的要求

1. 教育观念现代化。树立现代化的教育观念，这是教育现代化的核心。现代教育观念包括正确的教育观、全面的质量观、科学的人才观、教育创新观、现代教育价值观及现代学生观。这里重点阐述现代学生观。

（1）应树立以学生发展为本的理念。教师必须以学生的心身发展特点和成长规律为出发点，采取有效的方式或手段，把沉睡在每个学生身上的潜能激活起来，把学生创造潜能最大限度地释放出来，培养学生的好奇心、求知欲，保护学生探索精神，创造性思维，为学生充分发展丰富多样的个性、培养创新精神和实践能力提供广阔自由空间。

为了学生的全面发展，要求教师在教育过程中充分了解每个学生的潜在智力、兴趣、爱好和特长，把知识的传授与能力、素质的培养结合起来。要加强对学生综合素质的培养，既要教育学生具备适应信息化社会、学习化社会所需要的现代人的基本素质，更要加强学生理想、信念、道德情操方面教育，还需要强调学生参与合作竞争与自主、开拓，创新精神的培养。

（2）树立学生主体的观念。学生是教学的主体，是从事学习社会化的个人主体，是认识教育教学活动的主体，是掌握教育教学内容和方法的主体，也是形成自己观点信念、道德和人格的主体。因此，这就要求教师尊重学生主体地位和主体人格；激励学生主动参与教育教学活动的全过程；培养学生自我学习、自我教育与自我管理的能力，只有确立学生主体的教育观念，才能自觉地尊重学生的学习权利，创造适应学生的教育，让学生主动地进行创造性学习。

（3）热爱学生，诲人不倦。"热爱学生，诲人不倦"是教师必备的道德素养。这一师德规范要求教师要从高度的工作责任心和社会责任感出发，全心全意地关心和热爱每一个学生，尊重学生的人格和自尊心，严格要求学生，把学生培养成才。

教师对教育事业的热爱，直接体现在对学生的热爱上。热爱学生是人民教师的天职和美德，是教师对学生进行教育的感情基础，也是获得良好教育效果的前提。教师对学生的热爱，可以密切师生关系，造成良好的教育气氛，增强教育的效力。教师热爱学生，就要尊重学生、信任学生和严格要求学生。要做到尊重学生就要平等地对待学生。教师尊重学生和相信学生，包括尊重人格和个性。相信每个学生的能力和尊重学生力求成为对社会有用人才的愿望。诚挚地关心每个学生的思想行为和身体健康，严格要求是衡量教育爱的一种尺度。它出于教师对学生诚挚的关心，出于学生德、智、体全面发展的需要。严格，要严得合理、可行，符合学生的实际情况，有利于学生的发展，才能收到预期的效果。

教师对学生的爱应该属于每一个学生。它不以教师个人的好恶，也不以学生品德、学习、相貌等状况的优劣而转移。

（4）树立师生平等、民主的观念。要求教师与学生的关系应是互尊互爱的平等关系，教学相长的相互学习关系。

2. 才学知识现代化。教师必须知识才学精深广博。不仅专业知识要精深，而且其他学科的相关知识要广博。知识结构层次要复合型，不断扩大和充实自己的知识。

3. 教育能力现代化。过硬的教育能力，是履行教师"传道、授业、解惑"之天职的关键所在。

（1）教师必须具有较强的教育教学能力。为了提高教学效果，教师必须提高自己的教学内容精选精讲能力，教材教法分析、研究能力，课堂教学组织能力，书面、口头表达能力，运用现代教育技术的能力，设计制作计算机辅助教学系统的能力。

（2）教师必须具有育人能力。教育的最终目的是育人，塑造人的灵魂，促使学生的全面发展，用爱心去开启学生心灵的窗户，公正客观地对待每个学生，尊重学生，平等相处，建立新型的师生关系。探索各种教育的新途径、新方法、提高育人实效性。在教育人、塑造人的实践中，不断提高教师的预见能力、分析判断能力、说服教育能力。

（3）教师必须具有教育管理能力。教师是班级群体的领导者、组织者和管理者，也是学生个体成才的促进者。教师需要掌握分析学生心理活动的能力，与学生交往、交流的能力，帮助学生消除心理障碍的能力，班级组织管理的能力，有策划、指导、组织、实施学生活动（包括校园文体活动、社会实践、课外兴趣活动等）的能力。

（4）教师必须具有教育科研和改革创新的能力。教师必须通过教育科研、教育实验、专题研究，探索教育教学规律，提高教育科研能力。吸取、更新知识和处理信息的能力和勇于开拓、不断创新的能力。

4. 心理素质现代化。教师具有良好的心理素质，是以身立教的前提条件，是提高教育效果，培养创新人才的重要保证，也是现代教师的必备素质。

（1）教师应具有正确的自我意识和角色意识。能正确地认识、评价和悦纳自己，对教师职业角色具有认同感，只有悦纳教师职业，才能敬业、乐业、爱业，才能创造性地开展教育教学工作。教育活动是教师所从事的基本社会活动，是教师为社会服务的具体形式。因此，对待教育事业的态度也就反映着教师的劳动态度，而劳动态度问题具有着极重要的道德意义。人们历来把热爱教育事业，献身于教育事业作为对教师的最基本的职业道德要求。

热爱人民的教育事业是教师工作动力的源泉。它不仅可以激发教师工作的责任感和对事业的忠诚，而且可以使教师产生对教育工作的高涨的热情和浓厚兴趣。

（2）教师要培养积极乐观的情绪。一个心理健康的教师，必然会善于调解控制自己的情绪，使自己保持愉快、乐观的心境，对生活和未来充满希望。

（3）教师需要建立和谐的人际关系。要乐于与人交往、善于与人沟通，懂得尊重、理解他人，以自己和善、宽容的态度与人相处，正确处理与领导、同事、学生及家长之间的关系，增强人与人之间的亲和力和凝聚力。只有教师集体中的每一个成员协调一致地活动，教育工作才能有效地进行，教师集体才能给学生集体以良好的道德影响。因此，每一个教师在充分发挥自己个体的积极性、创造性的同时，还必须为建设良好的教师集体做出自己的努力，这是教育过程本身的需要，也是教师个体发展不可缺少的条件。

（4）教师还必须塑造崇高的人格形象。教师的人格形象是教师总体的精神风貌，崇高的人格形象是一种无形的教育力量，它对学生会产生难以想象的巨大的教育力量，令学生去学习、去效仿，甚至对学生的一生产生巨大的作用。教师必须认识人格形象对于教育的巨大魅力，自觉塑造良好的人格形象，以教师崇高的人格魅力去影响和塑造21世纪的一代新人。

（5）严于律己、以身作则、为人师表。一个教师表现怎样的思想品德、治学态度、行为举止，对于可塑性、模仿性很强的青少年学生，起着直接的影响和熏染作用。教师和学生在人格上是完全平等的。如果教师乐意主动地去征求学生的批评意见，并能把这种批评意见与自己经常听到赞扬意见结合起来，用以估价自己的工作，那么他就能够找到使自己成为一个优秀教师的途径。

严于律己，以身作则，为人师表，还要求教师经常注意克服"自我中心"的倾向。经常自觉地反省自己工作中的缺点，设身处地地处理学生中的各种问题。教师如果能够经常把自己放在学生的位置上去观察、思考和体谅学生，就一定会使自己变得越来越聪明和能干起来。

教师的这种设身处地、平等待人的好作风、又会潜移默化地影响着学生，促使学生产生强烈的责任感，自觉地在德、智，体等各方面严格要求自己。

（五）教师道德教育的范畴

教师道德教育中的范畴，是指概括和反映教师道德的主要特征，体现一定社会对教师的基本要求，成为教师的内心信念，对教师的教育行为发生影响的基本概念，如教育责任，教育公正，教育良心，教育荣誉等。

1. 教育责任。责任是个广泛的概念，它反映了个人对社会，个人对他人应承担的一定责任，它往往同义务、职责、使命具有同等的意义。教师的教育责任，是指每一个教师对其职业所应当承担的职责。它是构成教师教育劳动的基础，它是以法律、行政规章制度以及教师职业道德规范要求等形式来规定的。从事教育活动的教师能否履行自己的职责，是衡量该教师是否称职，是否有教师职业道德责任感的标准。任何一个从事教育劳动的教师，如果不愿履行教师职责，不承担教育责任，就是失职，就要受到道德的谴责，严重的还要追究行政甚至法律责任。

教育责任是教育道德的基本范畴之一。它是教师基于一定的道德认识，在内心信念和道德责任感的推动下，自觉履行对学生、他人和社会的应尽的职责、使命和义务，也是社会、他人和学生对教师的道德要求。教师对自己应负的教育责任，具有一定的自觉性，才会去忠实地履行自己的职责，有了强烈而坚定的责任感，才会积极主动地去做好教育工作。教师也只有在教育劳动实践中勤勤恳恳地担负起自己的教育责任，才能得到社会的承认和赞扬。

2. 教育公正。公正是指正义、公道，它表示人的品德，指为人处事没有私心，不违反公认的道德准则和公平合理的原则。

所谓教育公正，即教师的教育公正，是指教师在教育和教学过程中，公平合理地对待和评价每一个学生。具体来讲，就是要求教师在教育和评价学生的态度和行为上，应公正平等，正直无私，不偏袒、不偏心，对待不同智力、不同性别、不同相貌、不同出身、不同民族、不同个性、不同亲疏关系的学生，都应一视同仁，公平相待，满腔热情地关心每一个学生，从每一个学生的不同特点出发，因材施教。

教育公正是和尊重学生、关心学生、严格教育好学生联系在一起的。"所谓公正，就是尊重与严格要求相结合，在学校生活中，没有也不可能有什么抽象的公正。教育上的公正，意味着教师要有足够的精神力量去关心每一个儿童"。可以说，教育公正是教师职业道德素养水平的标志。在社会主义教育事业中，教育公正不仅是一种重要的职业道德要求，而且也是每个教师必备的个人道德品德素养。有了这种高尚的个人道德品质，教师就会在教育工作中，自觉遵循教育公正的道德准则，公正、平等地对待和评价每一位学生，使每位学生都得到最佳的发展。

3. 教师荣誉。荣誉是指人们履行了义务而得到的社会的敬重、赞扬和褒奖，以及由此所产生的个人内心尊严感和欣慰感。

教师荣誉，是指社会对教师的教育教学行为的社会价值做出客观评价，以及教师由此产生的个人的主观意向。教师荣誉包含着互相联系的两个方面：一是客观方面，它是社会的客观评价，是指教师通过自己的教育教学劳动履行了教师义务，对社会做出一定的贡献后，得到社会舆论的承认、赞赏和褒奖，是一定社会用以评价教师义务及教育行为社会价值的尺度。二是主观方面，它是教师个人的道德自我意识，是教师对自己履行教师义务的行为所具有的一种内心体验，一种道德上的满足感。实际上体现着教师教育行为选择的道德责任感和自我道德评价能力，可以说就是教师良心的社会价值尺度。教师对自己行为在内心深处感到欣慰、尊严，是经过他的良心的审查而实际确认的道德行为。

作为自我意识的荣誉与社会客观评价的荣誉是紧密相连的。教师荣誉是以意识的赞扬和褒奖这一客观评价为基础的，教师内心的欣慰、尊严意向是社会评价的主观感受，是通过社会舆论把客观评价转化为主观意向的。因此，社会舆论对教师道德行为评价越高，说明教师荣誉越大，社会价值就越高，由此可以增强教师的自尊心和自爱心。

4. 教师良心。良心就是人们对他人和社会履行义务道德责任感和自我评价能力，是个人意识中各种道德心理因素的有机结合。马克思说过："良心是由人的知识和全部生活方式来决定的。"

教师良心，即教师的教育良心，是教育伦理学中的主要范畴，是指教师在自己的教育教学工作实践中，对社会向教师提出的一系列道德要求的自觉意识，是教师以高度负责的态度，对自己教育和教学行为进行道德控制和自我道德判断与评价。教师良心同教师义务密切联系，可以说是被教师自觉意识到，并隐藏于内心深处的教师义务、使命。

教师良心是教师在履行义务中形成的一种内心信念，从教师的教育教学劳动中表现出来。其一，它表现为教师对学生、教师集体和社会教育事业整体的一种高度自觉的责任感。教师对自己应当履行的道德义务，有非常深刻的认识和理解，在此基础上产生一种对他人和教育事业应尽的道德义务的强烈而持久的愿望，从而把教育事业的义务升华为对自己的义务和责任。这种高度自觉的道德义务感和责任感，是个人职业道德意识的深刻表现，最终成为教师个人的"职业良心"。其二，表现为教师在教育教学劳动中对自己的行为进行道德控制和道德评价。教育良心是一种理性的道德意识，当一个教师在深刻理解社会对教师职业道德原则、规范和要求合理性及必要性时，他就能够按照职业道德要求，以高度负责的态度，去判断、选择和控制自己的行为，评价个人或他人的行为。当发现自己的行为违背自己的"个人良心"时，就会促使自己改正调整自己的行为。

在教育活动中，教师良心有着重要的作用。首先，教师在选择教育行为之前，教师良心起着能动和指导作用；其次，在教育行为中，教师良心起着监督作用，行为结束后，教师良心起着评价和激励作用。

教师良心是教师职业首先觉悟的综合表现，是一个教师的首先灵魂。加里宁指出："为了真正地进行教育，不仅要很好地熟悉自己的业务，而且要有纯洁的灵魂。"作为一名人民教师，只有具有了教师良心，才能自觉履行教师职业道德要求，并激励自己认真负责，努力搞好教学工作，提高教育质量。

（六）教师道德教育的目标定位

1. 教师道德教育的一般要求和目标。对待教育事业的道德要求：忠于职守，为人师表，积极进取。"忠于职守"是指教师在教育工作中应尽心尽力完成教师岗位所赋予的各项任务，其所付出的劳动及绩效，应不辜负社会给予其的地位、荣誉和报酬。"为人师表"是指在教育工作中，教师要求学生做到的，自己首先应该做到。"积极进取"是指教师在工作中，根据时代发展变化的要求，不断改善和提高工作质量，向更高的目标迈进。

对待学生的道德要求：平等、公正、民主地对待学生。"平等原则"指的是，教师在处理与学生的关系时，要把自己放在与学生平等的位置上。"公正原则"指的是，教师在与学生交往时，要公正地对待每一个学生，不得以宗教、民族、性别、家庭背景、地域、相貌以及身心的发展水平为由偏袒或歧视某些学生。"民主原则"指的是，教师在处理与学生的关系或做出决定时，应充分考虑大多数学生的意愿和建议。

对待其他教师的道德要求：相互信任和尊重，协同工作，共同发展。"相互信任和尊重"指的是，每一个教师都应理解其他教师的工作责任和工作环境，以平等的态度信任和尊重其他教师。"协同工作"指的是，任何一个教师都必须认识到，他（她）的工作只是整个教育工作的一部分。教师集体最终教育目标的实现，需要各位教师的共同努力。"共同发展"指的是，教师之间的交往与协作应当是互利的，谋求工作的顺利开展和最佳教育效果的获得。教育工作都是共同教育目标下的协同工作，每一个教师都应积极谋求共同发展的途径和方法。

对待学生家长的道德要求：主动沟通，平等相待。"主动沟通"指的是，教师有责任采取书信、访问、家长会、电话、信息网络等方式，主动与家长和相关人员及时沟通，共同交流学生在校内的表现的信息，商讨促进学生进步的方式。主动与家长沟通，有利于学校教育工作及时有序地展开，也有利于把握好沟通的时机从而取得更好的教育效果。"平等相待"指的是教师应当把家长和其他相关人员看成是平等交往的对象。

2. 教师道德教育的较高要求和目标。教师道德教育的较高要求和目标着眼于较高层次的理想状态对教师职业道德定位，它代表教师职业道德的发展方向和基本的价值导向，是社会对教师伦理行为的最高要求，体现教师应该努力的方向，具有先进性。

对待教育事业的道德要求：忠诚并献身于人民的教育事业。无私奉献于人民的教育事业，代表了教师在处理个人与教育事业发展关系上的最高境界。教师要形成这种高水平的职业道德境界，就必须对自己所从事的职业劳动的社会意义有高度认识，并在教育劳动中，产生积极的情感和行为体验。

对待学生的道德要求：热爱学生，诲人不倦。教师对学生身心发展的巨大感染力，常常直接来源于对学生的热爱。这种爱可以启动学生的心灵，增强学生的学习兴趣，这种爱是发展学生高尚社会情感的重要基础。学生从教师那里得到的爱是一种社会性的爱更容易激发报答社会的愿望。

对待其他教师的道德要求：坚持教师集体和其他教师的利益和需要高于个人的利益和需要。教师与这一要求表达的是一种利他主义的价值取向，它在教育现实中的行为表现是：理解，团结和谦让。表达了一种教师与其他教师或教育集体交往的理想状态。

对待学生家长的道德要求：真诚相待，主动参与。教师在与学生家长和社会其他相关人员交往时，表达出一种对学生的关爱之心，对家长的坦诚的沟通愿望。通过主动、纯洁和真诚的交往，让家长和其他相关人员真实地了解学校工作的目的、过程、方法，并及时反馈学生在家庭和社会的表现，从而共同找出教育和帮助学生的最佳方式。

"主动参与"指教师应以积极主动的态度发起或参与与教育有关的社会性活动。教师主动地参与与教育有关的社会活动，不仅可以有效地了解学生成长的家庭与社会生活环境，还可以展示学校教育的目标。从而主动团结家庭和社会的力量，共同帮助学生成长。

（七）教师道德的品质特性

道德教育的根本目的是人的全面发展和人性的完善，人类社会发展的最高目标应该是人类自身的发展。因此，教师道德教育的本质功能是促进教师本身的德性发展，实现人性之完善境界，提升人的生命质量。教师道德教育以人为目的，以人为本，就要有益于教师创造美好的生活，通过创造出一个合乎人性、宽松、健康、向善的环境，培养和造就有活力、勇气、敏感和智慧的理想品格，也就是教师德性的养成。

教师德性是指教师在教育教学过程中不断修养而形成的一种获得性的内在精神品质，它既是教师人格特质化的品德，也是教师教育实践性凝聚而成的品质。教师德性是内在的，需要在教师的教育实践中形成。教育实践对教师来说，既是为完成社会赋予责任的付出，同时又是自身各种需要，尤其是精神需要获得满足的过程，是获得与奉献的统一。德性也往往将一个人存在的意义与他的道德水平结合起来评价。德性一方面从个体的存在意义上代表着个体的人格；而从个体的具体品德上，又代表着多种多样的德性，是个体诸多德性的统一。这就是说，教师德性是教师获得教育实践之内在利益的必须品质，是有益于教师的整体生活（包括教师的职业生活和私人生活）的品质，是与对学生的好的追求相联系的。教师德性的最基本要求，应该是对学生的无害、无欺、公平和有益，在于满足教师自己和他人的精神需要。教师德性的具体表现，有这样几层含义。

第一，教师德性是一种能使教师个人担负起其教师角色的品质，即实现教师之特殊性目的的品质，是教师能充分实现其教育潜能的品质。教师德性将不仅维持教育实践使教师获得教育实践的内在利益，而且也将使教师克服其所遭遇的伤害、危险、诱惑和涣散，教师在对善的追求中形成他们的精神支柱，教师内心不断增长自我认识和对善的认识。

教师在教育实践活动中获得的利益有内在利益和外在利益之分，这两者有着一种不同的关系。外在利益是指教师在一定的社会条件下，通过教育、教学实践活动所获得的权势、地位或金钱。这种外在利益是看得见的、实实在在的利益，它指教师所获得的某种钱财和名誉（如优秀教师的荣誉和奖金或奖品）。外在利益的特性决定了某个教师得到的更多，就意味着其他教师得到的更少或者根本就不能得到了；外在利益在本质上是竞争的产物，在竞争中，既有胜利者也有失败者。而内在利益则是教师从事的教育实践而获得的一种精神财富，这种利益只有依据参加该实践活动所取得的经验和体悟才可以识别和判断，那些缺乏相关经验的人是无法判断的，它是在追求教育实践活动本身的过程中获得的。拥有教师德性就必然使教师获得教育实践活动的内在利益——一种完完全全精神的东西，当然它并不能保证教师在获取外在利益时必然取胜，但其有益于参加教育实践的整个群体以及教师本人。

第二，教师德性还表现为，教师的道德意志在履行教育教学责任和义务的过程中所体现出来的道德力量。教师德性是由其自身的理性施加的一种道德要求，其力量的大小由它克服教师因偏见或倾向性而造成的教育障碍之大小来衡量，比如说喜优厌差是教师必须克服的"劣根性"。教师德性是与其自然感情相关或约束其自然感情的破坏作用的个人意志力。说某个教师有德性，是指教师的内在的天性合理地得到改造、发展而养成一种符合教师本质的品质；教师真正形成赋有深刻的职业印迹的教师德性的时候，那一定是达到习惯成自然，德性与天性融为一体的程度。教师德性真正要成为个人的德性，就要与本人的天性相容，或化为第二天性。否则，它就是外在的东西，就不是德性了。因而，只有顺着教师的自然天性培养发育他自己的德性。

第三，教师德性还表现为，在教师对为师之道体验的基础上所形成的内在的、运用自如的教育行为准则。这种支持其行为准则的道德力量在教师克服教育障碍时才显现出来。所谓教育障碍，在此是指教师的种种与其道德意图相冲突的自然倾向和外在倾向。具有德性的行为准则不允许教师把自己或学生仅仅当作手段（这意味着他的漠不关心）。教师的道德情感、良知和良心、对学生的爱、自尊和自重都不是责任和义务，只不过是他本人的一种真切感受和需要而已。

教师德性的培养是一个相信、践行、理解到再践行、再理解的反复过程。而在这一反复过程之中，每经过一个反复，个体的德性便上升了一个境界，个体对德性的理解就深入了一个层次。德性是随着个体对规范的体验和对社会的认识的加深而不断提高的。过去的结果变成今日的起点，今日的结果又变成来日的起点。教师德性总是不断发展的，又总是有从头开始的一面。说它不断发展，是因为教师德性在某种程度上是一个不可致达而又必须企及的理想；说它总是从头开始，是因为教师的德性总是受到其性情偏好以及所处具体教育环境和社会环境的影响，在这种情况下，教师德性之准则虽然已经确立，但却始终受到外界的纷扰。师德准则不能像生活技巧的准则那样总以习惯为基础。就教师德性是基于其内在自由这一点而言，含有教师积极地对自己加以控制的意思，即教师必须把自己的全部力量和偏好都置于自己理性的支配之下。而且，这种支配不只是消极地制止做什么事，更应是积极地促使做什么事，教师不应听任自己臣服于情感和偏好之中。教师德性的真正拥有和养成，在于教师内心的泰然自若，借此方能把教师道德原则果断而又审慎地贯彻到教育行动中去。

二、教师道德教育的基本内容

（一）教师的理想

1. 热爱教育事业。忠于人民的教育事业，首先要热爱教育事业，不热爱教育事业，就谈不上忠于教育事业。对教育的热爱，主要来自于教师对教育在中华民族振兴道路上地位与作用的认识。只有把教育与国家的兴亡、民族的振兴、现代化建设的成败联系起来，才算是对教育事业有了深刻的认识。有了深刻的认识，还要把这种认识转化到日常的行动中，才能产生对教育事业的真爱。

2. 热爱学生。忠于人民的教育事业与热爱学生是一致的，学生是祖国的未来，教育的主体，只有把学生培养好，振兴中华才不会成为一句空话。未来的竞争是人才的竞争，学生是祖国未来的建设人才。要培养好学生，就离不开对学生真挚的爱。爱可以激发学生的学习热情，使学生树立远大目标。要热爱学生，首先要关心和爱护他们，其次要循循善诱、谆谆教诲，最后要和学生平等相处，不凌驾于他们之上。只有这样，学生才能尊敬教师，才能成为德、智、体、美全面发展的社会主义新人。

3. 献身教育事业。忠于人民的教育事业，就要有献身教育的精神。教师被誉为"蜡烛"，点燃了自己，照亮了别人，这是教师献身精神的真实写照。教师要不辞劳苦、辛勤耕耘，时时刻刻把教育事业的利益放在首位。要识大体，顾大局，不为权力、地位、名誉、金钱和其他物质利益所动摇，要"俯首甘为孺子牛"。

4. 不断提高自身素质。努力做一名优秀教师，关键在于要有较高的素质。教师，作为传道、授业、解惑的人类灵魂工程师，必须具备扎实的政治素质、业务素质、品德素质、心理素质和能力素质。现代社会竞争日趋激烈，知识更新节奏加快，要跟上时代步伐教师必须不断充实完善自己。现在世界各国都在倡导"终身教育"，所谓"活到老，学到老"，"学海无涯"，作为传播知识的教师，要想教好学生，不断提高自身素质显得尤为关键。要知道，"不进则退"，不紧跟时代步伐必将被历史所淘汰。

教师必须自觉地做到对学生负责。在教育过程中，教师是教育者，学生是受教育者，对学生负责，落实到具体行动上，就是要求教师认真做好新书育人的工作，人民教师肩负着教书与育人的重担，在教育过程中，教师既要向学生传授科学文化知识，又要用人类崇高的思想品德塑造学生的灵魂，教书与育人两者互相促进、相辅相成，不可分割。做好教书育人工作需要教师付出大量的时间和精力，没有崇高的道德义务感和一定的牺牲精神是不行的。

（二）教师的责任

1. 对学生家长负责。学生家长把自己的孩子托付给学校和老师，是出于对学校和老师的信任，希望教师能把他们培养成才，这样就需要教师主动自觉地与学生家长保持密切的联系，经常通过各种形式向家长汇报学生在校表现，针对学生的问题与家长磋商，齐心协力，把学生培养好。

2. 对教师集体负责。学生的成长与成才不仅是教师个别劳动的结果，而更是教师集体劳动的结果，学生是在不同教师的共同培养下进化成长的。所以，教师之间要互相配合，教师个人要服从教师集体，对教师集体负责，按照教师集体制定的培养方案和具体要求去教育学生、培养学生。

3. 对社会负责。对社会负责就是要求教师为社会培养出高质量的人才。教育事关民族振兴，经济腾飞，教师要对教育事业负责，自然离不开对社会负责。

（三）教师的教学态度

教师职业态度，则是指教师对自身职业劳动的看法和采取的行为，教师正确的劳动态度是教师职业道德的反映。教师职业道德又能够不断端正教师的劳动态度。人民教师是国家的主人、社会的主人，教师这种主人翁的地位，决定了教师的劳动态度必然是积极主动的，落实到具体行动上，就是努力培养社会主义新人。

1. 教师必须有主人翁的责任感。教师的主人翁责任感，就是指教师要把人民的教育事业看成是自己的事业，把为社会主义建设培养人才看成是自己神圣的义务和职责，以积极主动的态度对待自己的工作。教师的这种主人翁责任感来自于教师对社会主义祖国的无限热爱。

教师的这种道德情感是教师积极投身于教育事业，努力培养社会主义新人的强大的动力和基础。

2. 具有从事教育劳动的光荣感与自豪感。教师是"人类灵魂的工程师"、"培育鲜花的园丁"、"通向科学高峰的人梯"。"教师工作不仅是一个光荣重要的岗位，而且是一种崇高而愉快的事业"。教师这种光荣感与自豪感是教师搞好教育工作的强大动力。

3. 要有肯于吃苦的精神。教育劳动是一项艰苦的劳动，人才的培养是一个复杂的系统工程，教师工作专业非常强，对教师个人能力要求也非常严。没有肯于吃苦的精神，不愿付出辛勤的汗水，也就不会有积极主动的劳动态度。

（四）教师的职业纪律

教师职业纪律就是教师在从事教育劳动过程中应遵守的规章、条例、守则等。教师职业纪律是维持教育活动正常进行的保证，是教师必须遵守而不能违反的。

1. 要有教师意识。时刻刻想到自己是一名教师，自己的一言一行都要给学生做出好的榜样，每当自己出现某种想法或要采取某种行动时，都要考虑到是否符合自己的身份，是否符合教师纪律的要求，是否会给学生带来消极影响。

2. 认真学习教师职业纪律的有关规定。对教师职业纪律有关规章、条例、守则等要进行认真地学习、深刻地领会。学习、明确和掌握教师职业纪律，是模范执行纪律的前提。

3. 在教育工作中恪守教师职业纪律。在教育实践中按照纪律要求去做，职业纪律只有得到全面的贯彻执行，教育工作才能顺利进行。在执行职业纪律的过程中，要把握住一个"严"字，时时处处严格要求自己。

4. 虚心接受批评，勇于自我批评，善于改正错误。虚心接受别人的批评，坚决改正自己的错误行为不仅是教师应采取的正确态度，也是教师应具有的道德品质。勇于自我批评是教师自我教育的一个重要手段，也是教师自我修养的一个重要方法。

（五）教师的职业技能

教师职业技能集中地表现为教师教书育人的本领，教师教书育人活动的效果是教师职业技能的反映。努力提高职业技能不仅是教师职业本身对教师的要求，也是教师职业道德对教师提出的要求。那么，教师应怎样做才能提高自己的职业技能呢？刻苦钻研业务，不断更新知识。要提高自己的业务水平，就必须刻苦学习，刻苦钻研。不断学习和更新知识是教师的一个重要任务。勇于实践，不断创新。实践是提高教师职业技能的最重要的方法。有了一定的知识水平，还要勇于实践，通过理论与实践的结合，职业技能才能提高。在实践中要自觉地、有意识地进行探索、总结和创新。

（六）教师作风

教师职业作风，就是教师在自身职业活动中表现出来的一贯的态度和行为。教师首先要做到尊重事实，注重调查研究，要能深入到学生中去，全面了解情况，有针对性地搞好教育与教学工作。其次，要求教师要讲真话，办实事。再次，要求教师要公道正派，富有进取精神。工作积极，认真负责。教师要具有工作积极、认真负责的作风，一方面，要不断提高对教育工作重要意义的认识，另一方面，还要在教育实践中不断磨炼自己的意志，加强职业道德修养。忠诚坦白，平等待人。无论对同事，对学生、对学生家长，还是对上级领导，做到忠诚坦白是一条基本要求。特别对学生，既不要以教育者自居，高高在上，也不要因为学生的出身不同、能力不同、性格不同、兴趣爱好不同而区别对待。

（七）教师人格

所谓教师职业人格，是指教师作为教育职业活动的主体，在其职业劳动过程中形成稳定的道德意识和个体内在的行为倾向性。它是由教师的职业道德品质和道德行为的总体构成的，教师职业人格有两个明显的特征，一是教师的道德品质，它是教师职业人格的内部心理；二是教师的道德行为，它是教师职业人格的外部行为特征。

1. 教师职业这种以人格感化人格的特点，促使教师自身人格的提高。教师在以人格感化人格、塑造人格的过程中，对自身的人格有更高、更全面的要求。只有具备了美好品德，才有资格去塑造学生的品德。从事教师的职业，始终面临着一种人格上的挑战，而以身立教、为人师表，就是教师在自身人格塑造上的落脚点。

2. 教师以人格感化学生，促使教师威信的确立。教师的威信是教育学生和搞好教学工作不可缺少的条件。教师的威信一旦在学生中形成，将会变成一种强大的感召力，使教育达到理想的效果。有威信的教师，会使学生感到他值得尊敬、可以信赖，亲近、乐意听从教诲。当然，教师在学生中威信的树立，不是靠威吓、粗暴的手段来实现的。

3. 教师的人格感化有利于对学生教育的实施。教师的思想、行为、作风和品质，每时每刻都在感染、熏陶和影响学生。而青少年学生正处于长身体、长知识的时期，他们的模仿性和可塑性都很强，教师的一言一行、一举一动，都会在学生心灵上产生积极或消极的影响，有的甚至会影响他们的一生。教师凭着自己以身作则、为人师表的表率作用；凭着自己高尚的思想品德、良好的身心素质、卓越的才能；凭着自己塑造人才的艺术和严谨的工作作风、扎实的专业知识，去教育学生。

三、教师道德教育规范

教师道德教育的主要规范是教师在教育过程中各种道德关系的反映的概括，是依据教师道德教育的基本原则对教师某一方面道德行为提出的要求和准则，它是评价教师行为的具体道德标准。

（一）依法执教，以德育人

所谓依法执教，以德育人，就是要求教师在教育活动中，要模范遵守宪法及其他各项法律、法规，尤其要带头遵守《教育法》和《教师法》等有关教育的法律、法规，坚持德法并重，使自己的教育教学活动完全符合法制的要求和道德的要求。依法执教是依法治教的重要组成部分，《中小学教师职业道德规范》把依法执教列在首位，就是要求教师从严格守法的高度，在全部职业行为中始终坚持正确方向，这是教师道德规范的首要准则。教师应该怎样依法执教、以德育人呢？

1. 教师要学法、知法、懂法，自觉增强法律意识。教师掌握必要的法律知识是其依法执教的基础，要做到依法执教，首要的任务是学法，了解我国现行的法律制度。教师不仅要懂宪法，还要懂教育方面的各种法律、法规。教师要认真学习《中华人民共和国教育法》、《中华人民共和国教师法》、《中华人民共和国义务教育法》、《中华人民共和国未成年人法》等法律法规的内容，自觉增强法律意识，用法律规范自己在职业活动中的行为，懂得不履行或违反法律规定，教师应该担负什么责任。这样，才能使自己在教育实践中自觉地端正行为方向。

2. 全面履行教师的义务。以德育人是教育法律法规规定的教师在教育教学中必须履行的责任。每个教师的一切教育教学活动都必须严格遵循党和国家的教育方针，这是我国教育事业保持正确方向、得到健康发展的重要保证。教师应当遵守教育教学管理的各项规章制度，执行学校制定的教学工作安排，通过自己的模范行为以德育人。教师还应当自觉履行聘任合同中的教育教学职责，完成教学工作任务。

3. 严格遵守法律，正确行使教师的权利。教师必须依照法律规定，在自己的权利范围内，按照法定的程序或条件行使权力，使法律法规得以正确实施。教师对于法规中所禁止的行为，坚决不做，严禁教师违反法律法规，对未成年学生和儿童实施各种形式的体罚、变相体罚或者其他侮辱学生人格尊严的行为。

4. 教师要运用法律武器，维护学校、学生和自己的合法权利。依法执教的目的在于维护学校、学生和教师的合法权利。一旦学校、学生和自身的权利受到侵犯，教师就应该拿起法律武器，及时通过法定的程序予以补救。

（二）爱岗敬业，尽心竭力

爱岗敬业是教师职业精神的重要内容。爱岗，是对教师的工作岗位充满热爱之情；敬业，是对所从事的教育事业具有强烈的使命感和责任感。只有爱岗敬业，才能热爱学生，尽心竭力为人师表。

爱岗敬业，尽心竭力，既是教师坚持为人民服务的宗旨，具有高度政治责任感和职业责任的具体而集中的体现，也是教师实现人生价值、追求完美人格的途径。当今，教师要大力弘扬和倡导爱岗敬业的精神。

1. 树立教师事业心。事业心，又称敬业精神，是指对事业全身心投入和不懈追求的信念、态度和决心，它是事业成功的保证。教师爱岗敬业，需要树立坚定的事业心，热爱教育，安心从教，不见异思迁。有了事业心，才能在复杂的社会现象中正确地做出判断，不为金钱所惑，不为名利地位所动，全身心地投入到自己所爱的事业之中。许多优秀教师，之所以安心从教，矢志不移，正是有这样强烈的事业心和职业信念所支撑，在平凡的教师岗位上做出不平凡的贡献。

2. 加强主人翁责任感，关心学校发展。教师的成长和学校的发展是密切相关的，教师是学校的主人，校荣我荣，校衰我耻。因此，教师必须自觉地关心学校的发展，并通过自身的努力，促进学校的发展。

3. 创造"敬业乐业"的校园文化氛围。学校要鼓励教师敬业爱岗，弘扬敬业精神，让兢兢业业、无私奉献的教师受到尊重，受到精神和物质的奖励。要广大教师向优秀教师学习，在校园内形成"人人争一流，个个做贡献"的竞争局面。

（三）热爱学生，诲人不倦

热爱学生，诲人不倦是教师的天职，也是教师必须具备的情感品质。师爱是师生之间情感的一种常态交流，是教育教学中不可忽视的重要因素。人们的学习活动不仅依靠大脑皮层结构，而且是在情感的参与下进行的。教师对学生的态度直接影响学生情感智慧的发展，进而影响学生智力发展。无数事实证明：如果教师对学生抱有积极的态度或较高的期望，其与学生相处时的心理气氛就比较和谐、融洽，师生之间同教学有关和无关的相互作用就表现得更为充分，教师也就更容易给学生创造学到更多东西的机会，从而促成教学相长。爱学生是每位教师的天职。热爱学生，诲人不倦，教师必须做到以下几个方面。

1. 了解学生，关心学生。全面了解学生是教育学生的起点和关键。俗话说"知之深，爱之切"。热爱学生，就要了解学生。只有全面了解学生，情感才能相通，教育才能产生共鸣。尤其对差生更要全面了解，防止认识上的偏差。应该全面了解学生，关心每一个学生的成长。当然，了解学生、关心学生不是一朝一夕的事，而是长期的、贯穿整个教育教学过程的一项工作。教师要花时间和精力，克服困难，诲人不倦，尤其在教学任务繁重的情况下，也应挤时间深入学生，了解和关心学生，做学生的知心朋友。只有这样，学生才会把教师当作自己的良师益友。

2. 尊重学生，信任学生。

（1）尊重，让师爱绘出亮丽的风景。尊重，是每个人最基本的心理需求，尊重学生，就是相信学生。教育家魏书生在学生面前从不以长者或教师的身份自居，凡事采用与学生商量的口气，哪怕再差的学生，在他眼里也是一个需要尊重、理解、认识的真正的人。教师只要把对学生的爱建立在平等的基础上，尊重、信任学生，师爱便会绘出一片亮丽的风景。

（2）倾听，让师爱倾洒无尽的甘露。谈话，是师生间最频繁的交往方式。教师不仅要听，而且要专心致志地倾听学生的讲话，面对面平等地谈话，更容易使学生敞开心扉，从而使教师了解他们的心理特点，有的放矢地引导和启发。

（3）微笑，让师爱化作涓涓暖流。情感，是教师和学生之间相互作用的桥梁和润滑剂，它弥漫于整个教育空间，贯穿于教学过程的始终。"亲其师，信其道"。教师的情感最容易传染给学生，一颦一笑，举手投足，都会感染学生，使学生的情感得到激发。心理学研究表明，心情愉快有助于对知识的理解和记忆。教师只要把爱化为涓涓暖流，流到每个学生心灵深处，就会产生良好的师生情感，调动其积极性。

（4）凝视，让师爱播撒灿烂的阳光。眼睛是心灵的窗户，教师通过学生的眼睛洞察学生的内心活动，教师更要善于用眼睛传递师爱的微妙信息，让自己走进学生的心灵世界。教师的真情是打开学生心灵的钥匙，教师要学会在不同的情境下给学生送去不同的眼神，用真诚去编织束束灿烂的阳光，感动学生，激励学生。

（5）赞赏，师爱永不枯竭的源泉。学生总是期望被教师赞赏，教育教学实践反复证明：教师若能对学生正确评价，及时表扬、鼓励能激发其求知欲，调动其积极性。赞赏是一种随时随地都可取用又永远用不完的"动力资源"。在一定的场合，教师的一句鼓励性的话可以产生巨大的"现场效应"，有时甚至还可以改变某个学生的人生。

没有爱就没有教育，师爱是一种纯洁、神圣的师生情感，更是一种内涵丰富、技艺精湛的艺术。教师把握好这门艺术，对学生充满爱心，不失时机地消除学生的心理障碍，用自己的一言一行塑造学生的灵魂，一定会对学生一生的个性发展起到潜在的、广泛的、长远的、深刻的定向作用。

3. 严格要求，不溺爱学生。教师对学生的爱，不是基于亲缘关系的爱，也不是出于个人需求的爱，而是一种出自崇高目的，充满科学精神、持久而深厚的教育爱。这种教育爱包括对学生严格要求和耐心教导。这种爱要求教师对学生不放纵、不溺爱。热爱学生并不是溺爱、宠爱学生，而是严格要求，从严治学。俗话说："严师出高徒。""教不严，师之惰"，"严是爱，松是害"。没有严格的要求，就没有教育，教师对学生严格要求，并不是一味斥责，而是要严而有格、严而有理、严而有情、严而有度，把热爱与严格要求结合起来，做到严出于爱，爱寓于严，严爱结合，让学生在教师的真诚关爱中启迪心灵，在教师的严格要求中奋发成才。

（四）严谨治学，精业勤业

严谨治学是指教师在教学、钻研业务中一丝不苟、精益求精的学习、工作态度，包括树立优良的学风，探索教育教学规律，提高教学科研水平。严谨治学，精业勤业，是教师职业特点和教师道德所要求的，教师职业以培养人才为己任，教师的职业生活特点决定了教师必须钻研业务，不断学习，终身学习。严谨治学，不断提高业务水平，是教师道德的重要体现。严谨治学，精业勤业，要求教师做到以下几点。

1. 良好的学风。严谨治学，就是要求教师在学习和研究中，既要有认真求学、一丝不苟的态度，又要有勇于探索、不断创新的精神。人类知识不断增长、不断更新，要求教师勤奋学习，不断追求新知识以吸收新成果、新理论，不断提高教学水平。优良学风，还体现在教师应虚心踏实，在学习中虚怀若谷，不图虚名，永不满足。只有锲而不舍地学习，才能适应时代的要求。

2. 刻苦钻研业务。精业勤业要求教师一丝不苟地对待每一堂课、每一次练习、每位学生，教师为提高教学质量，必须掌握课程标准和教学大纲，深入钻研教材，熟悉本学科的专业知识，学习教育学、心理学知识，探索教育教学规律，运用灵活多样、生动活泼的教育教学方法，使自己成为精通业务的专家。

3. 不断改革创新。科学技术的进步，劳动者素质的提高，创新人才的培养都离不开教育的改革与创新。教师要具有创新精神和创新能力，转变教育观念，改进教育方法，改革教材内容，引导学生在提高创新精神和实践能力上下功夫，启发他们的创造性思维，让学生主动地学习。创造性的教育需要有创造性的教师，创造性教师就是教师能够吸收最新教育科学成果，将其应用于教学实践中，并创造出行之有效的教学方法。创造性教育，要求教师具有创造性的教育观念，渊博的知识结构，严谨的治学态度，发扬不断探索、勇于实践、不怕挫折、勇往直前的进取精神。教师这种精神的发扬光大，将能有效地推进教育的改革与发展。

（五）团结协作，携手共进

团结协作是指人们为了集中力量实现共同理想或任务而联合起来，相互支持，紧密合作，携手共进。团结就是力量，团结就是方向。教师之间的相互尊重、相互学习、相互协作，形成一种巨大的"教育合力"，对于学生的成长、合格人才的培养、维护学校的形象、倡导文明校风均具有重要的作用。马卡连柯曾经指出，教师集体的统一是最有决定性的一件事情，一所学校如果具备了一个志同道合、充满活力的教师集体，那么办好这所学校就有了宝贵的财富和最可靠的根基。现代社会，人们越来越充分认识到，一个人的成长需要许多人从多角度、多侧面实施全方位交叉的教育。从宏观上讲，人才的培养是学校、家庭、社会等方面因素组成"教育合力"，共同对学生施加影响。从微观上讲，任何一个学生的成长都离不开教师的共同劳动，是所有教育者团结协作、互相配合施以教育的结果。教师的团结协作精神，既是集体主义原则在教师道德上的体现，也是现代教师的必备品德。苏霍姆林斯基说得好，教师团结一致，是教育教学工作成功的保证。教师关心集体、团结协作的具体要求如下。

1. 谦虚谨慎，相互尊重。谦虚谨慎，相互尊重，是共创和谐人际关系、团结协作的基础和出发点。要求每个教师正确地对待自己，实事求是、一分为二地评价自己，做到谦虚谨慎，戒骄戒躁。要正确对待他人，尊重同事，友好相处。尊重他人的自尊心，尊重他人的人格，尊重他人的民族习惯和个人爱好。为了得到别人的尊重，首先要尊重别人。尊重是相互的，只有相互尊重，相互理解，才能形成一种轻松愉快、团结共处的和谐人际环境。做到谦虚谨慎，相互尊重，既要反对骄傲自大、文人相轻，也要反对不分是非、一团和气。

2. 相互学习，相互帮助。与人共处，相互协作比什么都重要。在市场经济条件下，不能一味地肯定竞争而把竞争绝对化，而是应该既鼓励教师公平竞争，敢于创新，又要倡导团结协作，相互学习，相互帮助实现携手共进。

3. 维护集体荣誉，共创文明校风。文明的校风是一种无形的、巨大的精神力量。广大教师在这种环境中工作，心情舒畅，能促进教师为教育事业发展而勤奋工作、无私奉献。它要求每个教师关心集体、关心学校的发展，把自己的命运与学校的发展紧紧连在一起，为学校发展尽心尽责。遵守学校各项规章制度，努力维护学校荣誉。教师应从我做起，从现在做起，从小事做起，为优化育人环境，共创文明校风添砖加瓦。

（六）尊重家长，共同育人

现代教育的一个显著特征就是"教育社会化"。这就决定了作为教育主体的学校必须主动与家长搞好关系，调动家长教育孩子的积极性，共同完成培养人才的任务。家庭是社会的细胞，是孩子进入社会的第一所学校，家长是孩子接受教育的第一任教师。家庭给孩子什么样的影响，家长如何教育自己的孩子，对孩子的成长是至关重要的。因此，教师在履行学校教育、培养学生的过程中，应该主动与学生家长交流，争取家长的配合，以保证教学工作的顺利进行。尊重家长，共同育人，要求教师做到以下三点。

1. 热心与家长沟通。家长是孩子的启蒙教师，家长对孩子的了解比教师要深入得多，"知子莫若父，知女莫若母"。家长要把孩子的个性、爱好、习惯等情况介绍给教师，而教师则应该把家长作为教育学生的"编外教师"，满腔热情地与家长沟通。教师以热情的态度尊重家长，这是争取家长配合的基础，也是协调教师与家长关系的前提。只有相互尊重，才会形成共识，步调一致地对学生进行教育。

2. 虚心听取家长意见。教师要经常虚心听取学生家长的意见和建议，即使是错误的意见，也应该耐心听取，这是衡量教师道德修养高低的标准。教师对于个别家长的误解、偏见、指责等，要保持冷静的头脑，耐心地进行沟通，消除误解，达成共识。教师可以通过家长会、家访、家长联系簿等各种方式，加强与家长联系，做家长的知心朋友。要及时掌握学生在家里的思想、学习和生活情况，有针对性地对学生进行教育，就会收到较好的教育效果。

3. 科学指导家庭教育。现在的学生大多数是独生子女，父母望子成龙、望女成凤心切，造成对孩子教育问题上的两极分化，一种是过分溺爱，另一种是过分严厉，这给孩子的健康成长带来不同程度的影响，也给学校对学生的教育带来一定的困难。教师要帮助家长掌握教育科学知识，树立正确的家庭教育观念，改进家庭教育的方法。通过举办家长学校，开设教育学、心理学方面的专题讲座，使家长掌握一定的家庭教育知识，了解孩子的成长规律，重视对孩子的责任意识、处事能力的培养。同时，可召开家长恳谈会或家长交流会，交流培养教育子女的经验，实现共同育人。

（七）廉洁从教，以身作则

廉洁从教是处理教育教学活动与个人利益之间关系的准则，是社会主义市场经济条件下教师应当保持的品德，是我国教育事业的性质和教师职业的特点对每个教师提出的客观要求。在新的形势下，把廉洁从教，以身作则作为教师道德规范，更具有鲜明的现实性和针对性。

廉洁从教，以身作则就是要求教师在整个教育教学生涯中要有高尚情操，发扬奉献精神，自觉抵制社会不良风气影响，不利用职务之便牟取私利。要求教师廉洁从教，是教师的特殊使命所决定的。教育本身作为一种育人活动，不能用经济活动规律取代教育活动规律，不能把育人过程等同于商品交换过程，近几年来，有些人把教育活动看成赢利性活动，把赚钱当作一切活动的出发点，对教育事业和教师形象带来严重的负面影响。廉洁从教，以身作则是教师堪称人师的人格前提，是社会对教师素质要求的重要内容，也是教师育人的品德基础。教师廉洁从教有助于良好社会风气的形成和发展。教师廉洁从教，以身作则的基本要求有以下两条。

1. 公正执教。廉洁从教，要求教师做到公正执教，这是廉洁的基础。要求教师在教育教学活动中公平、公正地对待每一个学生，不能因学生性别、智能、家庭状况、学生家长等差异而采取不同的态度和情感模式。教师从教的公正性，充分反映了教师人格的崇高性。

2. 廉洁自律，洁身自好。教师廉洁从教，除了法规约束和社会舆论的监督引导外，主要靠教师廉洁的标准来进行自我约束，自觉保持清廉的作风，这是廉洁从教的最深厚的思想基础。做到这一点，要求教师认真学习科学理论，树立正确的人生观、价值观，加强师德修养，养成廉洁自律、洁身自好的习惯，"勿以善小而不为，勿以恶小而为之"。从小事情做起，不取一点一滴的不义之财，不索一针一线的非法之物。要长期坚持清廉自守，持之以恒，以身作则使教师廉洁自律，以身作则的形象成为无形的教育力量。

（八）为人师表，明德唯馨

为人师表是教师处理职业劳动和自身人格塑造之间关系的准则，是教育事业对教师人格提出的特殊要求。

教师的劳动是一种以灵魂来塑造灵魂、以人格来培养人格的劳动，教育过程始终都是人与人之间相互影响、相互作用的互动过程。为人师表要求教师以身作则、言传身教影响学生，以自身的表率精神去实现教书育人，培养"四有"新人的神圣使命，真正做到明德唯馨。

1. 严于律己，言传身教。严于律己就是处处严格要求自己，凡是要求学生做到的，教师首先应该做到。严于律已是为人师表的重要前提，也是言传身教的基本要求。教师要时时用自己的人格榜样去感化学生，事事用自己高尚的道德行为去影响学生。"教师无小事，事事是模范；教师无小节，节节是榜样。"教师只有始终坚持严于律己，言传身教，才能赢得学生的尊敬，成为学生的楷模。

2. 举止端庄，语言文明。教师的言谈举止是教师内在道德素质的外部表现，也是教师精神风貌的展现。教师的言行举止、仪表风度，对学生具有明显的示范引导作用。如果教师在神圣的讲台上，举止端庄，衣着大方，动作姿势稳重从容，语言幽默风趣、文明得体，那么教学效果一定会更佳，可成为无形的教育力量。不仅使学生学到知识，而且培养了学生的审美情趣，引导学生对美的追求。

四、教师道德教育的目标

（一）坚定教师职业道德信念

教师职业道德信念是教师对职业道德规范和要求的正当性、合理性等发自内心的坚定信心。它们决定着教师行为的方向性、目的性，影响着教师取得成就的水平以及品德修养的质量、道德要求内化的程度。教师作为一种独立的社会职业，是人类不断走向更高层次文明的重要桥梁。经济的飞跃对人教师职业不论对于社会的进步，还是对于教师个人的完善和实现，都是重要而光荣的职业。作为一名教师，只有认识到、体验到自己所从事的工作的重要和高尚，意识到自己肩上担负着祖国和民族的未来，从而树立献身教育事业的坚定信念，他才能做为培养一代新人面默默地奉献自己的一生。

（二）提高教师职业道德认识

教师职业道德认识，是指教师对教育劳动中客观存在的道德关系以及处理这些关系的原则、规范的认识，它包括职业道德观念的形成，职业道德知识和概念的掌握，职业道德判断能力的提高和职业道德信念的形成等。提高教师职业道德认识，不仅要掌握职业道德的基本知识，而且还要在实际生活中培养道德评价判断能力。

（三）陶冶教师职业道德情感

教师职业道德情感就是指教师在教育活动中，对于他人和自己的行为举止是否符合教师职业道德要求所产生的内心体验。这种职业道德情感紧紧同教师的职业劳动联系在一起。一方面，它建立在对教师职业道德规范认识的基础上，教师只有对自己职业的社会道德价值有了正确的认识，才能产生高尚的职业道德情感，认识和理解越深，热爱本职的自豪感和责任感也就越加强烈；另一方面，教师职业道德情感是教育实践的产物，是在长期的教育活动中逐步形成的。这种情感形成之后，便成为推动教师献身教育事业的一股强大的动力，促使教师能够几十年如一日，兢兢业业，诲人不倦教书育人。

教师的道德情感是极为丰富的，概括来讲，主要表现在以下几个方面。

首先，它表现为对教育事业的热爱、眷恋和对学生的关怀、爱护，这是教师道德情感的核心。表现为教师对学生的爱，教师爱学生，体现了对祖国和教育事业的爱，并不是对学生的溺爱和迁就。热爱学生固然包括生活方面的爱护，但更重要的是要严格要求生，严慈相济，培养他们心灵中闪光的智慧、思想和品格，帮助他们克服错误和不足，使他们将来成为祖国的栋梁之才。教师热爱学生，不只是关心学生考试成绩，还要关心他们的道德品质和体育锻炼，让他们在德智体美诸方面都得到发展。教师对学生的爱，还在于不只热爱优等生，而且，也同样关心和爱护那些才智较差的学生，在对待程度较差的学生上，更能衡量一个教师对学生的热爱程度。

实际上，爱是教育最有力的手段。教师爱学生，学生体会到这种温暖之情，内心必然受到鼓舞，其上进心必然强烈，学生就会自觉按教师的要求去做。往往是这样，教师对学生的感情愈是真挚，就愈表现出教师对学生的期望深切，学生所受到的鼓舞越大，其自觉能动性就越高，学习和成长的效果也就会越好，这就是由于教师对学生的爱而带来的"教师期望的效果"。所以，教师对学生的热爱之情，可以变成推动学生进步的力量。

因此，教师的职业，并不仅仅依靠丰富的学识，也不仅仅是依靠这种或那种的教学方法，更重要的，是他有没有一颗热爱教育事业、热爱学生的心。"观念的东西不能改变世界，但可以改变人，而人能够改变世界"。

教育的对象是人，而人是有感情的，教师只有对学生充满热爱和爱护，才能使学生产生饱满的情绪，形成强烈的上进心，在成长过程中取得较快的进步。

其次，教师的职业道德情感表现在教师的自尊心、责任感、荣誉感等方面。自尊心是一种由自我评价所引起的自尊、自重、自爱的情绪体验，是教师渴望自身的角色价值得到社会集体的承认与尊重的需要。这是教师追求完善人格，实现崇高人生信念的良好品质。教师的责任感主要表现在自觉地对学生负责、对学生家长负责、对教师集体负责、对社会负责。责任感是一种高尚的职业情感，是做好教育工作的巨大动力，有了强烈的责任感，教师就能立足本职，对工作极端负责任，对业务精益求精，为"教书育人"而全力以赴。教师的荣誉感就像推进器，促使教师认真履行职业道德义务，发扬锐意进取、奋勇拼搏的精神，为培养社会主义新人贡献一切。

再次，教师的道德情感表现在对同志的尊重、友谊、热情。在教育过程中，教师与同事们都是为共同目标而努力，都是为祖国建设事业培养人才，教师共同遵循教师与教师之间的道德要求的规范，以之约束自已，互相尊重、团结协作，才能使教育工作取得显著成绩，提高教学质量、教育水平；教师与学生家长之间应保持联系，对学生提出统一的要求，共同掌握学生在德智体方面的成长情况，使家庭教育与学校教育相配合。教师职业道德情感是教师积极工作、勇于开拓进取的内部动力，是教师培养优秀的道德品质，保持高尚的道德行为的重要精神力量。

（四）锻炼教师职业道德意志

教师职业道德意志是教师在履行职业道德义务的过程中，自觉地克服困难并做出行为抉择的毅力和坚持精神。教师的职业道德意志是在职业道德认识、职业道德情感和职业道德行为的基础上产生并发展起来的，是职业道德信念的体现。

教师职业道德意志是作用于道德行为的一种坚强的精神力量，是克服行为中各种困难的内部动力，它主要表现在道德行为的自觉性、坚持性、果断性和自制力等方面。

第一，自觉性。意志的自觉性是指对行为目的有明确而深刻的认识，并使个人的行为完全符合正确目的的意志品质。它要求教师对自己所从事的事业有明确而深刻的认识和坚定的信念，积极自觉地献身于教育实践。这既是教育事业对每个教师的要求，也是每位教师成就事业的保证。如果行为上偏离了教育目的，就要及时自觉调整；如果出现外界干扰，不论干扰来自何方或有多大，教师都必须有能力抵制和排除它，自觉地实现教育目的。

第二，坚持性。这种坚持性就是在行动中坚持目标，百折不挠地克服困难的品质。教师面对复杂的教育环境，经常会遇到意想不到的困难和干扰。

第三，果断性。这是教师行为目的性，完成目标的高度自觉性和顽强性的综合表现。教育活动的特点，要求教师必须有计划决断和随机决断的能力。对上级教育要求和自己所处的教育环境有深刻的认识和正确的估计，在此基础上适时做出正确的教育计划。

第四，自制力。所谓自制力，就是善于掌握和支配自己言行的意志品质。当客观现实诱发不利于实现教育目的情绪冲动时，教师能控制自己的情绪，冷静地把握言行和分寸。

教师的自制力还表现在不应由于意外的成功而得意忘形，不能因意外的打击而精神萎靡，不能因意外的情况变化，教育行为受阻而悲观失望。在教育教学活动中，教师在任何情况下都应理智地控制自己的情绪，把握自己的言行，使之有利于实现教育目的。

（五）培养教师职业道德行为

教师职业道德行为，是教师个体道德意识的具体表现和外部标志，是指教师在职业道德认识、情感、信念的支配下，在教育活动中对他人、集体、社会做出的可以观察到的客观反应及所采取的实际行动，即在职业道德意识支配下表现出来的有利或有害于教育事业及他人、集体和社会方面的行为。如果教师言行不一，必然抵消了"言教"的效果。教师道德理论上的说服，必须以榜样为示范。

教师职业道德认识、情感、信念、意志、行为等基本要素并非孤立存在和发展，而是相互联系、相互渗透、相互制约、相互促进，构成整体发展。如教师职业道德情感、信念意志，行为是在一定职业道德认识的支配下形成的，不是基于正确认识的情感，只能是没有理智的感情冲动；没有教师职业道德认识，就不可能形成教师职业道德信念，不可能产生坚强的职业道德意志；没有正确认识指导的行动，也是盲目的行动。同样，只有认识没有行动，也不能视为有道德的人，而通过教师职业道德行为，又能提高教师职业道德认识、增强职业道德情感、坚定职业道德信念、锻炼职业道德意志。要实现由知到行的转化，离不开相应的教师职业道德情感、信念；要使行为成为习惯，又离不开教师职业道德意志。提高教师的道德认识，通过陶冶教师的道德情感，锤炼教师的道德意志，坚定教师的道德信念，最终达到养成良好的道德习惯。

五、教师道德教育的方法

教师道德教育是按照一定社会对教师职业道德的要求，有目的、有组织、有计划地对教师施加系统的道德影响的实践活动，也是教师主体人格和品德的建构过程，是教师内在道德需要与社会道德原则的互动对话过程。这种活动和过程能够使教育工作者自觉地履行教师道德义务，形成良好的道德品质，从而对教师的职业生活乃至对整个社会道德风尚产生深刻的影响，教师道德教育是教师教育的重要组成部分。

教师道德教育包括他律和自律两个方面，是教育与自我教育的统一。任何社会的教师教育为了取得积极的成效和更好的发展，都会形成或制定一些规范，以此来约束教师。教师道德教育正是要使教师了解并接受这些规范，并约束自己的言行。另一方面，道德领域是人自由、自觉地活动、充分发挥主体性的领域，教师不应被动地、盲目地接受这些规范，而应积极主动地进行理性思考和价值判断，道德也就成为教师探索、认识、肯定和发展自己的一种理性智慧和积极手段，成为教师内在道德需要的追求。

教师道德教育是以教师为特定对象的教育实践活动，其目的是要帮助教师树立正确的职业道德理想，增强教师对各种不正之风的抵制能力，激励教师忠诚于人民的教育事业，充分发挥其教书育人的积极性。

就教师职业道德教育的内容而言，它是一个复杂的、相互联系的完整体系：一是要具备正确的道德认识，即对教师职业道德意义、作用的认识，对教师职业道德理论、原则的理解，对教师职业道德行为规范、准则的掌握等；二要陶冶道德情感；三要锻炼道德意志；四要树立道德信念；五要培养良好的职业道德行为习惯。另外，对教师进行道德教育是一个涉及多重结构、多个环节的综合过程，不能够脱离对教师在其他方面（比如世界观、人生观、价值观以及业务知识、业务能力）进行的培养训练而独立存在。

（一）说理疏导法

说理疏导法是指在教师道德教育中广开言路，循循善诱，说服教育，引导受教育者不断提高自己的道德觉悟，以求得道德进步的方法。

说理疏导法是教师道德教育的一种基本方法。首先，教师道德教育所要解决的是社会对教师的道德要求与教师道德的现状之间的矛盾问题，此类矛盾属于人民内部矛盾。人民内部矛盾的解决只能靠说服而不能靠压服，只能说服疏导，而不能搞强迫命令。其次，说理疏导是以马克思主义关于灌输的理论为依据的，符合用科学的理论武装人的基本思想。社会主义、共产主义的道德意识不可能自发产生，只能通过各种形式的灌输而产生。

说理疏导法包括讲授、报告、谈话、讨论、辩论、阅读书籍报刊等形式。讲授和报告主要是教育者的单向影响，可以系统地论述道德问题；谈话包括教师集体谈话与教师个别谈话两种，通过教育者与教育对象的双向交流进行。道德问题的讨论和辩论是指在教育者指导下，教育对象围绕某个教师道德主题，通过交流看法，共同分析探讨问题和通过对不同观点的争辩、论证，共同提高认识。阅读书报则是教师利用书面语言进行道德的自我教育。

运用说理疏导法应遵循以下基本原则。首先要以理服人。教育者所讲述的道德理论必须是符合客观事实与规律的道德学说，这是说理疏导的前提。其次，要讲究针对性。教育者要根据教师的道德情况、不同类型、层次，因人制宜地进行说理引导。再次，要尊重教师的人格。教育者要把教育对象放在平等的位置上，发扬民主，以平等的态度进行双向交流。最后，要研究运用说理疏导的艺术。教育者要运用生动、具体的语言去说理，要深入浅出，富有感染力和说服力。

（二）榜样教育法

榜样教育法是用模范人物和先进典型的事迹对教师进行道德品质方面的教育，是一种实际、生动、形象的教育方法。特别是青年教师在自身的成长过程中，总是喜欢敬仰、崇拜和模仿一个或几个英雄模范人物，这些榜样对他们具有很大的吸引力和感染力。人们常说："榜样的力量是无穷的。"因为榜样是一面镜子，对照它可以看到自己的不足，从而及时矫正自己的缺点；也可以看到自己的成绩和优点，增强自己前进的信心。在榜样教育中，要注意以下几点。首先，为教师树立的榜样应是多种模式的榜样群，而不是单一的模式，它包括古今中外教育界的典范人物及其职业道德实践中的典型事例。当然，在某一时期，可以配合某项工作的开展着重宣传某一个先进典型人物，但不要忘记这只是榜样群中的一个。其次，为教师树立的榜样应有可接受性。只有全国的先进典型还不够，应提供本地区、本单位的榜样，还应尽量注意榜样的年龄层次，使各类型的教师都有自己学习的榜样。最后，在为教师树立榜样时，必须注意真实性。宣传先进人物，要使人们看到他们确实有高尚的道德行为，说起来服气，学起来愿意，不要人为地拔高和神化榜样。

当然，我们使用正面教育为主时，也不排斥使用反面典型。反面典型反映落后的、错误的教师道德思想和行为，在教师中产生消极影响和对社会产生破坏的作用。当教育战线上反面典型的人或事存在的时候，如果让其自由放任，它会对教师道德形成起破坏作用。如果不加以制止，其消极影响不仅会逐步扩大，还会直接抵消正面典型的积极作用。因此，必要时应用反面典型开展教师职业道德教育，防止反面典型的道德思想自发蔓延，这是十分必要的。

（三）对比教育法

对比教育法就是把各种不同事物的特点、属性等进行比较，分清是非，把握事物本质的方法。道德问题的多样性，才使得比较成为必要，而各种道德问题的普遍联系，才使得比较成为可能。对比教育一定要建立在充分调查研究的基础上，进行科学的、合乎逻辑的、实事求是的比较。实施教师道德的对比教育，一般可采用"纵比"与"横比"。"纵比"是把过去的教师道德和现在的教师道德加以比较，从中看出变化和发展规律，端正对现实的认识。"横比"是把同类的两个事物加以比较，从中引出正确的认识。把西方的教师道德状况与我国目前教师道德状况加以比较，这就是一种"横比"的方式。"纵比"、"横比"均能使教师更深刻地认识教师的道德本质。此外，还有不同道德理论的比较，它是指教师不同道德观念的优劣鉴别。就个体道德水平的比较而言，它是一种深入的比较形式。各种道德理论都带有时代的特点，在当时都起过不同的历史作用。随着我国对外开放的深入，西方资产阶级伦理学不可避免地会通过各种渠道渗透进来。比如，存在主义的伦理思想、新实证主义的伦理思想、新托马斯主义的伦理思想、弗洛伊德主义的伦理思想等都会以不同方式侵袭一部分教师的心灵。如果不引导教师用马克思主义的道德理论去进行分析鉴别，那么上述思潮就会动摇某些教师的道德信念。因此，对教师进行正确的对比教育是十分必要的。但要指出的是，在比较中不要急于下结论，要先作一些介绍，并将它们与马克思主义伦理道德思想作一番比较，经过分析、比较，达到取其精华去其糟粕的目的。

（四）个别教育法

个别教育法是针对教师道德品质的差异性，用交心谈心的方式，去解决教师道德问题的一种方法。它是教育者联系教师的情感，了解教师道德情况的基本方法。其一，要正视教师的个性差异，注意因人施教。过去的道德教育喜欢用一个模式要求教师，岂不知，教师个性特点是不同的。有的人待人热情、开朗、活泼、外露；有的人深沉、内向、多思；有的人大胆、自信、但不仔细；有的人胆小、悲观，却认真；有的人心直口快，忙中易错；有的人慢条斯理、有条不紊。教师不管是属外向型或内向型的个性，其中都有积极的因素与消极的因素，相互之间也是可以转化的。教育者的责任就是要尽量扶植教师个性中的积极因素，抑制个性中的消极因素，塑造其优良的道德个性。其二，要分析道德问题的特殊性，一把钥匙开一把锁。由于教师在年龄、性别、民族、家庭、知识、个性、自我教育能力等方面的特殊性，教师的道德教育不能不分层次地用一把钥匙，而是要针对不同教师的情况，用不同的钥匙去打开他们的心扉大门。当预先拟定的职业道德教育的主题被教师突发性的变化冲掉后，要迅速改变谈话主题。其三，进行个别教育时，教育方式、教育环境、教育时机、教育用语等都是不容忽视的。个别教育不是在教师出了问题时才进行，而要变成经常化的教育方式；个别教育法不仅对后进教师适用，对先进教师同样适合。进行个别教育时应尊重对方人格，不要伤害他们的自尊心。

（五）实践锻炼法

实践锻炼法是在教育者指导下，通过有目的、有计划、有组织的实践活动，培养教师优良的品德和行为习惯的方法。实践锻炼是一种使受教育者在改造客观世界的同时改造主观世界的方法。

教师道德教育不能局限于给教师传授道德知识，必须引导他们参加实践锻炼。首先，实践是人们树立科学的道德观，沿着正确方向成长的必由之路。教师的道德思想归根到底来源于实践，从教育者那里获得的教师职业道德的理论知识，也只有通过教师的亲身实践体验，才能转化为教师的道德认识。其次，实践锻炼有利于提高受教育者的道德觉悟和增强道德认识能力。实践锻炼的过程，是受教育者把理论与实践结合起来过程，可使受教育者明确是非、善恶、美丑的标准，进而提高道德觉悟，形成良好的道德习惯。教师的职业道德情感、意志和信念只有在实践过程中才能得到强化，其行为习惯更需要长期反复的实践才能形成。最后，实践锻炼能把教师的职业道德的理性认识，逐步转化为处理问题的立场、观点和方法，促进个体社会化，增强受教育者对社会道德的适应能力。

运用实践锻炼法，首先，要有专人负责，加强领导。实践锻炼是有目的的活动，必须加强领导和理论指导，注意对参与教师的检查督促，使实践锻炼朝既定目标有序地进行。其次，实践锻炼的形式多种多样，具体运用何种形式应根据教师的不同对象、不同情况来选择。最后，实施实践锻炼时，必须精心组织，力求围绕教师中存在的道德问题进行。同时，教育者应与受教育者一起参加活动，以便随时发现问题并加以指导。要严格要求教师，持之以恒，在长期的实践锻炼中逐步形成良好的道德行为。

以上几种教师职业道德教育的基本方法，各有特点，又彼此联系。运用时，应从实际出发，既要发挥各种方法的功能，又要善于综合运用，才能取得最好的教育效果。

六、教师道德教育的重要意义

（一）迎接时代挑战

当今的世界正在发生深刻变化。和平与发展仍然是时代的主题，世界格局进一步朝着多极化方向发展。许多国家都把发展经济、改善生活、增强国力作为首要任务。经济全球化趋势日益明显，国际合作与竞争空前广泛激烈。新技术革命席卷全球，知识经济对人类社会各方面产生着难以估量的影响。人口、资源、环境等全球性的问题愈趋突出，可持续发展已成为各国现代化中必须认真对待的问题。总而言之，21世纪将是人类更大发展和进步的世纪，也是竞争更加激烈的世纪。人类面临的挑战是多方面的，就教育而言，需要面对以下挑战。

首先，信息化社会将导致新的教育技术革命。在信息化社会中，学校教育将普遍采用电子计算机和网络等现代教育技术，各种学科的教育教学软件系统将会被广泛开发与采用，学校教育、家庭教育、社会教育三个系统有可能通过计算机网络进一步联系起来。与此相适应，信息处理教育在各个学习阶段将进一步得到加强，教师将积极并灵活地运用各种信息媒介机器与教材，帮助和指导学生进行学习。多媒体计算机的普及更加强了自学的魅力，"开放型学校"的尝试有可能出现。

其次，国际化社会将产生新的国际理解教育景观。随着现代交通、通信技术的高度发展和经济、科技、文化、教育等交流的扩大，各国之间的联系愈来愈紧密了。任何一个国家都不能完全孤立于国际社会之外而长期生存和发展，各国向国际社会开放并主动融入国际社会，已成为新世纪的重要特征。在新世纪的国际文化社会，新的国际理解教育景观将会出现，由经济往来为龙头的文化教育往来将日益频繁，教育将在目标、内容、方法、手段等各方面适应国际化的要求。

再次，成熟化社会将构筑终身教育的新体系。成熟化社会的重要特征就是闲暇时间的增多和对精神生活追求的强化，而充实人们的闲暇时间和满足人们的精神需要，自然是教育责无旁贷的任务。新世纪的成熟化社会，教育将是学习社会化、社会学习化的教育，教育将贯穿于人的一生，各种教育设施将在终身教育中发挥重要作用。

第四，科技化社会将呼唤"学会关心"的主题教育。21世纪将是科学技术向更高、更新、更尖、更精方向发展的时代，它将给人类带来更丰富的物质财富，给人们的生活带来更大的便利。但人们也会面临前所未有的挑战，例如，生态环境的恶化严重威胁人类的生存和发展。科技化的社会，将呼唤人们从关心自我的小圈子中跳出来，教育学生学会关心超越自我的世界。教育将更注重人类的生存与发展问题，道德教育和环境教育课程将普遍开设并得到强化，以培养学生的人文精神、道德精神和国际精神。

总之，21世纪的发展既向教育和教师的素质提出严峻挑战，又为教育的发展和教师的素质提高提供了前所未有的机遇。也就是说，无论新世纪的科学技术发展到多么高的程度，教育或学校是不会取消的。随着学校教育的现代化社会功能的发挥，作为学校主体的教师，与社会的接触是不会削弱的，其道德素质对学生、对社会的影响是不会消失的。

教师是教育事业的第一资源。从一定意义上说，教师的质量就是教育的质量，教育的差距归根到底是教师的差距。教师队伍的整体素质是国家综合实力之所系，全民族素质之所系。实施人才强国战略，必须首先重视开发教师资源，开发人才资源。教师教育作为教育事业的基础，事关教育改革发展的全局和建设更高水平小康社会的目标，我们应该从这样的高度来认识教师教育优先发展的战略地位，切实加强教师道德教育，迎接时代的挑战。

（二）培育优秀人才

教师总是根据一定社会或阶级的要求，有目的、有计划、有组织地对受教育者——学生进行文化科学知识的传授、技能的培养和思想道德的教育，把他们培养成为一定社会或阶级所需要的人才。由于教师在社会生活中所处的特殊地位和作用，形成了教师职业劳动的特殊性和教师职业道德要求的特点，由此也决定了教师所特有的崇高职责和历史使命——教书育人。

一般说来，教书育人是指教师在教学过程中，有目的、有计划地使学生在获得知识能力的同时，树立正确的世界观、人生观、价值观和道德观的过程。教书与育人是一个有机整体，教师不仅要向学生传授文化科学知识，而且要自觉地负起育人的任务。换言之，教师在向学生传授文化科学知识的同时，还要对学生进行思想道德教育和心理健康教育。教书与育人是辩证统一的关系，教书是育人的手段，而育人是教书的目的。

教书育人是教师的崇高职责，也是教师对社会应尽的道德义务，能否自觉地做到教书育人，是衡量教师道德水平高低的重要标志。《中共中央国务院关于进一步加强和改进未成年人思想道德建设的若干意见》中指出："切实加强教师职业道德建设。学校全体教职员工要树立育人为本的思想，认真贯彻《中华人民共和国教育法》、《中华人民共和国教师法》和《中小学教师职业道德规范》，热爱学生，言传身教，为人师表，教书育人，以高尚的情操引导学生德、智、体、美全面发展。教育行政部门和学校要制定和完善有关规章制度，调动全体教师的工作积极性与责任感，充分发挥广大教师在全面推进素质教育进程中的主力军作用。要完善学校的班主任制度，高度重视班主任工作，选派思想素质好、业务水平高、奉献精神强的优秀教师担任班主任。学校各项管理工作、服务工作也要明确育人职责，做到管理育人、服务育人。"

教师道德之所以具有培育优秀人才的作用，从教育对象来说，是由其可塑性特点决定的。学生由于各方面还不成熟，思想尚未定型，既容易接受进步的思想，也容易受各种不良思想的影响，这就是所谓"染于苍则苍，染于黄则黄"，"近朱者赤，近墨者黑"。同时，儿童和青少年又总是自觉或不自觉地喜欢模仿自己的老师。教师良好的品质、正确的道德行为可以为学生所模仿；教师不良的品质、不正确的道德行为，也会被学生所效仿。面对学生可塑性的特点，良好的教师道德形象就会给学生树立一个积极的榜样。

青少年是祖国的未来与希望，我们党历来高度重视对下一代的教育培养。改革开放以来，特别是党的十三届四中全会以来，党中央高度重视未成年人的教育培养，采取了一系列重要措施，取得了多方面重大成果。最近《中共中央国务院关于进一步加强和改进未成年人思想道德建设的若干意见》的制定和发展，是深得党心民心、顺应时代要求、令人振奋鼓舞的一件大事。学校是对未成年人进行思想道德教育的主渠道、主阵地、主课堂。广大教师要牢固树立育人为本、德育为首的思想，进一步增强责任感、紧迫感和使命感，自觉加强教师道德教育，以自身良好的思想道德素质去影响和教育青年。正如有的老师所说：医生的道德是治好每一个病人，教师的道德是教好每一个孩子。

（三）推进教育事业

教师道德教育对教育事业的推进作用，主要通过调节教育活动中的各种关系和激励教师忠于职守、努力工作来体现。

教师在实现目标、完成教育任务活动中，必然会形成各种客观的、错综复杂的关系和矛盾，如教师与教育劳动的关系、教师与学生的关系、教师与教辅人员的关系、教师和社会的关系等；在职称评定、教学评估、评选先进以及各种利益分配时，也会产生许多矛盾。为顺利地进行教育活动，完成教育教学任务，实现教育目标，促进教育事业发展，就需要协调各种关系，正确处理各种利益矛盾。而协调各种关系的基本机制，处理各种利益矛盾的基本准则，就是教师道德。

就师生关系来说，它是教育过程中最主要的关系，如果这一关系处理得好，真正建立起民主、平等、亲密的师生关系，就有利于教育和教学任务的完成；相反，这个关系处理不好，师生关系紧张，不协调，那就会影响和削弱教育和教学的效果。一般地说，处理好这一关系的关键在教师，如果教师真正做到热爱学生，尊重学生，对学生既循循善诱又严格要求，教学认真负责，那么学生就会尊敬教师，热爱教师，乐于听从教师的教导。相反，如果教师态度粗暴，对学生漠不关心，甚至歧视、讽刺、体罚学生，那就会损害师生之间的正常关系，使学生和教师疏远，甚至产生对立情绪，这时，教师讲的即使是正确的道理，学生也不容易接受。为此，在处理师生关系中，教师要讲师德，在维护人的尊严上，师生人格平等，在讨论问题时，师生地位平等，在真理面前师生权利平等。平等是师生关系的一个准则。就教师之间关系来说，这是教育过程中很重要的一种关系。

教师之间会发生工作上和利益上的矛盾，解决这些矛盾，除了运用行政手段以外，还得靠道德调节。教师讲师德，就会讲团结协作，相互尊重，虚心学习，取长补短，不计名利，公平竞争，就会克服文人相轻、门户之见、争名夺利、互相排斥、贬低别人、抬高自己等不好的思想作风。

教师和学生家长之间的关系是构成教育过程的重要因素，正确处理好这一关系，对于教育学生起着重要作用。教师和学生家长的目的和根本利益是一致的，都期望把孩子培养成才，但由于双方的教育观点、内容、方法、态度不尽相同，因此会发生矛盾和冲突。对学习好的学生，教师和学生家长的关系一般都较和谐。对学习差的学生，教师和学生家长的关系可能会紧张，各自埋怨和指责对方，如果这种矛盾得不到及时调节，势必会相互抵消对学生的教育，甚至起到相反的作用，很不利于学生的成长。

总之，教师道德教育能够激励教师热爱教育事业，忠于职守，以满腔的热情和高度的责任感去从事教育工作。同时能使社会正确认识教师职业的价值，进一步形成尊师重教、尊重知识、尊重人才的良好风尚，使最大多数的人积极支持教育事业，吸引更多的优秀人才从事教育工作，从而推动全社会教育事业的发展。

（四）催化社会文明

教师道德教育不仅对人才的培养、教育事业的发展有重要的作用，而且也是社会文明进步的催化剂。

教师是人类灵魂工程师，他不仅自己掌握了知识、技能，还要将知识和技能传授给下一代人。正是通过历代教师的教育活动，人类社会世代积累的文明成果才得以延续和发展。不仅如此，教师还以自身的道德品质引导下一代的成长，还对未来人才规格进行探讨和设计。因此，教师及其自身道德素质对社会文明的发展、社会的全面进步起着推动作用，而且还对探索人类文明发展方向起着重要作用。

教师的教学智慧

教学智慧

苏成栋 ◎ 编著

下册

贵州民族出版社

第十五章　教师与学生

学校教育活动的主要参与者是教师和学生。正确认识教师和学生在教育工作中的地位和作用，研究他们各自的特征及其相互关系，对于充分发挥他们的主动性、积极性和创造性，有着重要的意义。

一、教师与学生的关系

师生关系是指师生之间在教育教学过程中所发生的交往和联系，包括为完成教育教学任务而发生的工作关系，以满足交往而形成的人际关系，以组织结构形式表现的组织关系，以情感认识等交往为表现形式的心理关系。师生关系是校园中最基本，也是最主要的人际关系。师生之间关系如何，直接影响教育教学工作的顺利进行和效果，有的教师虽然知识渊博，功底深厚，但不善于同学生建立融洽的师生关系，甚至产生对立情绪，学生往往因为这位教师的原因而不愿意学他所教授的那门学科。相反，有的教师不仅注意提高自身的业务素质和专业水平，更善于同学生建立亲密的人际关系，学生往往因为对这位教师的喜欢而特别爱学他所教的学科。青少年学生往往为博取他所喜爱和尊敬的教师的好感和关注，为获取与教师交往的需要满足而努力学习，所谓"亲其师，信其道"便是这个道理，教师也会因为学生对他的尊敬和爱戴而更加热爱教育工作。

在教育活动中，教师和学生是两个最活跃的因素。教师主导与学生主体相统一被视为一种辩证的学生观。教师和学生是教育过程中两个最活跃的因素，他们相互作用，相互依存推动教育过程的发展。这两个因素缺少任何一个，教育过程就不存在。因此，弄清楚两者在教育过程中的地位和作用，建立良好的师生关系，是有效地进行教育活动，完成教育任务的重要问题。

（一）教师是教育的主导，学生是学习和发展的主体

在教育过程中，教师是教育者，经过专门的训练，他受社会的委托，以培养学生为己任。他根据一定的教育目的，按照一定的教育计划对学生施加有目的影响，教育教学的方向、内容、方法和组织都要由教师来设计和制定。因此，教师对学生学习和发展的方向，起着关键的作用。学生德智体各方面是在教师的指导下发展的，教师要对教育的效果和质量负责。从这个意义上

讲，教师是教育的主体，学生是教育的对象，在教与学之间，教师处于主导的地位。

但是学生是有着主观能动性的发展着的人。一切教育影响都要通过学生自身的努力才能有效。因此，学生发挥主动性、积极性和创造性也是教育成功的必要条件。从这个意义上讲，学生是学习和自身发展的主体。教师的职责就在于充分调动学生的主动性和积极性，使外因通过内因而起作用。

可见，学生是构成教育过程的主要因素之一，教育过程同时也是学生自我教育的过程，是教育与自我教育的统一。离开了教师的正确指导，学生的学习和发展就会是盲目的，就可能迷失方向。离开了学生的主动性，教师的主导作用就失去了它的意义。

教师是教育的主导，学生是学习和发展的主体，这是教育过程中一条具有普遍意义的规律，遵循这条规律去认识和处理教与学之间的各种问题，教育工作就能有成效，否则，教育就可能失败。教师的主导作用越是充分发挥，就越能保证学生的主动性、积极性和创造性；学生越是充分发挥主动性，就越能体现教师的主导作用。

（二）师生关系的建立

良好的师生关系的建立和发展是在教育过程中实现的。但首先的条件则是教师在教育过程中如何发挥主导作用。这取决于教师的教育思想，职业知识、思想品德和教育能力。

1. 树立正确的学生观。学生观是教师教育思想的重要组成部分。它涉及教师对学生的基本特征、地位、发展方向的认识，它是建立良好师生关系的认识基础。

（1）明确学生的基本特征。教师始终要意识到学生是有主观能动性的、有思想感情的活生生的人，一切教育影响都必须通过学生自身的认同和努力才能有效；学生又是尚未成熟的具有求成心切的发展中的人，他们急需培养和指导，一切教育措施都必须从学生的实际出发，遵循学生的年龄特征和教育的规律。

（2）明确学生在教育过程的地位和作用。正确认识学生在教育过程中的地位和作用，即是要求教师既把学生看作教育的对象，又要承认学生是学习的主人和发展的主体。

（3）认识到学生双面性。认识到学生既有"向师性"，又有"独立性"；既有得到老师的关注、帮助、提携的倾向，又有独立活动、自我发展的倾向。教师要关注这两种倾向，必要时应以适当的方式方法满足他们的需要。

因此，良好师生关系的建立，必须在正确育人观的指导下，把握好学生的发展方向，既充分发挥教师的主导作用，又要有学生的积极参与和配合，并尊重学生的人格、兴趣和需求。

2. 尊师爱生。尊师爱生就是学生应当尊敬教师，教师应当热爱学生，这是建立良好师生关系的感情基础。没有爱，就没有教育上爱生，爱生才能对教育教学工作高度负责，才能真正教好学生。如果教师不爱学生，就会失去教育学生的感情基础，就难以在教育实践中建立起良好的师生关系，教育工作的成效会受到很大限制。

尊师爱生这种师生感情的形成，离不开师生之间的直接交往。教师要尽可能利用各种机会，经常主动地接近学生，了解学生，努力发掘他们身上的优点和长处，对来自学生和班集体的各种信息要慎重对待，要了解他们各自所处的环境和产生不良行为的主客观原因，设身处地地处理好学生中发生的各种问题，做到师生之间情理相融，达到互相尊重、互相爱护的高尚境界。

3. 教学相长。教学相长是指在教育教学过程中教师和学生是相互制约、相互促进、共同提高的，这是教与学之间客观存在着的一种普遍的现象。正确认识这种现象，对于协调师生关系，提高教育教学质量有着重大的意义。

概括起来，教学相长教育思想，应包括下列一些含义。

（1）教可以促进学。教之所以促进学，是因为"教然后知困"，"知困然后能自强也"。

（2）教师可以向学生学习。教师虽以教人为主，但也可以从学生那里得到启发。还应主动地收集学生的反映，听取学生的批评和建议。这是教师能否不断地改进工作，提高教育教堂效果的重要途径。

（3）学生可以超过老师。当今世界已进和信息时代，在某些方面学生所获得的信息先于教师或超过教师的事，是经常出现的。随着社会对培养创新人才的迫切需求，教学相长的思想在现代教育中必将越来越显示出它的生命力。

我们应该按照教学相长的原理，努力建立起良好的师生关系，以利有效地提高教育质量，培养新时代所需要的人才。

4. "严"中有"爱"。在师生交往中，教师对学生"爱"而不"严"，学生不能成才；"严"而不"爱"，只会伤害学生的心灵。教师的"爱"要含蓄而深沉，"严"则真挚而理智。

教师的"爱"，能激发学生学习的"兴奋度"、"内驱力"，使们由"亲其师"到"信其道"。当学生取得成绩或改正缺点时，教师如果表情冷漠、言语生硬、行为粗野，能唤起学生求学上进的激情吗？如果我们投去赞赏的眼神、开心的微笑，那无疑会产生良好的效应。

教师的"严"同那种粗暴的体罚、训斥或处分的做法有天壤之别。"严"应该是治学严谨、纪律严明、管理严格。"严"只有同"爱"结合，才会产生最佳效果。一向严厉的教师，偶尔讲几句柔和贴心的话，学生往往会感动得落泪。相反，素来宽厚慈祥的教师有一天大发雷霆，必然会使学生大吃一惊，精神为之一振。

5. 教师的真诚。要建立良好的师生交往关系，最重要的前提是教师的真诚。假如教师对学生真诚，学生就会对教师敬重、亲近、信任、服从，易接受教育，敢于发表自己的观点，有独创精神。反之，如教师业务能力虽强，但对学生不够真诚，不够尊重，教学方法简单粗暴，只讲要求，不讲道理，只讲服从，不准违抗，学生会因惧怕而对教师表面服从，内心抵触。一个教师只有真诚地把学生当作亲生儿女一样对待，才能建立起良好的交往关系。

6. 运用正确的管理方式。如何组织、管理、开展班级工作会影响师生关系。研究表明，与专断的、放任的管理方式相比，民主的管理方式即共同制订计划、尊重成员、鼓励合作、提倡和谐有助于建立真正良好的师生关系。

7. 恰当处理纪律问题。学生发生纪律问题，教师要恰当处理，否则会影响师生关系。处理中要坚持一条原则，即对事不对人、尊重学生人格、维护学生自尊。同时，要做到"六不"：不忽视年龄特征，不混淆事实与谣传，不轻易作出结论，不忽视情境因素，不做简单推论，不投射个人感情。

（三）师生关系的发展

学生对教师的认识和对待教师的态度，对师生关系有极其重要的意义。儿童随着年龄的增长、知识的增加和社会经验的丰富，对教师的认识和态度均有不同程度的发展和变化，而这些无疑影响着师生关系的建立和维护。师生关系的特点随着学生年龄的变化而变化，不依人的意志而转移。了解这种发展变化的轨迹，可以使教师在构建和处理师生关系时保持冷静的态度，不因关系平稳而忽视问题的存在，也不因关系不平稳而惊慌失措。

在学生的童年期，教师在学生的心目中是绝对的权威。他们对自己的老师既信赖又敬畏，教师要求他们做到的一切，他们几乎能无条件地服从。并且，常以教师的是非标准为自己的是非标准，在这个时期，教师的权威地位没有受到学生的挑战，师生关系比较平稳。实际上，这种关系是向教师一边倾斜的。

到了少年期，即小学高年级和初中时期，随着同伴之间交往的增多，学生无条件信赖、服从教师的程度有所下降，而同伴的重要性和影响力显著提高。他们常常自觉不自觉地在一起评论自己的老师，对于满意的教师表现出亲近，对于不满意的教师表现出疏离或反抗。在这个时期，教师的权威地位开始受到挑战，师生关系中出现了不平稳状态。这种状况会给教师的工作带来一些麻烦。

进入青年初期以后，直到高中毕业之前，由于知识经验的增长和思维的独立性、批判性的增强，学生对师生关系有了新的要求，那就是希望从教师那里获得更多的独立和尊重、关心和信任、友好和平等。同时，他们对教师的专业水平、教学能力等也有了更高的期望。能满足这些要求的教师，会受到学生的欢迎，形成和谐的师生关系；反之要形成和谐的师生关系就比较困难。简而言之，这一时期的学生，要求教师的是平等、尊重与出色的教学能力。

（四）学生心目中的教师

1. 学生最喜欢的教师。教师认真负责，与学生和睦相处，公平对待每一位学生，没架子；讲课生动，能够引起学生的兴趣，有较渊博的知识，讲课能旁征博引，使学生受到启发，不拖堂；关心和爱护学生，和蔼可亲，年轻的应该让学生们感到像大哥哥、大姐姐，年长的则应该像慈父母；尊重学生的人格，关心学生的疾苦，能时常了解同学们对他的意见，在学生心理遇到沉重打击时，亲如父母及时关怀；思想开放，不古板，经常与学生交流感情，与学生打成一片；有风度、有吸引人的气质；能指导学生学习方法，定期给学习差的学生辅导；能够理解学生们的某些做法，在大型活动或班级重大问题上处理妥当；工作态度认真，对自己出现的错误敢于承认，不找任何借口，以身作则，身体力行，言行一致；认真批改作业，作业留得要适量，不要不留，也不要留得太多；照顾全体同学的利益，不要单单使一些学习好的学生听懂，下课时对同学的提问要耐心回答。

2. 学生最不喜欢的教师。对学生板着面孔，不爱和学生接触，瞧不起学习不好的学生，偏向好学生；上课照本宣科，讲课枯燥乏味、啰唆、声音小；经常考试，作业繁多，改作业不认真；讥笑学生在学习上的错误，当着同学们的面嘲讽学生，同学回答不上的问题，老师当面使其难堪；与学生斗气、使性子，对同学的批评意见打击报复，对有缺陷的同学讽刺、挖苦、鄙视；态度粗暴，体罚打骂学生，或把学生赶出教室，维持不好秩序；没风度，自我陶醉，唠唠叨叨，办事武断，大喊大叫，对学生一有不满之处就停止讲课，回头就走；总占用课余时间补课，课上总强调课堂纪律；不爱组织学生开展各种有意义的活动，对学生的课外活动不关心、不组织；管理学生的能力不强，偏听偏信，不能妥善处理班级的重大问题。

3. 学生给老师的建议。老师是一个有感情的人，而不是一架教书的机器；您也把我当人看，而不仅仅是您记分册上的一个号码；多说多做有利于同学成才方面的话和事，能引导我走上正确的人生道路；您经常给我一点帮助，不要让您的要求超过我的能力，多教给我学习方法，帮助我提高学习成绩；您不要单看我的分数，更要看我所做的努力，在我失败的时候，急切希望老师给我以鼓舞，指引方向；请辅导我学习，教我自己思考，自己判断，而不仅仅背诵答案，能帮我发挥我的特长；只要您能保持公正，请您对我尽量严格，表面上即使我反对您的严格，但是我知道我需要您的严格；不要期待我最喜欢您教的课，至少对我，别的课可能更加感兴趣；假如我有错误，请不要点名批评我，只要在班上说了这种现象，我就知道了，尤其在大众面前，不要批评我，给我留点面子，课后单独交谈时，您怎么批评都行；在教室内，不要把另一位同学当作我的表率，我可能因此而恨他，同时也恨您。我若有成绩，不要把我当作别人的榜样，因为那样会使我难堪，还会招来不必要的麻烦。

4. 学生对班主任老师的期待。班主任老师对班级各项事情十分关心，认真负责，有强烈的责任心、事业心，经常深入班级了解情况；关心爱护同学，经常为同学排忧解难，平等对待每一个学生，用心感动学生；对学生因势利导，不一味批评，多鼓励，少批评，批评时以巧妙的方法给学生留点面子，对学生的进步及时发现并给予鼓励、帮助，对学生的缺点及时指出，并帮助他们改善；"清正廉明"，对学生能够做出正确评价，客观公正，能一视同仁，不偏袒任何一位；才华横溢，口才不凡，做事干脆利落，说话风趣，但又恰到好处；处事果断，有个性，既给人以严肃感，又不乏亲切感，该严肃的地方严肃，该松弛的地方松弛；知识渊博，使学生佩服，在组织纪律方面有较好的经验；拿得起来放得下，做事敢承担责任；为人正直，和蔼可亲，与学生打成一片，使学生们畅所欲言，造成一种民主气氛；为人师表，言谈举止注意自己的身份，言必行，行必果，果求实。

二、教师对学生的影响

（一）教师理解对学生的影响

教师理解学生，意味着教师对每一个学生的素质、生活环境、成长经历、个性特征等不持任何偏见或成见，而是作为学生本身的整体特点加以掌握，对学生进行客观、合理的评价。教师能否正确地理解学生，是关系到师生关系能否协调、能否形成正确的学生观的必要前提。对学生的理解，一般分为两个层次：一个是把学生作为一个整体来了解和认识，这就是通常所说的学生观；另一个是对每个学生的了解和认识。学生观所包含的内容很多，其主要内容是如何看待学生的学习过程、发展过程、智力与人格上的差异及其影响因素。学生观与对学生个人的理解是相互联系的，从学生观的形成来看，不仅需要掌握有关的心理学知识，而且需要通过认识一个个具体的学生来验证和矫正自己的看法；从学生观的作用来看，它要体现在对学生个人的理解之中，同时它对理解每个学生都具有定向的作用。所以，我们可把对学生理解笼统地称为学生观。

教师的学生观是在师生互动过程中形成的，并受教师的教育经验和相关知识的制约。因此，教师在理解学生时可能因自身教育经验的客观性和准确性的问题，以及对学生行为的归因方式而出现偏差，从而妨碍教师正确地理解学生和教育学生。

同时，教师对学生行为的归因方式不同也影响其对学生的态度和行为，从而影响着对学生的正确理解。归因指人对行为或事件的原因所进行的分析和推论。由于有些行为与事件的原因不明或存在多种原因，从而导致教师在对学生的行为进行归因时容易出现两类偏差。第一类偏差是教师容易把学生出现的问题归结为学生自身的因素，而不是教师方面的因素。如，一旦学生成绩不好，就归因于这个班学生能力偏低。这种归因偏差的危害在于教师把问题的责任推给了学生，在教育之前就已放弃了教育者应负的责任。第二类归因偏差是教师对优秀生和后进生的归因不一样。当优秀生取得优异成绩时，就归结为个人的能力、品质等内部因素，但当他们出现问题时，就往往归因于外部因素。相反，当后进生同样干了好事或取得好成绩时，却往往被教师归因于任务简单、碰上了运气等外部因素，而后进生出现问题时却总是被归因于其自身的内部因素。

因此，要正确地理解学生，首先就必须了解学生身心发展的规律，并形成按照这些规律去教育学生的严谨态度；其次要认真学习心理学和教育学的知识，特别是在积累了一些教育经验之后，再系统学习有关的知识更有利于形成科学的学生观；最后要积极开展教育科研，教育科研是教师学习有关学生观的科学知识、探索学生心理发展规律、形成科学地对待学生的态度的重要途径。

（二）教师指导对学生的影响

教师在完成教学目标的过程中，要对学生的各个方面进行指导，尤其是学习指导。不同的教师在进行学生学习指导时具有不同的风格，表现出不同的行为方式。我们从民主与专制的维度把教师划分为民主、专制和放任三种类型，不同类型教师在指导学生时的表现不一样，对学生的影响也不同。

学习指导模式分为四类：（1）教师通过提供一定的学习策略规范使学生学会学习的指导模式，如课程模式（系统传授式）、专题模式（专题讲座式）、规程模式（规程引导式）、诊疗模式（咨询诊疗式）等；（2）教师通过自身的示范使学生学会学习的指导模式，如渗透模式（学科渗透式）、示范模式（示范点拨式）等；（3）教师通过引导学生反省自悟使学生学会学习的指导模式，如省悟模式（省悟自得式）；（4）教师通过组织学生交流经验使学生学会学习的指导模式，如交流模式（经验交流式）。这些学习指导模式各有特点，它们在师生关系的建立、学生的学习行为和自我效能感等方面发挥着不同作用。据研究，教师的认知示范和说教式的指导对学生自我效能感有着重要影响，但示范性的讲解比说教式的指导更有效。因为认知示范包括示范性的讲解、用言语说明榜样的思路及采取某种行动的理由，学生可以在教师示范性的讲解中，明确容易犯错误的原因，掌握识别和处理错误的方法。这种认知示范指导不仅可使学生获得更多的数学运算技能，而且还能使他们准确地认知自身的能力。而说教式的指导则会使学生高估自己的能力。因此，教师应根据学生的智力水平、知识结构、学习方式和教学环境、教学条件、教学内容等情况进行合理选择和灵活运用。

教师是以传递文明，施行教化，造就人才为宗旨的专门职业，是联系古人与今人的桥梁，是沟通过去和未来的中介，是协调个人与社会发展的重要力量。随着科学技术的迅猛发展和社会的急剧变革，特别是以计算机为核心的信息技术在教育中的应用，从教育目标到教育内容和教育方法都在发生着巨大变化，教师的角色也相应发生了重大变化。

（三）教师领导方式对学生的影响

教师的领导方式对班集体的社会风气有决定性影响，另外对课堂教学气氛、学生的社会学习、态度和价值观、个性发展以及师生关系均有不同程度的影响。有部分教师缺乏事业心和责任感，对学生采取不负责任、放任自流的态度。也有部分教师虽有高度的责任感，但由于缺乏教育科学知识的理论，在日常的教育教学过程中，不能较好地尊重学生的独立性、自尊心和人格，对学生采用高压专横的态度，强迫学生服从教师本人的意志，等等。这很显然不利于青少年儿童的身心发展和成长。

（四）教师教学风格对学生的影响

教学风格是指在相同的教学目的前提下，教师根据各自的特长，经常采用的教学方式方法的特点。由于每个教师的能力结构、个性特点、气质类型、认知方式等均有差异和多样性，因此反映在教学上，就导致了每个教师风格的差异性和多样性。应该看到，每个教师都会有自己的教学风格，这对于促进不同个性学生生动活泼地发展是有利的。

（五）教师期望对学生的影响

教师期望效应指教师基于某种情境的知觉而形成的期望或预言，会使该情境产生适应这一期望或预言的效应。教师如果根据对某一学生的了解而形成一定的期望，就会使该学生的学习成绩和行为表现发生符合这一期望的变化。

教师对不同的学生会有不同的期待，而这种期待对学生未来的发展将产生重要影响。一般来说，教师是根据学生的家庭背景、年龄特征、学习成绩、平时的表现等各种信息形成对学生的期待，然后通过社会情绪性氛围、言语输入和反馈等形式将期望传达给学生，学生也接受了教师对自己的看法，履行着教师对自己的期望，逐渐地使自己的行为表现符合教师的要求，而学生的行为表现又进一步影响教师的期待。从本质上说，教师对学生的期待并不是自动形成的，它是师生互动的一种表现和结果，其实现取决于师生之间的相互作用和相互影响。

教师对学生的不同期待，会影响其在营造社会情绪性氛围、言语输入和反馈等环节上的差异性。如教师对高期望的学生，就更易于创造一种较为温暖的社会情绪氛围，与高期望的学生有更多的交往，授予更多较难的学习材料，给予更多表扬鼓励，从而对学生行为产生深刻影响。教师对学生的期望表现在三个方面。一是在学生的自信心上，受到低期待的学生会感到自己能力低或品行不好，产生无力感。而高期望的学生易于接受新材料和困难材料的挑战，表现出较强的自我效能感。同时，教师期待的影响会进一步表现在学生的各种行为与学习成绩上，受到低期待的学生会放弃努力或继续表现出一些不良行为，导致学习成绩下降。二是在师生关系上，受到低期待的学生与教师的关系逐渐疏远。三是在师生互动上，受到高期待的学生更愿意参与教学活动，与教师的交往互动的行为更为积极。由此可见，受到教师高期待的学生会得到充分的发展，而受到教师低期待的学生则不能够充分地发展其所具备的潜力。

教师对学生的期望效应有两类。第一类为自我应验效应，即原先错误的期望引起把这个错误的期望变成现实的行为。如果某同学的父亲是名人，那他的老师很自然认为他具有成为名人的潜力，这个老师对其满腔热情，表达对其能力的十足信心，鼓励他经常练习，常常对其作业进行额外的批改。结果这种对待使他果真成为名人。信息所引起的教师对学生的期望产生了自我应验的预言效应。也就是说，教师的期望或明或暗地被传递给学生，学生会按照教师所期望的方向来塑造自己的行为。这个结果是因为教师接受了"权威的暗示"，对这学生的态度发生了变化，产生了偏爱心理和情感，从而对学生的心理与行为产生了直接影响，并促进了预期期望效果的达成。但如果老师不特别对待这位学生，结果就不会是这样，这就可看作是自我应验效应。不过，在实际教育情境里，教师对学生的期望并不一定会发生自我应验的预言效应。因为教师期望效应的发生，既取决于教师自身的因素，也取决于学生的人格特征、原有认知水平、归因风格和自我意识等众多的心理因素。如果教师能够准确地把握每位学生的认知特征和人格特征，形成恰如其分的期望，这样的期望便有可能产生良好的自我应验的预言效应。第二类是维持性期望效应。在此，老师认为学生将维持以前的发展模式。其问题在于，如果老师认可这种模式，将很难注意和利用学生潜在能力的发展。如老师对差生和优等生的不同期望，使得他很难关注差生的进步，甚至对其进步持怀疑态度，认定他在别人的帮助下甚至作弊得到。这种期望维持甚至增大了优等生和差生的差距。

教师对学生期望、期待、热情关注是影响学生学业成绩和人格品质的一个重要因素。教师对学生抱有较高的期望，在和学生相处时，可能态度就也不一样，致使自己的期望对学生产生微妙的影响，从而影响他们的发展，进而产生"实现预言效应"——即某种可能实现的事，期望者深信它们将会出现，最终成为现实。

教师的期望是一种巨大的教育力量，教师要关心每一个学生，对每个学生都应寄予合理的期望和要求，给他们以公正和足够的支持与鼓励。在学校中，每个学生都希望教师能够公平地对待自己，希望得到教师的赏识，讨厌教师的偏袒和不公。如果教师能有正确的学生观，对每个学生形成恰如其分的期待，以满腔热情去因材施教，长善救失，就可能产生良好的自我实现效应。反之，教师对部分学生有偏见，看不到学生的长处和优点，对他们形成低期待，处处和学生相悖而行，学生也会自暴自弃，表现越来越差，造成恶性循环。总之，"皮格马利翁效应"（皮格马利翁是希腊神话中的一个国王，他迷恋上自己精心刻制的一尊象牙女神像，他每天都深情地凝望着他那深爱的象牙女神像，最终他的虔诚和深情把雕像激活成人，并如愿以偿地同她结为伉俪）说明了教师对学生的感情态度是一种巨大的教育力量，教师的期待可以产生巨大的感召力和推动力，它不仅能诱发学生积极向上的激情，而且影响着学生的智力、情感和人格的成长。因此，教师要关心每一个学生，对每个学生给予合理的期待，给他们以公正的支持和鼓励，使每个学生都能成为有用的人才。

教师如何才能建立起积极的期待。首先，要认真了解每个学生的特点，发现他们的长处，对每个学生都建立起积极的期待。其次，教师要不断反省自身的行为和态度，不能因为自己的不公正而延误了学生的发展。最后，对学生采用移情性的理解，即不用自己已形成的期待去"套"学生，而是以同情的态度设身处地地理解学生的感情与行为，这样才能真正了解每个学生的长处。

（六）教师言行对学生的影响

教师对学生的影响，主要是通过两条途径实现的，一条是有声的言教，另一条是无声的身教。在对学生实施有意识、有系统影响、有目的的各种教育教学活动中，主要是采用"言教"的方式；而在大量的师生之间无意识的日常交往中，除言教外，经常起作用的是"身教"。言教固然重要，但身教意义更大，故有"身教重于言教"之说，因为这是一种人格的教育力量，对学生起着潜移默化的影响。教师对学生的影响是全面的，是以全部行为和整个个性来影响学生的。积极的影响如此，消极影响也是如此。"以身立教，为人师表"是教师职业道德的主要特征。

教师的举止言行都处在学生的严格监督之中，所以必须规范自己的言行，为学生树立榜样。正如苏联教育家加里宁所说：一个教师必须好好地检点自己，他应该感受到，他的一举一动都处在最严格的监督下。世界上任何人都没有受着这样严格的监督。孩子们的几十双眼睛盯着他，须知天地之间再没什么东西能比孩子们的眼睛更加精细、更加敏捷。

教书育人是作为一个人民教师的天职。因此，教师的行为（言语、行动、仪表、气质）又是衡量一个称职教师的最基本的条件。教师在教学生涯和实施教育学生的整个过程中，自己的一言一行、一举一动，甚至一句口头禅，都在不知不觉之中影响、启迪着学生。也许教师自己丝毫没有察觉，自己的一个很不注意的日常言行或小毛病，往往让学生记一辈子，有的还会让学生模仿或作为谈话的笑料。教师千万不能大意，自己既然走上讲台当了一名教师，那就要从提高自己的整体素质入手，要想教好书，首先要从做人开始，自己必须时常警觉，不要把自己的"细节"展示给学生，从小事做起，以自己的行为影响学生。孔子曰："其身正，不令而行；其身不正，虽令不从。"要学生做的事，教师要和学生一起去做；需要学生学习的知识，教师要首先掌握，"给人一滴水，自己首先要有一桶水"，"台上一分钟，台下十年功"，就是这个道理；要学生养成的行为规范，遵守的各项规章制度，当老师的要首先模范遵守；教学生怎样做人，首先教师自己要知道怎样做人。一位哲人说得好，一生中能遇上一位好的老师，胜过路上捡到的一桶金。"一切为了学生，为了一切学生"，把学生当作教师教学活动中认识和活动的主体，是当今社会对每一个教师的起码要求。有一句格言是这样说的："你的教鞭下有瓦特；你的冷眼里有牛顿；你的讥笑里有爱迪生。"在竞争如此激烈的当今社会中，教师的职业是伟大而神圣的职业，教师的人格魅力是锻造成千上万栋梁之才的无形力量。因此，作为一名教师，任何时候都不能忘记自己是一名受人尊敬的人民教师，什么时候都不能放松对自己的要求，什么时候都要注意自己的言行。在不知不觉的日常生活中，有多少双眼睛在看着你、有多少渴求知识的人在期盼着你，教师职业被称为"太阳底下最光辉的事业"，教师被称为"真正天国的引路人"是当之无愧的。教学的实践告诉我们："学校工作无小事，事事有教育；教师工作无小节，处处是楷模"。教师要把学生培养成为一代新人，自己必须要有崇高的思想境界和道德品质，以自己的言语行动做学生的表率。反之，所产生的副作用及其影响是用什么东西也弥补不了的。

（七）教师态度对学生的影响

教师是学生心中的楷模，是学生学习的引导者和校园生活的陪伴者，教师的一言一行对学生的影响是不言而喻的。师生实际并不平等，教师的言行在学生心目中又具有象征或符号意义。那么，学生们当然会"在乎"教师的态度，教师的态度也必然会对学生的学习产生积极或消极影响。

凡是事业有成的人经常会说："态度决定一切"。教学过程中，教师在各种活动过程中表现出来的对待学生的态度（如语言、口气、眼神、手势、面部表情等）是否有同情心、正直、诚实、有礼貌，还是生硬、虚伪、粗暴等，都对学生的心理活动产生这样或那样的影响，其作用直接反应在实际教学效果中。学生也在受教育的过程中体察到教师的态度。

教师有两种态度会对学生的学习产生消极影响：一是忽视。教师长时间把某些学生放在视线之外，不在意，不关心，不了解。二是轻视。教师一般不会有意为难学生，但有些教师会对那些与自己闹对立或"屡教不改"、"没有长进"的学生，认为"不可救药"、"没有希望"，有意地不予理睬。一般来说，学生会有两种回应：一种是那些迷信教师权威、相信教师言行都有符号意义的学生，他们会在老师放弃自己的同时，自己也放弃了自己，放弃相关学科或全部学科的学习。另一种是年龄较大、自主意识较强的学生，他们会产生对立情绪。出于自我保护的需要。这些学生常选择同教师"作对"，用所谓的"英雄"行为来证实自己与众不同，最终形成所谓的"双差生"。在非正式场合，这类学生往往会表现出"恨"老师的情绪，把"就不好好学习"视为对教师的反抗或惩罚。他们的意识有相当的扭曲成分，他们对教师的指责也不尽符合事实，他们的问题会发展到或超出学习困难，但是，他们的问题却是由师生关系不良、由学习困难开始的。

（八）教师的亲和力对学生的影响

1. 语言方式。言为心声，不同的语言表达不同的态度情感，教师应该善于用语言来表达自己的态度情感。

2. 动作方式。"情动于中而形于外"。一个人的态度情感往往有意无意地通过外部的表情动作而流露出来。如赞许的点头、会心的微笑、亲切的抚摸、赞美的手势等，都可使学生产生被重视感和被关怀感。

3. 眼神方式。"眼睛是心灵的窗户"。教师讲课时，眼睛应该与学生保持交流，使坐在角落的学生都能感受到："老师看见我了，老师在跟我点头呢!"

三、教师与学生的交往

老师与学生，是校园里两大基本群体。老师是学生人际交往的重要对象，师生关系是学生人际关系的重要内容。师生关系如何，直接影响到学生能不能健康地学习成长，并在很大程度上决定了学校能不能对学生的身心施加符合社会要求的影响。

在教学活动中，不同的师生关系常常带来不同的教学效果。而师生关系主要是教师与学生在教学过程中，通过师生交往形成的。

（一）师生交往的特点

教师身心发展水平总体高于学生，教师按照社会角色的要求对学生进行教育，学生则接受教师的教育。在这一过程中，师生双方作为两代人在传承着人类文化，完成共同的使命。

一种"公"的关系。师生双方最初都不能自由选择，这是有关的规章制度所决定的。所以，师生关系是一种"公"的关系，但这一关系一旦确立，则双方的教和学就在这一关系的背景下展开。

发展变化的关系。师生关系不是静止的，随着学生年龄增长和学习阶段的变化，师生关系必然发展变化。如，同样是"尊师爱生"的师生关系，年幼学生表现为对教师的顺从、仿效，年长学生表现为对教师学识、人品的仰慕和对问题的深入思考。

蕴涵在集体内的关系。师生关系不是通常的一对一的关系，它是在以班级为共同体的教育教学活动中发展的，同时也体现在班级共同体的活动之中。师生关系包括在这一更为广泛的关系之中。教师对整个班级的教育，每位学生懂得这也是针对自己的；教师对某一学生的奖惩，同学也懂得这是对全班的教育。

一是语言交往。自古以来，教师都是借助语言"传道、授业、解惑"。教师的语言不仅影响学生对信息的理解，还关系到学生能否对信息产生共鸣。

同时，教师也通过书面语言（如板书、评语、文章等）传递信息。

二是非语言交往。目光、表情、体态、动作等非语言符号的手段，同样能使学生获得信息。如在课堂教学中，教师暗示的眼光、皱眉的神态、摇头的动作，无时无刻不在影响学生。这是一种"润物细无声"的教育，其交往效果有时胜过语言交往手段。

（二）师生交往的类型

1. 紧张型师生关系。这种类型的师生关系表现为教师以自我为中心，对待学生简单粗暴，主要依靠强制力量来影响学生，喜欢训斥、批评学生，对差生讽刺、挖苦，伤害学生的自尊与人格。学生对教师心中不满，行为多抗拒或不合作。师生情感对立、人际关系紧张、教学气氛压抑沉闷，学生厌学。

2. 冷漠型师生关系。这种类型的师生关系表现为教师无视建立良好师生关系的重要性，教学缺乏热情，对学生不冷不热，不闻不问，教学管理松弛，师生之间实际交往时间很少，双方互不了解、互不信任、互不亲近、彼此漠不关心。课堂气氛平淡无奇、缺乏生气，学生对教师敬而远之，师生之间互不吸引。

3. 庸俗型师生关系。这种类型的师生关系表现为师生间交往和关系的实用性、功利性、商业性的色彩浓厚，教师对学生过分迁就，该严不严，该管不管，甚至拉拉扯扯，吃吃喝喝，着意迎合学生，满足学生不正当的要求，而学生对教师则曲意逢迎，刻意讨好，请客送礼，原本纯洁的师生关系沦丧为庸俗的物质利益关系、商品交易关系和金钱关系。

4. 亲密型师生关系。这种类型的师生关系表现为教师对待学生亲切友好，学生尊敬热爱教师。师生交往正常而频繁，相互理解，相互信任，相互尊重，教学气氛生动活泼，师生配合默契，教学相长，人际关系融洽和谐。

（三）师生交往的过程

1. 接触阶段。这是教师与学生开始直接交往，由不相识到相识的阶段。这一时期，教师与学生都能按照规定的角色进行交往。学生对教师毕恭毕敬，教师对学生客客气气，礼节性行为掩盖着双方的真实风貌。但双方内心都有更多了解、熟悉对方的意图，教师尤其如此。教师总是围绕学生熟悉的话题对话，尽量消除学生的拘谨与紧张，努力捕捉有助于了解学生的一切信息，如家庭背景、个人爱好，等等。初始交往给双方留下的印象，往往对以后的交往有直接影响。就教师而言，由于工作职责的缘故，无论他对学生的印象如何，都会进一步与学生交往。但学生可能不一样。如果他对教师的形象缺乏好感，那么他有可能采取敬而远之的态度，回避教师。

2. 接近阶段。这是双方经过一定的交往、接触之后，陌生感逐步消除，心理距离开始缩短，感情交流代替礼节性应酬的阶段，这时双方都形成了关于对方的大致印象，并作出了较好的评价，因此有加强交往尽快使关系密切起来的意向。当然也有可能对对方的印象并不甚好，但为了取得一定的教育效果，而有意识接近对方。接近既是教师与学生关系发展的一个阶段，也是一种状态。

3. 亲密阶段。这是接近阶段深入发展的结果。其主要特征是双方从浅层的信息交流发展为心灵的沟通，情感的交融。此时双方无论是认识、情感还是行为都有较大的协调性。例如教师安排的学习任务，即使繁重且艰难，学生也非常理解教师的用心，没有丝毫怨言。同样，学生提出的要求，即使有些过分，教师也能理解，并耐心说服，不至于反感。师生间相互吸引、相互尊重和信任，已建立起一种和谐紧密的师生关系。

第十六章　教师情感教学

一、情感的概述

在教学活动中，师生围绕着教学材料进行认知加工和交流的同时，也总伴以情感体验和传递。事实上，教学是一个情知交融的过程。随着人们对情感这一复杂的心理现象的认识不断深入，情感在教学中的作用也日益受到人们的重视。通过教学来陶冶学生情操、培养学生的情感智力、优化教学效果，这是现代教学艺术的重要表现。

（一）情感的概念

情感是人对客观现实的态度的体验。情感是人的心理活动重要组成部分。人们在生活里，在认识世界和改造世界、认识自我和改造自我的过程中，情感活动总会相随。

情感是脑的一种反映活动，情感是以主体为中介的一种心理活动形式，反映的是客观事物与个体主观之间的某种关系。因而，同样的客观事物，会因个体主观方面的因素不同，而导致在不同人身上不同的情感反应，甚至会引发同一个人身上不同状况下的完全各异的情感反应。例如，同样是一杯茶水，对于喜欢品茶的人来说，会引起愉悦感，对于喜欢喝咖啡的人来说，则多少有些失望。认知活动是以认知的特有方式来反映对象的，如感知是以映象的方式反映客观事物的，思维是概念、表象和动作方式来反映事物的，而情感是以体验的方式反映对象的，并常随以明显的身体内部的生理变化和身体外部的表情运动。当客观事物满足或未满足我们需要时，我们会产生愉快或不愉快的体验，同时还会出现相应的生理变化和表情。人们正是用这种体验方式作出特有的反映，折射出人与客观世界种种简单、复杂乃至扑朔迷离的关系。

对于情感现象的重要性，人们并不是一下子认识清楚的。可以说，在相当长的时期内，不少人只是把情感视为实践活动过程中出现的伴随现象或副现象，而无视这种现象对人自身的心理品质的发展和对实践活动所施予的反作用上表现出的重要价值，甚至有的还把情感视为对理智活动的干扰而置其于消极的地位上。"当人被周围情境激动到他的大脑控制减弱或失去感是人的心理生活的重要组成部分，其对人的影响是多维度、全方位的：不仅会影响一个人活动的动力和积极性，而且会影响人际间的交流、沟通和关系的发生发展"。但要强调提出的是，情感的这些影响往往具有两重性，在一定条件下起着积极的促进作用，而在有的情况下，则起着消极的破坏作用。这也是情感所特有的两极性特点在功效上的表现。正鉴于此，了解情感现象，把握情感规律，以发挥情感的各种积极作用也就显得尤为重要了。

（二）情感的种类

情感是与人的社会性需要相联系的主观体验，反映了人的社会关系和生活状况，是人类特有的心理现象。人类高级的社会性情感有道德感、理智感、美感和热情。

1. 道德感。道德感是个体根据一定的社会道德规范与标准，评价自己和他人的思想、意图及行为时产生的内心体验。当自己或他人的言论与行为符合社会道德规范与标准，就会产生肯定性的情感体验，如自豪、幸福、敬佩、欣慰、热爱、厌恶等；反之则产生否定鄙视的道德体验，像憎恨、厌恶、忌妒等。人们对道德需要是否得到实现或满足所产生的体验，和道德信念、道德判断密切相关，因而具有明显的社会性和阶级性。

道德情感是和道德认识，道德行为紧密联系的，它们是人的品德结构的主要成分。对道德观念、道德行为和道德准则的认识是产生道德情感的基础。在社会交往中，人们逐步认识、理解和掌握了道德准则，并把它变成个人的道德需要，当体验到对象和道德需要之间的关系时，才逐渐形成稳定的道德情感。道德感具有社会性、历史性，不同的历史时代、不同的社会制度，有不同的道德标准。道德感是品德心理结构的一个重要组成部分，并和道德认知、道德行为紧密联系在一起对个体的活动产生巨大的推动、控制和调节作用，是重要的自我监督力量之一。

道德感内涵丰富，按其内容分为自尊感、荣誉感、义务感、责任感、同志感、友谊感、民族自豪感、人道主义和国际主义等情感。

2. 理智感。理智感是个体对客观事物认知活动所得成就评价过程中产生的情感体验，主要表现在智力活动中的感受。例如，探求事物的好奇心、渴望理解的求知欲、解决问题的质疑感、获得成就时的自豪感、对科学结论的确信感等都属于理智感。

理智感是人们认识世界和改造世界的精神动力之一，是与人们认识世界、追求真理的需要、需要的满足及思维任务的解决相联系的情感体验。人的认识活动越深刻，求知欲越强，追求真理的兴趣越浓，则理智感也越深厚。理智感不仅产生于认识活动，反过来又推动人的认识活动不断深化，推动思维任务的解决。对科学探索的好奇心,对研究中未证实结果的怀疑,对科学真理的热爱和追求,对偏见和谬误的鄙视和排斥,以及幽默感和讽刺,都属于理智感。深厚的理智情感,是完成学习和工作任务的重要条件。理智感大体包括:(1)好奇心和新异感,它是一种求新的情感,是发明创造的先导;(2)喜悦感是由认识活动的成就所引起欣慰高兴的体验;(3)怀疑与惊讶情感是认识过程中矛盾事物引起的体验,这是认识深化的特征;(4)不安情感是在下判断时由于证据不足引起的体验;(5)自信和确信不疑的情感,是问题确实得到解决而引起的体验。

理智感是个体在认知活动过程中产生和发展起来的,对个体的学习知识、认识事物的发展规律和探求真理的活动,摒弃偏见解放思想等具有积极的推动作用。理智感对不同社会阶层来说,虽有更多的共同性,但仍受社会道德观念和人的世界观所影响。例如对真理的追求,对偏见迷信的疾恨,对科学的热爱等,都反映了每个人的鲜明立场、观点和态度。

因此,理智感是个体良好精神境界的体现,是追求真理的精神力量,是人们社会实践活动和科学研究的推动力量。理智感发挥如何还与个体已有的知识经验水平有关,反映了个体的鲜明的立场以及世界观与理想的追求。

理智感总是与人的求知欲望、认识兴趣、对解决问题的需要、对真理的追求相联系的,它体现着人对自己认识活动的过程与结果的态度。如因研究过程中出现新现象而产生的疑惑感,因多次失败而产生的焦虑感,因问题终于得到解决而产生的欣喜感等,都属于理智感的范畴。

3.审美感。审美感是个体根据审美标准评价事物时的主观感受和获得理解时的精神愉悦的体验。即具有一定审美观点的人对外界事物美的评价而产生的一种肯定、满意、愉悦、爱慕等的情感。审美感是人有欣赏客观事物美的特质方面需要并在审美对象的感知的基础上产生的情感体验。审美感包括自然美感、社会美感和艺术美感三种。游览山水风光、大海波涛、夕阳晚霞等产生的美感属于自然美感;目睹见义勇为、纯朴诚实、谦虚坦率等行为与品质时产生的美感属于社会美感;欣赏艺术绘画、音乐舞蹈、戏剧魔术时产生的审美感属于艺术美感。

从内心体验角度分析,审美感具有两个明显的特点。

(1)审美感是一种愉悦的体验。自然界的美景使人心旷神怡;高尚的行为会使人在敬佩中享受美的愉悦;喜剧艺术使人在笑声中享受美的快乐;悲剧艺术使人在同情、赞叹中得到慷慨悲壮的美的感受。对审美对象感性面貌特点(如线条、颜色、音韵、谐调、鲜艳、匀称等)的感知,是产生审美感的基础。

（2）审美感是一种带有好恶倾向的主观体验。审美感表现了一个人对于美好事物的肯定和对丑恶事物的反感，以及对完美地再现事物的美或丑的赞叹。对美与丑进行鉴赏时，只有通过认识、评价、鉴赏活动，才可能产生审美感。不仅对美与丑的评价鉴赏能引起人的审美感，而且对善恶的评估也会影响人的审美感受与体验。审美感是与人的理智感和道德感联系在一起的。由于每个人的审美需要、观点、标准、能力和文化背景的不同，因而对同一对象的审美感体验也不相同。对审美的感知和欣赏而引起人的情感共鸣并给人以鼓舞和力量。

人类的审美感来源于动物的本能，却超越了动物的本能。审美感的历史起源是与人类的社会实践紧密相联的。首先，审美感是适应人类社会实践的需要；其次，审美的实践活动不同于一般的实践活动，体现为精神上的满足；再次，人类的审美感活动不断扩大发展，不断增加新的内容和意义；第四，审美感有起点，但没有终点。审美感是人对审美对象的一种主观态度，是审美对象是否满足主体美的需要的关系反映，因而随着个人的需要、立场、观点不同，随着客体和主体的关系不同，审美的情感体验也不相同。而个人对美的认识和需要的源泉是客观现实，是社会生活实践，不同历史时期、不同民族和不同阶级，对美的需要既有差异性一面，也有共性一面。

审美感与道德感关系密切。引起美的感受和共鸣，不仅有赖于事物的外部特点，同时也与对象的内容和意义相联系。认识和分析人的美感不应将对象的美丑和道德的善恶割裂开来。无论是客观现实本身还是其在艺术作品上的反映，在它们激起个体美感的情感体验时，也往往会激起一定的道德情感。审美感除了受被感受事物的性质、特点以及刺激的强度影响外，还受到社会环境所制约，为人的社会生活所决定，在历史发展的不同阶段，在审美标准上存在着巨大差异。同时，在同一个社会的不同阶层，对美的标准和体验也存在着明显差异。但是，对于那些不涉及阶级利益的审美对象，例如，体形的健美、鲜艳的花卉、音韵的优雅、线条谐调匀称等都可能引起人的共同美感。

4. 热情。这是一种掌握着人的整个身心，决定一个人的思想行为基本方向的、强烈、稳固而又深刻的情绪状态。它虽不如激情强烈，但较激情深厚而持久，虽不像心境那样广泛地影响情绪体验，但较心境强烈、深刻而稳定。热情是个体对人、事、物等肯定的、强烈的、稳固而又深厚的情感体验。例如，对祖国、对人民的热爱，科学家对研究对象的执著，人们投入大自然怀抱的感受等都属于热情。具有热情的人，其生活是丰富多彩的，并始终坚持自己所追求的对象，具有旺盛的精力和百折不挠的毅力。

热情不是简单的情绪体验，也是一种情感状态，它还是意志行动的一个组成部分。热情蕴含着坚强的意志力量，给人以鼓舞，激励人的行动，去实现和达到伟大的目标。热情是一种较高级的情感，其中含有意志成分，对人的思想和行动具有巨大的推动作用，并在较长的时间内决定着一个人的思想和行动的方向。没有热情，要坚持艰巨的工作和学习是不可能的。没有对科学的热爱和献身精神，不可能苦战攻关，不可能在崎岖的险道上攀登高峰。

热情的社会价值是由其所指向的对象和目标的社会意义决定的。因而热情具有积极和消极之分。为正义事业而从事学习、劳动、科学和艺术活动的热情，造福于社会和人民，是为大家所赞扬的。相反，那种损人利己、损公肥私、追求个人名利的热情，是极端自私的消极的热情。

（三）情感的功能

1. 情感的动力功能。情感的动力功能是指情感对人的认识和行为活动具有增力或减力的效能。情感不只是人类实践活动中所产生的一种态度体验，而且对人类行为动力施予直接的影响。积极的增力性情感能提高人的活动能力。在同样的有目的、有动机的行为活动中，个体情绪的高涨与否会影响其活动的积极性：在高涨情绪下，个体会全力以赴，努力奋进，克服困难，力达预定目标，正是"只有那些对发现抱有真正兴趣和热情的人才会成功"。同时，情感能开启人们的认识和促使认识活动深入。列宁指出："没有人的情感，就从来没有也不可能有人对真理的追求。"在教学中，许多优秀教师总结出"动之以情"再"晓之以理"的育人经验，这是很有道理的。因为学生得到积极的情感体验，可以促进各生理机能正常运转，并增进生理机能，使身体健康，精力充沛，从而促进学习。人在积极的情感体验中，往往有较强的追求，能够确立较高的生活目标，并有足够的勇气为达到目标而奋斗。在低落情绪下，情感体验会使人的生理机能失调，甚至造成心理障碍，如长期悲哀、痛苦，会引起生物性神经紊乱，导致精神分裂，从而对学习造成不良影响。人处于消极的情感体验中，会缺乏上进的勇气，降低人对事物的兴趣，稍遇阻力，便畏缩不前，半途而辍。

2. 情感的调节功能。情感的调节功能是指情感对一个人的认知操作活动具有组织或瓦解的效能。适当的情感对人的认知过程具有积极的组织效能，而只是不适当的情感才会产生消极的瓦解作用。这一情感功能的揭示，不仅更新了在历史上把情感作为理智的对立面来认识的观念，而且打开了非智力因素直接影响智力因素的一条重要通道，对于人类的实践活动，尤其是教学活动，具有不可估量的价值。

情感对认知操作活动的积极与消极作用，首先反映在情绪的极性上。一般说，快乐、兴趣、喜悦之类的正情绪有助于促进认知操作活动，而恐惧、愤怒、悲哀之类的负性情绪会抑制或干扰认知操作活动。

一个人的情绪唤醒水平和智能操作效率之间存在着一种非线性关系。当情绪唤醒水平较低时，有机体得不到足够的情绪激励能量，智能操作效率不高。随着情绪唤醒水平的上升，其效率也参与智能操作活动。而且，情绪唤醒水平的最佳点应提高。但唤醒水平上升到一定的高度后，再继续上升，情绪激励的能量过大，使人处于过度兴奋状态，反而影响效率。这样，便存在着情绪唤醒水平的最佳点智能操作活动的复杂性而变好。因此，我们在进行认知操作活动时，情绪强度不宜过高和过低，应保持中等水平，并且这一适应点还应根据认知操作活动难度作相应调整，难度大的，适中点偏低些，难度小的，适中点偏高些，这样才能积极发挥情感对认知操作活动的调节功能。

3. 情感的信号功能。情感的信号功能是指一个人的情感能通过表情外显而具有信息传递的效能。一个人不仅能凭借表情传递情感信息，而且也能凭借表情传递自己的某种思想和愿望。情感的信号功能在传递信息方面具有一系列独特的作用，55%的信息是靠非言语表情传递的，38%的信息是靠言语表情传递的，只有7%的信息才是靠言语传递的。

（1）加强言语的表达力。在人际交往过程中，表情伴随言语，能对言语进行必要的补充、丰富、修正和完善，从而提高说话者的表达能力，帮助他人更好地理解说话者的言语内容。同时，表情具有一定的直观性、形象性，也有助于说话者藉以表达一些较为抽象的内容。

（2）提高言语的生动性。没有表情的言语，即使是再优美的语言，仍给人以呆板、平淡、缺乏生气、活力的印象。而富有表情的言语，则会使一句极普通的话语顿时被赋予了诱人的魅力。

（3）替代言语。由于表情能传递一个人的思想感情，所以在许多场合，它可以单独承担信息交流职能。表演艺术上的早期无声电影和现代哑剧，课堂教学中师生之间的种种体态语言的运用便是这方面的典型。

（4）超越言语。首先，由于人类表情发展到今天，已极为丰富存在着两个层次上的信息交流，第一个层次是通过言语实现的，第二个层次是通过表情实现的。常言道，"锣鼓听声，听话听音"。这里的"话"是指言语，而这里的"音"即指言语表情。当一个人的表情与言语所表达的态度不一致时，人们往往更倾向于把表情中流露出的态度视为其真正的内心意向，而把言语中表达的态度看作"表面文章"、口是心非之说。可见表情在人际信息交流中又胜言语一筹。

4. 情感的保健功能。情感的保健功能是指情感对一个人的身心健康有增进或损害的效能。情绪的生理特性已告诉我们，当一个人发生情绪时，其身体内部会出现一系列的生理变化。而这些变化对人的身体影响是不同的。一般说，在愉快时，有助于身体内部的调和与保养；焦虑时，有碍身体内部的调养。倘若一个人经常处于某种情绪状态，久而久之便会影响一个人的身体健康状况。随着时代的发展，人们对"健康"的认识也不再囿于狭隘的生理学模式，而广延于生理—心理—社会学模式，"健康"既包含生理健康，也包含心理健康。而良好的情绪本身也是心理健康的一个重要组成部分。因此，情感的保健功能对现代社会生活中的每一个人，尤其是身心正处在发展之中的青少年来说，都具有十分重要的意义。

5. 情感的感染功能。情感的感染功能是指一个人的情感具有对他人情感施予影响的功能。当一个人发生情绪时，不仅能自身感受到产生相应的主观体验，而且还能通过表情外显，为他人所觉察，并引起他人相应的情绪反应。一个人的情感会影响他人的情感，而他人的情感还能反过来再影响这个人的原先情感。这就使人与人之间的情感发生相互影响。这是情感的感染功能所导致的必然结果。情感的这一功能为情感在人际的交流、蔓延提供可能性，使个体的情绪社会化，同时也为情感在影响、改变他人情感，达到情绪控制的效果方面开辟了一条"以情育情"的途径。例如，一个孩子对父母有感情，他会从爱父母发展到爱父母所在的这个家，由家爱及家乡，由家乡扩大到家乡的山山水水、一草一木……直至形成爱祖国、爱人民的高尚情感。

教学活动从根本上来说是师生间的一种交往活动，它集中反映在师生间知识和情感两方面的交往上，且这种情感的互相感染和影响在教学中的作用是至关重要的。大量的教学实践表明，教师的情感不仅影响自己的教学思路，更对学生的感知、记忆、思维等认识活动产生重要的影响。课堂上师生情感形成直接的交流，喜怒哀乐都能互相感染。

（四）情感规律在教育中的运用

1. 情感规律在教书育人中的运用。学校教育是教师和学生共同参与的双边活动，也是特定情境中的人际交往活动。无论是处于教育主导地位的教师，还是处于教育主体地位的学生，都是有血有肉、有情有感的个体。因此，在教育活动中师生之间不仅有认知方面的信息传递，而且也有着情感方面的信息交流，形成"一个涉及教师和学生在理性与情绪两方面的动态的人际过程"，或称为"与个性或社会心理现象相联系的情感力量和认知力量相互作用的动力过程。如何重视教育中的情感因素，以增进教育活动的科学性和艺术性，优化教育效果，也就成为现代学校教育改革的一个重要课题，是教师在日常的教书育人工作中不可忽视的。

（1）要在教学中确定情感目标。教师、学生、教材既是构成教学中认知系统的三个基本要素，也是构成教学中丰富而复杂的情感现象的三个源点。教师的情感包括对教育和教学工作的情感、对所教学科及其有关知识内容的情感、对学生的情感、主导情绪状态和情绪表现（即表情运用状况）等。学生的情感包括对学校学习活动的情感、对所学课程及其有关知识内容的情感、对教师和其他同学的情感、主导情绪状态、课堂情绪气氛和情绪表现等。教材虽是物，但其内容直接或间接地反映了人类实践活动的情况，又是教育者按一定社会、阶级、时代的要求编写而成，在不同程度上体现了教育者的意志。因而其内容本身也不可避免地蕴涵大量的情感因素。因此，当教师和学生围绕着教材内容展开教学活动时，不仅认知因素，而且情感因素也被激活了，形成情知信息交流的回路。在教学中对情知回路的有效调控，自然同时能产生认知和情感两方面的教学效果。学生是带着原有的认知和情感特点来接受教学的。

　　因此，教学不仅要有认知目标，也要有情感目标。情感领域的情感目标又分若干层次，形成一个纵向的目标体系，为教师在教学活动中引导学生逐步达到最高情感目标提供了五个具体的渐进的努力台阶。①接受：指学生愿意注意特殊的现象或刺激，它包括从意识事物的有关的简单觉察，到愿意接受，直至有控制地或有选择地注意三个逐级升高的层次。②反应：指学生主动参与，它包括从默认反应到愿意反应，直至在反应中得到满足三个层次。③价值化：指学生将所学习的内容与一定的价值准则相联系，使价值逐步内化，它包括从接受某种价值准则，到偏好某一价值准则，直至信奉三个层次。④组织：指学生将各种价值组成一个价值复合体，即建立内在和谐的和一致的价值体系，它包括价值的概念化和价值体系的组织两个层次。⑤价值与价值体系的性格化：指学生能根据已内化了的价值体系行事，形成个性特征，它包括泛化心向（在任何特定的时候都对价值体系有一种内在一致性的心向）和性格化两个层次。可见，这一情感目标体系是以价值内化过程为线索的，把教学视为由教师或教科书上外在陈述的价值准则逐步内化为学生信奉的内在价值准则，并最终沉积为学生个性的过程。

　　（2）在教学中通过认知信息回路调控情感。在认知信息回路与情感信息回路并存的教学活动中，教师不仅可以在情感信息回路内部调控学生的学习情感，也可以通过情知交互作用，从认知信息回路上调控情感，使之既有利于学生本身的发展，又有助于进一步促进教学中的认知发展。

　　①精选教学内容。在教学活动中真正能引起学生积极的情绪体验的，莫过于教学内容本身所具有的内在魅力。诚然，教学内容是根据学科教学大纲

和教材选定的，但任课教师在这方面仍有一定的灵活性。根据学生的实际情况、学科发展的现状和社会政治文化生活变化，对教学内容作适当调整、增补，以求精心选择。内容好坏会直接引起学生完全不同的情绪体验：教师选择的教学内容可以是枯燥、单调的；可以不带个人的主观积极的情绪色彩，只是客观地提出一系列的事实与概念。当然，这将在学生那里产生不满足的情绪感受。相反，教师选择的教学内容是质量高的，就能引起学生满足的情绪感受。

②巧妙组织教学内容。从教学内容的选择到教学内容的呈现，中间还有一个组织、加工的过程。通过这一过程，不仅将所选择的教学内容有机地组织起来，以体现内在的逻辑联系，而且更重要的是，要显示这些教学内容内在的魅力。这里的关键是，要尽可能使学生感到这些教学内容超出预期满足自己的求知需要。例如，我们应尽可能地将看来比较经典性的教学内容出乎意料地与当代社会、现代科技联系起来，使学生对教学内容产生明显的时代感；将某些看来有些"教条性"的教学内容，出乎意料地与现实的社会、生产实践问题和未来的工作、事业问题联系起来，使学生对教学内容产生明显的实用感；将某些看来相当枯燥而又必要的教学内容，出乎意料地与生动的事例、有趣的知识联系起来，使学生对教学内容产生明显的趣味感；将某些看来似乎简单易懂的教学内容，出乎意料地与学生未曾思考过的问题、未曾接触过的领域联系起来，使学生对教学内容产生明显的新奇感，从而激起学生学习的热情。

③择优采用教学形式。这里的教学形式是相对于教学内容而言的一个广义的概念，它包括教学的模式、策略、方法和手段等。至于教学手段，随着录音、录像、投影、电影、幻灯和多媒体等电化教学技术、设备的发展，也呈多样化趋势。这些都为教师教学形式的择优采用创造了有利条件。这里的关键是因"材"择法，根据不同的教学材料和教学对象的不同特点选择最佳教学形式，以满足学生在特定教学情景中的需要，产生相应的积极情绪体验。

（3）情绪调节教学模式。情绪调节教学模式指的是：教师在一定的教学目标指引下，通过管理和调节学生的情绪，引导和发挥课堂中学生的主要情绪对教学活动的积极作用，为学生的学习提供最佳的情绪状态，从而调动学生学习的积极性。情绪调节教学模式是在课堂中激发情绪对学习的动力性作用的教学设计，以提高学生学习的积极性，培养学生乐学、好学的情感性教学模式。

在教学过程中，教师依据学生的生理唤醒、认知评价、人格特征这三个重要方面的特点，灵活采取策略来诱发调节学生的情绪。教师通过创设情景引发学生学习兴趣，创设愉快的情景使学生在一种良好的心境中导入学习；通过设疑定标使学生产生新奇，诱发学习的需要指向学习的任务，引导他们进行探索；通过探究解疑使学生产生适度的焦虑和兴趣，进行积极的艰苦的认知活动，获得新知识并诱导创新；通过适度的检测评价使学生产生成功感、满足感和自豪感并领会学习的艰苦和乐趣。在教学过程中，教师的诱发策略、学生的特点、学生的情绪三者互相联系、互相促进、并行于课堂教学之中；这既是教师调节学生情绪促进教学的过程，也是学生积极配合教师、师生互动的过程。

学生良好的情绪长期贯穿于课堂学习之中必将形成学生好学、乐学的积极学习情感，从而培养学生健全的人格。

在教学过程中为了更好地诱发主要情绪、促进效果整合，可以选择以下策略。

①好奇策略：a. 创设情景，制造悬念，设置矛盾；b. 呈现新颖、奇特的刺激；c. 变换刺激呈现的方式；d. 变换教学方式，如客串演讲、角色交换等。

②兴趣策略：a. 教学内容与学生积极情绪经验相一致；b. 学生自己动手操作小实验，参与教学活动；c. 学生间进行合作学习；d. 激发学生的想象、幻想；e. 教师的言语幽默；f. 教学内容、教学事例从学生的身边出发，贴近学生的生活。

③愉快策略：a. 教学任务是学生经过努力可以完成的，不太难也不太容易，使学生体验成功；b. 根据学生能力水平差异安排学习任务，使学生体验成功；c. 及时反馈，激发学生的求知欲；d. 树立榜样，激发求知欲；e. 趣味化、具体形象化教学方式。

④焦虑策略：a. 提高任务难度，限定完成任务的时间，提高过低焦虑；b. 降低任务难度，放宽任务完成的时间，降低高焦虑；c. 提供成绩信息，而不给评价信息；d. 承认错误是学习中的一部分，允许犯错误，支持改正错误；e. 强调个别谈话，减少公开批评；f. 强调自我比较，减少社会比较；g. 强调组织间竞争，减少个人间竞争；h. 强调努力归因，减少能力归因。

教师在具体教学实践中要根据教学任务、学生的年龄差异、个体差异灵活采取调节课堂情绪的教学策略。另外，要提醒的是该教学模式不仅仅是诱发调节课堂中短暂的、情境性的情绪使学生积极学习，我们最终追求的是通过诱导这些情绪使学生逐渐形成学习的积极情感。只有这样，学生在乐学、好学的情感驱动下，才能调控具体学习中的情感和行为，在学习中锲而不舍、孜孜不倦。

（4）在教学中通过情感信息回路调控情感。在教学中通过情感信息回路调控学生情感，使之处于良好的情感氛围之中，这不仅有利于直接促进学生各种情感的陶冶和培养，而且也有利于促进和优化学生的认知活动。

①教材内容的情感性处理。教师、学生和教材是形成课堂教学中情感信息回路的三个情感源点。因此，对教材内容的情感性处理是以情生情、调控学生情感的一个重要方面。所谓的对教材内容的情感性处理，是指教学内容向学生呈现的过程中，教师从情感角度着眼，对教学内容进行必要的加工处理，使之能充分发挥情感因素的积极作用。教材内容可粗分为两类：一类含有丰富的情感因素，以文科类教材内容为主；另一类本身缺乏情感因素，以理科教材内容为主。对于前者，教师要注意发掘教材内容中蕴涵的情感因素，并善于以表情的方式表现出来；而对于后者，教师则要设法赋予教材内容以某种情感色彩。后者处理难度大，也更易为人们所忽视，然而，如果处理得当，在理科类中也能充分发挥情感因素的积极作用，则无疑会极大地促进情知交融的教学气氛，陶冶学生情操，实施寓育于教。这里有几种方法供借鉴。

a. 情感迁移法。教师在教学过程中巧妙组织呈现方式，使教材内容成为积极情感——兴趣的诱发因素。

b. 言语情趣法。运用富有情趣的语言讲解有关教学内容，使之具有相应的情感色彩。陈景润的中学数学老师就曾用极为形象、生动、富有情感的语言来激起学生去探索数学奥秘的热情。

c. 拟人比喻法。用拟人化口吻比喻有关教学内容，使之具有情感色彩。例如，在讲楞次定律时，把线圈比喻为具有"冷酷"和"多情"双重性格的人，当磁极来时，线圈的近端产生同性磁极，对原磁极发生排斥，表现出"冷酷无情"，但一旦磁极走时，近端又即生异性磁极，对原磁极发生吸引，表现出"多情柔和"，随后概括为"来者拒之，走者拉之"八个字，使学生听了既感到情趣盎然，又加了理解和记忆。

d. 轶事插入法。通过"借题发挥"，介绍有关知识背后隐匿着的一些可歌可颂、可敬可佩的人物轶事，使学生对这些教学内容产生亲切感，从而使之具有情感色彩，同时还可更好地体现寓育于教的精神。

e. 美感引发法。通过充分展示教学内容中隐含的美的因素，引发学生相应的美感体验，从而赋予教材内容一定的情感色彩。

②教师情感的自我调控。作为教学中另一个重要的情感源点，教师情感的自我调控具有特别重要的意义。这是因为情感具有感染功能，教师的情感会在教学过程中随时随地影响着学生的情感，起着极为重要的调控作用。在这方面教师特别要注意两种调控。

a．教师情绪状态的调控。有不少教师没有意识到这一问题的重要性，对自己的情绪由着兴致、不加调控，有的还出于错误的认识，为体现教学的严肃性而故意绷着脸，表现出"冷静"、"沉着"、"严厉"的教态，这都会影响学生的情绪，产生消极效果。正确的做法是，教师在教学活动中要始终调控好自己的情绪，处于饱满、振奋、愉悦、热忱的状态，以感染学生情绪、活跃教学气氛，为学生认知活动创造最佳的情绪背景，特别是在教师由于种种原因自己情绪不佳时走进教室，更要以教师的责任感和敬业心调控自己。

　　b．教师对所教学科的情感调控。以往教师考虑的是如何教好自己所教的学科，而往往没有意识到自己对所教学科的情感会潜移默化地影响学生对该学科学习的情感和态度。如苏霍姆林斯基所说："教师对教材冷漠的态度会影响学生的情绪，使其所讲述的材料好像和学生之间隔着一堵墙。"而热爱自己学科的教师，他的学生也充满热爱知识的情感。因此，优秀教师不只是传授知识、培养能力，而且还将自己对学科执着追求的精神、热忱和感受带给学生，以激起学生情感上的涟漪和共鸣，这就要求教师不要在教学中流露对所教学科的冷漠，乃至厌烦、反感等消极情感，重视培养学生对该学科的热爱之情。

　　②师生情感的交流。在教学活动中师生之间不仅交流认知，也交流情感；不仅交流教学内容中的情感，也交流着师生人际间的情感。而师生人际间的情感也会通过迁移功能影响学生对教学活动、教学内容的情感和态度。而师生情感交流的核心是爱心融入。这就要求教师从职业道德的高度认识师爱的意义，培养师爱情感，并掌握施爱于生的艺术。光爱还不够，必须善于爱。

　　a．施爱于细微之处。情感心理学告诉我们，一个人的某种情感越深厚，这种情感越会在他的行为举止的细枝末节中表现出来。因此，要知道一个人对某事或某人的情感究竟是深还是浅，最有效而简便的方法是观其行为表现的细微之处。而另一方面，学生对教师的观察最为细致，他们能从教师的一言一行、一颦一笑中感受出不同的意味。因此，教师在与学生交往中，就要善于将爱生之情流露于师生接触的细微之处，让学生从中感受到教师温馨的深情。

　　b．施爱于意料之外。关于情绪发生的心理机制的研究表明，一个人情绪的发生与客观事物与其主观预期的关系有关，且这一关系主要决定一个人情绪发生的强度。客观事物超出个体的主观预期越大，由此引起的情绪反应的强度也就越大，反之，则越小。鉴此，教师要使自己的爱的行为能真正引起学生情感上的震动，产生师生情感上的炽热的碰撞，就要设法在师生交往中有意识地利用超出预期所产生的增强情感强度的效果，尽可能使自己的某种爱生行为的处理出乎学生的意料，使之产生情感上的震撼，形成巨大的情感冲击波，极大地促进师生人际情感关系的发展。

c. 施爱于批评之时。批评给学生最表面和直接的感受似乎是未能满足学生的需要，易使学生产生反感情绪。同时，批评学生也正鉴于学生违纪、犯错或不足的行为，最易产生负性情绪的时候。因此，批评学生的时候也是教师和学生之间最容易发生对立和对抗、爆发冲突的时候。在这样的特殊场合，如何注意批评的方式和方法，在批评教育学生的过程中仍能让学生感受到教师的一片拳拳之心、殷殷之情，是一件很不容易做到的事情，却也是化消极为积极、变被动为主动的关键，是体现教师教书育人艺术的难点。这里的关键是要设法使对学生的批评过程也能充溢真情和爱心，真正做到严慈相济、情理相融。特别是要注意将学生的违纪行为与学生的人格相区分：我们要批评和纠正的是学生的违纪的行为，要尊重和保护的是学生的人格。

d. 施爱于困难之际。关于情绪发生的心理机制的研究表明，一个人情绪的发生还与客观事物与其主观需要的关系有关，且这一关系在一定程度上也会影响一个人情绪发生的强度。一般说，个体对客观事物的需要越迫切，满足与否所引起的情绪反应的强度也就越大，反之，则越小。学生困难的时候，是学生最需要帮助的时候，也就是对某客观事物的需要最迫切的时候，教师若能在这种情况下及时满足学生需要，如同雪中送炭，最易引起学生情感上的触动。因此，教师应把学生的困难求助视作通过施爱融洽师生情感关系的最佳契机。

e. 施爱于关键之刻。在学生的学习生活中会面临许多关键性的时刻，有许多十字路口，如重要考试、重大竞赛、学习生活的适应和转折、学习上的严重挫折等。学生自己由于涉世不深、经验不足，往往把握不住，又不知如何是好，而其后果却又给学生以后的学习生活乃至人生道路造成较大影响。在这种彷徨、困惑的时候，教师若能给予及时的帮助、指导，指点迷津，会使学生倍感教师的爱心和真情，增进师生的感情。

f. 施爱于学生之中。在教学中的师生人际情感的交流里也存在着学生之间的情感交流，只是在人们探讨师生情感时往往把注意力更多地集中在教师与学生之间的情感交流，而易忽视学生与学生之间的情感交流。事实上，后者也能为前者起积极的促进作用。教育学中有一条平行教育原则，意即教师一方面通过自己的教育来影响学生，另一方面，又通过学生集体来对学生施予影响，以达到在两条途径上同时发挥教育作用的目的。在促进师生人际情感方面也有类似于平行教育那样的做法，即教师一方面要把自己对学生的爱直接施予学生，另一方面也可通过学生集体将这种爱传递给学生。由于学生之间的情感有一种特殊的情结，一旦学生感受到学生集体对自己关爱的背后还有教师的一番深情，由此所产生的感激之情更带有值得回味的温馨，有利于师生情感关系的融洽。

g. 施爱于教学之余。师生之间的交往并不局限于教学活动之中，而是拓展于教学活动之外。师生之间的情感交流也同样要延伸于教学之余，且对教学中的师生人际情感关系的发展具有不可忽视的作用，成为发展教学中师生情感的一条重要的补充渠道。由于在教学之余，师生的交往的氛围相对宽松，彼此间的接近更多地带有生活气息，教师对学生的关爱在学生看来，似乎更少一些功利色彩，也就更易为学生以开放的心态所接受。因此，这也就成为教师融洽师生情感的好机会。教师要不失时机地抓住机会，从生活上贴近学生，关心学生，融入学生的世界，与学生打成一片，来积极培养感情。许多优秀教师把此举诙谐地称为"感情投资"，其情感的回报率往往是不可估量的。

h. 施爱于家校之间。在现代教学理念中，学校与家长的联系也是促进教育的一个手段。但不少教师只是当学生发生问题时才与家长联系，名为沟通，实是"告状"，以致学生形成不良的条件反射——老师上门没好事，不是反映问题，就是施加压力。殊不知，通过家校联系也是向学生传递师爱、发展教学中师生情感的又一条不可忽视的补充渠道。事实证明，教师通过家长来传递对学生的关爱，比直接对学生施爱更有效。例如教师通过家长对学生实施的表彰就远比对学生本人直接表彰更有激励作用，更有利于让学生感受到教师对学生的关爱。

2. 情感规律在自我教育中的运用。

（1）要正确认识情感在自我发展中的意义。对教师来说，情感在自身发展中的意义主要体现在以下几个方面。

①良好的情感有助人格的完善。一个人经常表现出某些情绪反应，获得某些情感体验，他就逐渐形成具有相应情感特点的人格特质。

②良好的情感有助于身心的健康。

③良好的情感有助于学业的提高。

④良好的情感更是教师素质修养的一个十分重要的组成部分，具有自身发展和教师职业要求的双重意义。

（2）要有意识地陶冶高级社会情感。高级社会情感在个体身上并不是自发形成的，而是在丰富的社会实践环境中，尤其是在教育的影响下，在相应的情绪体验的基础上逐渐萌生、发展的。

（3）要提高情绪修养水平。情绪修养的实质就是善于调控自己情绪，使之经常处于良好的状态。这里的良好状态的基调是愉悦、兴趣以及学习、工作时适度的紧张。情绪修养的关键就是学会消释和克服不良情绪。

①排除苦恼。学习生活中总会遇到不顺心的事，抑或挫折和失败，表现为烦恼、痛苦、悲伤等。苦恼是一种负性情绪，不仅使人消沉，影响行为活动的积极性和智慧潜能的发挥，而且时间一长，更会有碍健康。因此排除苦恼是提高情绪修养的一个重要方面。这里可根据情感规律采取以下几种方法。

a. 铲除苦恼根源。产生苦恼的根本原因是客观事物不满足个体主观需要。因此一旦有不顺心的事发生，不能把自己的意识束缚于对该事后果的思量之中，而应把注意力放在如何解决问题的努力上，以积极的态度直面现实，从根本上铲除引起苦恼的根源，这是排除苦恼的最切实的方法之一。

b. 改变认知角度。虽说客观事物不满足个体主观需要是产生苦恼的根本原因，但其直接原因则仍是个体对客观事物与主观需要之间关系的认知评价。因此，有意识地改变自己的认知角度，一分为二地对待问题，努力从客观事物中分析、寻找合理的、积极的因素，是排除苦恼的有效方法。

c. 适当宣泄情绪。如果一时产生较强烈的苦恼情绪，不宜积压在心里，可采取适当的方式加以宣泄。如到操场上去跑几圈，打一场球，或找一个合适的地方用木棍敲击砖石，待到累得满头大汗、气喘吁吁时会感到精疲力竭，而心情反而得到明显好转。有时，悲伤之极，不妨大哭一场，哭也是释放积聚能量、调节平衡的一种方式。

d. 调换环境。如前所述，情绪具有情境性，苦恼情绪也不例外。当苦恼情绪一时难以摆脱时，可到其他宿舍走走，或到图书馆里去看看自己平时感兴趣而没有时间去看的书，或到街上、闹市区逛一下，或去影院看一场轻松的、喜剧性的电影。如是节假日，有条件的话，最好外出旅游，走亲访友，通过暂换环境来帮助排除苦恼。

e. 睡觉休息。苦恼缠绕、头绪紊乱时，睡觉休息也会收到意想不到的效果。因为睡觉时，大脑处于暂时放松、静息状态，情绪也得到彻底松弛。一觉醒来，人会异常冷静，刚刚被苦恼扰乱的头脑，会变得异常清醒，有助于从新的角度思考问题，评价现实，梳理头绪，从而达到消除苦恼的目的。

②学会制怒。怒也是一种负性情绪，依据强度不同，可分为愠怒、愤怒、大怒和狂怒等。这里所指的主要是已进入激情状态的愤怒，它在性质上具有两重性：积极的、充满凛然正气的怒和消极的、不该发作的怒。面对敌人的丑恶行径，义愤填膺、怒不可遏，与之作针锋相对的斗争，这便是积极的怒；在并非原则性的问题上，为一些鸡毛蒜皮的小事而大动肝火、怒气冲冲、大发雷霆，这则是消极的怒。克服和避免后一种怒，是情绪修养的又一重要内

容。这是因为，一方面处于激情状态的消极性的怒，会使我们的意识失去对行为的有效控制，失去对行为后果的冷静思考，往往会做出不明智的行为举止，影响人际关系，甚至"一失足成千古恨"，干出蠢事，同时也会损害健康。世界上根本不发怒的人恐怕少有，但要做到少发消极的怒是完全有可能的，这主要在于把握两点。

a. 要拓宽心理容量。心理容量（俗称气量）越大的人能经受较强的刺激而不动怒。为此，第一要培养远大的生活目标，习惯于从大局、从长远处着眼，不拘泥于小节琐事；第二要善于理解人，一旦发生矛盾、冲突，要习惯于从对方的角度来看问题，以便心平气和地讲清道理；第三要尊重他人，因为事实上，一个人的脾气不管怎样暴烈，对他内心真正尊重的人是很少发火的；第四要提高文化知识修养，一般说，文化知识修养高的人，看问题比较通达，心理容量也就相对比较大，不易发火动怒。

b. 要具有制怒措施。平时有一套制怒的操作手段，才有利于临场有效制怒。第一，在怒气刚产生时，及时制怒比较有效。一个非常简易的方法就是，把舌头在嘴里转十个圈，使自己正急速膨胀的怒气有所消退；第二，当怒气有所消退时，要自己反问自己，"如果真有道理能否延迟些时间再发火？"从而把自己的意识重新拉回到冷静的、理智的状态；第三，要针对自己易发火的特点，养成接受他人劝言和自我暗示的习惯，从外部诱导中获得制怒的信息和力量。

③消除紧张。学校学习生活中，讲究学习的效率和效益，强调竞争和挑战，紧张情绪是难免的，而且，适度的紧张对学生来说，是有益而必要的。它比松弛状态更能调动人的潜能和智慧，但一旦过度，则同样走向反面，产生一系列消极影响，如大脑神经的兴奋和抑制过程失调，出现暂时性的不平衡，干扰认知活动，降低其活动的效率，并会引起心跳加速、血压升高等生理反应，不利于健康。特别是考试、测试时，过度紧张的问题尤为突出。如何调节情绪，以防止过度紧张，这不仅有利于临场发挥智慧水平，而且也有利于平时身心健康，改善生活质量。这里主要谈临场紧张的消除方法。

a. 降低动机强度。每次测验、考试理应全力以赴，努力考出水平。但走进考场临考时，则头脑中不再考虑这次测验或考试的成败、得失，而是带着一份平常心，只要求自己像平时做练习那样一般发挥就可以了。

b. 弱化自我意识。考试过度紧张的学生往往自我意识很强烈，过多地注意别人对自己的评价，关心自我在别人心目中的形象，一边考试一边还在担心自己落后于他人，这无疑是自我加压，陡增紧张感。因此，在考试时要弱化这方面的自我意识，只管自己潜心答题，不管他人评价与考试状况。

c. 进行放松操练。考试时应提早到场，试卷发放前往往也是最紧张的时候，如一时镇静不下来，可运用呼吸进行放松操练：双眼轻合，先深吸一口气，使全身肌肉紧张，达到极限后慢慢放松；同时，缓缓呼气，重复数次。该操练应平时加以练习、体会，考试时才能达到最佳放松效果。

d. 实施"焦点转移"。若考试中途出现怯场现象，可立即采用"焦点转移法"加以调节：伏桌暂歇片刻，做深呼吸，默数一、二、三、四……尽量回忆生活中自认为最有趣的事，待情绪平伏后再继续应试。

e. 重视"舌尖现象"。答题时，遇有一时记不起来的地方，切莫硬想，这可能就是前面提到的舌尖现象——因情绪紧张所引起的记忆短时抑制。这时，越急越想不出，越想不出越急，导致恶性循环。不如先做其他题目，会自动解除抑制状态，恢复记忆。遇到难题，也不要过多纠缠，引发紧张情绪，而应暂搁一边，待最后解决。

f. 保证试前休息。考试前要保证充分睡眠和休息，以免因休息不足而诱发紧张情绪。

二、教师情感教学概述

教学是学校实施教育的基本途径。在这一活动中，教师是教育者，处于教育的主导地位；学生是教育的对象，处于教育的主体地位。教学正是通过发挥教师的主导作用和学生的主体作用，来促使学生朝着教育培养目标的方向发展的。教学活动虽以传递认知信息为中介，却又时时离不开人所固有的情感因素。

（一）情感教学的含义

情感教学是指教师在教学过程中，在充分考虑认知因素的同时，充分发挥情感因素的积极作用，以完善教学目标、增强教学效果的教学，这是作为教育者的人对受教育的人进行教育所应实施的真正的教学，在这样的教学活动中，认知因素和情感因素才能得到和谐的统一。

（二）教师情感教学的思想源流

我国是一个有着悠久历史和灿烂文化的文明之邦，在绵延数千年的历史发展中，前人也曾留下丰富的教育心理学思想遗产，其中有一部分便涉及"乐学"思想，即相当于我们所说的情感教学思想。

孔子是我国古代最早，也是影响最大的教育家、思想家。他在长期的教育活动中，不仅取得了丰硕的教育实践成果，而且总结出一整套教育理论，形成丰富的教育思想。

早在两千多年前，孔子就十分重视情感这一人类的重要心理现象。第一，孔子认为，作为教学过程的一方——学生的学习活动，本身就应该是快乐之事。孔子称赞自己的得意弟子颜渊以学为乐、乐在学中的求学之道。第二，孔子认为，学生对学习本身所怀有的积极情绪体验，能促进学生的学习运动，增强学习效果。"知之者，不如好之者，好之者，不如乐之者。"孔子把学习者的治学境界分为三个层次：知学、好学和乐学。"知学"似乎是指缺乏情感因素激励而仅依靠认知因素的学习，而"好学""乐学"则都是指带有情感因素激励的学习。但"好学"较多的是反映学习者对学习活动的情感倾向；"好"——爱好、喜欢；而"乐学"不仅仅反映了学习者对学习活动的情感倾向，而且还表明，学习者真正感受到学习的乐趣，陶醉于学习之中。因而，孔子认为，缺乏情感因素激励的"知学"，自然不如带有情感因素激励的"好学"者和"乐学"者，甚至连"好学"者和"乐学"者之间还有差距，后者似乎在发挥情感的积极作用方面比前者更胜一筹，被孔子视为治学的最高境界。第三，孔子也在某种程度上指出教师实施愉快教学的方法。其中一个突出的观点，就是教师应发挥积极的主导作用。他认为教师自己做到乐学、乐教，才能促进学生的乐学，又如，他认为教师不仅要乐教，也要善教。

《学记》是我国教育史上第一部，也是世界教育史上第一部教育专著。首先，《学记》通过正面阐述善学者乐学的思想，不仅肯定了孔子关于学习活动本身就应该是快乐之事的观点，而且也使孔子关于积极情感对学习促进作用的观点具体化。其次，《学记》还从反面论证了乐学的积极作用。它批判了当时教师在教学中只知道诵读课文，灌输知识，而不顾学生接受状况，不考虑学生的情趣的"注入式"教学，并揭示其对学习的危害，集中反映了乐学的反面——苦学给学生所造成的厌学、怨师、速忘的严重后果。这样便从正反两方面进一步揭示了情感因素对学习活动的影响。再次，《学记》也在客观上为愉快教学提出具体的方法——"喻"，即启发诱导，它包括三个具体内容：一是引导学生而不牵着学生走，师生关系才会融洽；二是策励学生而不推着学生走，学习起来才会感到安易；三是启发学生而不代替学生作出结论，学生才能独立思考。《学记》认为，只有做到上述三条，才只有通过启发式教学，才能做到师生融洽、学习安易、独立思考。自此，启发式教学也就和愉快教学结下不解之缘，且至今仍是实施愉快教学的重要手段之一。如果说在孔子的教育思想中已隐现着情感教学思想的最初源头，那么在《学记》中便出现该思想的最初源流，并影响着随后两千多年的连绵不断的发展长流。

（三）教师情感教学的现实挑战

21世纪教学面临的现实挑战日益严峻。一方面，一个人从小学、中学到大学，所接受的必要的学校教育时间毕竟是有限的，而人类科学文化知识到了今天，却以越来越快的速度积累着和更新着，造成了受教育时间的有限性与教育内容丰富性和多变性之间的日趋尖锐的矛盾；另一方面，教学培养的目标，随着人们对教育作用和未来社会需要的认识深化，不断丰富着内涵，由过去的"知识型"、"智能型"向"个性全面发展型"方向发展，其水准越来越高。因此，如何在有限的时间内，培养出适应未来社会的高质量的人才，是现代教学改革所必须解决的根本问题。

从智能角度入手改进教学方法。以充分发掘学生的智能潜力，一直是近年来教学改革的主线，它是对只从知识角度入手，改进教学方法的传统模式的一种否定，业已取得显著成效。但教学实践表明，仅从智能角度入手，其发掘的潜力也将是有限的，并且稍有不慎，极易产生诸多副作用，影响学生个性和谐、健康、全面的发展。厌学情绪的滋生、蔓延，健康状况的下降、劣化，思想品德教育的薄弱、松懈，便是常见的一些典型的副作用。其中又以厌学现象最为突出。厌学的结果，反过来又会影响学生智能潜力的发掘，甚至抑制智能的正常发挥。

因此，为了更充分地发掘学生的智能潜力，同时又能存效地防止诸多副作用，甚至变副作用为正效应，人们的改革思路不再更围于唯一智能因素的角度了，而是试图在智能因素外部寻找新的挖潜增智途径。于是，既涉及到一个重要的非智能因素，又有着历史渊源的情感教学思想，便再度合乎逻辑地出现在现代教学改革探索者的视野里。

（四）教师情感教学原则

在教堂活动中，教师在充分考虑认知因素的同时，充分发挥教学过程中情感因素的积极作用，以优化教学效果，促进学生德、智、体、美诸方面个性获得健康、和谐的发展。在教学活动中应坚持三条教学原则。

1. 寓教于乐原则。这是情感教学原则体系中的一条核心原则。这条原则的基本涵义，是教师要在教学中操纵各种教学变量，使学生怀着快乐、兴趣的情绪进行学习，也就是说，使教学在学生乐于接受、乐于学习的状态中进行。在情感教学中，教师的着眼点不仅仅在于学生能不能接受教学内容，而且还在于学生乐不乐于接受教学内容。关心学生接受信息过程中的情感状况，努力使学生在快乐、兴趣中接受教学内容，这便是情感教学的一个鲜明特点。这条原则具体包括两条教学规则：一条是要让学生在快乐中学习；另一条是要让学生在兴趣中学习。

第一，寓教于乐中的"乐'，既包含"快乐"又包含"兴趣"，是"快乐、兴趣"之意，当一个人处在快乐、兴趣情绪状态中时，最能发挥其智能操作水平，因而快乐、兴趣是个人体进行智能活动的最佳情绪背景。

第二，寓教于乐是以调节学生在教学中的情绪状态为操作点，使学生的情绪调节处于快乐和兴趣状态。

第三，寓教于乐是以促进学生由"外在乐"向"内在乐"方向转化为目标的。联系到教学实际，我们可以看到，一个学生在教学中处于快乐的情绪状态，会反映不同层次的情况：他可能是因为教师采取了生动活泼的教学形式，寓教学于游戏之中，满足了他的娱乐需要而感到快乐；他也可能是因为教师采用了启发式教学形式，通过实验揭示了一些奇异的现象，满足了探究需要而感到快乐；他也可能是因为在通过师生的共同努力使自己的求知需要得到满足，为自己又获得了新的知识，掌握了新的技能，发现了新的规律而感到快乐。教师在贯彻寓教于乐原则时，引导学生由低层次的"外在乐'向高层次的"内在乐"方向转化。变"乐中学"为"学中乐"，达到治学的最高境界。

2. 以情施教原则。这是情感教学原则体系中很有代表性的一条原则。这条原则的基本含义，就是教师在教学中应自觉地在传授知识、技能，传播思想、观点的同时，伴以积极的情感，达到以情促知、情知交融的教学效果。

教学活动是一个知情交流的过程。教师在教学中会自觉或不自觉地在传授知识、技能，传播思想、观点的同时，伴以某种积极或消极的情感。在情感教学中，这种情感被予以高度重视，它在教学中的运用，构成情感教学的一个重要组成部分。教师不仅要考虑教学内容的认知信息传递过程，及其相应的教学原则，而且还要清晰意识到在传递认知信息过程中伴随的情感因素的作用，努力以自己的积极情感，自觉地去影响学生，充分发挥情感在知情交流中所能发挥的效能。这条原则又包括三条教学规则：第一条是教师在教学中要善于控制自己情绪，使之处于快乐、饱满、振奋的良好主导情绪状态；第二条，是教师在教学应以自己的高尚情操积极地影响学生，以陶冶学生的相应情感；第三条，是教师要善于情感性地处理教学内容，使之知情并茂，以情促知。

3. 师生情感交融原则。这条原则的基本涵义，就是教师应重视师生人际交往中的情感因素，努力以自己对学生的良好情感去引发学生的积极情感反应，创设师生情感交融的氛围，以发展和谐的师生关系，优化教学效果。

教学活动是师生之间的一种特殊的交往活动。师生之间的情感关系贯穿于教学全过程，渗透于一切师生关系之中，对师生的交往以及由此形成的各种师生关系，施予重要影响。师生间的情感会通过对其交往活动和关系的直接作用而最终影响教学和教育的效果。这条原则包括三条教学规则，第一条，是教师在教学过程中应怀着对学生的一片爱心来促进师生间人际情感交融。

第二条，是教师在教学过程中应怀着对学生的一片爱心来促进学生间人际情感交融。此外，虽然教学外师生交往以及由此形成的师生关系并不属教学活动范畴，但其中的情感关系同样会影响教学中的师生关系，因而第三条是教师要重视教学外师生交往活动，怀着对学生的一片爱心，来促进师生情感的积累。

（五）教师的情感投入

情感投入是成为好教师的关键。一个好的教师必须挚爱自己的职业，对教学抱以极大的热情，这样他才可能积极地投入到教学工作中去。对专家教师的研究表明，好的教师能像一个赛车手和自己的车一样与学生以及教学过程融为一体，而这很重要的原因就在于他对教学投入了深切的感情。在以往的教学中，我们一度只是重视知识的本体价值和实用价值，教学目标就只限定在知识的掌握和运用上，再加上高考的竞争压力，教师的教学过程往往只注重学生认知系统的活动，而忽略了教学中情感的调动和情操的陶冶。

教师在课堂教学中的情感投入主要有以下三方面：①对学生的责任感；②为人师表，不断自我提高；③与学生间友好信赖的关系。

教师对学生的爱：①亲近感，即师生间的依恋；②理解感，师生间心领神会，可以很容易地沟通；③期望感，教师对学生的发展抱以真诚的期望和信任。要调动教学中学生的情感因素，就需要教育者在强调教学中的认知目标之外，还要强调知识背后的价值准则。当学生不但认识到知识的含义，而且意识到知识对社会、对自身的意义之后，才能真正实现知识的内化。如何确定教学中的情感目标以及确定什么样的目标，是个复杂的问题。不同的学科，不同年龄阶段的学生，都需要有不同的针对性。

1. 在教学中重视学生的情绪特征和理智感。学习活动本身就是一种认识活动，是感知、记忆、想象、思维共同参与的过程。从心理规律上讲，认识过程是情感过程的基础，但情感过程反过来又是认识活动的动力，并能对认识过程加以调控。日常经验也说明：当一个人情绪处于满意、愉快和兴奋之中，对所从事的活动由衷地喜爱时，常常感知敏锐，思维开阔，并能创造性地解决问题，有良好的记忆效果；反之，当一个人悲伤、抑郁，对学习或工作产生厌倦时，就会反应迟钝，思维狭隘，毫无创造性可言。有人通过实验研究了不同情绪状态对智力操作的影响，发现愉快组在操作时间、直接抓取和注视不动这三项指标上都比痛苦组效果好，而且愉快组更倾向于去解决疑难问题。情感过程对学习这种认识活动的影响直接决定了学习的效率。人们一般会认为，松弛的情绪状态会提高学习效率，紧张的情绪状态会降低学习效率。但实际情况不是这么简单，在耶克斯－多德森定律中，情绪过于放松，动机水平过低，使得问题解决的效率反而偏低；适度的焦虑和紧张，达到中等程度的动机水平，问题解决的效率也将达到最高水平；而情绪过于高涨，动机水平过高，带来的反而是较低的学习效率。这也提醒我们在教学实际中，既要关注一些学习状态敷衍了事、漫不经心的学生，也要注意那些全身心投入学习、情绪高度紧张的学生，帮助他们及时调整不良的情绪状态，保持一种科学的适合自身特点的学习状态。另外，在高级社会性情感中，理智感同学习活动有着密切的联系。学生在学习活动中的理智感表现为对所学课程的兴趣、爱好和好奇心，并能体验到获得知识和追求成功的乐趣。教师应该在教学中激发学生对所学课程的兴趣、爱好和好奇心，培养他们不断探索和追求真理的精神，并使他们体验到获得知识的满足感和成就感。当学生具备了良好的理智感，学习活动就不再是一个被动、枯燥、压抑的过程，学生可以成为学习的主人。

2. 在教学中加强师生的情感交流。"亲其师，信其道"，学生只有在情感上去接纳教师，在人格上去尊重教师，才能听从他的教诲，模仿他的言行。美国人本主义心理学家罗杰斯提出，教学过程实际上是建立起教师和学生之间一种"诚实、理解和接受"的人际关系的过程。这说明师生的情感交流对知识教学的重要意义。教师作为教学过程的引导者，应该是情感交流的主动方。教师应该善于抓住教学中的关键环节和学生学习活动中的有利时机展开情感交流。这样一来，自然拉近了师生的情感距离，为教学营造了一个很好的氛围。师生的情感交流可以贯穿教学过程的各个环节：如上课之初的互致问候，能给双方带来一种期待；课堂上的提问和表扬，会给学生一份鼓励和认可；善意的批评，换来的是学生的悔悟和感激；教师对学生平等相待，一视同仁，得到的是学生的信任和支持。这种平等、信任、愉快的情感联系，使得学生愿意接受教师的谆谆教导，教师也能接受学生的质疑和与众不同的见解，做到教学相长。

（1）教师控制点的把握。教师控制点是指教师将学生的好或坏的学业表现归为外部或内部原因的倾向。有的教师倾向于外归因，即将原因归为外部因素，如学生的能力、客观条件限制等，他们往往感到学生的成绩更多取决于环境的因素，自己无法控制和把握；而有些教师则倾向于内归因，将原因归为自身因素，他们往往对学生的成功和失败更有责任感。教师的控制点对其教学活动以及学生的成绩也有显著的影响。一般说来，倾向于做内归因的教师会更主动地调整自己的教学行为，积极地影响学生的学习活动，在结果上也更可能促进学生的发展；而倾向于做外归因的教师则更可能怨天尤人，听之任之，在结果上也更消极。

（2）对学生的控制。教师要进行有效的课堂教学，必须管理好学生，维持一定的课堂秩序。教师对于控制学生的理解可能有所不同。有的教师可能主张极端的家长制的做法，对学生给以高压控制，采用惩罚措施；只和学生之间形成非个人性的关系，互不信任；与学生之间只是单向交流，即由教师到学生。相反，有的教师则可能倾向于另一极端，极为富有人道主义的倾向，积极地与学生交往、沟通，形成个人间的亲密关系；表现出积极的态度，与学生互相尊重和信赖；形成民主的班级气氛，更多地让学生自我约束、自我决策。实际上，教师一般并不处于哪一极端，而是在两者之间的某一种结合点上，但优秀的教师会趋向于和学生建立民主友好的关系。

（3）教师的场定向。教师的场定向对其教学也有显著影响。教师的个性是影响教学方法有效性的重要因素。许多研究表明，要改进教学，可以通过改进教师自身的特征或改进教学方法来实现，而这两方面之间是相互依赖的。

（六）教师对教学和学习的基本理解

教师要具备一定的教学和学习的理论知识，然而，教师了解了某种理论后，并非就能自动地对教学活动产生影响。研究者将教师的理论知识分为两类：一类是所倡导的理论，这种知识教师容易意识到，容易报告出来，它更容易受外界新信息的影响而产生变化，但它并不能对教学行为产生直接的影响；另一类是所采用的理论，这类知识可直接对教学行为产生重要影响，但却不容易被意识到，而且不容易受新信息的影响而产生变化，而是更多地受文化和习惯的影响。这两类知识之间并非是截然分开的，所倡导的理论可以转化为所采用的理论而对教学活动产生影响。

区分这两类知识有重大意义。很多的教学改革之所以失败，一个主要的原因往往就是忽略了这两类知识的差别，误认为向教师介绍了新的教学思想便可以自然而然地导致教学行为的革新，却不知教师还在用老一套思想进行教学。

造成这两种理论的不一致可能有以下原因。①教师对新的理论缺乏深刻的理解。教师接受新的教学思想本身也是建构意义的过程，这有赖于教师已有的经验结构。而新思想往往与教师已有的教学思想形成鲜明对比，所以，使他们真正理解新的教学思想并不容易。②教师可能并没有看到以新思想改革旧做法的必要性。不仅要使教师理解新的教学思想，而且要使他相信这种思想的有效性，相信它比旧的做法优越，否则便不会真正采用新思想。③教师可能不知道如何将新的教学思想具体运用到教学中。一种新的教学思想开始往往更多是倾向性的观点，操作性较差，而旧思想却往往根深蒂固，成为习惯性的做法，这无形中给新思想的采用造成了巨大的障碍。所以，培训中一方面要使教师理解新思想，而且要对具体的操作提供指导，最好使教师能参与教学研究。④教师可能并没有意识到自己"所采用的理论"与"所倡导的理论"之间的不一致。由于"所采用的理论"往往是内隐的，教师并不容易意识到自己在教学中到底采用了哪种理论，在这种情况下教师的教学行为也不会发生改变。通过教师对自己的教学过程的反思，可以使他们看到这种不一致。

三、教师教学中的情感现象

（一）教师心理状态的情感现象

1. 情调。情调是一种最轻微，淡泊的情感状态，它往往没有明显的表情行为和生理变化。

2. 心境。心境是一种比较微弱而持久的情感状态。它与情调的主要区别在于，它持续时间比较长，不是伴随感知觉刺激而立即发生或变化的，而是由相对较复杂的原因引起的。例如，学习上的顺逆、工作中的成败、人际关系的亲疏、健康状况的好坏、生物节律的起伏等都可以成为某种心境的成因。

心境的主要特点是弥散性。当个体处于某种心境之中，他们行为举止、心理活动都会蒙上一层相应色彩，其色着比情调更为浓重，影响更为明显。例如，有的同学因为学习顺利，又评到奖学金，心里乐滋滋的，上课思想分外集中，课后做事显得轻松、利索，与人交谈起来也兴致勃勃，甚至进进出出还伴随着歌声和笑语，周围一切似乎都显得那么美好。由于在各种情感状态中，人们更多地是在某种心境状态中进行活动的，因而，如何保持良好的心境状态就显得尤为重要。在教学活动中，师生都是在一定的心境状态下传授或接收教学内容，情感教学的最具体的体现，就在于让学生处于最佳的心境状态之中学习。

3. 激情。激情是一种猛烈而短暂的情感状态。情感强度上的强烈性和时间上的短暂性都是激情区别于情调、心境的最主要的特征。它总是伴以剧烈的生理反应和明显的表情行为。

引起一个人发生激情的原因，一般是重大事件的强烈刺激，如由于青少年情感控制能力较弱，又易于兴奋、激动，激情也就更容易发生，激情具有冲动性特点，当激情发生时，人的意识对自我调节的能力相对减弱，人的行为较难用意志控制，整个主体的情感卷入使人对行为意义和后果也往往缺乏考虑，或不能作出正确的估价。在这种情况下，易发生不适当的行为，甚至是鲁莽的举动，导致"一失足成千古恨"的结局，青少年犯罪中常见的激情性犯罪，就是一种无预谋的，仅因一时激情造成的犯罪行为。当然，激情也不都是消极的，也有积极的表现。在教学中，教师讲课讲到高潮处，也应使情感状态带有一定的激情性，使教师讲课更加投入，更具有感染力。在以青少年为对象的中小学教育中，激情是一个值得重视的情感状态。

4. 应激。应激是一种高度紧张的情感状态。它往往发生于出乎意料的危险情境和重大压力之下，高度紧张性是应激的本质特性。当一个人在应激状态下，可能出现两种反应倾向。一种是积极的反应，表现为急中生智，力量倍增，使智力和体力处于充分调动状况。另一种是消极的反应，表现为惊慌失措，意识狭窄、动作反复出错。学生平时成绩尚好，但初次参加重大考试或比赛，往往临场发挥不佳，便是应激的消极反应所致。在自然状况下，若要增加积极反应的倾向，必须组织演练。学生的模拟考试等都是不同形式的演练。注意防止学生经常处于应激状态，以及减少学生在应激状态中的消极反应倾向，也是学校教学工作中不可忽视的细节。

5. 热情。热情是一种热烈、稳固而深刻的情感状态。它比激情深厚而持久，比心境强烈而深刻。它集中表现在一个人对一定目标的强烈倾向和不懈的追求过程中。热情对人的活动具有持续、强大的推动作用，充分显示情感的动力功能，正如马克思所指出的："热情就是一个人努力达到自己目标的一种积极力量。"在教学活动中，热情同样也是师生极为重要的情感状态。

6. 情绪。情绪着重体现情感现象的过程和状态，因而气质中的情感特质，以及性格中的主导心境也都是情感现象在过程和状态中表现特点，一般也用情绪表示。例如，在教学中让学生处于快乐的状态，这个状态，确切地说也就是情绪状态。

7. 情感和情操。情感和情操一样，主要体现情感现象的内容方面，而且是与社会性需要相联系的那部分情感现象。

当我们强调过程和状态的时候，用情绪表示，当我们强调其内容和性质的时候，用情感或情操表示。情感和情操，尤其是情操，已涉及个性心理范畴，在学校思想教育和培养目标上都将与之有关。因此，在情感教学目标上，培养学生高尚的情操，是一个极为重要的方面。

（二）教师个性特质的情感现象

1. 表现在气质上的情感特质。气质是一个人心理活动的动力特征。气质特质一般包括：感受性、耐受力、反应速度、灵活性、兴奋性、可塑性和内外倾向性等。

2. 表现在性格上的情感特质。性格是一个人对现实的稳固态度和与之相应的习惯化了的行为方式。对现实态度的性格特征是性格的内层结构，而行为方式上的性格特征是性格的外层结构，正是在性格的外层结构上，包含了理智、情感和意志三方面的性格特征。表现在性格上的情感特质主要有以下几种。

（1）情感的倾向性。这是指一个人的情感指向什么和为什么而引起的。这是情感特质中的核心，体现情感的社会意义，有好坏、高低之分，与集中体现性格社会意义的对现实态度的性格特征是相应的。例如，一个人对祖国的态度是忠诚积极的，他相应的情感倾向性往往是高尚的，他会为祖国的繁荣昌盛而高兴、自豪，或为祖国遭受耻辱或践踏而义愤填膺。

（2）情感的深刻性。这是指一个人的情感在思想行动中表现的深浅程度。一般说，能深入地渗透到一个人生活各方面的情感，往往是深刻的。教师在一些细少的地方都能关心着学生，最易使学生感受到教师的深情厚爱，也就是这个道理。

（3）情感的稳固性。这是指一个人对他人、他物的情感的稳固程度。情感的稳固性与深刻性有密切联系，一般说，深厚的情感较稳固持久，而浅薄的情感即使强烈，也总是短暂、易变的。但从根本上说情感的稳固性是受一个人的信念影响，只有在坚定信念的指导下产生的情感，才会表现出良好的稳固性。

（4）情感的效能性。这是指一个人的情感对其行为活动发生作用的程度。

（5）主导心境。这是指一个人经常所处的某种心境状态。心境具有弥散性特点。即一个人处于某种心境之中，他的言行举目都会笼罩上一种色彩。如果一个人经常处于某种心境之中，那么这种特定的情感色彩便会影响一个人的行为方式，并使之习惯化。有的人经常精神饱满，欢乐愉快；是乐观主义者，有的人则经常抑郁寡欢，情感消沉是悲观主义者。

四、教师教学中的认知、情感因素

教学是教师和学生共同参与的，围绕着教材所进行的教与学的双边活动。它既是以传授和吸收人类间接经验为主的实践活动，也是特定情境中的人际交往活动。因而，师生之间不仅有认知方面的信息传递，而且也有着情感方面的信息交流。情感以其不容否定的事实参与教学活动，一个不可忽视的教学因素，使教学活动呈现一种知情交融的复杂状态。教学是一个涉及教师和学生在理性与情绪两方面的动态的人际过程。

（一）教师教学中的认知因素

1. 教学中的认知系统。教学是师生围绕着教材所体现的教学内容而展开的教与学的活动。教学内容，为一种广义的认知信息，其载体是通过一定的教学方法呈现的语言符号和非语言符号。教学过程也就可以视为认知信息在教师和学生中传递、转化的过程。

（1）教的认知系统。教师教的认知系统的基本模式是：由教材向教师"输入"有关教学内容的初步信息，经教师加工处理后，运用一定的教学方法和形式向学生"输出"，教学内容的呈现，涉及老师以何种教学形式，采取何种教学方法和运用何种教学手段向学生传递信息的问题，同样教学内容的信息，以不同的方式传递，会产生不同的教学效果。这又需要教师根据教学内容的性质和学生的认知特点来选择适当的传递信息的方式。

（2）学的认识系统。学生学的认知系统的基本模式是：由教师向学生"输入"有关教学内容的信息，经学生加工、处理后，以一定的形式贮存在学生那里，形成新的认知结构，并在实践中作出"输出"反应。教师向学生传递教学内容的信息并不能简单地"输入"学生，必须经过学生内部的选择、接收、消化、掌握和贮存过程，这种过程称为学生对教学内容信息加工过程。

（3）认知反馈系统。认知反馈系统由三个子系统组成。①师生间的反馈系统。学生的作业解题、回答问题、实际操作、教学实习等，既是学生学的认知系统的"输出"部分，也是对教师教学状况的反馈，教师可借以调整自己的教的认知系统活动，调整对教学内容的加工系统和对教学内容的呈现系统，使教的活动更有效地进行。同时，教师也通过批改作业、评价学生回答等途径，向学生反馈信息，使学生藉以调整自己的学的认知系统活动，调整对教堂内容的加工系统和对教学内容的转化、实践系统，使学习活动更有效地进行。②教师自我反馈系统。教师在教学内容的加工系统和教学内容的呈现系统中，也都存在着反馈过程，教师无论在加工教材所提供的教学内容时，还是在呈现教学内容时，都会及时获得自身加工过程和呈现过程的信息，借以监督、调整，从而构成自我反馈系统。③学生自我反馈系统。学生在教学内容的加工系统和教学内容的转化和实践系统中，也存在类似的反馈过程。

正是上述三种反馈系统的存在，才能使教的认知系统和学的认知系统处于可调节的状态，并使两者形成一个有机联系的整体系统——教学认知系统。

此外，有的教师也注意组织学生间的讨论、评价，以达到学生间的相互交流、相互学习的目的。这样，也就形成学生间的认知交流系统。

2. 教学中认知系统的控制。教学中认知系统是一个可控系统，具有明确的控制目标，那就是使教学中认知信息传递达到最佳状态，以利于学生德、智、体各方面的全面发展。在教学中教师通过教的活动来控制学生学的活动，从而获得对整个认知系统的控制。由于承担控制职能的教的活动的主体和处于被控地位的学的活动的主体都是具有各自主观能动性和活动积极性的人，这就使整个系统控制表现出三个与众不同的显著特点。

（1）系统控制的双重性。教学中认知系统信息传递不是受单一控制的，而是受教师和学生的双重控制。教师通过教的活动控制着整个认知系统的信息输入，从认知信息的量到认知信息的质，从认知信息的内容到认知信息的传递方式，以求认知信息能在学生的学习活动中获得最佳传递效率。然而，整个认知系统是否能达到最佳的信息传递效率，教学是否能取得最佳效果，并不完全由教师对认知系统的控制状况决定，还取决于学生在学习活动中对教师输入信息的接受、加工、转化的状况，即取决于学生的控制。这是因为学生对认知信息的接受、加工、转化过程毕竟是学生内部的信息加工过程，它虽受外部输入状况的制约，但最终仍受学生自己活动状况的调节。因而认知系统控制的双重性，实为"学生不仅是教的对象，也是学的主体"这一特殊的地位所决定的。

（2）教师控制的双向性。虽然教学中认知系统是受双重控制的，但这两种控制是不同的。教师毕竟是教学活动的组织者、指导者，他对整个认知系统的控制实为主导性控制。学生作为学习活动的主体，是在教师组织和指导下实施对自己的认知活动的控制，属主体性控制。教师在承担主导性控制职能的过程中，不仅要控制向学生输出的认知信息的内容和呈现方式，而且还要设法调节学生内部认知加工状况。

（3）师生控制的双塑性。正因为教学中认知系统的双重控制是由教师和学生来实施，因而不仅是学生的主体性控制，连教师的主导性控制，都有较大的不确定性。为了使整个信息系统达到最佳状态，不仅要通过教师来调节学生的内部认知加工状况，而且也要设法通过其教学活动来发挥和调节教师本身认知加工的潜能和动力。

（二）教师教学中情感因素的静态分析

教师、学生和教材是构成教学中认知系统的三个基本要素，同时这三要素中所具有的情感因素，也是构成教学中丰富而复杂的情感现象的三个源点。

1. 教材内含的情感。教材内容既是人类在认识世界和改造世界的实践活动中的经验总结的一个侧面，直接或间接地反映了人类实践活动的情况，又是教育者按一定社会、阶段、时代的要求编写的，在不同程度上体现了教育者的意志。教育者在编写教材体现其某种意志的过程中，也必然会流露出相应的情感，这都将导致某些教材内容本身不可避免地蕴涵大量的情感因素。

2. 教师的情感。教师不仅自己具有一定的情感，而且也能接受外界的情感刺激，并对周围学生施予情感上的影响。同时，教师是教学活动的组织者和指导者。其主导性地位决定了教师这个情感源点对整个教学中的情感活动，此外，教师作为成熟的个体，其情感也相对成熟和稳定，这对教师在教学活动的重要情感地位上发挥积极作用提供了现实的可能性。从教学活动这一特定的背景上审视教师情感，可以粗略分为几个方面。

（1）对教育和教学工作的情感。这是教师对自己所从事的教育和教学工作本身的情感。教师的教育和教学工作从工作的社会意义上看，涉及到培养下一代的神圣事业；从工作的性质上看，它又是塑造人类灵魂的特殊工程，其工作的好坏，影响是一代新人的素质。它要求教师有更大的责任心。从工作的方式上看，它是不断吸收、加工和输出知识、技能和思想的过程。教师的教育、教学工作是一个需要有更多的事业心、责任心和献身的精神工作。

（2）对所教学科的情感。这是教师对自己所执教的具体教学内容的情感。教学是十分具体的活动，规定每一位教师从事某一门学科的教学，这种规定既有来自教师最初的自觉选择也有来自以后的工作需要。教师对自己所教学科也会产生不同的情感，有的教师由衷喜爱自己的学科，有的教师对自己教学的职业内容缺乏热情。

（3）对学生的情感。这是教师对自己的教学对象的情感。教师与学生在共同教学活动中必然结成一定的人际情感关系。有的教师从肩负的责任出发，对学生有一种特别深厚的感情，凝聚着整整一代人对下一代人的深情厚意；有的教师只是将师生关系仅仅看作是"教"与"学"的关系，缺乏情感上的渗透和升华。

（4）主导情绪状态。这是指教师在教学活动中情绪状态的基调。它既受上述三种情感的制约，又是教师自身的性格和气质特点的反映，但也与教师的自我修养有关。有的主导情绪状态是热情、高涨、精神振奋，教学高潮时甚至会出现一种激情性的投入状态，有的主导情绪状态是比较平静、温和的，有的则经常处在情绪低落、冷漠、不悦的状态，易因教学中发生的细琐小事而发怒、生气、闹情绪。

（5）情绪表现。有的教师表情丰富，能将教材内容中蕴涵的情感因素充分表现出来，使学生获得强烈的感染；有的教师表情相对贫乏，无法引起学生情感上的足够强度；有的过分呆板，使教材内容中蕴涵的情感因素，无法通过教师的表情再现。

3. 学生的情感。学生，作为教学活动一个基本要素，与教师一样，也具有一定的情感，也能接受外界的情感刺激，并对周围的同学，乃至教师施予情感上的影响。但学生与教师又不一样，他们是教学的对象，又是处在身心发展过程中的尚未成熟的个体，在教学活动中更多的是接受外界的情感刺激，并进而促使其内部情感的形成和发展。从教学活动这一特定的背景上审视学生情感，也可粗略分为几个方面。

（1）对学习活动的情感。这是指学生对作为整体的学校学习活动的情感。有的学生表现出对学习活动的酷爱，具有较高水平的理智感；有的学生则抱着无所谓的淡漠情感，有的学生甚至厌恶学习活动，产生厌学情绪。学生对学习活动的情感，反映了学生的基本学习意向，对其学习活动有着巨大影响。对学习活动的积极情感的培养是教学目标的基本组成部分。

（2）对所学课程的情感。在教学实际中，有不少学生虽对学习活动在总体上并不十分热衷，但对某些课程颇有兴趣，有着良好的情感。同样，有的学生对总体学习活动很有热情，但对其中某些学科则缺乏兴趣，甚至反感，这是极普遍的现象。学生对学校学习活动的情感，也是这些具体课程的情感积累和升华所致，应在教学活动中受到各学科教师的高度重视。

（3）对教师的情感。学生对教师的情感最初总不免带有敬意的色彩，尊敬是对教师的最基本的情感成分，但随着师生接触、交往的深入，这种情感也会发生变化。有的学生由对教师的尊敬，发展为敬爱、爱戴；有的则由尊敬演变为敬畏、畏惧；有的甚至恶化到对抗、憎恨的地步。

（4）主导情绪状态。这是指学生在教堂活动中情绪状态的基调。这种情绪基调对学生的学习过程有着直接的调节作用，对学生各方面都将施予极为重要的影响，情感教学最核心的关键，便是控制学生教学活动中的情绪，使之处于最佳情绪状态。有的学生是处于积极的、快乐的、兴趣情绪状态；有的学生则相对中性的情绪状态，既不快乐，也不厌恶；有的处于消极、不快乐的情绪状态。

（5）课堂情绪气氛。情绪气氛主要是指社会群体内的心理气氛。在这里是反映课堂中学生相互之间心理关系的一个主要方面。情绪气氛则侧重反映学生相互作用所形成的群体情绪。不同的情绪气氛也同样会影响学生的学习活动，特别是影响学生之间认知信息的交流。

（6）情绪表现。学生在教学活动中也会用各种表情来反映其情感体验。学生表情也是对教师的一种情感刺激，也直接参与师生情感交往过程。表情对学生本身也有情绪刺激作用，对它的充分利用，也将是情感教学的一个实施途径之一。

（三）教师教学中情感因素的动态分析

1. 教学中的认知信息传递而形成的情感交流。

（1）认知信息传递的顺逆状况所产生的师生间情感交流。当认知信息传递顺利时，即教师顺利输出有关教学内容方面的认知信息，学生又对此顺利地加以接受，加工、贮存和转化，整个认知信息传递处于高效率状态时，教师和学生便产生积极的情感体验，并形成相应的积极性交流。师生都会感到兴奋、快乐。反之，教师和学生便产生消极的情感体验，师生都会感到不满、懊丧、焦虑、紧张、厌恶等。

（2）认知信息传递师生间交流。蕴涵在教材内容中的情感因素，教师在教学中将蕴涵在教材中的情感因素表现出来，同时融入教师自己对教材内容的某些情感，由此感染学生，使学生也引起相应的情感体验。这样便自然形成师生情感交流，使教材内容中蕴涵的情感因素反映在相应的教堂情绪气氛之中。教师对教材内容中蕴涵的情感因素的发掘、引发和表达的程度，起着关键性作用。

（3）以知信息传递所产生的，师生基本情绪状态的交流。在教学中，无论教师，还是学生，都有一个情绪状态的基调，他们都会彼此影响，相互感染。

（4）认知信息传递所产生的师生对教学内容、对学科的情感交流。教师在教学过程中，会将自己对所教学科和内容的情感，不知不觉地流露给学生，影响学生对学习活动，对所学课程的情感，并由此形成交流是教师成熟的理智感对学生正在形成中的理智感的熏染和陶冶过程。

2. 师生间的情感交流。

（1）教师与学生之间的情感交流。教学活动是一种特殊情境中的人际交往活动。师生双方在共同参与的教学活动中，不仅传递着认知信息和情感信息，而且还会自觉或不自觉地交流着师生彼此间的情感。教师对学生的情感会从教师的言语、行为、举止上流露出来，为学生所察觉，感受；学生对教师的情感也会从学生的一言一行、一笑一颦中表现出来，为教师所心领神会。它们分别是教师对学生的情感和学生对教师的情感在教学情境中的情绪表现。作为师生的人际情感是教师和学生在学校教学、教育活动各方面的接触中逐渐发展的。

（2）学生与学生之间的人际情感交流。在教学中不光存在着师生间的情感交流，也同时存在着学生间的情感交流。它和师生间人际关系中的情感交流一样，也主要受课外学生交往中形成的学生间情感的制约。

3. 教学中认知、情感信息系统的交流。教学中同时存在着师生间的认知信息和情感信息的交流。

（1）情感信息交流。师生间伴随着认知信息传递而形成的情感交流和师生间的情感交流。一方面，在教学活动中，师生间伴随着认知信息传递所发生的情感，会泛化到师生人际关系，影响师生人际关系中的情感状况。师生在知识、技能的传授过程中经常获得快乐的情绪体验，分享成功的喜悦，这将有助于促进师生间的情感融合，增进学生对教师的好感和教师对学生的爱。

另一方面，师生人际关系中的的情感交流状况，也会影响师生间伴随着认知信息传递所发生的情感状态。当师生双方在教学活动中，由于交往接触不慎发生冲突，影响师生之间的情感，那么这种情感状态便会立即波及他们在知识、技能传授中的情绪体验。

（2）情感信息交流与认知信息交流。首先，情感信息交流状况会影响师生认知信息的传递、加工过程。其中最主要的是影响学生信息加工的能力状况和加工积极状况，并会由此一步影响教学的全面效果。学生在教学中处于积极的情绪状态，会有利于学习积极性的提高和智能潜力的发挥，使学生在学习上表现出更多的朝气和拼劲、灵性和智慧。其次，师生间认知信息交流中信息传递、加工的状况，也会影响师生间伴随教学中的认知信息传递而形成的情感交流，最主要的是直接影响师生在教学中的情绪状态。教学活动中，师生传授认知信息的顺递状况，便会引起师生正的或负的情绪状态。认知信息传递、加工的顺利状况引起师生的快乐情绪体验，并导致认知信息传递、加工状况的进一步优化，而认知信息传递、加工的不良状况引起师生的不快乐情绪体验，并导致认知信息传递、加工状况的进一步恶化。

师生人际关系中情感信息在教学活动中发展了良好的情感关系，老师爱学生，学生也喜欢自己的老师，那么这种情感便会迁移到教学上，使学生也喜欢该老师所教的内容和学科，这样便会大大提高学生学习的热情，促进教学过程中认知信息的传递、加工的效果。反之，师生间情感不融洽，也会降低学生的学习热情，影响教学效果。从另一方面说，教师教学好坏，也会影响师生在教学过程中的情感体验，进而影响到师生间的情感关系。教学成功的教师往往会更多地得到学生的敬爱，而教学失败的教师则常常被学生所鄙视、反感。

五、教师情感的独特功能

（一）教师情感的调节功能

教师情感的调节功能是指情感对一个人的认知操作活动具有组织或瓦解的效能。适当的情感对人的认知过程具有积极的组织效能，而不适当的情感则会产生消极的瓦解作用。一般说，诸如快乐、喜悦之类的正情绪有助于促进认知过程，而诸如愤怒、悲哀之类的负情绪会抑制或干扰认知过程。一个人愉快时，更容易通过感知接收外界信息，而不愉快时，则易闭塞接收外界信息的通道。情绪会影响感知的选择性，有过强烈情绪体验的东西，往往会被一个人首先感知。不同情绪还会影响一个人的记忆效果。当自己心情好的时候，记东西快，且不易忘记，而当心情不佳时，读了好多遍的材料，仍记不住，勉强记住了，也会很快忘记。

情绪对思维活动也有同样的调节作用。当我们情绪快乐时，思维会变得格外灵动、敏捷，头脑显得尤其清醒、明晰，分析判断也易于正确，而当我们情绪不佳时，则思维迟钝、涣散、头脑混乱，分析、判断易出差错。

由于情绪对各种认知活动都有调节作用，因而它势必在总体上影响一个人能力的发挥。良好的情绪使一个人感知变得敏锐、记忆获得增强、思维更加灵活，有助于内在潜能的充分展示。而不良的情绪，则会抑制、干扰一个人的各种认知过程，使已有的能力也无法获得正常施展。

情绪对一个人创造能力的影响也是不可忽视的。人们在进行创造性活动时，需要大量发散性思维、横向思维的参与，需要凭借各种灵感、直觉。而这些标志着人类智慧和创造性高度发展心理活动的进行，都需要有一个良好的心理环境；没有烦恼、焦虑、恐惧、紧张的干扰，处在一种悠然神怡、松弛闲适的超然状态。

生活中大量事实已给我们这方面的启发：凡是曾伴以我们较强烈的情绪体验的事物一般都会给人以较深刻的印象，留下长时的乃至永久的记忆，情绪在这里似乎起着某种"烙印"的作用，有助于记忆的保持。较强情感体验的事物比缺乏这种体验的事物更容易被记住；而与正情绪相联系的事物比与负情绪相联系的事物又易留下深刻印象。

（二）教师情感的信号功能

情感的信号功能指一个人的情感能通过表情外显而具有信息传递的效能。情感的信号功能在传递信息方面的作用。

1. 加强言语表达力的作用。在人际交往过程中，表情伴随言语，能对言语进行必要的补充、丰富、修正和完善，从而提高说话者的表达能力，以便帮助他人更好地理解说话者的言语内容。同时，表情具有一定的直观性、形象地，也助于说话者藉以表达一些较为抽象的言语，使听者较易接受、领会。

2. 提高言语生动性的作用。没有表情的言语，即使是运用优美的语言，仍给人以呆板、平淡、缺乏吸引力的印象。而富有表情的言语，则会使一句极普通的话顿时赋予生气和活力。人们正是运用不同的语音、语调，不同的手势体态，来增加言语的生动性，激起听者对说话者言语内容的兴趣。绘声绘色的描述、抑扬顿挫的谈吐，会使听者兴趣盎然、情趣倍增，充分显示人类言语的魅力。

3. 替代言语的作用。由于表情能传递一个人的思想感情，所以在许多场合，它可以单独承担信息交流的职能。这种作用是由表情中的非言语表情发挥的。人们可以通过面部表情、体态表情这类人体语言来传递无声的信息。

4. 超越言语的作用。如果把语音、语调、语速、停顿等各种言语表情和眼神、脸部肌肉，手势、体态、脚的姿势等各种非言语表情进行排列组合的话，那么这将形成一个庞大无比的表情语言体系，当人们难以用言语表达复杂的内心活动和微妙感情时。只有借助表情才能传神达意，获得"此时无声胜有声"的绝妙效果。在超越言语的作用方面，表情不只是在一定场合比言语更具有表现力，而且常使人觉得比言语更富有真实感。

（三）教师情感的感染功能

指一个人的情感具有对他人情感施予影响的效能。当一个人产生某种情绪时通过表情外显，为他人所觉察，并进而引起他人的情绪反应。我们把这种情感现象称为情感的感染功能。

1. 为情感在人际的交流、蔓延提供可能性。这是情感的感染功能最直接的作用，不仅使人与人之间的情感能得以交流和分享，而且还能使某种情绪在社会群体中蔓延、扩散，使个体的情绪社会化。

2. 为情绪控制开辟一条"以情育情"的通道。可以通过一个人的情感去影响、改变他人的情感，达到情绪控制的效果。

3. 为同情心的培养提供心理基础。同情心是人类的一种重要品质，也是品德教育中的一个重要培养目标。一个人对他人产生同情，不仅需要对他人处境的认知上的理解，也需要对他人处境的情感上的感受。

（四）教师情感的疏导功能

情感的疏导功能是指情感能提高或降低一个人对他人言行的可接受性的效能。

1. 他人言行的情感状况。感染功能涉及到的是一个人的情感对他人的情感变化上的影响，一般说，一个人真挚、生动的情感易打动他人，较易于使他人接受、悦纳该人的言行，而冷漠、无情或不真实的情感，则易于使他人产生隔膜、甚至反感，大大降低对其言行的接受性程度。热情洋溢、情理交融的劝说，演讲，宣传，鼓动，易为人们喜闻乐听，而缺乏感情、照本宣科的说教，则会使人引起心理上的逆反和抵触。

2. 个体本身的情绪状况。一个人自己当时的情绪状况，也会影响对他人言行的接受程度。当一个人处于快乐的正情绪状态时，更容易使自己畅开心怀，展示于外，接受或接近外界事物和人们，也就更容易接受、加工和内化外部输入的信息；而当一个人处于不快乐的负情绪状态时，则容易使自己闭锁、沉溺、拒绝或离开外界事物和人们，也就不容易接受、加工和内化外部输入的信息。当我们以真挚、生动的情感去提高他人对自己言行接受程度时，也不要忘了使他们尽可能处在快乐的情绪状态下来接受自己的言行。

3. 彼此之间的情感状况。彼此间的感情融洽，有利于提高一个人对他人言行的接受程度，而彼此间的感情抵触，则会降低一个人对他人言行的接受程度。当一个人对他人有好感的时候，那么对他人的言行，往往倾向于以积极的态度去对待它，认可它，接纳它，甚至会出现偏听偏信的情形；而当一个人对他人有恶感的时候，那么对他人的言行，就往往倾向于以消极的态度去对待它，从反面去理解它，从而拒听不从。

综上所述，一个人的情感是可以影响他人的认知接受性的。事实上，一个人的情感并不直接影响他人的认知活动，而是以他人的情感变化为中介的。所以疏导功能的心理机制是包括两个有机联系的过程。在第一个过程中，一人的情感通过感染而影响他人的情感，使他人处于一定的情感体验之中。同时，这一情感体验受他人本身情绪状态影响。

所以，对一个人"晓之以理"的前提是"动之以情"。情通则理达，情不通则理难晓。通过情感的疏导来排除个体对外来信息输入的心理阻力，以求情理相融、情通理达。

（五）教师情感的迁移功能

情感的迁移动能是指一个人对某人的情感会迁移到与他有关的对象上去的效能。当一个人对另一个人有感情，那么对他所交的朋友、对他所经常使用的东西，也都会产生好感。这便是情感的迁移现象。中国有句成语叫"爱屋及乌"便生动而典型地概括了这一独特的情感现象。

（六）教师情感的保健功能

情感对一个人的身心健康具有增进或损害的效能情感的生理特性。当一个人在发生情绪时，其身体内部也会伴之以出现一系列生理变化，且变化的状况和程度与所发生的情绪的性质和强度有关。然而，不同情绪所引起的生理变化对一个人的身体影响是不同的。有些情绪所引起的生理变化对身体是有利的，而有些情绪应引起的生理变化则对身体是不利的。倘若一个人经常处于某种情绪状态，他身体内部也就会频繁出现某种相应的生理反应，这样，久而久之，便会影响一个人身体健康。情绪也就与个人的身体健康发生密切关系。不良的情绪状态是导致疾病的主要内因，而良好的情绪状态，则不仅会增进健康，延年益寿，而且也会使疾病减缓、减轻，直至消除。这正体现了良好情感的保健功能的巨大作用。

因此，情绪保健功能在现代社会生活中，对一个人，尤其是对处在身心发展过程中的青少年来说，更具有特殊的意义。

（七）教师情感的协调功能

情感的协调功能指一个人的情感具有促进或阻碍人际关系的效能。情感是一个人同周围客观世界相互作用的过程中发生的，这种相互作用也包括人与人之间的相互交往和相互影响，并由此形成一种动态的人际关系。但反过来，情感也会影响正在形成中的人际关系。这种情感现象在现实生活中就表现为，当一个人对对方表现出热情、真挚，友好情感时，对方也往往会给予同样的回报，从而有助于人际关系的良好发展。而当一个人对他人表现出冷漠、无情，则他人也往往会引起疏远、反感甚至憎恶的情感，从而导致人际关系的不良发展。

当你力图从积极的方面看待别人时，也会在无意间流露出的各种表情中向对方坦露你真挚友好的情感，一旦被对方接受，也会起情感上的变化，从而导致双方人际关系的良好循环的启动。

作为人际交往中最普遍适用的友善情感的表现方式就是微笑，易引起他人良好的情感反应。微笑也被社会心理学家称为人际交往中的"润滑剂"，这一功能在教学中的运用，便有利于促进师生关系的融洽和发展。

六、师生情感教学的内容

（一）教师情感教学与德育

1. 陶冶学生的道德情操。发展学生良好的个性，自然包括高尚情操的培养。而在高尚情操的培养中，道德感的陶冶便是思想品德教育的主要内容。在现实教学中并没有一门课程只给学生普通的陶冶，而另一门课程只给专门知识职能，也应该是，通过具体教学来达到寓情于教、以教育情的目的。只有实施情感教学原则，充分发挥教学中的情感因素的作用，才能最大限度地使教学活动赋予陶冶学生道德情操的功能。

（1）在情感教学中，教师能通过以情施教，发挥情感的感染功能，让学生获得积极的道德感的情绪体验。积极的情绪体验的积累是高尚情操形成的基础，发展的必要条件。教师可以通过两条途径来发挥情感的感染功能。①教师通过富有表情的讲解，再现教材内容中蕴涵的道德感，使学生获得真切、动人的感受，并由此产生相应的情绪体验。②教师通过自己的道德感在具体教学情绪感染学生，使之产生相应的情绪体验。教师在教学过程中，不仅以其教学的内容去影响和教育学生，也同时以其自己的个性所具有的情感，去感染和熏陶学生。如果说前者是显性教育，那么后者便是潜移默化的隐性教育，两者合一便使师生在情感交流的共鸣中达到言传、身教和情染的和谐统一。学生往往从教师对教材中或社会上人物言行的道德评价过程中所表现出来的情绪里，获得相应的道德感的情绪性体验。

（2）在情感教学中，教师能通过师生情感交融，来引发学生的道德情感。

①通过情感迁移功能来直接引发学生的情感。在教堂活动中，一旦师生间情感交融，学生便会不知不觉地将教师的良好情感迁移到教师所涉及的某些对象上去，爱教师之所爱，恨教师之所恶，形成与教师相应的道德情操。②通过教师寓情于行的表现，使学生切身感受到人间的高尚道德情操。师生教学外更充分、更全面、更深入的接触中，往往会在无意之中向学生展示人世间高尚的情操，给学生以情感上的触动。

2. 提高学生的道德认识。对学生进行思想品德教育的一个重要环节，就是说服教育。说服教育的有效性，首先取决于学生教师说服教育内容的接受性。只有学生乐于接受外部社会的道德要求，道德评价标准、道德榜样等，才能化为学生自己的道德需要、道德行为准则和理想自我的道德形象等。

（1）教师能通过以情施教，来提高学生对说服教育内容的接受性。一个人真挚、生动的情感易打动他人，使他人较易于接受、悦纳该人的言行；反之，则降低对言行的接受性程度。因此，光具备说服教育内容科学性、逻辑性和丰富性还是不够的，还必须具有表述上的情感性。

（2）教师通过师生情感交融，来提高学生对说服教育内容的接受性。彼此间的感情融洽与否，会影响一个人对另一个人言行的接受性；融洽有助于提高接受性；就说服者而言，也不仅仅受其权威性的影响，还受其与被说服者之间的情感关系左右。同样一席话，出自某一教师之口，学生要听，而出自另一教师之口，学生就听不进。究其原因，大多是因师生间情感融洽状况不同所造成的，这就是"亲其师，信其道"的道理。

（3）教师通过寓教于乐，来提高学生对说服教育内容的接受性。一个人对他人言行的接受性程度，还会受该人当时自身的情绪状况影响：情绪快乐、心境舒畅时，更易悦纳他人的言行，就被说服者而言，其对说服教育内容的接受性，也不只是受其原有的认识水平和道德水平的影响，还会受其当时接受说服教育时的情绪好坏状况的制约。实施寓教于乐原则，无疑也就更有利于学生畅开心扉，以积极的姿态接受教师的教育。

3. 塑造学生的道德意志行为。在对学生的思想品德教育中，不仅要培养学生的道德情感、道德认识，还要塑造学生相应的道德意志行为，使学生的所有品德结构成分都获得整体的协调发展。一般通过外部手段，有针性地塑造学生的道德意志行为，实施情感教学原则将从两条途径上发挥积极作用。

（1）教师能通过师生情感交融，发挥情感的强化功能。在教学中实施师生情感交融的原则，发展师生间的良好关系。当师生关系融洽，感情深厚，教师对学生某一道德行为褒奖就能引起学生真正的喜悦之情，面对其不道德行为的责备，也能引起深深的内疚。若师生关系不好，感情疏远，学生对教师的褒奖或责备持无所谓的态度，不仅不会引起应有的情绪反应，有的甚至产生逆反心理，情感的强化功能也就无法发挥作用。同样情况，学生间团结友爱，情深意笃，也有利于班集体舆论在褒贬个别学生的道德或不道德行为时引起应有的情绪反应，发挥情感强化功能对其行为的巩固和改变作用。情感强化功能在学生道德意志品质发展水平尚不高的情况下，对其道德行为的促进作用显得尤为突出，并由此带动道德意志品质的发展。

（2）教师通过对学生情感上的触动，发挥情感的动力功能。对学生的情感触动越大，引起的道德意志行为的力度也越大，情感的动力功能表现得也就越明显。这是培养学生道德意志行为方面十分有效的以情促行的途径。

（二）教师情感教学与智育

智育是学校教学活动的基本内容，也是教学活动的主要方面。它包括传授文化知识和技能、发展学生各种智能和培养学生良好的学习态度等项任务。如何调动学生学习的积极性、提高学生学习的效率、开发学生的智能尤其是创造潜能，使教学效果最优化，始终是学校教育工作者和有关科学工作者努力探索的课题。

情感教学原则的实施，对学校智育具有全面而有效的促进作用。它将以雄辩的事实，显示情感教学在这一方面的现代教学理论与实践中的强大的生命力。

1. 增强学生的学习积极性。如何调动学生的学习积极性，始终都是学校教师面临的首要问题。情感教学充分发挥了情感的各种功能在教学中的作用，也能通过以下两个方面来提高学生的学习积极性。

（1）寓教于乐，发挥情感的动力功能，提高学生的学习积极性。情感的动力功能告诉我们，情感对人的行为活动具有普遍的增力或减力的效能。当一个人情绪高涨时，情感趋于发挥增力作用，而当情绪低落时，则趋于减力作用。实施寓教于乐原则，正在于创设学生快乐、兴趣的情绪气氛，让学生高高兴兴地学，饶有兴趣地学，无疑有利于发挥情感的增力作用。在教学实践中可以看到，当学生充溢快乐而富于兴趣情绪进行学习时，往往能使注意力保持高度的集中和长时间的稳定，观察、记忆和思维等活动也会朝着教学需要的方向积极展开，出现全身心投入的热情和克服学习中出现的各种困难的勇气。

寓教于乐发挥情感的动力功能，调动学生的学习积极性的做法，在教学活动中还具有特殊的意义。

①教学中学生的学习活动，它是在教师指导下的，由学生在规定时间、规定场所，按规定程序，接受规定的内容，进行规定的智能操作的活动。在

客观上使这种学习活动带有一定的强制性。使学生难以完全适应由各种"规定"所限制的学习情境，从而产生学生被动学习的消极影响。在这种情况下，由情感着手诱导学生，才能在不知不觉中消除这种不良影响，使学生在快乐、兴趣的情绪状态下，把"强制性"的教学活动，变成主动参与的教学活动，从而发挥情感动力功能，真正调动其内在的积极性。

②教学中学生接受知识、掌握科学、探索真理的过程并非坦途，需要付出艰辛的劳动。光靠意志努力，往往是不够的，还需要情感上的激励。只有情意相加，以情增意，才能使学生在追求知识、科学和真谛的崎岖小道上一往无前，奋力登攀，并使这种登攀的历程，不只是充满征服坎坷的艰辛和困苦，也充溢着情趣和欢乐。

③学生心理素质也有一个逐渐趋于成熟的发展过程，并表现出明显的年龄差异。一方面，年龄越小，对学习活动及其社会意义的认识越肤浅，对学习的内在动机强度越小。另一方面，年龄越小，意志品质的发展水平也越低。年龄越小的学生，由于其心理发展水平越不成熟，依靠内在学习动机和意志自觉性、坚持性来从事学习活动的力量，也越加相对薄弱。这就更需要借助情感力量的推动作用。从心理发展的年龄特点上看，寓教于乐原则在年龄越小的学生中实施，越加显示出它在调动学生积极性方面的独持作用。

（2）教师通过师生情感交融，调动学生的学习积极性。良好的师生情感关系，能在很大程度上提高学生的学习积极性，反之，则会挫伤学习积极性。这是因为，师生情感关系，首先会影响教师对学生的态度和期望，并会在教学活动的各个方面自觉或不自觉地表现出来，使学生获得不同的感受。教师一方面通过自己的言语有区别地对待学生，包括解释性言语、暗示性言语、评价性言语以及说话的音强、音速、音高等各种辅助性言语因素。另一方面，教师还通过各种非言语行为有区别地对待学生。如教师的面部表情、身段动作，教师等待学生回答问题的时间，平时接近学生的频率等等。优等生较多受到表扬，言语暗示，反复解释问题条件和要求，耐心等待回答，微笑，点头肯定，课后教师常坐到旁边座位上主动与之交谈等等。而差等生则与之相反。优生认为教师对自己的期望比较高或很高，差生认为教师对自己的期望比较低或很低。所有这一切，都会影响学生的自尊心、自信心，而最终影响学习积极性等。倘若对差等生也能表现出与优生同样的情感，同样能调动差生的学习积极性。其次，师生情感关系，也会影响学生对教师的期望、要求等的接受性。当教师与学生情感交融，教师的要求、期望易为学生接受、内化为自己的需要和努力的目标。而一旦师生情感冷漠、隔阂，即使教师有合理的要求、适宜的期望，也会被学生拒绝，无法成为其前进动力。

2. 提高学生的学习效率。

（1）寓教于乐，发挥情感的调节功能，提高学生智能操作水平。强调寓教于乐的原则，倡导快乐、兴趣的学习情绪气氛，为学生在教学活动中充分发挥智能潜力提供最佳的情绪背景。学生在这样的情绪气氛中学习，不仅能学得主动、积极，而且能学得生动、活泼，富有高效性、创造性，使聪明才智得到充分施展。

正因为良好的情绪能发挥学生的智能潜力，提高学习效率，许多优秀教师都在自己的教学实践中实施寓教于乐的原则，并以自己特有的方法创设使学生快乐、兴味十足地进行学习的情绪气氛。

（2）以情施教，发挥情感的调节功能，提高学习效率。在一个人进行智能操作活动时是否伴以丰富的情绪体验，也会影响智能操作活动的效率。一般说，伴以丰富的情绪体验有利于起促进作用。

（3）以情施教，发挥情感的信号功能，提高学生对教学内容的理解性。以情施教原则要求教师生动而富有表情地教学，有助于促进教师充分而又恰当地运用言语表情——语言、语调、语速，停顿等，以及非言语表情——面部表情、目光、手势、姿态等，来更好地表达教学内容，反映心中的思想感情，形象地解释某些现象、概念。

3. 促进学生的智能发展。学生智能的发展要结合教学内容，有针对性地培养学生的观察力、记忆力、思维力和创造力等。舍此无以发展学生的智能，但若仅限于此也是不够的。一个人的智能发展，不仅需要其智能因素本身的培养，还需要其非智能因素的促进。情感教学正是通过情感这一重要的非智能因素作用，为教学开辟了一条通过非智因素促进智能因素的直接通道，其作用表现在以下几个方面。

（1）教师能通过寓教于乐，发挥情感的调节功能，直接促进学生的智能发展。

①从掌握知识、技能与发展智能的关系上看。掌握知识、技能，并获得高学习效率，需要智能的较好发挥，而在发挥智能，掌握知识、技能，获得高学习效率的过程中，又进一步发展了原有的智能水平。例如，在平时情境下没有解决的问题，在良好情绪状态下，由于思维活跃、思路开阔，巧妙地解决了，那么这种思维上的触发，便有利于在新的类似问题情境中的迁移。而诸如此类的情况累积，便会孕育着新的智能水平的浮升。因此，情感调节功能正是通过对智能操作活动的积极组织作用，推动上述两方面的相互促进过程，并最终导致学习效率的提高和智能的发展。

②智能也是通过心理过程和心理状态逐渐形成和发展的。当一个人经常

处在快乐、兴趣情绪下，不断发挥自己智能操作的潜力，使感知、记忆、思维等认知过程优化，也会由量变到质变，促进智能水平的逐级提高。快乐、兴趣的情绪气氛对学生创造能力的发展，创造潜力的发挥，特别需要"心理安全"和"心理自由"。寓教于乐原则恰为创造能力的发展提供了这种必要的心理环境上的保证。

（2）教师能通过寓教于乐和师生情感交融，发挥情感的动力功能，提高积极性，为智能发展提供更多的实践活动机会。实践活动则为智能发展由遗传提供的可能性向环境提供的现实性转化的中介环节。只有通过实践活动，才能使具有一定遗传素质的人主动接受环境提供的客观刺激，使人在遗传和环境的相互作用中得到智能的发展。

对一个人来说，在遗传素质生来已定，环境条件又具有一定的客观现实性的情况下，实践活动的积极性，则具有举足轻重的作用。①实践活动的积极性决定了一个人与一定环境交互作用的充分程度。有积极性的个体能充分利用环境提供的一切条件，来锻炼自己，发展自己，而缺乏积极性的个体则没有用足这些条件，他们在同样的环境条件下所受到的环境影响事实上却完全不一样。②实践活动的积极性还决定了一个人在一定范围内改善环境条件的可能性。③实践活动的积极性还决定了一个人在一定程度上改善遗传素质的可能性。遗传素质是先天决定的，但作为素质，同样能在后天环境中，通过个人的努力可以得到一定程度上的改善。

因此，实践活动的积极性决定了具有一定遗传素质的人，在一定的环境条件下，智能发展到最佳水平。实践活动的积极性集中反映了一个人的在智能发展方面的主观能动性，在教学活动中，由情感的功力功能所引起的积极性对学生智能发展具有更加有效的促进作用。情感给人所带来的高涨的学习热情，将更有力地推动人进行孜孜不倦、锲而不舍的努力，而这种努力能提供不断的、丰富的实践机会，有利于知识、技能的积累和智能的发展。

4. 形成良好的学习态度。学校教学活动在智育上的任务，不仅仅是传授知识、发展智能，而应包括培养学生对学习活动本身的良好态度，从小形成热爱学习、乐于学习的优良品质。这一教学任务在一定程度上比学得一些具体的知识，掌握一些具体的技能更为重要。这是因为，对学习的态度，首先会影响学生在校学习的效果，其次，在以学习为主导活动的年龄阶段，对学习的态度会影响到在学校内外生活的各个方面。良好的学习态度，往往是全面发展的一个重要基础和起点。正因为如此，学习态度的培养，应成为反映学校教学效果的一个重要方面。情感教学从以下三个方面发挥这种促进作用。

（1）通过以情施教、师生情感交融和寓教于乐，发挥情感的疏导功能，提高有关学习意义的说服教育内容的接受性程度，明确学习目的。

学习态度是一个人对学习活动较为持久的肯定或否定的内在反应倾向。它不是一种单纯的心理成分，而是一个包括认识、情感和倾向在内的复杂的心理现象。因此，明确学习目的、陶冶理智情感、培养学习兴趣，是促进学生形成良好学习态度的三个重要方面。其中，明确学习目的就是为学生形成良好的学习态度提供正确的认识基础。这就需要教师通过教育，提高学生对学习性质、任务、意义的认识，说服教育不可缺少的方式之一。情感教学在这方面所起的促进作用，也主要表现在提高学生对教师说服教育内容的接受性方面。只有当学生乐于听从、接受教师的说服教育，才有利于明确学习目的。

（2）通过寓教于乐和以情施教，促进学生理智感的发展，为学生形成良好的学习态度提供必要的情感基础。

①通过寓教于乐，让学生在学习中获得快乐的情绪体验，促进理智感的发展。理智感的发展，需要理智活动中积极的情绪体验的积累，而快乐情绪的体验尤为重要。一个对学习活动缺乏快乐情绪体验的学生，是不会热爱学习，无法形成其理智情感的。强调在学习过程中，让学生充满快乐情绪的教学，对各年龄阶段的学生来说，都有利于理智感的发展，对学习意义尚认识不清或肤浅的低年龄学生，尤为重要。

从更深层次上看，人本身就有一种力求获得"最大的积极情感状态和最小的消极情感状态"的行为趋向，而当学习活动能够满足学生的快乐需要时，那么参加学习活动本身，也就可能成新的需要。由对快乐需要所派生出来的求知需要，对理智感的形成同样有积极作用，而一旦这种出于个体内在的求知需要和由外部社会和教育要求而内化的求知需要相结合，便会形成最佳的求知需要结构，为理智感的高度发展创造有利条件。

学习的苦与乐，对于学习者来说，也是相对的。在学习过程中由疲劳、枯燥、挫折所引起的痛苦的体验，往往会被同过程中因获得知识、发挥潜能、预见到成功所产生的，与理智感联系的快乐的体验所替代。教学中实施寓教于乐原则的作用，正是在学生尚未形成理智感的时候，让学习活动与快乐相联系，以使学生获得快乐情绪体验和产生由快乐派生的求知需要，促进理智感的形成；而当理智感形成后，它又以不断的快乐体验来进一步巩固和强化理智感。

②通过以情施教，以教师自身的理智感去感染学生，促进学生理智感的发展。教师在传授知识的同时，也在将自己对知识的感受、体验，通过明显或不明显的表情，自觉不自觉地传递给学生。它经情感的感染功能的作用，

引起学生的情绪体验，对学生理智感发生着潜移默化的作用。

（3）通过寓教于乐，师生情感交融，以施教发展。发展学生的学习兴趣，为形成良好的学习态度提供必要的心理倾向的基础，表现为以下三个方面。

①通过寓教于乐，让学生在学习中获得兴趣情绪的体验，促进学习兴趣的发展。而在兴趣发展的各个阶段，兴趣情绪都起着重要的作用，它是一个人在兴趣活动过程中所具体感受的兴趣体验的直接来源，兴趣活动进程中对注意力的集中与保持，对认知活动的促进和积极化的直接作用者，它更是一个人对一定事物的探究活动产生乐趣进而发展为志趣的最初引发过程。因此，在教学中实施寓教于乐原则时，强调让学生怀着兴趣的情绪进行学习，无疑对学习兴趣的发展起着直接的极为重要的促进作用。它使学生在教学活动中获得的兴趣情绪逐步地引向对掌握学习内容、探究有关知识的乐趣和志趣。

②通过师生情感交融，发挥情感的迁移功能，促进学生学习兴趣的发展。当师生情感融洽，学生爱戴教师，也往往会对教师所教学科发生兴趣，更当师生关系不和，学生对老师反感，也往往会对教师所教学科失去兴趣。正因为师生情感会影响学生对学科的学习兴趣，因此，强调师生情感交融原则，为学生学习兴趣的发展，创造又一个有利条件。

③通过以情施教，发挥情感的信号功能，提高学生对教师讲课内容的兴趣。以情施教原则的一个重要方面，就是教师要善于表现教学内容中的情感因素。

当教师在教学中运用表情来表现教学内容中的情感因素时，不仅能更好地感染学生，陶冶情感，以及提高对教学内容的思想感情理解，而且对引发学生的兴趣情绪，也有直接作用。

（三）教师情感教学与体育

学校体育的根本着眼点在于学生的健康。情感教学的实施，恰能从现代的观念上增进学生的健康，有利于体育目标的实现。

1. 增进学生的身体健康。情感教学让学生怀着快乐、兴趣的情绪从事体育活动。首先，从体育教学活动上看，教师倡导生动活泼的体育教学形式，让学生怀着快乐、兴趣的情绪投入，有助于提高学生进行体育锻炼的积极性，从而获得直接的良好的体育教学效果。其次，让学生经常处于快乐的情绪状态中，也直接有利于学生的身体健康。情感对人的身体健康，具有增进或损害的效能；良好的情绪状态，有利于调节机体的新陈代谢，提高免疫系统的功能，促进身体健康，而不良的情绪状态，则会紊乱机体的新陈代谢，降低免疫系统的功能，易导致身体疾病。

2. 增进学生的心理健康。情感的保健功能不只是表现在对人的身体健康方面的增进或损害的效能上，也能表现出对人的心理健康方面的增进或损害的作用。良好的情绪状态，有助于促进人的心理健康，而且良好的情绪状态的保持本身，就是心理健康的一个重要标志。不良的情绪状态，则会导致人的心理障碍。在教学中充分发挥情感的保健功能，对于增进学生的心理健康、防止心理障碍，更有特别重要的意义。青少年的心理尚未成熟，正处在发展之中，既要面临自身发展过程中出现的各种新课题，又要对付时代发展和社会文化变迁所引起的各种新挑战，易导致心理负荷与心理承受力之间平衡失调，发生各种各样不健康的心理。学校教育由于片面追求升学率所造成的紧张、压抑的教学气氛，以及一些教师不注意教学方法，教学枯燥，呆板，引起学生厌学的现象，都会加重这种心理不健康的倾向，导致心理障碍。实施情感教学，能从两个方面发挥情感的保健功能，促进学生的心理健康。首先，在各科教学中贯彻寓教于乐的原则，形成快乐、兴趣的教学气氛，使学生从紧张、焦虑、厌恶、抑郁、不安等常见的不良的学习情绪中解脱出来，学得生动活泼、兴味盎然，自然有益于心理健康。其次，在教学中贯彻师生情感交融的原则，发展良好的师生人际关系，形成师生间相互理解、相互融洽、相互信任、相互帮助的气氛，也有益于学生的心理健康。

（四）教师情感教学与美育

美育是通过美的事物的具体、鲜明的形象来感染人，使之获得性情上的陶冶。它不仅是人的全面发展教育的一个组成部分，而且渗透于其他各育之中，对德育、智育、体育，乃至对整个身心发展都起着积极的促进作用，成为学校教育的又一不可忽视的方面。由于"美"和"情"有着天然的联系，情感教学对美育也就有着特殊的意义。

1. 寓教于乐为美育提供必要的情绪背景。美育要在各种审美活动中进行。人们在审美活动中既有理智的满足，又有情感的愉悦。美育的一个重要性质特点便是在轻松愉悦之中让人受到美的熏染。在教学中进行美育，自然要让学生进行各种审美活动，因而贯彻寓教于乐原则，让学生在快乐的气氛中进行学习，为教师在教学中实施美育提供了必要的情绪背景。

2. 以情施教为美育提供了必要的情感手段。它是靠感情来为道德打开审美者的心灵大门，发展审美能力。在教学中贯彻以情施教的原则，有利于运用情感手段来发掘教学中的美的因素，达到寓美于情，以情育美的效果。教师在讲解教学内容时，对教学内容作情感性处理。教师要用丰富的语言、表情来表达、传递教学内容中的情感因素，也往往会使学生从中获得美的感受和熏染。

3. 情感教学直接有助于陶冶审美情操。美育的任务包括培养学生正确的审美观，提高学生感受美、鉴赏美和创造美的能力等。作为一种情操，审美感和在其发展过程中需要积极的情绪体验的积累。在情感教学中，教师正是要通过发掘教学内容、方法、手段、器具以及教学环境、教师言语、板书、教态、仪表等方面的美的因素，不断给学生以美的感受，满足其对美的需要。

七、教师教学情感的形成

（一）以境生情

"以境生情"模式，涉及到的是一个人在客观事物的作用下，产生情绪的心理机制。心理学研究表明，客观事物本身并不直接决定一个人的情绪，同样的客体，在不同人身上会引起不同的情绪反应，甚至在同一个人身上，也会因主体当时不同的心理状况，而有不同反应。以下三个因素在情绪发生中起着重要的制约作用，并构成情绪现象发生的主要心理机制。

1. 客体与需要关系。需要是一个人对客观事物的要求在头脑中的反映，属个性倾向。它是客观事物引起一个人情绪的重要中介物，同样的客体在不同人身上会引起不同情绪反应的原因，在很大程度上与需要有关。

客观事物满足个体需要，产生正情绪，如快乐；不满足个体需要，则产生负情绪，如痛苦。如讲课本身并不决定学生的情绪，只有当讲课内容、讲课方法满足学生某种需要时，才会引起学生快乐的情绪，反之，引起不快之感。其次，客观事物与个体需要的关系还决定情绪的种类。由于客观事物与个体需要之间的关系在现实生活中是十分复杂的，由此决定的情绪也就会多种多样，如快乐、喜悦、忧郁、恐惧、悲伤、腼腆、羞辱、轻蔑、妒忌等。其至一种客观事物与个体的多种需要发生关系，它既满足个体某一需要，同时又不满足个体的另一需要，引起诸如悲喜交加，爱恨交织的对立情绪，乃至百感交集之类的复杂情绪。再次，对客观事物的需要的迫切性，会影响情绪发生的强度，越迫切，其满足与否所产生的情绪越强烈，反之，则越微弱。此外，由客观事物所满足的需要意义性，还决定情绪发生的性质，凡与社会利益及个性健康发展相一致的需要相联系的情绪是积极情绪，反之，是消极情绪。

2. 客体与预期关系。预期是一个人根据自己的经验、知识对客观事物作出的一种事前估量，属认知倾向。预期根植于个体在生活过程中逐渐内化形成的认知结构，它根据外来信息不断修正，始终处于动态变化之中。它可以被人充分意识到，表现为有意识的估量，也可未被充分意识到，表现为潜意识的估量。

人的一切行为活动都伴有预期，这是人的意识活动的超前性的反映。客体与预期的关系正是制约情绪发生的又一重要因素。

（1）客体与预期关系在很大程度上决定情绪发生的强度。当与个体需要有关的客观事物出乎预期地发生时，几乎都能引起较明显的情绪，且强度与超出预期的程度。因杀人、抢劫暴行致人非命的罪犯，判决后情绪表现一般比较平静，死刑似乎是意料中的事；而非暴力罪犯，判决死刑后情绪反应往往极大，这与判决超出预期较大有着直接关系。

（2）客体与预期关系直接决定惊奇一类中性情绪的发生。当与个体需要之间的关系不明的客观事物，出乎预期地发生时，只要超出预期达到一定程度，就会引起人们的情绪反应。

3. 认知评价。需要、预期与客观事物之中的关系究竟如何，最终受一个人头脑中认知评价影响。现代情绪心理学越来越重视对刺激情境的认知评价在情绪发生中的作用。同样是考试得90多分，学生会因不同的认知评价产生不同的情绪：从评奖学金角度评价，会因够格而庆幸；从真正掌握知识角度评价，会因一部分知识未吃透而惭愧。因此，同样的客观事物，会因不同的认知评价引起不同的情绪反应。同样是受到挫折，缺乏辩证观的人只看到事物的失败一面，情绪沮丧；而具有辩证观的人从"失败是成功之母"的角度认识挫折，则会避免消极情绪。

至此，我们概括出"以境生情"的情绪发生的基本模式，当客观事物作用时，将客观事物与自己的需要，预期之间的关系进行认知评价。这种评价既与他的认知经验，思想方法有关，也受外部诱导影响。根据认知评价的结果，决定情绪发生的极性、强度，以及种类、性质等。因此，从这意义上说，情绪是一个人认知评价客观事物是否符合需要和预期所产生的一种态度的体验。通过调节客观事物与一个人的需要和预期的关系，或调整对比的认知评价，都可以影响他的情绪。这就为教学中控制学生情绪，创设快乐、兴趣背景，提供了可资借鉴的极为重要的途径和依据。

（二）以情生情

所谓以情生情主要涉及到两种情况，一是指一个人在他人情绪的影响下产生情绪的心理机制；二是指一个人在自己表情的作用下产生情绪的心理机制。无论他人情绪还是自己的表情，最初都还是在客观事物作用下发生的，"以情生情"模式的揭示，不仅加深人们对情绪发生现象的认识，而且为人们调节情绪增辟新的途径，这对实施情感教学原则，调节学生情绪具有现实意义。

1. 他人情绪诱发情绪。情绪感染在现代社会中日趋复杂化，引发情绪感染方式，归纳有以下几种。

（1）现实情境中他人表情诱发。这是情绪感染最普遍，最基本的方式。它是一个人看到他人处在现实情境中的情绪表现所引发的情绪反应。

（2）再造情境中他人表情诱发。把现实生活中的情境搬上舞台、银幕，通过演员逼真的表演，同样能诱发人们相应情绪。这种感染效果主要取决于演员的表演水平。演员通过艺术加工，表现更充分、更丰富，那么其感染效果往往出现实生活中更明显。

（3）他人单纯表情诱发。当人有了一定生活经验后，他人的单纯表情，也能引起情绪感染。这是因为某种情境与特定情绪表现的联系已在个人的头脑中建立，只要看到这一表情，便会油然联想到相应的情境，会产生才有可能形成真正的情感、情操。

2. 认知的深化。在情绪发生的心理机制中，认知是一个重要因素。它包括对客观事物的预期，以及对主客观关系的认知评价。在情感和情操形成的心理机制中，认知就占有更为重要和突出的地位。这里的认知并不仅仅停留在对客观事物的事前估量和是否满足或超出预期的认知评价水平上，而是涉及到对客观事物的社会意义的认识和由此产生的观念系统，具有深刻性和稳定性特点。

（1）从社会需要的发展角度上看。社会性需要，尤其是高级社会性需要则是外部社会和教育要求在个体身上内化的结果。一个人首先需要的发展，是在与人们的社会交往过程中，逐渐认识道德规范内涵及其在处理人际关系中的重要性基础上，接受外部社会对个体道德行为要求，并内化为自己内部的自觉要求的结果。缺乏相应的认识，社会道德规范只能作为一种知识而非信念，存在于个体的意识之中，道德需要也就无法形成。

（2）从自我意识的发展角度上看。正在形成中的情感和情操，也是处于自我认识和自我评价之中的，从而使个体有可能实施对自己情感和情操的监控、矫正。在生活中常有这样的情况，我们需要某客观事物，却又不爱它，这是因认知因素告诉我们，它只值得利用，而不值得对它怀有情感。

在由情感向情操发展的过程中，情操是以人的社会需要为中介，以某种思想和社会价值观念为中心的高级情感。只有当人们对客观事物的社会意义的认识深化，乃至树立相应的信念的时候，这种认知因素才能构成情操形成中的心理机制。也就是说，人们对客观事物的社会性的朴素认识，只能与情感相联系，只是情操形成的基础，而深化了的社会性认识，才与情操相联系。

3. 情绪性体验的积累。

（1）情感、情操的基本特征是含蓄的，不能被个体时时体验到。一个人的理智感，平时并不时时体验到，只是在具体的学习探究情境里，在客观事物是否满足求知需要和超出预期的过程中，获得喜怒哀乐的情绪性体验。然而，这种情绪性体验是十分必要的，是形成情感、情操的心理机制中的又一重要因素。这种情绪性体验在情感，情操最初萌发阶段，起着某种"触发"的作用。

（2）这种情绪性体验在情感、情操形成过程中，起着必要的情绪积累作用。其中包括情绪记忆和情绪强化。所谓情绪记忆，就是以体验过的情绪为内容的记忆。人们不仅能记忆曾经感知过或思维过或操作过的事物，也能记忆曾经体验过的情绪。人们对过去曾经有过的情绪体验，并不随情境的变迁消失、磨灭，而会在头脑中留下痕迹。在以后某种种情境刺激下会在记忆中重新再现当初的情绪体验。演员的角色情绪的培养，就是大量地、自觉地运用情绪记忆，把自己在生活中经验过的某些情绪体验作为原料，加以选择、提炼，获得艺术再现的效果。

情绪强化是指一个人若在某种活动中曾获得一种快乐的情绪体验，那么他会倾向于重复类似活动，以便再能获得这种情绪体验。快乐的情绪体验本身也就成为一个人行为所追求的目标。

一种情感、情操的形成，不可能仅依赖于某一情境中反复出现的情绪体验的积累，而是要通过各种不同情境中获得的情绪体验积累。

（3）一种情绪性体验在情感、情操形成后，起着巩固的作用。情感、情操虽然比较稳定、含蓄，但在具体情境中仍会以情绪形式表现于外而体验于内。这时的情绪体验与情感、情操形成过程中的情绪体验不完全一样：后者带有更多的偶发性和一定的肤浅性，而前者则带有必然性和一定的深刻性；后者为情感。情操的形成起着积累作用，而前者有利于巩固、加强，使之愈加富有生气和情绪性活力。

4. 情感的迁移泛化。人们的情感也可以通过迁移而直接形成，并通过泛化而向情操逐步升华。通过情感迁移，一个人对原来没有感情的人和物，也会产生情感。由迁移而形成的情感，是肤浅的、表面的，只是为情感的最终形成起了一个良好的开端作用。只有随着认识的加深，情绪体验的积累，这种情感才会真正深刻、稳定。当一个人的情感由于迁移作用从一个客体扩散到另一客体，由一个范围扩散到另一范围的时候，他的情感就发生了泛化。由情感的不断移迁所造成的泛化现象，为情感的概括、提炼，尤其是朝情操方向发展，提供了有利条件。

综上所述，在情感、情操形成的心理机制中，社会性需要的发展，认识的深化，情绪体验的积累，情感的迁移和泛化等因素起着十分重要的作用。它们共同参与相互配合，发挥作为心理机制的整体作用。

八、教师寓教于乐的教学操作

（一）在教学中求乐

在教学情境中，要使学生产生快乐情绪的首要关键在于，教师要想方设法操纵各种教学变量去满足学生的有关需要。针对学生与教学活动关系较为密切的一些主要需要，教师应通过教学手段予以满足，以引发学生的快乐情绪。

1. 从求知需要的满足中求乐。在教学中对学生发生影响的最重要的东西，莫过于教学内容本身。这是由学生主导活动的性质和学生求知需要发展所决定的。与此同时，学习这一主导活动，也促进个体内在求知需要的发展，而这种需要满足与否也就直接与教学内容发生关系。从教学内容上去满足学生的求知需要，以产生快乐情绪，便是情感教学首先要重视的问题。合格的教师，都能将教学内容按教学大纲和教材要求传授给学生，却不一定都能使教学内容满足学生求知的需要，一个根本原因，是教学内容与学生求知需要之间还存在着一个匹配的问题。在教学活动中学生接触到的教学内容，不是客观世界本身，而是客观世界在前人意识中的反映，是前人经过实践总结的经验，并按社会和教育部门的要求和有关学科的内在逻辑体系加以组织的。而求知需要是个体产生的，反映学生对学习内容的主观要求。这种需要不仅具有个体差异，而且在全体发展的不同阶段，有不同的倾向性。虽然，教学内容也考虑到学生认知结构和认知能力上的可接受程度，但未必考虑与学生求知需要尽可能完善的匹配。这样，就可能出现教师所要教的内容，却不是学生想要学的东西，不能引起学生因满足求知需要而产生快乐情绪。因此，情感教学强调教学内容与学生求知需要尽可能完善的匹配，要求教师从学生求知需要角度上审视教学内容，进行适当的处理。真正能够驾驭教育过程的高手，是用学生的眼光来读教科书的。卢梭也曾指出过：教育的艺术是使学生喜欢你所教的东西。为此，教师可从以下两个方面着手来满足学生的求知需要。

（1）精心选择教学内容。教师劳动的创造性特点，也正是在这方面得到一定程度的体现。一个知识渊博的热爱自己工作、生气勃勃的、精力充沛的教师，一定会使任何教学大纲变活。

（2）巧妙组织教学内容。从教学内容的选择到教学内容的讲授，中间还有一个组织加工的过程。使已定的教学内容组织成似乎完全符合学生求知需要的东西，以尽可能实现两者的完全匹配。教师在这一过程的作用，就是要当好"推销员"，把自己要教授的教学内容从满足学生求知需要的角度，"推销"给学生，使学生乐于接受。

2. 从成功需要的满足中求乐。在教学实践中，我们会发现，学生的快乐情绪并不总是由求知需要的满足来激发的。通过成功需要的满足来引发快乐情绪，又是一种途径。

成功需要包括两层含义：一是希望获得成功机会；二是希望胜过周围人，即希望在胜过周围人过程中获得成功。在一般学生的成功需要中，两种含义均有，但在学习成绩较差、挫折较多的学生中，其成功需要更多地包含"希望获得成功机会"；而在学习成绩较好、成功较多的学生中，其成功需要则更多地表现为较强烈的竞争心。

在情感教学中，希望获得成功机会的成功需要是主要适用对象。一个人在社会生活中都有对成功完成某件事情的渴望和需求。它反映在人们头脑中，便体现为成功需要。满足成功的需要，不仅会产生快乐情绪，而且会增强自信心和胜任感，促进个体朝着成功的方向继续努力。因为每一次成功需要的满足，其实都是对其成功行为的正强化。在学校教学中，学生对学习活动的成功体验所产生的快乐情绪，更有助于增强其学习的热情和动力。成功的欢乐是一种巨大的情绪力量，缺少这种力量，教育上的任何巧妙措施都是无济于事的。

在情感教学中，希望胜过周围人的成功需要，创设竞争机制，让学生在竞争过程中获得快乐的情绪体验。这种竞争性的成功需要一旦在教学活动中加以利用，能使学习活动变得更富有刺激性、挑战性和生动性，从而引发快乐情绪。

3. 从创造需要的满足中求乐。在学校教学中处处注意学生的这种创造需要满足，为其提供充分发展创造潜能的外部刺激和气氛，是引发学生快乐情绪的又一方法，同时也是培养学生创造才能的重要途径。

首先，要发扬教学民主，鼓励学生探究、质疑，充分进行发散思维，不死抠教条，倡导良好的教学气氛。

其次，要通过启发性教学，给学生发挥创造潜能以必要的外部刺激，使学生的创造需要得到满足。光有良好的教学气氛是不够的，还需为学生提供必要的诱发创造性思维的刺激。就好比"投石激水"，创造性思维的一潭水被激活了，满足创造需要的快乐情绪也就会油然而生。

4. 从审美需要的满足中求乐。教师通过教学手段，也能使学生审美需要获满足而产生快乐情绪。这种快乐情绪不仅有助于理智感的发展，而且本身也有利于审美感的陶冶。因而在教学中，满足学生审美需要，具有双重的积极意义，是寓教于乐的又一不可忽视的途径。这方面的具体实施方法，也是多种多样的。

（1）教师要去发掘、显示各科教学中存在着的许多美的因素以满足学生需要。一旦使学生感受到学科的美的神韵，便会变成充满快乐情绪的探索。

（2）教师在教学活动中也应注意教学手段上的艺术性，不断创造美去满足学生需要。这包括语言美。教学语言是教师在教学情境中使用的一种职业语言。是科学严谨的书面语言和表达灵活的口头语言的高度统一。这一基本特点决定了教学语言富有极强的艺术性，并能从几个方面的有机、和谐的结合中展示教学语言特有的美的魅力。①精练教学语言要在有限的时间内，传递丰富的信息，并使学生掌握要义、明确内涵，必须要做到简明、扼要，于精练之中获得美感。②生动教学语言要生动、活泼、富有趣味、耐人寻味，使学生充分享受生动语言所具有的美觉。③逻辑性教学语言往往要说明、解释复杂的概念，现象、原理，尤其需要条理清晰、结构严谨——逻辑性强。④多样化教学语言在表述方式上应是多样化的，并由此伴之以不同的语言风格：用清晰的解述式来讲解概念，用雄辩的论述来阐明立论，用生动的描述来描绘现象、举例说明，用富有表情的诵读来朗读课文，用机智的问答来启发学生，克服千篇一律的表述方式和语言风格，在多样化的揉合中求美。⑤语调——教学语言的发音不但要规范化，而且要注意语音清晰、响亮、舒缓、流畅，语调抑扬顿挫、娓娓动听、富有节奏变化，力戒含糊不清、结结巴巴、平淡无味，给学生以直接的听觉上的美感体验。

在教学中教师的教态也是创造美的重要方面。生硬、造作、呆板的教态以及耸肩、作怪脸、伸舌等陋习会严重影响教师的形象，而举止大方、神情自然、优美文雅的教态，使教师展示其风度和魅力，会大大增添学生对教学情境的美的感受。

（3）教师应从学校环境布置上创造美，去满足学生需要。建设优美的校园环境，对陶冶学生情操，适应美的需要有着直接的作用。学生在花木葱茏、窗明几净、秩序井然的环境中学习，更易引起赏心悦目的快乐情调，为教学活动中快乐情绪的引发创造良好的心理基础。

5. 从娱乐需要的满足中求乐。将一些本来在学生看来是枯燥、乏味的教学内容，赋予某种为学生所喜闻乐见的形式，给学校教学工作带来极大的好处，它能使学生因教学活动适应他们娱乐需要而愉悦，从而改变对学校教学活动的态度，提高学习的积极性。

（二）在教学中求趣

在情感教学中，我们不仅要让学生快乐，而且还要使他们感到兴趣，以便为教学活动创设快乐和兴趣相结合的最佳情绪背景。学生的兴趣情绪引发主要有两条途径。一是作为一种情绪，它可通过情绪发生的心理机制来直接引发；二是作为个性心理倾向的兴趣在具体教学情境中的表现形式，它可通过对学生个性兴趣培养来间接引发。

1. 兴趣情绪的直接引发。在教学中，为了引发学生的兴趣情绪，教师必须精心组织教学内容，使其不仅符合学生的认知需要，而且要尽可能大大超出学生的预期，让学生怀着由惊奇所引起的理智感上的震动进行认知活动方面的探索。

（1）教师要尽可能地让学生感知与所教内容有关的"奇异"现象。这些现象既与学生已有的知识经验有联系，却又不能用这些知识经验去直接解释；既具有出人意料（超出预期）的效果，又有发人深省、引人探索的魅力，对引发学生的兴趣情绪有十分明显的作用。

（2）在学中教师要充分研究所教内容。力求找出某些关键点，从那里揭示出超出学生预期的东西。

（3）在教学中教师尤其处理好教材中某些看上去似乎是"枯燥乏味"、"简单易懂"、"教条性"、"经典性"的内容，给学生以出乎意料的新颖感受。事实上，不论哪种教材，都会在不同程度上存在着上述似乎难以引发学生兴趣的内容。

因此，教师在讲课时，应尽可能将某些看上去"枯燥乏味"的内容，出于意料地与生动事例、有趣知识联系起来；将某些看上去"简单易懂"的内容，出乎意料地与学生未曾思考过的问题、未曾接触过的领域联系起来；将某些看上去似乎是"教条性"的内容，出乎意料地与现实的社会生活、生产实践和未来工作及事业联系起来；将某些看上去"经典性"的内容，出乎意料地与当代社会、现代科技联系起来，从而引起学生的惊奇和兴趣。

2. 兴趣情绪的间接引发。在教学活动中，学生的作为个性心理倾向的兴趣，主要是指学习兴趣。学生在教学活动中不断获得兴趣情绪的体验，会有助于学习兴趣的发展，使之由兴趣，发展到乐趣，最终形成志趣。

培养学生的学习兴趣，不仅是寓教于乐的目标，也是寓教于乐的手段，是间接引发兴趣情绪的一条途径。下面从三个方面谈学习兴趣的培养。

（1）发展求知需要。兴趣和需要在着密切的关系。兴趣是在需要的基础上发展起来的。对于学习兴趣来说，其发展的基础主要便是求知需要。因此，用以发展学生求知需要的一切手段，也就自然成为培养学生学习兴趣的基本措施。学习兴趣是个体力求探究事物并带有强烈情绪色彩的认识倾向。在以培养学习兴趣为出发点而发展求知需要过程中，必须要注意调动积极的情感因素作用，使学生在发展求知需要的过程中，尽可能充溢着积极的情绪体验。

（2）创造胜任和成功的条件。兴趣是导致学习成功的原因，而学习成功也是导致兴趣的原因，它们是一种相互影响，互为因果的复杂关系。而且，在事实上，往往是学习的某些或某次成功，导致学生最初的学习兴趣的萌发。并在这种萌发了的兴趣推动下，取得进一步的学习成功，从而增强了学习兴趣，形成良性循环。因此，对学习活动的成功经历，以及由这种成功经历所产生的胜任感，往往是上述良性循环的最初的触发点。要使学生对某学科产生兴趣，就应该尽可能为学生在该学科学习中创设成功的机会，使他有切实的胜任感。

（3）促成兴趣迁移。即一个人某一活动的兴趣，可以迁移到另一活动上去。教师可以通过迁移，把学生对某种课外活动的兴趣，转到学习活动中来，达到培养学习兴趣的目的。在这方面，教师要注意以下几点。

①要善于发现学生原有的各种兴趣，寻找兴趣迁移的原点。

②要善于揭示学生原有兴趣和学习活动之间的联系，选择兴趣迁移的轨迹。

③要善于使学生在因原有兴趣而接触学习活动的过程中，尽可能多地感受到该学习活动的趣味，增强兴趣迁移的力度。

（三）调节学生的需求、预期和认知评价

1. 调节学生的需求。调节学生的需要包括两方面的内容：一是引导学生需要，二是培养学生需要。对于不合理的需要，要加以积极引导；对于教学所要求的但又为学生缺乏的需要，加以努力培养，从而使学生的需要与最终的教学目标达到和谐的统一。一旦学生发展了强烈的创造需要，教师在教学中又注意满足这种需要，快乐情绪就能在一个新的层次上获得引发。

2. 调节学生的预期。为了使学生在教学中能更多地体验到快乐情绪，教师也有必要调节学生的预期。这种调节主要表现在两个方面。

首先，是帮助学生认识自己掌握知识的水平和特点，随时确定各自在教学活动中学习成功的预期——学习成功的期望值，做到既不过高，也不过低。期望值过高，也即成功需要满足的要求过高，则往往会因超出自己的实际水平而未能满足需要，导致负情绪。当然，期望值也不能过低，这会使其缺乏对学生学习应有的激励作用。其次，也可适当调整学生对教学活动的效果预期，使之处于恰当的水平，也做到既不过高，也不过低。效果预期过高，教师事实上很难达到，学生会产生失望感，导致负情绪，而效果预期过低，则会影响学生听课的积极性。调整学生对教学活动的效果预期，也是极富有教学艺术和教学机智的过程，它往往为一般教师所忽略，然而实践证明，调整得好，会大大改善学生对教学活动整体印象，取得意想不到的收获。

3. 调节学生的认知评价。教师在教学中调节学生的认知评价是试图以劝说、诱导的方式，从外部来积极影响学生的认知评价，达到有利于贯彻寓教于乐原则的目的。这种调节也主要表现在两个方面。

（1）教师通过诱导，调节学生对教学刺激与自己需要、预期之间关系的认知评价。有时，教师向学生讲授的教学内容，在学生看来，也许并不符合其需要，这就会产生不快乐的情绪。教师的调节就在于，通过适宜的方式和恰当的说明，使学生的认知评价发生变化，认识到教师所讲授的教学内容，其实是符合学生原有的需要的，表面上的不符合感觉，只是出于学生认识上的片面、肤浅或误解所致。这样，就有利于学生怀着快乐情绪去学习。学习状况的考核评价，对学生情绪的影响也比较大。

（2）学生学习状况的考核评价对学生情绪影响较大。学生对学习成绩、分数、等级评定等都是十分关注的，对来自这方面的任何刺激的反应都是十分敏感而强烈的，也因而极容易由此引起情绪的波动。学生在教学活动中的许多不快乐情绪，在相当程度上与这些刺激有着直接的关系。所以，教师如何调节学生对学习成败与自己需要、预期之间关系的认知评价，也是贯彻寓教于乐原则的一个方面。当学生得了不理想的成绩，产生一定程度的不快乐情绪是必要的，在某种意义上说，是积极情绪，有利于促使学生反思、清醒、戒骄戒躁，这在总体上并不违背寓教于乐原则。但当学生认识不当，产生过度的负情绪，甚至灰心丧气、情绪沮丧、过分自责，则是消极的，是学生继续学习的一种不良的情绪背景。在这种情况下，教师应设法劝说学生，让学生从另外一些角度上来重新进行客观事物与主观需要和预期的认知评价，以消除或缓解消极情绪。可以采用以下几种方法。①纵向比较法。劝导学生与自己过去的不理想成绩比，也许能从中看到自己在某种程度上的点滴，甚至是细微的进步，并努力提示这种进步所蕴涵的积极意义，这对于要求迫切提高自己成绩的学生很有有针对性。②横向比较法。劝导学生与自己周围同学的情况比，也许能从中看到自己在一定程度上，仍有长处或微弱的优势，以增强加倍努力的信心和决心，这对于要求有强烈竞争性的学生具有针对性。③单项比较法。从总体上说成绩不理想，并不等于这一成绩所包括的各个方面都很糟糕，也许某一方面的成绩还是可以的，就要劝导学生从这一方面引出积极的评价。

九、教师以情施教的操作

（一）教师在教学中的自身情感

1. 教师在教学中的主导情绪状态。

（1）教师在教学中的主导情绪应是快乐的。这是因为，情感教学所倡导的一个最基本的教学情绪气氛，就是让学生处在快乐－兴趣的情绪状态下从事学习活动。运用情感的感染功能，以教师自己的快乐情绪来影响和引发学生的快乐情绪，无疑也是一种不可忽视的辅助手段。当教师带着微笑，怀着喜悦的心情走进教室时，学生会倍感亲切、温暖，快乐之情油然而生。反之，当教师绷着脸，或表情冷漠、或忧心忡忡、或怒气冲冲、或神色恍惚、或烦躁不定地走进教室时，学生会感到情绪压抑，气氛紧张。前者会使学生敞开心扉，更好地接受新的信息，而后者则会使学生心理闭锁，阻碍新信息的输入。事实上，我们很难想象在教学实践中，一个带着不快乐的情绪进行教学的教师，会引发学生的快乐情绪。这是情感的感染功能决定的。

快乐的情绪不仅对学生的学习活动有促进作用，对教师的教学活动，也有相应的促进效能。一旦教师的教学积极性提高，教学水平得到较好发挥，易使学生的某些需要在教学中得到满足而产生快乐情绪；由于情绪感染有互动性，学生的这种快乐情绪，又会通过情绪的感染功能影响教师，进一步促进教师的快乐情绪，由此形成良好循环，导致师生共乐的教学气氛。反之，教师的不快乐情绪，会形成恶性循环，致使师生不乐的教学气氛。因此，从根本上说，快乐的教学气氛是师生共同创设、共同享受、共同调节的，而教师只是在其中起着主导作用而已。

（2）教师应始终保持饱满、振奋的情绪状态。教师在教学中良好的主导情绪，不仅仅是快乐的，而且还是饱满和振奋的，甚至在必要情况下，带有某种程度的激情和高涨的情绪表现。唯有这样，才能更好地感染学生，使学生的情绪也兴奋起来，整个课堂气氛也随之充满应有的生气和活力。

2. 教师在教学中的自我情绪调节。

（1）要建立积极的情绪背景基础。对教师来说，在对现实态度方面，其主导情绪受人生态度和教育态度的影响更为突出。对人生抱着正确，积极态度的教师，才会以乐观、振作的情绪格调生活在社会上，活跃在课堂里，为教学中最佳情绪状态的保持，创造积极的情绪背景基础。对教育态度，在这里可细分为对教学工作的态度，对所教学科的态度和对学生的态度，它对教师在教学中的主导情绪的影响，尤为直接而强烈。只有当他们真正热爱教学工作，视教学为神圣而光荣的事业，才会从走进教室的一刻起，心中便充溢发自内心的欢欣；只有当他们真正热爱自己学生，对他们更亲于自己的孩子、弟妹，才会从师生目光的接触中，激起说不清的亲切和甜蜜的感受；只有当他们真正热爱自己所教的学科，谈起它的有关内容如数家珍，才会在讲授过程中充满由衷的愉悦。

一个人的主导情绪，也受其自身边心理健康状况的影响。强调教师自身的心理健康水平的提高，也是不可忽视的一个重要方面，应引起教师的重视。

（2）要形成情绪转变的动力定型。我们不能企求每一位教师总能在生活中保持乐呵呵的情绪，但我们要求每一位教师在走进教室后，能把一切烦恼暂时抛在脑后，全身心投入教学活动，实现情绪的转变。这种转变是必要的，也是完全可以做到的。①情绪具有情境性，当一个人所处的情境发生变化，情绪也能随之转变。②情绪具有可控性，"个体可以通过努力调节和控制自身的情绪状态"；这也是一个人心理成熟的重要标志。而自觉实现这种情绪转变的过程，是一个教师的良好的职业习惯的形成过程，也就是动力定型的形成过程。当一个教师经常做到，自走进教室开始即实现情绪转变，久而久之，便会形成一种特定职业习惯。而形成这种习惯或动力定型的前提，是教师有全身心投入教学工作的信念。教师也应当这样，来到学校里，他整个的人就是属于教育事业的。一些优秀教师也正是这样做到了，他们从来不让自己有忧愁的神色和抑郁的面容。甚至有不愉快的事情，也不在学生面前表示出来。教师这种情绪转变的直接效果，有助于引发学生的快乐、饱满和振奋的情绪。

3. 教师对所教学科的情感流露。在教学过程中，必然会流露出自己对所教学科和内容的情感，或是热爱，或是冷漠，甚至厌烦、反感；也必然会潜移默化地影响着学生对其所教学科和内容的情感，并由此进一步影响学生学习的热情和理智感的发展。优秀教师不只是传授给学生知识、技能乃至获取知识技能的方法和能力，而且还将自己对学科的深入探索和执着追求的精神、热忱和感受随着教学内容一道带给学生，以引发、激起学生情感上的共鸣。这不仅有利于激发和培养学生对本学科的热忱和兴趣，而且能进一步陶冶学生的理智感。优秀教师在这方面所起的感染作用往往超出一般的言语说服教育的力量，并且有持久的，乃至终生的影响。

（二）教师对教学内容的情感性处理

1. 充分展示教学内容中的显性情感。对于一些本身就含有显性情感因素的教学内容，教师在教学中的重要任务之一，就是把这些内含的情感，通过自己的加工、提炼而展示出来，给学生以情感上的感染，使学生在接受认知信息的同时，接受相应的情感影响，达到以情生情、以情促知、知情共育的效果。这是体现教学艺术性的一个极为突出、显著而典型的方面。

教师充分展示教学内容中的显性情感因素必须把握好四个环节。

（1）要善于深入体验教学内容中的情感。教师在备课时，不仅要把握教学内容中的要点、重点，考虑到学生可能出现的难点、疑点，也要分析教材中作者和某些人物角色的思想感情，并运用自己的生活经验，去努力体验其中的情感，以便真正把握教学内容中的情感因素。既要备认知因素方面的课，又要备情感因素方面的课，即也要注重备情感性、体验性、表情性内容的课。

在备情感性因素方面的课中，要使自己在教学中用教学内容所内含的情感打动学生、感染学生，自己必须首先被这种情感打动、感染。

（2）要善于用言语来表达教学内容中的情感。在情感教学中，还要强调教学言语的生动、活泼、形象、富有情趣和感染力，甚至有一定的幽默感，以便使讲课言语不仅能传知，也能传情，获得科学性和艺术性的完美统一。这要求教师本身要在扎实的语言基本功基础上不断提高言语修养水平，真正做到遣词造句传情达意；教师言语表达的情感要真挚感人，而不是无病呻吟，故作多情。唯有教师的"真情"，才能求得学生"实感"。

（3）要善于用表情来传递教学内容中的情感。它在以情施教方面的三大作用：第一，它可以配合教学言语，更好地帮助教师充分展示其要表现的情感。第二，它可以通过反馈作用，帮助教师在教学情境中产生相应情绪体验，有利于情感的真挚。第三，它可以通过移情作用，使教师的情感更易引发学生的相应的情绪反应。

教师在教学中使用非言语表情，主要是面部表情，并适当运用体态表情。教学中的表情则要求自然、恰当，让学生获得相应的情绪感受。

（4）要善于用情境来烘托教学内容中的情感气氛。教师为配合教学内容，也可运用一定的教学手段，创设某种教学情境，以使学生更好地体验教堂内容中的情感。这其实也就是情境教学法在情感教学中的运用。所谓情境教学法就是指在教学活动中教师有目的地自觉创设具有一定情绪色彩的形象、生动的情境，使学生获得直接的情境气氛的感染，从而帮助理解教学内容的教学方法。这一方法在情感教学中运用的核心是教师借以更充分地显示教学内容中的情感因素，达到感染学生的情感的目的。

在教学中，教师通过自己的言语和表情来引发学生相应的情绪反应，是在运用以情生情的机制，而教师通过创设情境来促进学生产生相应的情绪反应，则是在运用心境生情的机制。因此，教师若能"双管齐下"，自然能更好地体现以情施教的原则。

2. 赋予教学内容以适当的情感色彩。有些教学内容本身并不含情感因素，从情感教学的角度看，教师也应尽可能从外部赋予它以某些情感色彩，让学生在接受这些科学性很强的教学内容时，也会感受到某些情趣，有助于增强学生的学习热情。

（1）将学生的有关情感迁移到这类教学内容上。

（2）用富有情趣的言语讲解这类教学内容。

（3）将这类教学内容中的物拟人化。拟人化的讲解，不仅赋予物以人的情趣，提高学生接受知识时的兴趣，也在于通过比喻，更好地帮助学生理解有关内容。

（4）揭示这类教学内容背后隐存着的人物轶事。科学知识，也都是人类在长期征服科学的道路上，经过无数次的挫折、失败，反复琢磨、探索后所取得的，甚至经历数代人的努力才逐渐趋于完善的。其中不仅凝聚着前人的智慧和创造才华，也凝聚着他们对真理、对科学执着追求和百折不挠的毅力、热忱和献身精神。在这些科学知识背后往往都有一段鲜为人知的动人故事。在教学中，教师结合有关教学内容，给学生介绍这方面的资料，将这些科学知识与人的有血有肉、有情有感的创造性活动联系起来，无疑会赋予这些内容以情感色彩，使学生对这些科学知识产生亲切感。教师在介绍这些知识背后的趣闻轶事时，可根据不同的角度产生不同的教学效果。①通过介绍我国科学家的趣闻轶事，以弘扬民族精神，配合进行爱国主义教育。②通过介绍科学家在取得成果后不为个人名利的轶事，以发扬他们的高风亮节，配合进行思想品德教育。③通过介绍科学家锲而不舍、刻苦钻研，不怕挫折、坚定执着的轶事，以宣扬他们的个性品质，配合进行非智力因素方面的培养。这方面的轶事最多，内容也最为丰富。尤其是针对学生中较普遍存在的科学家都有出类拔萃的智慧和创造力，而自己则缺乏这种天赋的自卑心理，教师着重介绍非智力因素在这方面起作用的轶事，是很有意义的。④通过介绍科学家在探索科学征程，解决具体问题过程中的思路和灵感方面的轶事，传扬他们的的科研方法，配合进行科学思维能力培养。

十、师生情感交融的操作

师生情感交融是情感教学中的又一重要原则，它的基本含义是，教师应重视师生交往中的情感因素，以自己对学生的良好情感去引发学生积极的情感反应，促成师生情感交融，以发展和谐的师生关系，优化教学效果。

（一）师生情感交融的基础

教学中的师生情感交融，是指教师与学生，学生与学生，在共同参与教学活动中相互合作，达到情感上的沟通、融洽，处于积极和谐的师生情感关系之中。师生情感交融的最基本成分是"爱"的情感，教师对学生的"慈爱"、学生对教师的"敬爱"，以及学生间的"友爱"交织在一起，构成"尊师爱生"这一教学活动，乃至整个学校生活中最基本的人际关系的情感主格调，是师生情感交融的主流。

1. 师爱的性质。师爱是爱的情感在我们学校教育的特定环境中发展形成的结果，是一种高尚的情操。

（1）师爱具有高度的责任性。教师对学生的爱，不是出自个人的恩怨，而是出自社会的需要、教育的需要。它代表着成人社会对下一代的关怀和爱护，体现国家、民族对下一代的深情和期望。这是一种包含着深刻社会内容和社会意义的情感。因而，这种爱是稳固、深厚的，是与教师所肩负的社会责任紧密相联的。

（2）师爱具有彻底的无私性。教师对学生的爱，不图个人的回报，是一种无私的奉献。爱得越深，奉献得越多。教师献给学生的是自己的知识、智慧和时间、精力，他们所企盼的只是学生茁壮成长、早日成才。因此，这种爱是高尚、纯正的，是与教师职业所提倡、奉行的"蜡烛精神"相一致的。

（3）师爱具有明显的广泛性。教师对学生的爱，不局限于个别的对象，而是面向全体学生。教师所肩负是对一代人的教育使命，并非对个别人的教育任务。无论学生的外貌形象如何，也不论学生的行为举止是否合乎自己心意，学习成绩是否优良，教师对所有学生都应怀着同样的深情和爱心。因而，这种爱是公正、无偏的，是与教师的基本职业道德相联系的。

（4）师爱具有突出的教育性。教师对学生的爱，是始终与对学生的严格要求相结合的。爱中有严，严中有爱，爱而不宠，严而有格，慈严相济，正是师爱的又一重要特性，是社会对下一代的深情和期望在师爱中得到和谐统一的表现。

总之，师爱是一种稳固而深厚、高尚而纯洁、公正而无偏、有导向性的情感，具有高度的责任性、无私性、广泛性和教育性。

2. 师爱的作用。教师在教学活动中的主导地位，以及师爱本身所具有的上述特性，从根本上决定了师爱这一情感在教学中的师生情感交融里主导性作用，并集中体现在以下三个方面。

（1）这种主导性作用表现在促成师生情感交融的过程中，师爱是最初的起动情感或激发情感。在教学中往往是由教师对学生的"慈爱"，激起学生的良好情绪，并导致学生对教师的"敬爱"和引发学生间的"友爱"。而这一切又会引起教师的快乐情绪，进一步强化师爱，由此形成积极情感交互影响的过程，以达到最终的师生情感交融的情境。

（2）这种主导性作用也表现为师爱对师生情感交融的积极导向。由于师爱本身具有一系列特性，尤其是具有高度的责任性和突出的教育性，因而它能有效地保证师生情感在符合教育培养目标的方向上的相互交融，以防止任何庸俗化、随意化的倾向。

（3）这种主导性作用还表现为在师生情感交融对教学活动的积极影响方面，师爱对学生的影响尤为突出。虽然师生情感交融对师生双方、对整个教学活动都有积极的优化作用，但这种优化作用更多的是体现在师爱对学生的学习积极性、学习态度和学习成绩的提高，乃至对学生高尚情操的陶冶，心身健康等方面的促进作用。

3. 师爱的培养。热爱学生也是教师的一项重要职业道德品质。对教师来说，实施师生情感交融原则时，自己应具有热爱学生的情感。作为一种高尚的情操，师爱并不是每一位教师都具有的，也不是在教师身上自然形成的，而是需要教师在教育实践中加以逐步培养的。

（1）使师爱成为自己的社会性需要。教师对学生的爱的需要，要形成真正的师爱之情，必须要发展相应的师爱需要，完成其由自发到自觉、自然的发展过程。如果说处于自发阶段的师爱需要，带有一定的天性成分，是基本社会性需要（依恋需要）在教育中的特定形式，那么处于自觉阶段的师爱需要，主要是教师积极内化社会和教育的要求的结果，是高级社会性需要（道德需要）在教育中的特定形式；而处于自然地段的师爱需要，已融入教师的个性结构之中，成为其个性的组成部分和不可缺少的生活内容。

（2）要加深对师爱意义的认识。对教师来说，加深对师爱意义的认识，无疑是形成师爱情感的又一重要因素。一方面，要认识师爱的社会意义。作为教师，应该认识到自己的社会角色以及这一角色所应承担的社会职责和义务。当一个人以教师的身份出现在学生面前时，他首先应意识到自己是作为教师角色而不是以个人的名义与学生围绕着教育和教学活动进行着交往、接触。在师生交往过程中，教师所应表现的，首先不是个人的情感，而是这一角色所规定的情感。教师对学生爱的情感，也正是教师角色所规定的主导情感。教师只有把师爱称为自己应尽的一种社会职责，才会更好地把它内化为自己的需要，并赋予师爱以高尚的精神内涵。另一方面，要认识师爱的教育意义。随着人们对情感因素在教育和教学活动中作用的认识的日益深入，教师对学生的爱的情感的教育和教学性功能也在被不断揭示。加深认识这种师爱的教育意义，将有助于视师爱为从事教育工作的需要，从而也就有助于教师把师爱视为自己的需要。许多优秀教师，也正是以其丰富的教学实践经验和特有的慧眼，洞察了师爱对教育和教学工作的必要性，才会把师爱视为自己教学生涯中的有机组成部分。

（3）要善于看到学生的可爱之处。学生由不成熟到成熟的发展过程中出现的缺点，是发展中的自然现象，就会以积极的态度来对待它，并能由此也看到不成熟性使他们表现出许多惹人喜欢、叫人怜爱的品质，教师要自觉地、有意识地去了解学生，细致入微地发现学生的可爱之处。发现学生的可爱之处，会有助于爱生之情的萌发，而爱生之情又会促使教师进一步去了解学生、发现优点，两者会形成相互促进的过程。正确地看待学生，发现他们身上的

"闪光点"，要注意一些社会认识效应的影响。首因效应，教师在与学生接触过程中，不要以初次印象定论，而应时时注意日后获得的信息，来补充或修正对学生的第一印象，不要囿于最初的成见。教师在了解学生时，既要观其现状，也要看其历史，全面衡量，综合考虑，切不可仅以眼前发生的一事一行来片面定论。刻板效应，教师在看待学生时，要有意识地克服"带框看人"的偏见，不以一个学生的家庭出身、籍贯、外貌、性别等作为判断人的依据。尤其在看待差等生的问题上，因为他们落后的地方以及落后的原因是因人而异的。克服了刻板效应，才更有利于在他们身上发现各种"闪光点"。

（4）要在师生交往中获得积极的情绪体验。师爱情感也是在师生情感的相互交流中形成、发展、深化的。

从需要的发展上看，积极情绪体验，尤其是快乐情绪体验本身也会成为人的需要对象。而这种快乐情绪体验一旦来自师生交往之中，便会有力地从需要方面促进师爱情感的发展。这方面的积极情绪体验，既可来自教师爱生的行为之中，又更多来自学生对教师爱生行为的回报之中。

（二）师生情感交融的关键

1. 在教学中满足学生依恋需要。教师要清晰认识到学生的这种需要，并在教学过程中通过师生间的人际交往予以尽量多的满足。要看到其间充溢柔情与温馨，能成为满足学生依恋需要的一个主渠道。

教师在教学中所表现出的点点滴滴的爱的举动，都会因满足学生的依恋需要而产生积极的情感交融的效果，有时还会出乎意料地在学生的心灵上留下深刻的印象。虽然，对教师依恋的需要随着学生年级的升高而逐渐减弱，但即便学生仍对教师在教学中的言行是否满足其依恋需要表现出较大的敏感性。并且，往往由于高年级的老师以为学生大了，比较成熟些了，而忽视了学生在依恋方面的需要，导致学生因缺乏满足而增强了这种欲望的强度。在这种情况下，教师若能自觉意识到这一点，多给学生一份柔情和温馨，便会引起学生意想不到的积极的情感反应。

2. 在教学中满足学生尊重需要。教师在教学中要十分重视学生的尊重需要，并着力在两个方面采取有效措施。

（1）在教学中，要注意平等施教。应努力倡导师生探讨、相互学习、相互促进的平等教学气氛。许多优秀教师在虚心接受学生批评意见方面，更体现出平等施教的精神，使学生深有感触，极有利于师生情感的融洽。

（2）在教学管理中，注意保护学生的自尊心。在教学管理过程中，为维持教学秩序，严肃课堂纪律，必须要制止、纠正或处罚一些违纪行为，往往会与学生发生冲突。这样做针对的是学生的违纪行为，而不是违纪行为的学生；对于违纪行为我们按原则管教，但对学生本人则仍应尊重，要维护他的自尊心。由于青少年学生自尊感强烈而又易于过敏，教师在处理学生违纪行为时，稍有不慎，就会伤害学生自尊心，引起消极反应，既削弱教育效果，又影响师生感情。但如果教师处理得当，既纠正了学生的违纪行为，又维护了他们的自尊心，也能使之成为增进师生情感的良好契机。

3. 在教学中满足学生理解需要。

（1）在授课教学中，要多一份对学生的理解。学生到了一定的年龄，独立思考的能力增强了，他们往往不满足于教师怎么说的，书上怎么写的，而是有自己的判断和见解，也敢于向老师提出。这本来就是学生身心发展到一定阶段的特有表现，如果教师对此缺乏正确的认识，就不能很好地理解学生在教学中的这种表现，往往以为学生在调皮捣蛋，或哗众取宠，或故意找碴，戏弄教师，这样便会误解学生，导致师生间的隔阂。许多优秀教师的成功之处，就在于能理解学生，并能妥善处理这类问题。

（2）在教学管理中，也要多一份对学生的理解。仔细分析具体情况以及具体情境下学生的实际心理活动，以便更好地理解学生，作出妥善处理，这样，学生不仅没有委屈，而且也从教师善解人意的举动中感受到教师的一片爱心，既有利于增进师生情感，又有利于学生接受教育。

4. 在教学中满足学生求德需要。人们在相互交往中会依据一定的道德准则来约束自己的言论、举止，同时也以一定的道德准则来审视、评价和要求他人，从而产生相应的求德需要。这种需要在学生身上的形成，不仅会直接影响学生自身的道德品质的发展，面且也会成为影响师生情感的一个重要因素。如果教师的道德风貌能满足学生的求德需要，会大大改善教师在学生心目中的形象，有力促进学生对教师的积极的情感倾向。反之，则会严重损害教师形象，导致师生情感上的抵触和逆反。为此，教师应着重注意两方面的道德风貌。

（1）教师自己要以身作则，为人师表。在师生交往的教学活动中，教师在道德品质方面的模范和表率作用具有十分突出的教育意义，它不仅能使学生深受其潜移默化的影响而获得优良品质的熏陶，而且能为学生直接树立效法和模仿良好品行的榜样，从而使"言教"能产生真正的教学效果。教师个人的范例，对于青年人的心灵，是任何东西都不可能代替的最有用的阳光。教师自身优良的道德品质，还是激发学生发自内心对教师敬佩和爱戴情感的一个极为重要的源泉。只有当学生不只是从教师的言语中，更是从教师身上表现出的高尚操守和优秀品行中看到真善美的东西，才会产生对教师的积极情感，为师生情感交融创造最直接的情感基础。

（2）对学生要公正合理、无私无偏。教师是否能在行为上体现这种公正性，以满足学生的求德需要，是十分关键的。教师在师生交往方面所表现的道德品质中最突出的，最引起学生关注的便是"公正"。因此，教师在教学过程中，在与学生交往时，必须坚持公正原则。无论在打分、评价、奖惩时，还是处理学生间或师生间的一些矛盾、冲突时，教师都不能有所偏袒，以求取信于每一位学生。

（三）师生情感交融的艺术

教学是一门科学，也是一门艺术。这种科学性和艺术性的统一，同样存在于情感教学情境下的师生情感交融气氛的过程之中，教师如何通过教学活动将爱浸入学生心田，触动学生的情感，引起学生积极的情感反应，确实也是一门艺术，其中也不乏许多教育机智和技艺的运用。

1. 施爱于细微之处。一个人的情感有深有浅，从而表现些不同的深刻性品质。一般说，一个人情感越深厚，越能渗透到他生活的各面。因此，在一个人行为举止的细微末节之处，往往很能看出一个人情感深浅程度。另一方面，学生对教师举动的观察更具有独特的敏感性，他们往往能从教师一言一行、一颦一笑、一个眼神、一个手势中分辨出哪怕是最细微的差别，感受到不同的意味。在日常教学活动中，师生间更多更大量的交往是发生在极平凡、琐细的接触之中，因而这方面的启示对于教师来说更具有普遍而现实意义。

（1）教师目光的运用。在教学中，教师目光的运用也是体现教学艺术的一个方面。富有教学经验的教师，则能恰当运用目光来提高教学艺术的水平。当发现有学生注意力分散时，用目光去暗示、提醒；当学生在回答问题时胆怯、畏缩，用目光去鼓励、支持。当教师经常用和蔼、慈祥的目光注视学生时，教师对学生的爱也会通过目光传递给学生。这不仅会大大缩短师生间的心理距离，使他们有一种被重视感、被关注感，有利于集中注意力，而且会大大增加师生间的情感交流，使他们不断产生一种温暖感、亲切感。教师还要注意把这种爱的目光尽可能平均地撒向全班每一个学生。一般说，教师更多的是注视自己喜欢的学生，每当教师提出问题后，总是倾向于首先注意那些成绩优秀的学生，目光中也带有更多的期待和热情。导致未受到教师目光关注的学生明显感到被冷落、忽视。这容易使学生产生消极行为，还会严重挫伤学生的情感，引起内心深处的不满和惆怅。因此，当教师自走进教室后的一刻起就要有意识地控制自己目光，使它尽可能平均地投向全体学生。

（2）学生名字的唤叫。每一个名字对于该学生来说，是有其特定含义的。它不只是一个学生区别于其他学生的外部称谓标志，而且在一定意义上说，也是与该学生的自我紧密联系的一部分。当教师能以亲切的语气随口叫出一位学生的名字时，他会感到愉悦，尤其是在师生接触交往的最初阶段，教师能很早记住他的名字，更会产生某种程度的出乎意外的惊悦。他从中获得尊重、依恋上的满足，对老师骤增亲切感。相反，教师很少叫唤某些学生的名字，使这些学生处于"被遗忘的角落"，很容易使学生产生失落感。许多优秀教师十分注意对学生名字的叫唤，并把它也视为沟通师生情感的一个非常微妙的细节。

2. 施爱于意料之外。凡是要引起一个人较大的情绪反应，就要设法使客观事物尽可能多地超出一个人的预期。如果教师要使自己的爱的行为能真正引起学生情感上的震动，从而产生师生情感上的炽热的碰撞，那么教师就要设法在师生交往中使学生出现某些出乎意料的感觉。

3. 施爱于批评之时。师爱具有明显的教育性，这是一种慈与严相结合的爱。因此，在教学中教师不仅要怀着一片爱心，去鼓励、赞扬学生的点滴进步，给予热情与温暖，也要怀着同样的爱心，去指出、纠正学生的缺点错误，提出努力的方向和目标。在这过程中，自然少不了批评教育。由于批评给学生最表面和直接的感受似乎是未能满足学生的某些需要，易产生不悦、反感，甚至恼怒的情绪。因而在批评教育过程中，仍能让学生感受到教师的一片拳拳之心、真挚之情，以利师生情感交融，是一件不容易的事，这就是需要批评教育的艺术。首先，要使批评也充满情和爱。每当批评学生时，特别是对于屡教不改的学生，教师自己情绪往往不好，压抑不住内心的气愤，态度和语气容易粗暴、生硬，然而，批评本身就已给学生带来一定的刺激，因而学生对教师批评时态度和语气十分敏感，哪怕是一丝挖苦和讥笑，也会"雪上加霜"刺痛学生的心。

批评的艺术首先在于，在批评时也不能忘了让学生感受到教师所给予的热情和温暖。其次，要把握批评的时机。当学生出现问题时，并不总是及时批评教育为宜，这里也有一个把握批评时间和场合上的艺术问题。把握得好，不仅能提高教育效果，而且也有利于增进师生情感，让学生透过"艺术性"感受到教师的一片爱心。同时，还要注意批评的形式。凡是有利于以情动人，体现批评教育艺术性的一切方式和途径，都可不拘一格地加以灵活运用。教师在批评中融入真挚情感，字里行间渗透了对学生的厚爱和期望，才能引起学生情感上的震动，起到优化批评教育效果，增进师生情谊的作用。

4. 施爱于学生之间。教师一方面要把自己对学生的爱直接施予学生，另一方面，也要通过学生集体，将这种爱传递给学生。施爱于学生之间，不仅有利于直接促进学生间的情感交流，产生积极的教学效果，而且也有利于学生更深切地感受到蕴涵在学生间情感背后的师爱。那么在教学中如何促进与学生之间的情感交流呢？

（1）要改变教学模式，为学生间的情感交流创造有利条件。教学中教师不仅进行师生间的信息交流，而且还组织学生间的信息交流，其形式是允许学生间的议论、评论、肯定或修正各种见解。这种教学模式不仅有助于学生间的相互启发，开拓思维，促进教学中认知信息的交流，而且也为学生间的情感交流创造了有利条件。

（2）在教学中，要多设法引导学生自己提出问题和解决问题。在组织多向信息交流的教学模式时，虽然也可以由教师提问，让学生讨论，但若能引导学生自己提问，形成学生自己立题，自己解题，共同探索的气氛，则更有利于学生在共同探索的过程中，分享理智活动中的情绪体验，促进情感上的和谐、融洽。

（3）在教学中，当学生答题中出了差错，设法引导其他学生帮助解决。这种学习中相互帮助的气氛，也有助于增进学生间的友好情感。老师对学生的爱的情感就融化在既能保护和培养学生自尊心和自信心，又能增进同学友谊的气氛之中。一旦这种气氛形成，即便有同学说错了，也不会遭到其他同学的嘲笑，大家努力从他人的见解中去发现好的地方，从而使学生都能在相互信任、体谅、支持的教学环境中更快乐、有效地学习。

（4）在教学中，设法引导学生为获得某种成功而相互鼓励。当一个学生在教学中取得某种成功，如较出色地回答了一个问题，演算了一道数学题时，不仅受到老师，还受到同学的赞赏，则更容易获得尊重需要，更容易感受到集体的温暖。这对好学生来说，是教学活动中的积极情感积累，对差生来说，更是莫大的鼓舞，并会由此增进学生间的友情。

5. 施爱于教学之余。教学中师生情感交融的状况，不仅受教学中师生交往情况的直接制约，而且也受教学中师生交往情况的显著影响。课余生活中所建立的良好师生关系往往有力促进教学中师生情感交流，可以说，这也是发展教学中师生情感的一条重要的补充渠道。许多优秀教师在自己的教学实践中都自觉地利用这一渠道，将爱源源不断地融入学生心灵，为发展教学中的师生情感打下良好的基础。教师还可以施爱于困难之际、施爱于关键之刻、施爱于家校之间等。当学生在教学活动中遇到各种各样困难的时候，教师能给予热情、无私的帮助，往往会产生"雪中送炭"的效果，这不仅是教师应尽的职责和义务，也是教师表达师爱、体现师爱的一个最佳时机。越是困难的时候，学生越是具有强烈的求助需要，教师满足其需要的举措越能激起学生强烈的积极情绪反应，师爱自然越易为学生所充分感受和体验，师生之间的人际关系也就在教师的助困过程中越易得到改善和发展。在学生学习生涯的每一个关键时刻，也是学生最需要得到教师指点、援助的时候，如果教师能及时给予特别的关怀和扶持，使之在成长的道路上发生积极的，甚至是根本性的变化，尤为学生所感激，其产生的影响之大往往是难以想象的，有时甚至是刻骨铭心、终生不忘的。

第十七章　教师课堂管理

一、课堂管理概述

（一）课堂管理的含义

管理是指由管理者通过协调他人的活动，以使取得的效果大于个体单独活动效果之和的过程。课堂管理是一种协调和控制的过程，是指教师在教学活动中，通过协调课堂内各种人际关系，吸引学生积极参与课堂活动，有效利用时间、创造愉快的和富有建设性的学习环境，使课堂环境达到最优化的状态以及减少问题行为等，为实现预定教学目标而采取的组织教学、设计学习环境、处理课堂行为等一系列的活动与措施。

具体来看，课堂管理是由一系列要素构成的有机统一体。其管理主体是教师，管理环境是课堂，管理客体是各种人际关系，如师生关系和学生关系，管理目标是实现预定的教学目标。教师是课堂教学的组织者和领导者，处于主导地位，通过确定课堂管理目标、实施目标、控制目标以及检查和评价目标等一系列环节，建立和保持良好的教学条件，使课堂内每个学生都能充分发挥自己的潜能，最大限度地利用课堂内的各种资源，以完成教学任务，实现教学目标。学生在课堂管理中虽处于被管理者的地位，但教学是师生双边共同活动，教学目标的实现程度应取决于师生双方的协同配合。教学效率的高低是师生双方教与学效率之和，缺少任何一方，教学都无法进行，教学效率也势必为零。学生并不是无生命的物体，他与教师一样具有能动的作用，学生的学习动机、学习态度、学习的积极性与创造性等对课堂管理目标的实现都会产生很大的影响。

课堂管理实际就是对课堂中人际关系的管理。课堂是学校最基本的教学单位，是一种有组织的群体教学活动场所。在课堂内主要有两种角色，即教师与学生，相应的，课堂中的人际关系也就是师生关系与学生之间关系。只有妥善处理好课堂中的各种人际关系，才能实现教师、学生与课堂情境的协调，有效地实现教学目标。否则，人际关系没有处理好会造成课堂气氛紧张，课堂纪律出现问题，从而干扰正常的教学活动。

（二）课堂管理的特点

由于课堂管理的复杂，要了解如何进行有效的课堂管理，就必须先明了它的特点，这样才能更有力地进行课堂管理。

1. 课堂管理的整体性。影响课堂管理的因素是多种多样的，主要包括人的因素和环境因素两大类。人的因素包括师生的人格特征、态度、文化与经历、身心状况等，甚至家长、学校领导以及社会相关人士的态度、认同与鼓励等，所有这些都会对课堂管理产生影响。环境因素则包括硬性环境因素和软性环境因素，其中硬性环境因素主要指物理环境（如学生活动空间、座位的安排等）、社会环境（如学生来源、课堂规范、师生行为等）、教育环境（如活动类型、难度及方法等）；而软性环境因素则指师生的感情、情绪活动与价值判断等心理环境。课堂管理受到这众多因素的影响，因而显得极为复杂多变。课堂管理必须综合考虑这些因素，从整体上把握才能收到课堂管理的真正效果。

2. 课堂管理的协作性。课堂既然是由教师、学生和环境共同组成的小型社会，课堂就不应只由教师独自主宰，而应该让教师和学生共同参与，共同建构。课堂只有在教师和学生协作建构的基础上才能得以发展与完善。课堂管理的所有方面都要求有学生的参与，得到学生的配合与协作。如课堂规范，如果仅仅由教师制订，然后加以实施，这不仅可能导致师生间的冲突，而且常会使规范本身失去意义。如果由师生共同制订，无疑会增强学生的责任感与自觉性，有利于规范的有效落实与内化。因此，在课堂管理过程中，教师应为学生提供充分表达意见和参与活动的机会，在师生合作和生生合作的基础上形成良好的学习环境。

3. 课堂管理的自律性。在教师当中，我们常会听到这样的说法："这个班的同学只怕我，我只要在教室里一站，他们谁也不敢乱讲话。别的老师就不行，课堂上总是一片喧闹，很难管。"为什么会导致这种情形？原因在于有些教师的管理只注重短期的行为目标，要求学生遵守具体的规则，表现具体的期望行为。这只适合在特定情境、面对特定教师的学生，一旦面对改变了的教师与课堂情境，学生的行为表现就会改变。真正有效的课堂管理要求立足于长远的行为目标，让学生在不同的课堂情境、面对不同的教师时都能持续地表现出适当的行为，并使之内化为他们的自觉行动，最终发展学生的社会性，实现自我控制、自我调整和自我管理。

4. 课堂管理的创新性。课堂是多样的，也是变化的。课堂中来自不同环境的学生，他们的观念、思维方式、经历等都各不相同，因而必然有着各不相同的兴趣与需求。课堂中的学生正处于发展之中，他们在不断地成长、完善，而这一过程总会发生这样或那样的一些变化。为了适应这些课堂变化，课堂管理也就必然具有创新的性质。无论是管理的方式方法还是管理的内容，都应进行创造性思考，只有这样才能使动态的课堂管理获得真正的成功。

（三）课堂管理的功能

课堂管理不仅涉及课堂的所有方面，而且贯穿课堂活动的始终，是影响课堂活动效率和质量的极其重要的因素。良好的课堂管理是保证课堂活动顺利进行和促进课堂不断生长的动力；不良的课堂管理则会阻碍课堂活动的顺利进行，影响课堂活动质量。课堂教学效率的高低，取决于教师、学生和课堂情境三大要素的相互协调。课堂管理就是指教师通过协调课堂内的各种人际关系而有效地实现预定教学目标的过程。课堂管理始终制约着教学和评价的有效进行，具有促进和维持的功能。

就课堂管理过程来讲，实质上是师生在课堂中相互作用的过程。教师作为课堂教学的组织者与管理者，应该积极协调师生之间的关系，学生与学生的关系，正确处理课堂中出现的问题行为，促进与维持课堂的良好环境，创造一种积极的课堂心理气氛，以保证学生能在一个良好的课堂环境中积极主动地学习，达到预定的教学目标，并维护心理健康。良好的课堂环境由多种因素构成，既包括物质环境，如温度、光线、通风，以及必要的教学设备等等，也包括精神因素，如师生的需要、认知因素、情感因素、注意状态、纪律情况及课堂心理气氛等等。

1. 课堂管理的维持功能。教学活动需要一个良好的环境，课堂管理能维持课堂教学的正常秩序，保证课堂教学活动的顺利进行，这就是课堂管理的维持功能。课堂教学不是一个静态的过程，而是动态变化的过程，在教学过程中难免会遇到各种与课堂教学目标相违背的因素的干扰。课堂管理的维持功能是指在课堂教学中持久地维持良好的内部环境，使学生的心理活动始终保持在课业上，以保证教学任务的顺利完成。课堂管理的维持功能主要表现在以下几个方面。

（1）当课堂教学面临新的情境时，通过课堂管理使学生迅速适应课堂情境的变化。

（2）当课堂出现师生关系和学生关系紧张时，通过课堂管理缓和与解决各种冲突，形成与维持和谐的人际关系。

（3）当课堂里出现纪律问题时，在课堂管理中所制定的符合学校规章制度的课堂行为准则，有助于协调课堂教学步骤，排除各种干扰，维持课堂纪律。

（4）当课堂里发生问题行为时，通过课堂管理调节学生的过度紧张和焦虑，减轻理压力，维护心理健康。

尽管这样的管理很难激励学生潜能的释放，却能通过施加外部的压力，维持课堂内的组织，处理课堂里出现的问题，使课堂在不断变化的条件下保持动态平衡，从而维持学生学习的积极性。

（5）课堂里随时可能发生突发事件，破坏原本和谐的师生关系和学生关系。课堂管理有助于减少此类突发事件的发生，缓解冲突，活跃课堂气氛，有利于维持课堂中和谐的人际关系，保证教学有序地进行，从而最终实现教学目标。

（6）课堂管理需要制订符合教学目标的课堂行为准则，维持课堂纪律。俗话说："没有规矩，不成方圆。"为了维持正常的教学秩序，促使教学目标最终实现，必须制订班集体全体成员共同遵守的行为规范，从外部对学生的行为进行监督控制。最初，这种课堂纪律对学生来说是一种外在的约束力。而当课堂纪律内化为学生的自觉行为时，纪律对学生的约束达到了自律水平。纪律对学生具有普遍约束力，同时也防止了教学中问题行为的出现，使教学得以有序地进行。

（7）课堂管理有利于维持良好的课堂气氛。教学内容不会全是学生感兴趣的东西，有的内容本身就枯燥乏味，如果教学方法再不得当，那么势必会造成课堂里死气沉沉，学生无精打采或者交头接耳，做一些与教学无关的事。而课堂管理如不能及时处理或排除这些不利因素的影响，则会造成课堂秩序混乱，影响教学效果。

在这种良好的支持性课堂环境中，课堂秩序的维持可达到事半功倍的效果，更为重要的，它会促进课堂中的创造，为课堂的持久发展创造条件。

2. 课堂管理的促进功能。课堂管理的促进功能是指教师在课堂里创设对教学起促进作用的组织和良好的学习环境，满足课堂内个人和集体的合理需要，激励学生潜能的释放以促进学生的学习。

（1）课堂管理的促进功能，既不可诉诸强迫手段，也不能依赖于乞求或劝说，主要通过利用群体动力来实现。

（2）形成尊师爱生、团结协作的师生关系和互帮互学、和睦相处的学生关系，促进师生共同努力来完成教学任务。

（3）培养良好的课堂风气，促进学生自觉遵从课堂规范。

（4）明确群体目标，促进群体对其成员的吸引力，增强群体内聚力。

（5）协调好课堂内各种人际关系，形成尊师爱生的师生关系和团结友爱的学生关系，师生朝着教学目标共同努力。

（四）课堂管理的类型

长期以来，人们进行了一系列课堂管理的实践与探索，总结出了丰富的课堂管理经验。但由于"每个人有他自己看待事物的方式……因而也不可能有一种为大家所共有并且对一切领域都有效的真理"。在此，介绍几种较为普遍的类型，供大家依据特定的条件作出相对合理的选择。

1. 权威型管理。权威型管理认为，教师对整个课堂完全负责，因而，他们有责任控制学生的课堂行为，而教师常常通过建立和强化课堂规则和有关规定来实现这一目的。因此，课堂管理过程被视为教师对学生行为的控制过程，且较多采用主控的方式来控制学生，课堂规则倾向于约束，弹性很小。权威型课堂管理强调规则、指令与要求，注重惩罚和控制。

2. 放任型管理。放任型管理强调学生自己的选择与自由，让学生自己作出决定，并对自己的行为负责。教师允许学生按其兴趣和需要做他们想做的事情，对其行为不给予任何的指导。在此，教师的作用就是促进学生自治，促进学生的自然发展，因而，此管理模式要求教师尽可能少地干预学生行为。同时，不宜有过多的课堂规则，应让学生拥有更多的行为空间和更多的自由度。

3. 行为型管理。这是基于行为心理学的一种管理模式，认为任何行为都是经学习获得的。学生要形成良好行为，一是消除他已经习得了的不良行为，二是培养他尚未习得的良好行为。这一模式的两个假设，即学习受行为过程的制约；学习在很大程度上受环境影响。据此，教师在课堂管理中的主要任务就是，正确实施积极强化与消极强化，鼓励与发展所期望的学生课堂行为，削弱与消退非期望的学生课堂行为。行为型课堂管理强调榜样力量、行为强化和心理辅导。

4. 社会型管理。这是一种建立在社会心理学和群体动力学原则基础上的课堂管理模式，认为学校教育立足于特殊的群体环境——课堂群体；这种特殊群体也是一种社会系统，具有所有社会系统共有的特征，与这些特征相一致的特定条件有助于建立与维持有效、积极的课堂群体；教师在课堂管理中的任务就是建立和维持这些条件。此种管理强调人际期望、领导行为、真诚接纳和课堂内聚程度。

5. 教学型管理。这种管理模式认为，有效的行为管理是高质量教学的必然结果，为此应重视课堂教学的设计与实施。如果教师认真进行教学设计，使教学变得有趣，与学生的能力及需要相适宜，且为每一个学生提供了获得成功的恰当机会，那么学生将始终保持浓厚的学习兴趣和强烈的学习动机，课堂行为问题出现的可能性自然大大减小。教学型管理注重教学设计与学生的能力兴趣，注重课堂环境及教师明确而积极的指导。

6. 沟通型管理。此管理模式侧重于塑造良好的课堂心理氛围，认为有了健康的课堂气氛，学生的学习便会自动产生，也就不会出现问题行为。而营造良好的课堂气氛主要靠良好的师生关系及学生同伴关系，因此，促成积极、健康的人际关系就成了教师的中心任务。良好的沟通是课堂管理产生效能的关键，也是这种模式所倡导的方法。沟通型管理强调真实、民主、交流、信任与理解。

当前的趋势表明，现代课堂要在不断变化的环境中有效地发挥其完整的作用，需要灵活而民主的课堂管理，课堂管理由此呈现出从刚性向柔性转变的变革走向，在管理议程上强调方向和目标，在形式上注重互动与合作，在过程上强调引导和激励，在结果上表现为课堂的运动性和生长性。这种模式强调课堂中的平等性、灵活性、适应性、创造性。

二、课堂管理的影响因素

（一）教师的领导风格

教师的领导风格对课堂管理有直接的影响。权威式的领导方式表现为对学生要求严格、上课只能端坐、用耳朵听、用眼睛看，不能动口、动手，学生稍有违背，就采用训斥与压服的办法，保持课堂的消极稳定。这种领导方式使课堂呆板，学生易产生压抑情绪或反抗情绪。放纵式的领导方式对学生无所要求，以致造成学生纪律松懈、互相干扰，妨碍学习。民主式的领导方式表现出师生间的相互尊重，教师鼓励学生积极主动地学习，可形成师生相互信任与支持的积极心理气氛。

（二）定型的期望

人们对教师在学校情境中执行教育任务往往持有一种比较固定的看法，即使某一位教师的实际表现并不符合这种固定的看法，人们还是会按照这种固定的看法去看待和解释教师的行为，这就是定型的期望。它包括人们对教师理应表现的行为及其所具有的动机和意向的期望。学校领导、家长和学生对教师都有定型的期望。如果学校领导期望教师自由发表意见，允许教师创造性地管理课堂，就会形成和谐、恬静和活跃的课堂气氛；如果学校领导期望教师严格遵循学校意志，防止行为越轨，就有可能使教师将紧张不安的情绪以微妙的方式传递给学生，造成紧张呆板、死气沉沉的课堂气氛。课堂里的学生总是期望教师以某种方式进行教学和课堂管理。所以，教师接受教学任务后，首先必须知道学生对自己的期望是什么，尽量使自己的课堂管理与学生的期望相一致。如果发现自己的管理方式与学生们的定型期望不一致，

就应该采取措施，努力使两者协调一致。

（三）教师的学生观

教师的学生观是指教师对学生本质特征和培养方式所持有的基本看法。一般而言，教师持有评价性学生观或移情性学生观。持有评价性学生观的教师总是排除个人情感因素的影响而纯客观地评价学生，主张与学生保持适当的心理距离，以保持师道尊严来控制学生，而在课堂管理中习惯于指手画脚和发号施令，容易满足于学生表面上的唯唯诺诺，动辄强制和压服，偏爱评价好的学生而歧视评价差的学生。持有移情性学生观的教师则认为学生总是向好的、能接受教育的，教师应该设身处地为学生着想，尊重学生的人格和意愿，因而在课堂管理中容易以真诚、友善、热情和关怀的态度对待聪明的或笨拙的、成绩好的或成绩差的、听话的或顽皮的学生。

（四）教师的人格结构

以父母态为主的教师有明显的优越感和权威感，往往凭主观印象办事，独断专行，滥用权威，学生没有主动参与课堂活动的积极性。以成人态为主的教师具有客观和理智的特征，善于根据过去的经验，估计各种可能性，然后作出必要的决策。在他们管理的课堂内，虽然没有严格限定的框框，却有明确的指南。以儿童态为主的教师则经常像儿童那样冲动，感情用事，在活动中常表现出服从和任人摆布，教育学生无主见，遇事畏缩，优柔寡断。

（五）教师的影响力

教师的影响力是指教师在与学生的交往中影响或改变其心理和行为的能力。根据影响力的性质，可以将影响力分为权力性影响力和非权力性影响力。权力性影响力是一种带有强迫性的并以外部压力的形成而起作用的影响力。它主要来源于教师在课堂里的地位，即教师拥有职权范围内的规划、决策、控制和指挥的权力。一方面教师握有能够满足学生需要的物质手段和精神手段，另一方面教师也握有使学生不愉快的手段。非权力性影响力是指由教师自身的良好品质和表现而受到学生的敬佩所产生的影响力，它主要取决于教师的品格、才能、学识和情感等因素。一般而言，权力性影响力使课堂里的学生接受强制性影响，学生的行为反应常常是被动地服从；而非权力性的影响力对学生的影响则是自然的，能够收到情通理达的效果。

（六）班级规模

班级的大小是影响课堂管理的一个重要因素。（1）班级越大，师生间与学生彼此之间相互沟通的次数就会减少，情感纽带的力量就越弱。（2）班内的学生越多，学生间的个别差异就越大，不同的需求导致心理的冲突，影响班级团结，课堂管理所遇到的阻力也可能越大。（3）班级的大小也会影响交往模式。班级越大，成员间相互交往的频率就越低，对课堂管理的要求也就越高。（4）班级越大，内部越容易形成各种非正式小群体，而这些小群体又会影响课堂教学目标的实现。

（七）班级的性质

影响教师课堂管理的另一个情境因素是班级本身。不同的班级往往有不同的群体规范和不同的凝聚力，教师应该在深入了解的基础上，掌握班级集体的特点，运用促进和维持的高度技巧，获得理想的管理效果。

（八）教师的教学水平

教师在教学中起主导作用，教师业务水平的高低，教学能力与教学方法的优劣直接影响课堂心理气氛。教师若能对教材有深刻的理解，又充分掌握学生的程度及个别差异，讲课准确、清楚、新颖、生动，就能促进学生积极思考，吸引学生的注意，增长学生对学习的兴趣，使心理状态处于最佳水平。相反，若教师的教学照本宣科、枯燥无味、废话连篇、拖泥带水、矫揉造作，就会使学生学习兴趣下降，产生厌烦情绪、降低学习动机，造成消极的或对抗的课堂心理气氛。

总之，影响课堂的因素是多方面的，教师在数学活动中始终保持良好的心理状态，促进师生在认知与情感两方面的沟通。

（九）课堂管理的目标

不同时期，受不同教育观念、教育教学目标的影响，有效的课堂管理的目标也各不相同。当教学目标在于知识授受时，有效课堂管理的含义是树立起教师个人的权威，使学生无条件服从教师。当教学目标转向人的全面培养时，有效课堂管理的含义则被拓展为使学生最大程度地参与学习；能有效地利用教学时间；使问题行为最少化；使学生学会自我管理等。一般而言，现代课堂管理的目标至少有三个。

1. 争取更多的时间用于学习。课堂管理的一个重要的目标是尽量争取更多的时间用于学习。尽管课程表分配给课堂学习的时间对于所有学生来说都是恒定而均衡的，但对于学生个体而言，真正专注于课堂学习的时间却相差甚远。许多研究表明，学生课堂学习时间的质量（如投入时间和学业学习时间）与他们的成绩呈明显的正相关。虽然教师可以让学生参与教学，但如果学生不投入学习，这显然不能达到课堂管理的目的。

为学生争取更多的学习时间的真正含义，就是使学生投入有价值的学习活动，从而提高所用时间的质量。因此，课堂管理良好意味着有效学习时间更多，而有效学习时间则意味着产生了更多的实际学习行动。通过缩短活动与任务间歇；通过精心准备、认真组织，保持教学进程紧凑、意义连续；通过对捣乱分子的有效管理以及通过调节与维护课堂秩序等手段，教师可以增加有效的学习时间。

学生用于学习的时间越多，学习成绩越好。但是学生的学习时间有限，学校对教学时间、自习时间、劳动时间、休息时间等都作了明文规定和安排，教师就是要在所规定的教学时间里为学生争取更多的学习时间。

2. 争取更多的学生投入学习。一个有尽可能多的学生学习的环境可增强学习气氛。让更多的学生投入学习的一个途径是教师教得非常有趣、有参与性，并且是学生感兴趣的课程。此时，学生总是愿意倾注注意力，渴望做要求他们做的事情。

3. 帮助学生自我管理。课堂管理的第三个重要目标是帮助学生成熟起来，使学生知道如何管理自己，并向学生展示怎样内化那些有益于学习的规则程序。

在某种程度上，帮助学生成熟的目标，就是了解如何把发展重点放在学生的学习责任感上，而不是发展学生温顺、服从的一面。虽然一开始需要花费时间，向学生解释为什么以及怎么样为自己的学习负责，但从长远的角度看，明白要为自己的学习负责、学会怎样负责的学生，他们对生活的准备也更充分，教起来更容易。学生越成熟，其自我管理就越有效。

4. 另外，由于每一个课堂活动都有自己的参与规则。有时候这些规则教师有过明确表述，但有些规则常常是没有明确表述的。这时，学生要成功地参与某一活动，就必须理解参与结构。所谓参与结构就是那些规定如何参与不同活动的规则。因此，使所有学生都顺利投入学习活动的另一个途径就是确保每个学生都知道如何参与每一项具体的活动，使他们知道你的规则与期望是什么，也就是说教师应明确参与结构。如何让学生对自己的课堂行为进行自我管理呢？首先，让学生更多地投入课堂规则的制订；其次，用较多的时间要求学生考虑制订某些规则的原因以及他们自己不良行为的原因；最后，应当给学生机会考虑他们将怎么计划、监视和调节自己的行为。

（十）课堂管理的内容

1. 课堂常规管理。课堂是由师生及环境组成的，其事务也会涉及与师生、环境相关的各个方面，课堂常规管理通常包括设定课堂管理目标、制订管理计划、活动的组织与协调、资料管理等方面。

目标总是具有方向性和激励性，明确课堂目标可以获得学生的认同与支持，促进课堂成员间的协调，引导课堂发展的方向，且还可作为考评的依据。

为了保证目标的实现，需要有一个详细的计划。课堂管理计划不仅应具有完整性、可行性、适宜性，还要考虑学生的参考性。需要提醒的是，制订课堂管理计划应该吸纳学生的意见，让他们参与酝酿与拟订，以激发其积极性与责任感。由于影响课堂的因素的多样性，在实施计划时，需要进行一定的组织与协调工作。一方面需要对各种活动以及活动所需要设备、场地、人员合理安排，另一方面也需要对参与活动的人员与团体之间的关系进行协调。这样，当非计划事件发生时，优秀的课堂管理者才能灵活地处理与作出反应。

与课堂活动有关的档案资料也是课堂管理不可缺少的一项内容。学生基本资料、课堂记录、课堂规范等资料都是重要的资料，教师要真正管理好课堂，就必须熟悉并善于利用这些资料。

2. 课堂环境管理。在课堂管理中，环境的作用是不可低估的。课堂环境包括时空环境和心理环境两大类，其中时空环境主要指时间环境、物质环境和课堂布置三个方面。

在有限的时间发挥最大的效用，可以增强管理的作用，提高课堂活动的效率。不同教师在时间运用上的差异会造成学生学习机会的不均等。在课堂上，由于各年龄阶段学生注意持续的时间不同，有效的学习持续时间也各不相同，因而在时间安排上应有所体现。

课堂内的光线、色彩、通风条件，课桌椅的摆放方式，班级规模等属于课堂物质环境。它们不仅影响学生学习的效率，而且还会对学生的身心健康有所影响。课堂布置通常包括学生作品展示、设施放置、室内外绿化与美化等。安排适当、布置合理的课堂，可以使学生轻松愉快置身其中，为学生有效的学习与活动提供条件。

此外，课堂心理环境的建构与维持对于课堂管理来说也极为重要。课堂心理环境是师生或学生彼此之间交互作用和影响而形成的一种特殊环境。例如，学生座位的安排本是一个空间环境问题，但它却对师生课堂心理产生了一定影响。大量研究表明，坐在前排和中间座位的学生其课堂行为是积极的，有助于师生间正常交往关系的展开。另外，营造积极的课堂教学气氛也会对学习效果产生较大影响。教师可通过尊重信任学生、及时关注学生情绪变化、建立和谐活泼的氛围等来建构与维持积极的课堂心理环境。

3. 课堂秩序管理。课堂秩序向来被视为课堂管理的基本任务，因为课堂秩序直接影响课堂活动的正常展开。课堂秩序管理主要侧重于课堂冲突、课堂行为问题及课堂规范等方面。

据研究，所有学生，包括优秀生和后进生，都或多或少地存在行为问题。因此，正确对待和合理解决课堂中的冲突和行为问题就成为课堂管理的重要部分。

在课堂上，教师与学生通过他们的社会性互动，建构着师生间独特的社会关系。师生冲突和行为问题就是由于师生双方互动过程中在需要、行为与观念等方面的不一致而引发的。因此，教师要解决课堂中的冲突和行为问题，首先要了解课堂中发生的事情，对课堂中的冲突和行为问题有正确认识。这些冲突和问题行为能否得到解决或缓和，还要受师生间的交往与沟通、师生双方需要的满足、教师管理行为与方式恰当与否的影响。

为了更有效地建立课堂秩序，教师须引导和规范学生的课堂行为与活动，这就需要课堂规则规范。不同的活动往往采用不同的方式来进行，因而就有相应的规则规范来约束相应的行为。通常情况下，在开学初，师生可以共同拟订课堂规范，作为所有课堂活动的规则。

4. 课堂活动管理。课堂活动管理主要包括课堂活动的设计、活动内容的选择、活动方法的运用、活动资源的统合等方面。

研究发现，课堂活动的多样化是课堂活动管理取得成功的重要因素。对中小学生的一项问卷调查结果也显示，学生认为他们喜欢课堂活动的重要原因是课堂活动的多样化。这种多样化既包括活动内容的多样化、活动形式的多样化、活动方法的多样化，还包括活动标准的多样化、活动主体的多样化、活动评价的多样化等。

课堂活动的推进也属课堂活动管理范畴。面对来自不同环境、处于发展过程中的学生，在课堂活动中必然会不断出现各种干扰事件或现象。有些教师采用惩罚方式来推进活动，有些教师运用鼓励方式来推进活动。近年来，如何有效地运用鼓励的方式来激励学生、推进课堂活动日益成为人们关注的课题。因此，如何合理运用奖惩也成为课堂管理的重要内容。

三、课堂群体的管理

（一）正式群体与非正式群体

课堂内部还存在着正式的或非正式的各种群体。管理课堂必须注意协调非正式群体与正式群体的关系，正确处理课堂中正式群体和非正式群体的关系，促进班集体结构的完善。

正式群体是由教育行政部门明文规定的群体，其成员有固定的编制、明确的职责权利和确定的组织地位。班级、小组、少先队员、团支部等都是正式群体。

课堂里的非正式群体则是在正式群体内部，以交往为基础、以个人好恶、兴趣爱好为情感联系纽带而形成的具有强烈情感色彩的群体。这种群体没有

— 276 —

特定的群体目标及职责分工，缺乏稳定的结构，其成员不受某种规章制度约束，具有强烈情感色彩的非正式群体。每一个正式群体内部都或多或少地存在着各种非正式群体，比较常见的有朋友、小集团、帮和群。朋友是学生在共同的兴趣爱好基础上形成的比较持久稳定的密切关系。朋友关系的固定化就是小集团，具有相互交流信息和共同决策的目标。帮与小集团的主要区别在于帮的成员更重视集体活动且具有一定的结构。群则是松散的结合性组织，通常由几个小集团组成，规模较大，有相对的独立性。因此课堂管理必须区别对待实际存在的积极型、中间型、消极型、破坏型等四种不同性质的非正式群体。

对于积极型的非正式群体，应该支持和保护。可以利用其成员间情感密切的特点，引导他们相互学习、取长补短；利用其成员相互信任、说话投机的特点，引导他们开展批评与自我批评；利用其成员间信息沟通迅速的特点，可以及时收集学生的反应，做到心中有数；利用其成员归属感强、爱好社交的特点，把正式组织无力顾及的工作交给他们去完成；也可以利用其自发形成的领袖人物威信高的特点，授予适当的合法权利，使之纳入课堂目标的轨道。

对于中间型的非正式群体，要持慎重态度，积极引导，联络感情，加强班级目标导向，努力使他们的目标与课堂目标相一致。

对于消极型的非正式群体，则要加强教育、引导和改造，设法改变他们的目标方向，争取他们参与课堂活动，在参与活动的过程中达到目标一致。

对于破坏型的非正式群体，则要依据校规和法律，给予必要的制裁。如偷盗、流氓团伙等。

当非正式群体的目标与班集体的目标不一致时，非正式群体就会对班集体产生消极的影响。教师在课堂上应协调好这两者的关系，对有利于班集体的非正式群体应加以保护扶持，从而提高学生的积极性。而对消极的非正式群体要因势利导，根据成员的不同特点，将其组织起来参加有益的活动，使非正式群体的性质向好的方向发展。总之，在课堂教学中，非正式群体对教学效果的好坏产生极大影响，教师应运用教学技巧把非正式群体的力量形成合力，共同实现教学目标。

（二）群体动力

任何一个群体的行动都是在某种力量的推动下实现的。所有影响群体及其成员个人行为发展变化的力量的总和就是群体动力。群体不是个体的简单总和，群体会对个体产生巨大的影响，个体在群体中产生不同于单独环境中的行为。因此，教师在课堂教学管理活动中，必须了解课堂里群体的性质，要善于利用群体凝聚力、群体规范和压力、群体气氛和人际关系等群体动力，实现课堂管理的促进功能。

1. 群体凝聚力。群体凝聚力指群体吸引其成员积极从事群体内的活动的吸引力。班集体的凝聚力越强，就越能增强学生的友好交往和维护集体利益的自觉性。成员之间沟通频繁，交往顺畅；成员的归属感强烈，群体活动的出席率高；成员的责任心强，能自觉维护群体利益，愿意承担相关的责任。如果一个群体丧失了凝聚力，就会像一盘散沙。凝聚力常常成为衡量一个班级集体成功与否的重要标志。因此，增强群体凝聚力便成为维持群体存在和提高群体效能的必要条件。高凝聚力的群体，其成员行为高度一致，个体服从群体的倾向较强，如果加以积极诱导，可以极大地提高群体活动的效率。反之，若出现消极的诱导，则有可能降低群体的活动效率。

影响班集体凝聚力强度的因素很多，例如班集体在学校中的地位的高低，活动达标的快慢，成就的大小，遭受外界压力的强弱，教师要求和奖惩学生的宽严，以及班集体中学生的结构同质与否，信息沟通渠道畅通与否，学生对班集体的信赖与否，班级组织健全与否等，都能导致凝聚力的增强或减弱。

教师应采取措施提高课堂里群体的凝聚力。①要了解群体的凝聚力情况。②要帮助课堂里的所有学生对一些重大事件与原则问题保持共同的认识与评价，形成认同感。③引导所有学生在情感上加入群体，以作为群体的成员而感到自豪，形成归属感。④当学生表现出符合群体规范和群体期待的行为时，就给予赞许与鼓励，使其行为因强化而巩固，形成力量感。

群体凝聚力是衡量课堂管理成功与否的重要标志，教师应该采取措施提高课堂里群体的凝聚力。首先，要了解群体凝聚力的大小。其次，努力提高学生个体目标与群体目标的一致性。个体目标与群体目标的一致性高，群体的效率总是高的，相反，活动效率却是低的。其中特别是目标一致性高与群体凝聚力强的结合，该群体的活动效率是最高的。而群体凝聚力强的群体内，若目标一致性低，则其活动效率是最低的。再次，引导课堂里的所有学生在情感上加入群体，以作为群体的成员而感到自豪，形成归属感，使他们对一些重大事件与原则问题保持共同的认识与评价，形成认同感。这样，当群体取得成功或遭遇失败时，所有成员都有共同的感受，从感情上爱护自己所属的群体。最后，当学生表现出符合群体规范的行为和群体期待的行为时，就给予赞许与鼓励，使他们的行为因强化而巩固，形成力量感。

2. 群体规范。群体规范是指约束群体内成员的行为准则，它是群体成员保持思想、情绪、态度和行为一致性的保证。如果没有群体规范，群体就会失去整体性，群体也就不复存在。群体规范包括成文的正式规范和不成文的非正式规范。美国专家谢里夫的研究表明，群体规范的形成经历三个阶段：第一阶段是相互影响阶段，每个成员发表自己对某一事物的评价与判断；第二阶段出现一种占优势的意见；第三阶段，由于趋同倾向而导致评价、判断和相应行为上的一致性。在这三个阶段中，始终受到模仿、暗示和顺从等心理因素的重要制约作用。至于正式规范，则主要是有目的、有计划地教育的结果。

班集体的规范约束力是建立在集体主义观念、自觉纪律观念、主人翁观念基础上的。当师生的行为符合集体规范时，就心安理得，心情舒畅；当师生的行为违背集体规范时，就痛苦不安，深感内疚。所以，集体规范约束力是以师生把集体规范作为自己的需要，深刻理解规范的重要意义，自觉遵守为特征的。

群体规范对群体的成员会产生一种心理上的压迫力，对学生的心理和行为产生极大的影响。在群体压力下，成员有可能放弃自己的意见而采取与大多数人一致的行为，这就是从众。从众现象的发生，一般认为有两个原因导致。①人们往往相信大多数人的意见是正确的，觉得别人提供的信息将有助于他；因而放弃自己属于少数的意见而追随大多数人。学生越相信群体信息的正确性，自信心越差，从众的可能性便越大。②个人为了避免他人的非议或排斥，避免受孤立，因而发生从众现象。

群体压力必须与学生的心理承受力相适应，才能在班集体中增多既表面从众又内心从众的口服心服型的学生，并保护学生的独立性和创造性，增强集体舆论和集体活动方式的一致性和有效性。

因此，群体压力必须适度，引导必须及时，以正确的态度对待有独到见解、敢于标新立异的学生，从而把群体压力转化为学生的行为动力。

群体规范不是永恒不变的，应随着形势的发展，教育质量的提高进行必要的改革。建立和健全适应班集体特点并为班集体中师生理解、接受、执行的规范，是班集体管理的一项重要任务。群体规范通过从众使学生保持认知、情感和行为上的一致，并为学生的课堂行为划定了方向和范围，成为引导学生课堂行为的指南。不过，消极的群体规范也有可能使学生的不良行为因从众而在课堂里蔓延，使意志薄弱的学生随波逐流。在课堂管理中，教师应该自觉地帮助学生形成良好的规范。一方面要考虑规范对群体成员的适应性，尽量使规范与群体成员的个人价值趋同；另一方面，又要考虑群体规范与社会规范的一致性，使每个学生都能正确处理个体与群体的关系。

可是在群体压力下，也有学生会出现反从众。他们发现群体多数人的意见与自己不一致时，或者保持独立性，或者反其道而行之。因为他们的个性独立，不易受人暗示，也可能是他们具有逆反心理，表现反从众。反从众有可能蔑视群体规范，削弱群体凝聚力，导致群体涣散。但是群体内的反从众者也可以使群体集思广益，使群体更具活力和创新精神。

3. 课堂里的人际交往与人际关系。人际交往是教师和学生在课堂里传递信息、沟通思想和交流情感的过程。这个过程必须以一定的符号系统为交往工具才有可能实现，语言符号系统和非语言符号系统是主要的人际交往工具。班级人际关系主要包括师生关系和同学关系，班级人际关系的好坏取决于这两部分关系的有效整合。

人际关系是人与人之间在相互交往过程中所形成的比较稳定的心理关系或心理距离。它的形成与变化，取决于交往双方满足需要的程度。吸引与排斥、竞争与合作是课堂里主要的人际关系。

（1）人际吸引与人际排斥。距离的远近、交往的频率、态度的相似性、个性的互补性以及外形等因素是影响人际吸引和排斥的主要因素。

人际吸引是指交往双方出现相互亲近的现象，它以认知协调、情感和谐及行动一致为特征。人际排斥则是交往双方出现关系极不融洽、相互疏远的现象，以认知失调、情感冲突和行动对抗为特征。距离远近、交往频度、态度相似性、个性互补性以及外貌等因素是影响人际吸引或排斥的主要原因。在一般情况下，学生的居住地和座位等越邻近，交往的频率越高，态度和外形越相似，个性特征越能互相取长补短，学生之间就越容易互相吸引。相反，彼此就容易排斥。人际吸引与排斥的结果使学生在课堂里处于不同的地位，出现人缘好的学生、被人嫌弃的学生和遭受孤立的学生。研究表明，人缘好的学生是课堂里最受欢迎、吸引力最强的学生，因而情绪高涨而稳定，有较高的安全感和自信心，容易产生与班级集体相同的价值观和道德观。被人嫌弃的学生是课堂里最不受人欢迎而被排斥的学生，他们常常感到不安与气愤，并由此而与集体对立，甚至产生敌意和对抗，很有可能离开集体而加入落后的小集团。而遭受孤立的学生则被同学们冷落在一旁，既没有欢迎者，也没有反对者，很少与人交往，他们常因失意而埋怨班级集体，甚至迁怒于教师。由此可见，教师在课堂管理中必须重视课堂里的被嫌弃者和被孤立者。一方面，针对这些学生的弱点，帮助他们改变不利于人际吸引的个性特征和不利因素，让他们摆脱窘境，增强吸引力。另一方面，引导全班学生主动接近他们，通过增加交往频率，产生共同的话题和体验，结束不相往来的状况。

（2）竞争与合作。竞争是指个体或群体充分实现自身的潜能，力争以优胜标准使自己的成绩超过对手的过程。竞争必须具备三个基本条件：一是有共同争夺的目标，二是竞争的各方必须争夺同一个对象，三是竞争的结果必使一方获胜。竞争是一种普遍存在的社会现象。课堂里的竞争包括群体间的竞争和群体内的竞争。班级之间的竞争属于群体间的竞争，班内学生之间的竞争属于群体内的竞争。各种竞争通常都能激发个人的努力，提高成就动机和抱负水平，缩小个人的能力与成绩之间的差距，提高学习效率。竞争也能使学生较好地发现自己尚未显示出来的潜力和自己的局限性，有助于自觉地克服某些不良的人格特征。竞争还可以增加学生学习与工作的兴趣，使集体生活更富有生气。可见，适度的竞争，不但不会影响学生间的人际关系，而且还会提高学习和工作效率。但是，如果群体成员的态度与情感都属于自我定向，对学习和工作又缺乏直接兴趣，竞争就有可能使一部分学生过度紧张和焦虑，抑制学习和竞争的积极性，从不胜任的任务中退缩下来，降低他们在群体中的地位。由于竞争比较强调优异的成绩和名次，容易忽视活动的内在价值和创造性。由于优异成绩总是与某个具体的人联系在一起，因而容易将别人的成绩视为对自己的威胁，千方百计地想超过对方，导致竞赛动机过于强烈，损害学生之间的人际关系，并最终对学习和工作产生不利的影响。为了避免人际竞争的消极作用，有的心理学家主张合作学习，开展群体之间的竞争。有人曾将学生分成两组，一组学生被告知，他们的期末成绩将视每个人在群体内的相对名次而定。也就是说，别人的成绩高了，自己的成绩就会相对降低。其目的是使学生在组内相互竞争。另一个组的学生则被告知，期末成绩将以小组为单位来评定，小组成绩的高低将视该组在各组中的相对位置而定。其目的在于使组内成员相互合作而参与组间竞争。结果发现，合作组不但在学习成绩方面优于竞争组，而且组内的人际关系也比较融洽。当然，也有心理学家提倡自我竞争，以学生现在的我与过去的我竞争，力争以现在的我超过过去的我。这样既能发挥竞争的积极作用，又能避免消极作用。

合作是指学生们为了共同的目的在一起学习或完成某项任务的过程。合作是实现课堂管理促进功能的必要条件。第一，在解决新的复杂问题时，往往需要提出各种可供选择的假设情况，学生间的合作显然要胜过个人的努力。如果作业任务还需要进行评价或作出决定，合作讨论而形成一致的意见通常是可取的。第二，合作能够促进学生的智力发展。对尚无结论或有争议问题的探讨，可以开阔学生的眼界，激发思考，促使学生根据别人正确的观点来检验和修正自己的观点。第三，合作能使能力较差的学生学会学习，改进学习方法。第四，合作有助于学生发展良好的个性，增强群体凝聚力，形成和谐的课堂气氛。

合作性课堂和传统的竞争性课堂相比，不仅不会降低学生的成绩，而且在大多数情况下反而大大提高了学生的成绩。

但是，课堂里的合作也有不足之处。首先，如果学得慢的学生需要学得快的学生的帮助才会有进步，那么对于学得快的学生来说，在一定程度上就得放慢自己的学习进度，影响自身的发展。其次，能力强的学生或活泼好动的学生有可能在合作中支配能力差或沉默寡语的学生，因而有可能使沉默的学生更加退缩。最后，合作也容易忽视学生的个别差异，影响对合作感到不自然或焦虑的学生的学习进步。

人际关系的形成是一个过程。人际关系的发展经历零接触、注意、表面接触、情感融合等四个阶段。每一个阶段的发展，都说明人际关系形成的基础是人际交往。人际交往是指教师和学生在课堂里相互传递信息、沟通思想和交流情感的过程。这个过程必须以一定的符号系统为交往工具才有可能实现，语言符号系统和非语言符号系统是主要的人际交往工具。在人际交往过程中，信息发出者首先要把意义信息符号化，即将传送的意义信息编码为可以用语言或非语言符号系统记载的代码，然后通过各种信道将符号化的信息发送出去，最后由信息接受者经译码将符号化的信息还原成意义信息。如果信息接受者只接受信息而不反馈，就是单向交往。单向交往类型只有师生关系，学生之间不相互交往，学生处于被动地位，不主动与教师进行信息交流，课堂气氛压抑、沉闷，教学效果最差。若信息接受者在接受信息后还向信息发出者进行反馈则属于双向交往。双向交往类型也是一种被动交往型，学生之间几乎不交往。一般是教师讲，学生听，教师问，学生答，师生之间进行双向的信息交流。双向交往型的教学效果要比单向交往型的稍微好一些，双向交往型中的教学在一定程度上克服了学生学习的被动性，但仍无法很好地激发调动学生的积极主动性。较好的一种是多向交往。在多向交往类型中，师生之间、学生之间都可进行广泛的信息交流，课堂气氛积极和谐。教师作为集体的一员，不仅和学生广泛交往，还鼓励学生之间的交往。这种交往方式往往使课堂气氛热烈，学生积极性很高。

上述三种课堂内人际关系类型各有利弊，教师应善于取长补短，灵活运用各种类型，建立自由轻松而有秩序的课堂管理情境，以提高教学效率。不管何种交往，都能使学生目标明确，消除误会和避免冲突，保持态度一致与行为协调，有序地在课堂里学习和活动，体验群体生活的愉悦，增强个人安全感，从而有助于形成良好的人际关系。

（三）班集体的形成过程

班集体的形成大体经过三个阶段、五个时期。

1. 聚合阶段。该阶段学生按规定组合成班级，维系的力量来自学校和教师，班集体未能发挥应有功能。该阶段有孤立探索、水平分化两个时期。

（1）孤立探索期。刚组成班集体时，成员内心有孤立感，都希望尽可能多地了解别人并让别人了解，并努力展开与周围同学接触交往的探索活动。

（2）水平分化期。通过探索活动，班级成员之间有了较深入了解，在此基础上成员出现了水平分化，即按前述影响人际关系的四大因素（相似、接近、补偿、仪表）结成了若干小群体，但每个小群体的领袖还未产生。

在这一阶段，学校和教师应为学生创设条件，提供较多的交往机会，并进行人际交往的动机教育，要全面客观地看到别人和自己的优缺点、长短处，尽可能缩短这一阶段的延续时间。

2. 前班集体阶段。这个阶段班级有了自己的领袖，班集体结构和规范也大体形成，班级活动能由学生自己管理。这一阶段包括垂直分化期和集体雏形期。

（1）垂直分化期。在水平分化之后，班集体成员的地位和作用起了变化，有的成为班级的领袖或某种活动的主导者。

（2）集体雏形期。在垂直分化后，班级及其各小群体都有自己各自的头，并发挥带头作用，班级形成了所有成员都知道和遵守的集体规范和准则，班级能为自己确立活动的目标并组织成员去实现。在这一阶段，教师应特别注意班级及其各小群体的结构和领袖人物，应通过班级各级干部的工作来影响班集体的活动。

3. 班集体成熟阶段。这个阶段集体雏形继续发展，进入了集体成熟期。成熟期的主要表现是，形成了严肃的高质量的集体舆论，以及能够进行卓有成效的活动，地位分化可能带来的不平等感也消失了。这时，教师应重视舆论的作用，工作重心应放到营造集体舆论上，并以此来影响集体成员。

（四）群体影响个体行为的方式

1. 社会助长作用。社会助长作用是群体中普遍存在的一种社会心理现象。在群体活动中，由于他人在场或参与，会提高个体活动效率，出现增质或增量，这种现象叫社会助长作用。

社会助长作用能使个体消除孤独单调的气氛，激发学生的成就动机，从而提高了工作效率。尤其是对简单熟练、重复性的工作，或对具有外向型性格的人来说，会产生更强的社会助长作用。但是，对于从事比较复杂的工作，别人在场可能会出现减值效应。群体对工作是否起促进作用，主要取决于以下几点。（1）成就动机的激发。个人与群体其他成员一起作业时，成就动机能激起个体全力以赴，以取得好的成绩。（2）作业的难度。别人在场可增强内驱力和动机，过高的驱力和动机可能促进简单的作业，但能破坏对复杂作业的操作。（3）个体精神的紧张度。由于他人在场会使人精神紧张或涣散，外在刺激分散和干扰了个体对作业的集中注意，使复杂性作业不能有效地进行。（4）评价的意识。个体在群体情境中作业，不可避免地产生被他人评价的意识，评价意识一旦产生，实质上就起到了动机的作用，从而对个体行为产生了很大的影响。因此，教师在给学生布置比较复杂的作业时，应避免过多的人在一起竞争；如果学习简单的课题，可鼓励学生适当竞争，并及时给予评价，充分利用社会助长作用。

2. 社会标准化倾向。多数人在一个群体中共同学习或工作时，往往对事物的知觉、对事物的分析判断、动作反应速度及工作效率方面有渐趋一致的倾向，这种倾向即社会标准化倾向。

社会心理学家谢里夫在知觉性错误的实验中，曾经证实了这种现象的存在。心理学家迈耶在一项词汇默写、心算、笔算的测验中也发现类似情况。他把测试分成两组，一组在教室中共做，一组在教室外单独做。结果发现，在共做情况下，原来单独做而成绩差的学生的测试成绩普遍提高；那些单独做而成绩好的学生没有明显的提高，群体的平均差有所减少。这表明共做时成绩差异的减少是由于其他人的动作速度和努力的整体水平的暗示所起的激励与促进作用，而成绩较好者则因缺乏更强刺激的鼓励而放松追求的目标，因而保持原来成绩或成绩有所降低。据此，教师应注意协调班级先进人物与全体学生之间的关系，在表扬先进人物的同时要考虑到他们的处境，尽量避免由于表扬而使先进人物在群体中受到孤立，甚至遭受打击。教育实践告诉我们，要帮助一个学生进步，与其针对个人做工作，不如从改变群体的规范入手。由于群体规范改变了，会产生积极的群体压力，促使个人行为的改变。

3. 社会从众行为。社会从众行为是个体由于感受了群体的规范、舆论等的压力而产生的在认知或行动上与多数人相一致的现象。

从众是一种复杂的心理现象，这种现象在学校中时有发生。师生的从众行为大体可分为三种类型。（1）心服口服型，即表面从众，内心也接受。例如，多数同学都参加义务劳动，某个同学也情愿跟着去，他的这种行为就是表里一致的从众行为。（2）口服心不服型，即表面从众，内心拒绝，这是一种权宜的从众。例如，在班级里多数同学都评选某一学生为三好学生，自己内心尽管有看法，但在表决时也表示赞成。（3）心服口不服型，即内心接纳，表面不服从，这是表里不一的假不从众。这种情况大多是在个人内心赞同多数人的意见，但碍于身份、地位、自尊等某些顾虑，而违心地发表相反的意见。

从众行为在下列三种情况下发生：第一，把多数人的错误判断作为参照点而引起知觉上的错误，产生从众行为；第二，对自己的判断缺乏自信因而附和了多数人的意见，以求心安；第三，相信自己没错，但不愿标新立异与众不同，因而在表面上采取从众行为，内心却保留自己的意见。此外，情境因素也影响从众。

在教学活动中，学生的从众行为具有二重性。它既可以通过先进集体的影响，改变个人的行为，促使个人行为朝向积极方面转化，也可能导致学生一团和气，随波逐流，盲目顺从，甚至可能出现"小群体意识"，从而影响正确决策的作出。

（五）课堂里的群体及其对个体的影响

课堂里的每个学生不是孤立存在的个体，他们总是通过相互的交往而形成各种群体。所谓群体，是指人们以一定方式的共同活动为基础而结合起来的联合体。它的基本特征有三个：①群体由两个以上的个体组成；②群体成员根据一定的目的承担任务，相互交往，协同活动；③群体成员受共同的社会规范制约。

课堂内存在的各种群体，会对个体的行为产生巨大的影响。该研究表明，群体对个人活动起到促进作用，但有时群体也会对个人的活动起阻碍作用。起何种作用取决于四个因素：①活动的难易；②竞赛动机的激发；③被他人评价的意识；④注意的干扰。

四、课堂纪律的管理

为了维持正常的教学秩序，协调学生的行为，以求课堂教学目标的最终实现，必然要求学生共同遵守课堂行为规范，从而形成课堂纪律。

（一）课堂学习纪律的含义

课堂学习纪律是指在课堂学习环境中，学生必须共同遵守的课堂行为规范，是对学生课堂行为所施加的外部准则和控制，是课堂教学得以顺利进行的重要前提和条件。它可以维持良好的课堂教学秩序，提高教学质量和学习效率。当这种行为规范被学生自觉接受或内化以后，学生就能自觉地自我指导和自我监督，达到自律阶段，这是课堂学习纪律管理的最高境界。纪律的发展是从他律向自律转化的过程。

（二）课堂纪律的类型

1. 教师促成的纪律。教师促成的纪律是由教师向学生施加准则与控制，包括结构创设与体贴。教师的指导、监督、惩罚、规定限制、奖励、操纵、组织、安排日程和维护标准等，都属于结构创设。而体贴则包括同情、理解、调解、协助、支持、征求和采纳学生的意见等。纪律维持既需要结构创设，又需要体贴，两者在课堂管理中都是不可缺少的。目前，多数教师往往是提供了较多的结构创设，而缺乏足够的体贴。教师应该根据课堂的具体情况，确定结构创设和体贴的适当比例。因为青少年学生一方面会由于自我指导的加强而反对教师过多的限制和干涉，另一方面却还是需要教师为他们提供必要的指导，希望教师能以咨询或情感支持的形式给予帮助。

2. 集体促成的纪律。群体促成的纪律是由同辈群体所施加的准则与控制。学生入学后，对同学察言观色，以便决定应该如何思考、如何信仰和如何行事。他们常常以"别人也这样"为理由去从事某件事情，他们的见解、信仰、爱好、偏见与憎恶往往视同辈群体而定。正如谢里夫所说，即使他们爱自己的父母，认为父母的意见是有价值的，但结果仍然会降低对父母力量的重视，过高地评价同龄伙伴力量的价值。青少年学生之所以遵守群体促成的纪律，首先，是因为同辈群体不仅为其提供了一种新的价值观念与行为准则，而且还为其提供了作为一个独立自主的人来行事的体验，找到保持自己安全感的新源泉。其次，同辈群体的行为准则为青少年学生提供了道德判断与道德行为的新的参照点，结束了青少年学生思想、情感和行为方面的不确定性、无决断力、内疚感和焦虑。在一个组织得好的课堂里，有时学生虽然也会为挫折而不满，但为了不损害与同学的关系，他们还是会遵守群体促进的纪律。

3. 任务促成的纪律。任务促成的纪律是在完成某一任务时所施加的准则与控制。这种纪律以学生个人对活动任务的充分理解为前提，他们对任务的理解越深刻，就越能自觉地遵守纪律，即使在完成任务时遭遇挫折也不轻易放弃。所以学生卷入任务的过程，就是接受纪律约束的过程。学生越是成熟，越容易使自己的行为跟眼前任务要求相一致。

4. 自我促成的纪律。自我促成的纪律是学生对自己所施加的准则与控制，这是外部的纪律控制被个体内化之后成为个体自觉的行为准则。这时，学生能够正确评价各种行为准则，并在此基础上放弃不合时宜的行为准则，补充、完善和发展新的行为准则，从而真正达到自律。

（三）课堂学习纪律的功能

1. 社会化功能。课堂学习纪律是学生课堂行为的定向工具。学生在课堂学习过程中，总要受课堂学习纪律的制约。学生遵守课堂学习纪律的过程，也是学习为社会和教师赞同与容许的社会行为准则的过程。对这些外部课堂行为准则、规范的接受和内化，会有助于学生的社会化。

2. 优化学生人格的功能。学生在遵守课堂学习纪律的过程中，会逐步形成和发展独立性、自信、自我控制、坚持、忍耐等优良的人格品质。

3. 稳定学生情绪的功能。在课堂学习过程中，没有外部的控制与指导，学生往往显得手足无措，情绪不安。而课堂学习纪律使得学生的行为有所遵循，可避免学生对自己行为的迷惑、担心，降低过度焦虑，从而稳定学生的情绪。

4. 发展良好道德品质的功能。课堂学习纪律以强制的力量促使外部行为规范积极内化，有助于学生接受道德准则，形成道德责任感和义务感，使学生把外部的行为规范与自己的自觉要求有机地结合起来，从而自觉地遵守道德规范，形成和发展良好的道德品质。

5. 调控与监督的功能。课堂学习纪律是学校▢▢▢用以约束学生课堂行为，调控与监督学生的学习活动，维持课堂秩序的▢▢▢手段。

（四）课堂学习纪律的管理策略

1. 教师合理组织课堂教学结构。争取更多学生把更多的时间用于学习，既是课堂学习纪律管理的重要目标之一，又是课堂学习纪律管理的有效策略之一。这就要求教师合理组织课堂教学结构，优化时间意识，注重课堂时间管理的策略，维持学生学习的注意和兴趣，从而提高课堂教学效率。

课堂时间划分为分配时间、教学时间、投入时间、学业学习时间四种层次。①分配时间。分配时间是指学校为完成某一学科的教学任务而安排给教师的课堂时间，这是由课表决定的。由于教师在分配的课堂时间内要检查学生出勤和处理课堂纪律问题等，便衍生出教学时间。②教学时间。教学时间是指教师在完成课堂常规管理和教学组织之后所剩的实际用于教学的时间。在教学时间内，教师无法使所有学生一直专心于学习活动，譬如有些学生思想开小差等，便衍生出投入时间。③投入时间。也叫专注于功课的时间，是指在教学时间内学生实际上投入学习或专注于学习的时间。然而投入时间并非总是积极的，实际上，有时学生投入某一活动，只是停留在表面上，而没有真正地投入和理解。譬如学生虽然在阅读课文，但却很少把注意和思维集中在阅读的内容上。因此在投入时间里便有了学业学习时间。④学业学习时间。它是指学生以高度的成功率完成学业任务所花的时间，亦即学生花费在学业任务上并取得成功的时间，它不包括学生听不懂或理解错误的那些时间。在通常情况下，学生在课堂内的学业学习时间越多，学业成就便越高。虽然学生很难做到将在课堂上的每一分钟都用于学习并获得成功，但学生不宜将过多的时间花费在活动转换、学习准备、无事可干、思想开小差、课堂违纪等方面。我国中小学课堂教学的实践证明，很大一部分教学时间被浪费了。如有些教师计划不周，教学内容安排不当，缺乏教学设计，在课堂纪律上耗费过多时间等，这些均会影响教学时间。这就要求教师应使更多学生把更多的课堂时间变为学业学习时间，为此教师必须合理组织课堂教学结构，维持学生学习的注意和兴趣，这一方面能提高课堂教学效率和学生的学业成绩，同时也从积极意义上维持了课堂学习纪律。

学生在课堂上的学习时间取决于学生对功课的注意和兴趣。学生学业学习时间最大化的一些策略，如增加参与、保持动量、保持教学的流畅性、管理过渡、上课时维持团体的注意焦点等。

（1）增加参与。增加参与要求教师的教学内容符合学生的需要、生动有趣、有参与性、与学生兴趣有关，学生愿意积极参与其中。教学方法要能激起学生的兴趣，如可采用悬念、精心提问和讨论的方法，不断变换刺激角度，集中学生的注意。此外，教师要把握课堂里的最佳时域。

（2）保持动量。保持动量是指课堂教学要有紧凑的教学结构，避免打断或放慢，以使得学生总有学业任务。保持动量要求教师课前做好充分准备，如确定教学目标、精心设计教案、选择教学策略、备好教具等；课堂上要合理安排教学进度和节奏，选择适宜的课堂密度、课堂强度、课堂难度、课堂速度和课堂激情度；此外，教师要讲究语言艺术，语言精练，不拖泥带水。

（3）教学的流畅性。教学的流畅性是指不断地注意教学意义的连续性，亦即课堂上从一个活动转向另一个活动时所花的时间极少，并且能给学生一个注意信号。因此，教师要保持教学的流畅性，就必须在课堂教学中给学生足够有效的信息量，形成序列刺激，激活学生的接受能力，以维持学生学习的注意和兴趣。课堂信息量过少、环节松散，或信息量过多、密度过大，都会破坏教学的流畅性，易使学生产生纪律问题，减少学生学业学习时间，降低学习效率。

（4）管理过渡。管理过渡是指从一个活动向另一个活动的变化，如从讲授到讨论、从一门课到另一门课等。过渡是课堂管理的"缝隙"，课堂秩序最容易被打乱，因此过渡管理应遵循三条规则：①过渡时应给学生一个明确的信号；②在作出过渡之前，学生要明确收到信号后该做什么；③过渡时所有的人同时进行，不要一次一个学生地过渡。只有这样才能提高过渡时间效率，确保教学的各项活动顺利衔接，以增加学生学业学习时间，预防和减少学习纪律问题。

（5）上课时维持团体的注意焦点。上课时维持团体的注意焦点是指运用课堂组织策略和提问技术，确保班上所有的学生在课堂教学的每一部分都投入到学习中去，即使教师只是叫起一个学生回答问题时也是如此。在课堂教学中常常见到教师让一两个学生上讲台在黑板上演算或回答问题，而其他学生都无事可做，这样必然会出现更多的课堂纪律问题。因此教师必须注意把所有学生都吸引到课堂活动中来，增加他们的学业学习时间，避免那些使多数学生长时间作旁观者的活动。上课时运用维持团体的注意焦点的策略包括说明义务和团体警觉两种方式。

2. 教师要区别对待课堂环境中的三种行为。

（1）积极行为。积极行为是指那些与促进教学目标相联系的行为。有效的课堂学习纪律管理，应鼓励学生的积极行为，建立积极行为的正向强化，从而发展学生良好的课堂学习行为，抑制课堂纪律问题。

积极行为的强化方式有社会强化、活动强化、行为协议和替代强化等四种。

①社会强化主要运用面部表情、身体接触、语言文字等。

②活动强化是指当学生表现出具体的课堂积极行为时，允许学生参与其最喜爱的活动，或提供较好的机会与条件。

③行为协议是指教师和学生共同制订旨在鼓励和强化积极行为的协议，例如"如果期中考试平均成绩达到 80 分，就可以奖励一支钢笔"等。

④替代强化是指教师所做的具体行为示范充当了替代强化物，学生会模仿或学习。

（2）中性行为。中性行为是指那些既不增进又不干扰课堂教学的学习行为，如静坐在座位上思想开小差、看言情或武侠小说、在座位上不出声地睡觉等。中性行为是积极与消极这两个极端之间不可缺少的过渡环节，教师应发挥中性行为的中介作用。

（3）消极行为。消极行为是指那些明显干扰课堂教学秩序的行为。教师要针对消极行为的不同轻重程度选择有效的制止方法，及时制止消极行为。通常采用的制止方法主要有：信号暗示，使用幽默，创设情境，转移注意，移除媒介，正确批评，劝其暂离课堂，给予惩罚等。

有管理经验的教师总是强化鼓励学生的积极行为，抑制消极行为并使其成为中性的力量。在日常管理中，有些教师不注意这一点，对消极行为采取急躁武断的态度，期望把学生的消极行为直接改变为积极行为，具体表现为对消极行为过分限制，处处设防，时时训导，态度非常严厉，课堂气氛紧张、拘束、压抑。因此，教师在纠正或制止消极行为时不可操之过急、急躁武断，而应注意中性行为的中介作用。

3. 教师要有效地处理纪律问题。当然，没有一个课堂不会发生纪律问题，在高年级尤其如此。教师处理的大多数不良行为问题都是一些小乱子。这些事并不很严重，但为了保证学习的正常进行，这些行为必须被消除。面对出现的问题，教师必须言行一致、说话算数，"言必行，行必果"。但是，作为一个有效的教师，并不有意公开纠正每一个小小的犯规，教师要明白，消除不良行为不只是为了维持纪律，更重要的是促进学生的发展。

因为花在维持学生纪律上的时间量与学生的成绩具有负相关，在处理日常课堂行为问题时，要以最少干预为原则。就是要用最简短的干预纠正学生的行为，尽量做到既有效又不需打断上课。下面是一系列处理典型纪律问题的策略。这些策略是根据中断上课的程度排列的，前面的策略中断程度最小，后面的策略中断程度最大。

（1）非言语线索的运用。教师要善于随时随地觉察课堂里每一个学生是否都在专心听讲，发现有学生表现出不良行为，就要运用非言语线索加以制止。非言语线索主要包括目光接触、手势、身体靠近和触摸等。如对表现不良的学生保持目光接触就可能制止其不良行为，还可以走过去停留一下，或者把手轻轻地放在学生的肩膀上等。这些非言语线索传递了同一个信息："我看见你正在做什么，我不喜欢你这样，快回到学习上来。"它既可制止不良行为，又不影响课堂教学秩序。

（2）合理运用表扬和惩罚。表扬可分为表扬与不良行为相反的行为和表扬其他学生两种方式。教师要想减少学生的不良行为，可以从表扬他们所作出的与不良行为相反的行为入手。譬如某个学生上课爱做小动作，教师就可以在这个学生认真学习的时刻表扬他。教师还可以采取表扬其他同学的方式来减少某个学生的不当行为，一般选择他邻座的同学或他最要好的同学加以表扬，这样可使行为不当的学生意识到，教师已经知道了他的行为表现，他应控制不当行为。在课堂学习纪律管理中运用表扬应注意：表扬的应该是具体的课堂行为，表扬应让学生产生积极的纪律体验，并应及时给予表扬，以对学生的课堂行为给予及时正强化。

（3）言语提示。如果以上策略不能奏效，简单的言语提示可能会使学生重新回到学习上来。在学生犯规之后，教师要马上给以提示，延迟的提示是无效的，而且，应当给予正面的提示以表达对其未来行为的期望。告诉学生应该遵守规则，做老师要求做的事，而不是纠缠他正在做的错事。当然，教师也可以用一种平和、友好的方法让学生自己说出正确的规则和程序，然后遵守。值得注意的是，给予提示要对事不对人，尽管某个学生的表现令人无法容忍，但他本人始终是受班级接纳和欢迎的。

（4）语言提示。教师在学生违反课堂学习纪律后，立即给以简单的言语提示，将有助于制止违纪现象。言语提示的内容不要纠缠于学生的不良行为，而应是学生应该怎样做的正面提示，因为这表达了对学生未来课堂行为更积极的期望。例如，说"王××，请注意认真听讲"就要比说"王××，别做小动作"要好一些。

（5）反复提示。有时候，学生会拒绝听从简单的提示，有意无视老师的要求，或者向教师请求，想以此试一试教师的意志。这时，教师应该反复地给以提示，无视任何无关的请求和争吵。这就是坎特等人所谓的"坚定纪律"，它是对学生不良行为的明确、坚定而友好的反应，教师应确定他们想要学生做的行为，清楚地告诉学生。如果学生认识到教师立场坚定，并且会采取适当的措施时，这种试验将会慢慢消失。

坚定的反应让学生知道，教师是因为关心他们才禁止不适当行为继续下去的。因此教师要明确表达他的期望，为了更奏效，还可以看着学生的眼睛，叫着他们的名字，碰一碰学生的肩膀。教师的声音平静、坚定而自信，不想和学生讨论规则的公正性，只是期望他改变，而不是承诺和道歉。

（6）应用后果。当前面所有的步骤都不奏效时，最后一招就是应用后果，让学生做出选择：要么听从，要么后果自负。如，把学生逐出教室，让学生站几分钟，剥夺学生的某些权利，让学生放学后留下，或者请学生家长等。不听从的后果应当是轻微的不快、时间短、并且尽可能在行为发生之后马上实施，而且，老师要说话算数，尽量不要使用长时间的严厉的惩罚。长时间的、严厉的惩罚会造成学生的仇视和敌对态度；而轻微又必然的后果能使学生知道："我不能容忍这种行为，但我还是很关心你的。"后果必须能够贯彻实施，切不可干吓唬或者比较含糊。当教师对学生说"你要么马上学习，要么停止一切活动 5 分钟"时，教师一定要肯定有人能监视他 5 分钟。空洞或模糊的威胁，如"你赶快停止那么做，否则你小心着"或"你马上学习，否则我让你中断上课一个月"，不仅没用而且更糟糕，因为教师不能实施这一后果，学生根本不会把它当回事。当后果实施完后，教师尽量不要再提这一事件。例如，当学生在教室外面站 10 分钟回到班上后，教师应当接纳他，不要有什么嘲讽或歧视，该生将会珍惜这新的开始。

4. 合理分配、调整学生座位。通过分配学生座位来激发学生对纪律的追求，从而发展学生的自律态度。学生的课堂学习行为会受其座位的影响。教室里座位的选择并不是一种随意现象。在学生自由选择座位的情况下，"坐在前排的大多数学生是过分依赖型的学生，也许还有些学习热情特别高的学生坐在其中。坐在后排的都是些调皮捣蛋者……"学生对座位的选择反映出他们对学习的情感，坐在前排的学生一般对学习持积极态度，他们认为自己有获得成功的能力，并表示要努力学习以取得好成绩；而坐在后排的学生则对学习持消极态度，对自己获得成功的能力也缺乏信心。当儿童被任意重新安排在新座位上时，坐在前排的学生是全班最专心的；在重新分配座位时移向前面坐的学生觉得更受到教师的喜爱，那些移向后排的学生则觉得不大受到教师的喜爱。坐在前排和中间座位上的学生最易被教师所控制，其课堂行为大多是积极的；而在教室后排的学生总觉得被教师忽视，或者放松要求和约束，以为教师不会注意自己而出现消极行为，或者为了引起教师或同伴的注意而产生过分行为。因此，通过对学生课堂座位的分配和调整，能达到有效调控课堂行为，预防纪律问题的目的。比如当纪律不良学生有所进步时，教师马上给他们换个座位，调到前排或中间位置上，以示他们受人欢迎，让他们体验到教师对自己的期望，并让新近出现的纪律不良者补其空缺。这样纪律不良学生为了逃避集体气氛的压力，必须尽早换位，而要实现这一愿望，又必须及时纠正错误，自觉遵守纪律，发展自律品质，形成良好习惯。

（五）问题行为与课堂纪律

1. 问题行为的性质。问题行为指不能遵守公认的正常儿童行为规范和道德标准，不能正常与人交往和参与学习的行为。这样的行为主要表现为漫不经心、感情淡漠、逃避班级活动、与教师和同学关系紧张、容易冲动、上课插嘴、坐立不安、活动过度等等。

2. 问题行为的原因。

（1）学生因对教学产生厌烦情绪，寻求其他的刺激而违反课堂纪律。

（2）学生因学习过于紧张，困难较多，害怕失败等原因而产生挫折与焦虑情绪，为寻求发泄的途径而违反课堂纪律。

（3）个别学生因成绩较差，又希望老师与同学注意自己、承认自己，为了获得在群体中的地位，而不择手段违反纪律。

问题行为与差生、后进生等问题学生的概念不同。问题行为是一个教育性概念，主要是针对学生的某一种行为而言的，而且除了差生或后进生之外，优秀学生有时也有可能发生问题行为，这就要求教师在课堂里灵活而机智地处理和矫正问题行为。

对课堂问题行为进行处理时，重要的是细心观察分析，对行为进行正确的归因，并根据学生的个别差异，因材施教。在处理纪律问题时，除采用说服教育、行为训练的方法，以端正学生的认识、调节学生的情绪、修正学生的行为，尚可用一些课堂管理技巧，解决短暂性的课堂纪律问题。如，在不良行为刚开始时，教师可用凝视、摇头、叹息、小声咳嗽等示意学生停止不良行为。

3. 问题行为的类型。心理学家试图从不同的角度对课堂问题行为进行分类。有的把破坏课堂秩序、不遵守纪律和不道德的行为等归纳为扰乱性的问题行为；把退缩、神经过敏等行为归纳为心理问题行为。有的还把问题行为分成品行性问题行为、性格性问题行为以及情绪上、社会上的不成熟行为三种类型。

4. 课堂问题行为的处置与矫正。问题行为常常影响课堂教学的正常进行，是教师需要重视的问题。若处理不当，常会使中性行为转化成消极行为，并引起师生矛盾、冲突，甚至造成整个班级纪律的混乱。

（1）正确对待学生的课堂行为。一般说来，课堂里往往有积极与消极之分。积极的课堂行为指与促进课堂教学目的实现相联系的行为，而消极的课堂行为则是那些干扰课堂教学的行为。对于消极的课堂行为，教师应尽量使用积极的语言，而不要使用消极的语言。

（2）行为矫正与心理辅导。采用行为矫正以及心理辅导来处理课堂问题行为。

五、课堂管理过程

（一）课堂规则和程序的设计

没有规矩，课堂就无从谈起。因此，课堂管理首先应该从规则和程序的设计开始，这一工作应在学年开始之前进行。当然，教师首先也要安排课堂的物理环境，这在前面"教学设计"一章中详细讨论过，在此就不再详述。课堂规则和程序的设计一般由三步构成：确定所期望的学生行为；把期望转换成规则和程序；确定后果。

1. 确定所期望的学生行为。所确定的期望的行为一定要与课堂的运转方式相匹配，同时还要注意课堂活动的多样性（如课堂自习、小组讨论、全班教学等），因为不同的情景下会有不同的学生行为。例如，在全班教学中，当老师呈现信息时，教师期望学生静静地倾听，但这个所期望的行为并不适合于小组讨论。此外，还要充分考虑最优使用空间、设备以及一些常规程序。在确定期望行为时，最好结合在别人课堂上观察到的有效的课堂程序和自己以往的教学经验。

2. 把期望转化成规则和程序。确定好所期望的学生行为后，就要将它们转化成具体的规则和程序。程序是一个活动的步骤，它描述了如何参与课堂活动，如何分发和收集材料和作业，在什么条件下学生能离开教室，上课铃和下课铃响时学生应当作何反应，怎么确定等级，怎样完成语文、数学、科学、家庭、假期作业等，以及一些与设备安全等有关的特殊程序。它们是在班级中完成事件的方法，很少被写成书面的东西。

规则是一些条文，这些条文确定所期望的和所禁止的行为，哪些能做，哪些不能做，它往往要写成书面的东西并且传达给学生。设立的规则应该与课堂气氛一致，最好有一些一般性的规则，而不是列出所有能做和不能做的具体的规则。但是，如果有些具体的动作是受禁止的，如在课堂上咬手指、咬笔尖，那么就要有一条规则作出明确规定。值得注意的是不同的活动要求不同的规则，在彻底学会所有的规则之前，小学生可能会混淆不清，因此，不妨制作一个告示牌，列出每个活动的规则，然后在活动开始时显示相应的告示牌提醒学生。

无论是小学生规则还是中学生规则，老师都需要教给学生并解释清楚，告知学生这个规则所包括和排除的行为，以免学生对所期望的行为发生误解。

3. 确定后果。这一步就是和学生讨论遵守或者无视课堂规则和程序的后果。如果有言在先，学生就能事先知道破坏规则、违反程序的结果是什么；如果等到规则被破坏之后才做决定就为时已晚了。根据行为主义的观点，给以积极强化的行为倾向于重复地出现，因此要适当地强化学生的良好行为，老师可以考虑使用不同的诱因系统给予强化，如微笑、给以荣誉以及一些权利等；如果破坏规则，就要使用一些惩罚，如撤销权利等等。这一步的关键，就是对适当行为建立一个有效的强化系统。

（二）课堂规则和程序的建立

教师要在一学年开始的几周在全班内建立所设计的规则和程序系统并可以遵循下列程序。

1. 开学第一天或第一次班会专门用一些时间讨论规则。

2. 系统地教授课堂程序和规则。

3. 教学生所需的程序，帮助他们处理具体的课堂常规。

4. 让学生做一些简单的工作，使学生在开学的头几天获得高度的成功感。

5. 至少在开始几天，开展那些只需要全班注意或只需要简单程序的活动。

不要认为学生经过一次尝试后就知道如何执行某一程序，换句话说，对某些事只作一次解释并不意味着学生已经理解你想让他们做什么。

中学和小学的情况差不多，有效的管理者在开学的第一天集中精力建立规则和程序。在开始的几周里，教师明确传达学业和行为标准，并且始终如一地给予强化，学生的行为受到严密的监视，破坏规则的行为能得到及时处理。"欲善其工，先利其器"，"磨刀不误砍柴功"。为了有利于教学，占用一些时间花一些工夫建立、强化规则和程序是很值得的。

学年的开始几周在决定这一年学生在课堂中如何和教师、同学相互交往起着重要的作用。开学的第一天，有效的教师为学生做好准备，备有姓名簿、解释某些基本的规则、在不得不为管理任务分心时能让学生做一些活动。无效的教师组织没有明确的规则，也没给学生提供姓名标签，学生浪费大量的时间等待教师的指示。

有效的教师不会想当然地认为，学生过去已知道有关规则的知识。他们在学年一开始就建立规则和程序，并且教学生这些规则和常规。他们解释、传达和讨论每个规则的合理性，如"如果我试图帮助别人，而你又打断我，我就要花更长时间来帮助他"或"如果每个人都同时谈话，谁我也听不见"。有效的教师还让学生反复操练这些规则和常规，监督他们遵守的程度。在某些情况下，教师示范合适的行为，要求学生做一遍，如离开教室之前保持书桌整洁，或者把设备放在适当的位置处。而无效的教师可能也有规则，但是，他们的规则通常是模糊不清的，有时偶尔加以介绍，也不进行讨论。

有效的教师会及时处理课堂问题，不忽视任何违反课堂规则和程序的行为。而无效的教师则不会监视自己的班级，允许发生不当行为，不能有效处理不遵守规则和程序的学生。

有效的教师会给出一个较明确的指示，并且使用较好的教学程序，很好地处理从一个活动向另一个活动的过渡，给学生提供反馈。而无效的教师课堂组织性差，学生不会长时间地学习学业材料，教师指令混乱，学生做完作业之后不知做什么。

最后，有效的教师和无效的教师相比，更能理解学生的需要和所关心的事情，更容易知道什么时候修改教学活动，所以，他们能把课设计得更好，能使用更有趣的材料。

（三）课堂规则和程序的维持

教师一旦建立了课堂规则和程序，就要设法维持到课堂管理系统中。这就需要教师始终让学生投入到富有建设性的学习任务中，并且预防问题的发生，还要妥善处理不良的课堂行为。

1. 鼓励投入学习。积极投入学习的学生一般不会出现课堂行为问题，更多的学生可以获得更多的投入时间。而学生是否投入学习取决于学生对所学功课的注意和意愿。

2. 注意教学进程的组织。课堂的组织影响学生的投入。一般而言，教师的监督和连续的任务可以增强课堂的组织性。教师的监督增加，学生投入的时间也会增加，因为受监督的学生只损失5%的时间，而在不受监督、自己独自学习、自定学习步调的情况下则会损失15%的时间，并且从一个活动向另一个活动过渡还得花去10%的时间。因此，学生进行独立学习时，教师也要作仔细的监督，独立并不一定就意味着"没有指导完全独自进行"。另外，当学习任务具有很好的连续性时，学生知道下一步应该做什么，他们就会更好地投入学习。这就要求活动步骤应该明了，一个步骤自然地就会引出下一个步骤。学生完成任务所需的材料应该齐全，为学生不停地投入学习提供保障，避免干扰和分心。

3. 教学过程具有参与性。增加学生的投入时间的最好途径，就是教学非常有趣，有参与性，与学生的兴趣有关的课程，使学生愿意做要求他们做的事。它不强调学生独立的课堂自习，尤其是没有监督的课堂自习。因为，教师教课时学生的参与性要比课堂自习时高，在结构完善的合作学习课程中学生的投入时间要比在独立的课堂自习中多。

4. 保持教学的流畅性。流畅性是指不断地注意教学意义的连续性。流畅的教学从一个活动转向另一活动时所花的时间极少，并且能给学生一个注意信号，避免毫无过渡地在不同的活动间跳跃。当教师正在重复和复习学生早已懂了的材料，无端停下来，或者中断上课，处理一件无关紧要的小事时，都会产生纪律问题。实际上，流畅性和动量是相互联系在一起的。和动量一样，流畅性和学生的投入时间以及成绩有密切的关系。

5. 保持动量。动量是指避免打断或放慢，就是平时所说的紧凑。上课时保持动量是学生高度参与的关键。在一个保持良好动量的班级里，学生总是有事可做，并且一旦做起来就不会被打断。当学生们正聚精会神地听讲时，教师突然中断讲演，大张旗鼓地处理一件本可以忽略的小事，这对学生参与的干扰极大。学生浪费的不仅仅是几分钟的时间，更糟的是，在处理事故之后他们需要更多的时间才能安定下来，重新回到功课上。极其有意义的是，有效教学的某些特征与课程动量是相关的。

6. 维持团体的注意焦点。维持团体的注意焦点是指使用课堂组织策略和提问技术，确保班上所有的学生都始终投入到课中，即使老师只叫起一个学生回答问题时也如此。维持团体注意焦点的两个基本成分是问责制和团体警觉。

问责制是指在提问和回答期间，教师让学生对他们完成任务的情况进行说明和反映。这些策略所隐含的观点是，课堂上的任何时候都要保持所有学生的投入。在提问与回答时，被叫起回答问题的人很少，因此，要确保所有学生的注意，教师不仅要把所有学生吸引到课堂活动中来，还要避免那些使大多数学生长时间作旁观者的活动。

团体警觉是指在讲演和讨论期间，老师用来鼓励学生保持注意力的提问方法。例如，① "给定△ABC，已知边 AB 和 AC 的长度和角 A 的大小，我们能知道这个三角形的其他什么……（停顿）李××？" ② "李××，已知边 AB 和 AC 的长度和角 A 的大小，我们能知道这个三角形的其他什么……"

第一种方法中，在点起李××之前，全班所有学生都在进行思考，第二种方法中，只有李××保持警觉，因此就有了截然不同的提问效果。

以随机顺序点名也能保持团体警觉，这能使学生知道，教师可能会问他们一些有关上一个回答者的问题。如："李××刚才使用的先决条件是什么？……王××？"

7. 鼓励学生管理自己的学习。当然，教师并不能监督每一个学生。教师必须要想别的方法，或依靠学生的好奇心来保持学生自己学习和完成任务。不管中学还是小学，有效的课堂管理者都设有一个鼓励学生管理他们自己学习的完善体系。

值得注意的是，在争取更多的参与学习时间时，防止"假参与"的倾向，即不从教学需要出发，而是为了参与而过分强调参与，反会妨碍学习。如果一味地追求较高水平的专注功课的时间而避免复杂的或不稳定的任务，这种教学策略显然是不好的。维持课堂秩序是教的一个很重要的目标，但只是众多目标中的一个。

8. 明察秋毫。明察秋毫是指教师要让学生知道，他注意到了课堂里发生的每一件事，甚至没漏下任何一件。"明察"的教师尽量避免被少数几个学生吸引或只与他们交流，他们老是扫视教室，与学生保持目光接触，有些老师甚至在黑板上作板书时都知道谁在搞小动作，脑后仿佛长有一双眼睛似的。

这些教师从最初能预防少数人的捣乱慢慢衍变成能预防多数人的捣乱。他们知道是谁在捣乱，并且也能准确处理当事者，不会"时机错误"（等很长时间才进行干预），或"目标错误"（谴责错了学生，让真正的肇事者逍遥法外）。如果同时发生两个问题，有效的教师总是首先处理更严重的问题。

9. 一心多用。一心多用是指同时注意或监督几种活动，这样才能使教师不断地监控全班。

10. 整体关注。整体关注是指应让所有的学生都投入到课堂学习活动中，而避免把注意力集中在一两个学生身上。例如，教师可能要求某一两个学生在黑板上演算，同时让其他同学在座位上演算。如果教师让某一个学生做一件事，而让全班其他学生等待观望时，最容易产生学习纪律问题。

11. 转换管理。转换是从一个活动向另一活动的变化，如从讲演到课堂自习，从一门课到另一门课，或从上课到午休。转换是课堂管理的"缝隙"，课堂秩序最容易打乱。转换管理是指使课和全班学生能够顺利地完成过渡、有适当而灵活的进度、能够多样化地变换活动。有效的教师避免突然过渡。

在进行活动转换时要遵循三条规则。（1）在转换之前，学生一定要明确收到信号后做什么。（2）转换时应给学生一个明确的信号，并且学生早已被教导过如何对这些信号作反应。例如，听到上课铃声，马上安静听讲。（3）转换时要求所有的人同时进行，不要一次一个学生地进行。

12. 严格要求与体贴爱护相结合。要严格要求学生不折不扣地遵守课堂纪律，并不断向学生提出更高的要求，引导学生从他律逐渐发展到自律。但严格要求是以尊重爱护和真诚关怀为基础的，使学生心悦诚服地接受纪律的约束。

13. 善于利用注意规律。用生动活泼的教学引起学生的无意注意，并注意留下教学悬念，引发学生的期待心理，使学生在课堂里始终注意集中而避免纪律问题。

14. 适时运用教育机智。教育机智是教师在课堂里对学生作出随机应变的快速反应和灵活采取恰当措施的能力。当课堂里突发事前难以预料而又必须特殊处理的纪律问题时，教师要善于因势利导，随机应变，并掌握教育分寸，做到分析中肯、判断恰当、结论合理、处置得体。

六、课堂秩序

（一）课堂秩序的含义

课堂管理最终指向教育目标的达成，即使人的个性获得全面和谐的发展。现代的课堂管理以人本主义与行为主义的整合作为理论基础。单纯的行为主义强调人的发展的外部因素，主张教师控制，认为强化正当行为可以消除不当行为。而人本主义则强调人的发展的内部因素，主张以学生为主体，重视帮助学生从事其喜欢且认为有意义的活动。随着教育理论与实践的深化，上述两种观念逐步由对立走向融合。时至今日，建立在人本主义基础之上的整合的行为管理系统成为有效教学活动的基础。

现代课堂管理中人本主义理念与行为主义手段的结合点就是课堂秩序，即在课堂秩序上达到两者的结合。而课堂秩序是指学生在可接受的限度内遵循的、对于特定课堂事件取得成功所必要的行为。它直接关系到教学活动的效率，关系到教学任务的完成。以前，课堂秩序被理解为"教师控制＋学生服从"，而现代课堂管理则赋予课堂秩序以新内涵，即师生平等，共同参与教学，共同制订并遵守规范。在现代课堂管理中，秩序绝不是活力的敌人，它不再意味着学生对规范僵化、被动地服从，而是立足于塑造均衡、和谐、理想的课堂情境。

（二）课堂秩序的建立

课堂秩序的理想状态，即表层有序化和师生心理深层有序化的统一。真正发挥作用的往往是内化于师生意识之中的秩序，这种内部的有序化须依赖于表层有序化。要做到表层有序化，建立课堂秩序规范则成为必需之举。

建立良好的课堂秩序并不是教师单方面的期望，当然更不是教师单方面的任务。在课堂中，还须取得学生的支持与合作，使师生、生生之间对课堂秩序规范达成共识，有共识才能共信共行，才会产生约束成员行为的效用。

在建立课堂秩序时，可遵循三个步骤：确立管理目标、制订课堂规范和建立课堂规范。

1. 确立管理目标。教师要明确课堂管理的意义及重要性，进而明确课堂管理的目标。在确定管理目标时要考虑以下因素。

（1）学生的年龄与成熟水平。随着年龄的增长，学生的成熟水平在不断提高，其理解周围世界变化的方式也随他们认知能力、推理能力等的发展而成熟。因而，适合小学生和中学生的秩序规范就会完全不同，即使同为中学生（小学生），低、中、高三段也有不同的秩序规范。

（2）学校氛围。学校的总体氛围也是确定管理目标时要考虑的要素。有些学校的氛围基本上是许可性的，规范中纪律约束很少。有些学校氛围是严格要求型，约束就是每日的口头禅。如果在严格要求型学校氛围中，要想拥有宽松、随意的规则体系是不可能成功的。因此，一定要建立与学校总体氛围相一致的秩序规范。

（3）学生特点与来历。确定管理目标时考虑上课学生的来历亦非常必要。例如，城乡学生对秩序的理解会有所不同；来自少数民族群体的学生或者来自某些地理区域的学生，与其他学生相比，也会表现出不同的特点。在由不同背景、特点的学生构成的课堂群体中设立秩序规范时，一定要对不同群体的孩子的期望和需求保持敏感。此外，还应该注意，有成功经历的学生和只有失败经历的学生对于教师的管理计划的反应是不同的。

无论何时，只要教学环境有所改变，在设立新的课堂目标和教学计划前，教师必须仔细审视新的情境。要概括是比较困难的，但有一件事我们必须明白：秩序具有极强的情境性和针对性。

2. 制订课堂规范。在课堂管理目标确定后，教师则可根据课堂管理目标，确定期望的学生行为和不期望的学生行为，将其转化成课堂规范，并确定违规行为的后果。事实上，课堂秩序是在建立有序的课堂规范的过程中实现的。没有适宜的课堂规范，就不可能有良好的课堂秩序。所谓课堂规范就是学生进入课堂、参与课堂各种活动时应遵守的一种规范，一般包括课堂规则和活动程序两个方面，通常表现为规范学生课堂行为的一般性期望或标准。

在确定所期望的学生行为时，不要仅凭自己的教学经验作决策，最好观察别人课堂中的有效秩序，同时要注意针对课堂活动的多样性，因为不同情景下，学生的行为表现是不相同的。

将期望转换成课堂规范要注意以下问题。

（1）规则和程序是两个不同的方面。

①规则是一些确定所期望的行为和非期望的行为的条文，与程序相比，规则的数量较少，但更明确。实际上，有效的课堂管理者往往将课堂规则以书面形式呈现出来。规则可被认为是对学生行为设立的必要限制，它会促使一个面向全体学生的最佳学习氛围的产生。但要提醒的是，制订规则时一要明了学校的一般规则；二要明确、合理、必要与可行。在呈现方式上，一个简洁、明晰的规则简表更可取一些。"一般来说，制订一串适合于许多情形的、清晰而简洁的规则，比制订一大堆无人能记得住甚至教师自己也会忘记的规则要有用得多"。

②程序是以有序的方式完成课堂活动的步骤。程序要向学生详细说明应该怎样做事情、怎样完成学习要求的活动。订立程序步骤时，先要把活动分解为单个需要完成的步骤，使得这些步骤列数起来非常清楚。问问自己，哪些步骤可能出错并提出防护措施，以预防问题、误解，使秩序得以维持。探寻学生的反馈意见，修正程序使之更适宜。程序的呈现方式采用口头解释或书面形式均可。

（2）在制订规范时的内容表述应坚持正面引导为主，多用积极的语言，如"做……"，少采用"不准或严禁做……"之类的词语。

（3）制订规范应通过师生的充分讨论，达成共识后共同制订。学生参与讨论，与教师一起共同制订课堂规范，一则可使学生自觉遵守并乐于承担责任，二则可促进学生综合思维能力与社会性认知的发展。因此，教师应抓住学期开始的机会，在开学初就与学生共同讨论，了解学生的状况与学习方式，征求学生对课堂规范的意见，与学生共享教师的期望与要求。

另外，确定违规行为后果也非常必要。这一步就是与学生讨论遵守或者无视课堂规则与程序的后果。根据行为主义观点，伴之以积极强化的行为，倾向于重复出现，因此，适当地强化学生的行为是非常重要的。

3. 建立课堂规范。课堂规范并不是一经制订出来，就会被学生自动地接受，它还需要一个逐步建立的过程。为此，一要确保每个学生都清晰地理解规范。从规范第一次呈现给学生，教师就要向学生解释清楚各项规范的含义，以免学生对此发生误解。二要在课堂规范确立后的几周内不断予以强化。不要认为学生经过一次尝试后就知道如何遵循某一规则或如何执行某一程序。换言之，对某些事情只作一次解释并不意味着学生已经理解你想让他们做什么。在此过程中，较为有效的教师决不会忽视任何对课堂规则与程序的偏差，对破坏规范的行为能及时处理、及时反馈。三要不断调整课堂规范。课堂规范不可能一开始就尽善尽美，在实施过程中需要根据各方面具体情况，不断加以补充、修改或调整。通常，可采取活动式的规范，即每过一两个星期，与学生共同讨论，在学生共同参与的情况下对课堂规范予以更新。如需要调整或修改的规范较多时，可分次进行，先从最重要的一两项开始。

这一步的关键是将制订好的课堂规范公布呈现，使学生了解、掌握这些规范，并逐步在头脑中建构起对外在的课堂规范的认知结构。

（三）课堂秩序的维持

课堂秩序一旦建立，就要设法予以维持。课堂秩序的维持即预防、消除问题行为的发生，它包括有效监控课堂、促进良好秩序两个部分。

1. 有效监控课堂。监控课堂的目的，一是防微杜渐，免得一些不适行为逐步演化成主要的行为问题；二是要澄清学生对教师的期望所作出的任何误解。因此，有效监控课堂又包括发现问题行为、鉴别问题行为两方面。

（1）发现问题行为。到目前为止，处理课堂管理问题的最好方法就是在其第一次发生时就予以阻止。为此，对于问题行为教师要及时迅速地发现，以便敏捷地采取措施。

所谓课堂问题行为是指与课堂行为规范和教学要求不一致，影响正常课堂秩序及教学效率，给教师教学、学生学习带来消极影响的课堂行为。我国学者的研究发现以下现象。①课堂问题行为具有普遍性。90%的中学生有程度不同的课堂问题行为。其中，经常有的占30%，有时有的占70%。②课堂问题行为以轻度为主。调查显示，中小学生出现的课堂问题，轻度的占84%，比较重的占14%，非常严重的仅占2%。

觉察课堂中的问题行为和潜在的问题行为是有效维持课堂秩序的关键一步。如果教师根本未能发觉问题行为的端倪，就没有完成有效监控课堂的任务，"防患于未然"也就无从谈起。因此，教师要善于观察，敏锐地发现问题行为。具体来说，教师要尽力洞悉课堂中学生的一举一动，并分析全班学生的注意力是否集中于某种学习活动；在处理课堂中的一个学生的问题或发生的一件事情时，要兼顾其他学生的表现或其他事情；当课堂活动发生转换时，应注意观察学生的言语、举止表现……这样，问题行为一有苗头就及时发现，可以防止其发生或防止其进一步升级发展。

（2）鉴别问题行为。接下来，教师要进行的是判明问题行为的性质、程度和后果。对此，我们可考虑以下几个方面的因素。①频率，此种行为是否经常发生。②维度，此种行为是否影响了其他学生的正常学习，影响面有多大。③强度，该种行为对个体及他人的干扰到了何种程度。④时间，该种行为持续多长时间。⑤态势，该种行为有无自然消失的可能。从而确定学生的课堂问题行为在性质是中性的还是消极的抑或积极的，程度是强还是弱，后果是严重抑或轻微。

然后要运用多种知识，分析问题行为产生的原因或背景，形成对问题行为的正确态度。一般来说，学生课堂问题行为的原因在于以下几方面。①学生本身的因素引起的，如对教学感到厌烦，遭受挫折，寻求注意等。②教师方面的因素主要有：对学生要求不当，造成师生矛盾和冲突逐渐尖锐化；滥用惩罚手段，使学生产生抵触情绪，甚至可能产生涟漪效应（由于教师对某一个学生的责罚而对其他学生产生了负面影响）；缺乏自我批评的精神。

2. 促进良好秩序。一般来说，促进良好的课堂秩序包括消除问题行为、肯定有效行为两方面。

（1）消除问题行为。消除问题行为不仅指对性质轻微的问题行为的消除，也包括对性质严重的问题行为的矫正。消除问题行为时，教师可以采用眼神、停顿等信号提醒和警告有问题行为的学生，可以在学生注意力下降的时候用幽默、笑话等调节课堂气氛，也可以通过一些小表演、小竞赛等活动调动学生积极性。对故意捣乱的学生可以采取置之不理的态度，对自尊心特别强的学生可采用暗示或转移注意的方式，对屡教不改的不自觉的学生可采用严厉的批评，甚至适当的惩罚方式。一旦师生发生对抗性冲突，教师可暂时离开课堂，待情绪冷静后再去解决问题。

在矫正课堂问题行为时应遵循以下原则。①奖励多于惩罚。实践证明，奖励的作用远远大于惩罚。动辄惩罚会对错误行为起强化作用，无意中助长了问题行为，而且还会导致学生为逃避惩罚而产生新的问题行为。而且过度惩罚，会使学生变得粗暴和具有破坏性，产生更为严重的对抗性问题行为。因此，在矫正过程中应以奖励为主。②公正一致性。按照课堂规范中规定的违规后果，坚持公正处理；对不同学生的课堂问题行为应公正地运用课堂规范，不能有偏向。此外，课堂问题行为的产生是由多方面因素引起的，因此矫正就不能仅仅考虑单一因素，最好同家庭等因素联系起来，以避免各自为营、互相抵消矫正效果的不利倾向。③与心理辅导相结合。课堂问题行为的根本矫正不仅在于改变学生的外部行为表现，而且要把良好的行为模式内化为学生的自觉意识与行动。这就要求在矫正过程中做好学生的心理辅导工作，调整学生的自我意识，排除自我潜能发挥的心理障碍；帮助学生正确认识与评价自己，从而真正转变问题行为。尤其是比较复杂的问题行为，更需要进行心理辅导。把行为矫正与心理辅导结合起来，无疑会收到更好的效果。④在矫正问题行为时，应尽量少中断或不中断教学。

（2）肯定有效行为。通过鼓励和强化良好行为，可达到对问题行为的控制，并可塑造和发展新的良好行为。教师可以采用以下方式。①社会强化，也就是利用面部表情、身体接触、语言文字等来鼓励所期望的行为。运用社会强化必须遵循四个原则，即针对目标行为、指向已完成的行为、强调学生的努力、不断变化形式。②活动强化，也就是当学生在活动中表现出具体的期望行为时，允许学生参与其最喜爱的活动，或提供较好的机会和条件。这在很大程度上也可以说是对学生良好行为的具体鼓励方式，并由此强化学生这方面的行为。教师在采用活动强化时应考虑学生的年龄、活动动机、兴趣、特长和实际活动能力等多种因素。③榜样强化。只要给学生提供某种具体的行为范例，学生就会自觉不自觉地模仿，并朝着这样的行为而努力。这就是所谓的榜样强化。榜样通常会导致学生两个方面的反应，一是模仿，二是无意学习。无论是模仿还是无意学习，都体现出榜样对于良好行为的强化作用，而这一强化又具有弱化或终止问题行为的作用。

七、课堂气氛

（一）课堂气氛的含义

课堂气氛是班集体在课堂上所表现出来的某些占优势的态度与情感的综合状态。课堂气氛是教学过程的软情境，创造良好的课堂气氛是实现有效教学的重要条件。课堂气氛主要指群体的心理状态，是在课堂活动中师生相互交往所表现出来的相对稳定的知觉、注意、情感、意志、定势和思维等心理状态。课堂气氛是在课堂教学与学习过程中，师生相互作用而产生和发展起来的，是课堂活动中教师、学生的心理过程与个性特征之间的中介环节。一般认为，课堂气氛是由教师的教风、学生的学风以及教室中的环境作用所形成的一种心理状态。教师是课堂教学的组织者、领导者、管理者，教师教风的优劣是课堂气氛的决定因素。教师的教风，是由教师的教学思想、教学态度、教学能力、教学风格、治学精神、管理方式，特别是道德品质和行为等多种心理成分构成的。学生是课堂活动中的主体，学生学风的好坏是影响课堂气氛的重要因素。学生的学风是通过学生的学习态度、道德品质和行为、组织纪律性、团结协作、尊敬师长、爱护公物、关心同学、热爱集体、自学互学、刻苦勤学等方面表现出来的。教风与学风之间是相辅相成的，教风影响着学风的形成和发展，而学风的形成和发展又制约着教风的提高和完善。良好的课堂气氛对学生起着一种潜移默化的影响，它不但有助于学生知识的学习，而且还会促进学生个性的健全发展。课堂气氛往往通过教师的体态、表情、语言等暗示给学生，并使学生产生移情，从而产生连锁效应，形成某种气氛。教师在课堂教学过程中应注重良好课堂气氛的营造，从而对课堂教学起到促进作用。

课堂气氛具有独特性，不同的课堂往往有不同的课堂气氛，即使是同一个课堂，也会形成不同教师的气氛区。一种课堂气氛形成后，往往能维持相当长的时间，而且不同的课堂活动也可能被同样的课堂气氛所笼罩。

在通常情况下，课堂气氛可以分成积极的、消极的和对抗的三种类型。积极的课堂气氛是恬静与活跃、热烈而深沉、宽松与严谨的有机统一。积极的课堂气氛不但有助于知识的学习，而且也会促进学生的社会化进程。消极的课堂气氛通常以紧张拘谨、心不在焉、反应迟钝为基本特征。而对抗的课堂气氛则是失控的气氛，学生过度兴奋，各行其是，随便插嘴，故意捣乱。

（二）课堂气氛对学生课堂行为产生的影响

1. 课堂气氛有可能产生社会助长作用和社会致弱作用。群体气氛对个体的活动是产生助长作用还是致弱作用，主要取决于四个因素。一是活动的难易。如果学生所从事的是像打扫卫生、公益劳动等简单的手工操作或机械操作，其他成员在场所形成的气氛会使其活动效率更高。如果从事的是像写文章那样的需要复杂判断、推理的活动，则容易产生致弱作用。二是竞赛动机的激发。他人在场的气氛，个人的求成动机容易转化为竞赛动机。一旦个体希望自己做得比别人好，容易产生社会助长作用。三是被他人评价的意识。当被他人评价的意识适中时，容易发生助长作用。若被他人评价的意识过于强烈，活动的难度又大而复杂，容易引起焦虑过度而产生致弱作用。四是注意的干扰。如果其他成员在场的气氛会引起活动者的注意分散，容易发生致弱作用。

2. 课堂气氛容易通过教师和同学的语言、表情或动作给学生提供暗示。暗示是指在无对抗的条件下以间接的方式影响学生的心理和行为，而使其按照一定的方式去行动或接受一定的意见和思想。课堂气氛往往是通过感染而产生暗示作用的。感染实质上是情绪的传递和交流，然后在相同的情绪气氛控制和维持下，表现为无意识的或不由自主的屈从。使被暗示者产生与刺激者相同的情绪，并有可能产生由相同情绪控制下的行为。暗示能使学生在愉悦中接受教育和影响，而且因暗示中的"以情感人"、"以形服人"和"以境动人"而使教育信息更易被学生所内化。暗示的缺陷主要在于教育信息的隐蔽性和不确定性，容易使学生误会而产生错误的理解，导致盲目的行为反应。

3. 课堂气氛还容易导致流行。流行是指在课堂气氛的影响下，许多学生都去追求某种行为方式而使其在短时期内到处可见，从而导致连锁性的感染。流行可以表现为学生衣食住行等物质生活方式方面，也可以表现为学习与文体娱乐方面。课堂里的流行往往具有突发性，容易在短时期内扩展与蔓延，也容易在短时期内销声匿迹。课堂流行一旦发生，往往被打上切合时宜的印记，促使学生追随它，发挥了统一学生行动的功能，因而有助于课堂秩序的维持。同时，流行也能引导学生摆脱现状，具有创新的功能。因此，只要不与社会道德规范和课堂常规相悖，应该允许学生们自由地选择自己的行为模式。当然，某些不健康的流行也有可能冲击课堂秩序，影响道德面貌，应该妥善地加以引导。

（三）课堂气氛的影响因素

课堂气氛是在课堂活动中通过师生相互作用而产生的，因此它主要受到教师、学生、课堂内的物环境三个因素的影响。教师是课堂活动中的主导者，教师的领导方式、教师的移情、教师对学生的期望和教师对管理对象的偏爱便成为影响课堂心理气氛的决定因素。

由于教师在课堂教学中起着主导的作用，教师的领导方式、教师的移情、教师对学生的期望以及教师的焦虑便成为影响课堂气氛的主要因素。

1. 教师的领导方式。教师的领导方式是指教师行使权力与发挥领导作用的行为方式。教师的领导方式直接影响课堂气氛的形成。

教师的领导方式分为权威式、民主式和放任式，并且深入地研究了这三种领导方式对教学计划、学习方式、努力情况、教室秩序和课堂气氛的不同影响。权威式领导，也称专制型领导，即课堂里的一切由教师作决定，学生没有自由，只是听从教师的命令，教师完全控制学生的行为。民主式领导，即教师在课堂中以民主的方式教学，重视学生集体的作用，教学计划和决策是全体成员讨论和共同分享的，教师力图使自己成为一个帮手和促进者，以对学生进行帮助和指导，鼓励个人和集体的责任心和参与精神，对学生的表现给予客观的表扬和批评。放任式领导，即教师在课堂中既不严格管理，也不给予强烈支持，而是采取一种不介入的、被动的姿态，没有清楚的目标，没有建议或批评，教师仅给学生提供各种材料，给学生充分的自由，使学生处于放任状态，允许学生在没有指导和忠告的情况下随便做什么。

从对课堂心理气氛和学习效率的影响来看，放任式领导是最差的。民主式领导即使在教师离开时，学生仍能积极学习，保持较高的成绩，但和权威式领导相比，民主式领导并没能使学生多学习一些知识或完成高质量的工作。民主式领导下的学生在态度和责任心方面比较好，而从学到多少知识来看，民主式领导并不高。权威式领导虽然在发展学生的创造性和责任心方面稍差，但是当班集体涣散、课堂秩序混乱、人际关系紧张时，权威式领导往往能有效地控制局面，使课堂活动走上正常运行的轨道。

2. 教师的移情。教师的移情是教师将自身的情绪或情感投射到学生身上，感受到学生的情感体验，并引起与学生相似的情绪性反应。移情好比师生之间的一座桥梁，它可将师生的意图、观点和情感联结起来，在教育情境中形成暂时的统一体，有利于创造良好的课堂气氛。教师善于移情，就会使得学生更多地参与课堂活动，获得较高的成就动机和成就，形成更高水平的自我意识，促进学生之间的积极交往，进而提高课堂教学效果和学生的学习效益。教师的移情有赖于心理换位，将自己置于学生的位置上。如果教师总是以自我为中心，习惯于向学生提出单向要求，就容易产生认知障碍。在课堂活动中教师设身处地为学生着想，能以"假如我是学生"的角度去思考和行动，努力做到将心比心，就能产生教师的移情，形成良好的课堂心理气氛。教师的移情还有赖于师生间的共鸣性情感反应，学生快乐，教师也快乐；学生痛苦，教师也痛苦。

3. 教师的期望。教师对学生的期望是指基于过去经验和当前的刺激而形成的对学生未来发展的预料或预想。教师的期望是影响课堂气氛的一个重要因素。有关研究表明，教师的期望通过四种途径影响课堂心理气氛。第一是接受。教师通过接受学生意见的程度，为高期望学生创造亲切的课堂情绪气氛，为低期望学生制造紧张的课堂情绪气氛。第二是反馈。教师通过输入信息的数量、交往频率、目光注视、赞扬和批评等向不同期望的学生提供不同的反馈。第三是输入。教师向不同期望的学生提供难度不同、数量不等的学习材料，对问题作出程度不同的说明、解释、提醒或暗示。第四是输出。教师允许学生提问和回答问题，耐心听取学生回答问题，等等，都会对课堂气氛产生影响。

4. 教师对管理对象的偏爱。教师对管理对象的偏爱会使得差生失去学习兴趣和热情，引起师生、生生关系紧张，带来一系列的课堂问题行为，进而影响良好课堂心理气氛的形成；同样也会使得优等生过于自负，可能会掩盖某些品德、体质上的发展问题，潜伏着诸多隐患。因此，要营造良好的课堂气氛，教师必须无条件地接纳每一位学生，给每位学生以尊重、理解、真诚、关怀、温暖、热爱。教师要相信每一位学生都有自己的天赋、才能、兴趣和发展潜力，相信每一位学生都能被教育成有用的人，都能自我发展。对那些缺少天赋或生理有某些缺陷的学生，因学习差而抬不起头的学生，因失败而产生挫折心理的学生，因犯错误而受到惩罚的学生，教师要予以同情，给予热情而诚恳的帮助，师生间就容易产生情感共鸣、缩短心理距离，这对于形成良好的课堂心理气氛是至关重要的。

5. 教师的课堂焦虑度。焦虑是教师对当前或预计到对自尊心有潜在威胁的任何情境所具有的一种类似于担忧的反应倾向。教师的焦虑过低，会缺乏激励力量，对教学或学生容易采取无所谓的态度，师生之间难以引起感情共鸣，容易形成消极的课堂气氛。教师焦虑过度，在课堂里总是忧心忡忡，唯恐学生失去控制，害怕自己的教学失误，处处小心翼翼，一旦发生课堂问题行为，为了保全自己的面子，容易作出不适当的反应，造成消极紧张的课堂气氛。只有当教师焦虑适中时，才会激起教师努力改变课堂现状，避免呆板或恐慌反应，从而推动教师不断努力以谋求最佳课堂气氛的出现。

（四）课堂心理气氛的类型

1. 积极的课堂气氛。积极的课堂气氛是恬静与活跃、热烈与深沉、宽松与严谨的有机统一。积极的课堂气氛，有利于提高学生的学习效率。在积极的课堂气氛下，课堂情境符合学生的求知欲和心理发展特点，学生注意力高度集中，思维活跃，课堂发言踊跃，课堂纪律良好，学生时刻注意听取教师的讲授或同学的发言，并紧张而深刻地思考。师生之间、生生之间关系和谐融洽，师生双方都有饱满的热情，配合默契。课堂里听不到教师的呵斥，看不到僵局和苦恼的阴影，有的是教师适时的提醒、恰当的点拨、积极的引导，使学生产生了满意、愉快、羡慕、互谅、互助等积极的态度和体验，课堂气氛宽松而不涣散，严肃而不紧张。

2. 消极的课堂气氛。消极的课堂气氛通常以学生的紧张拘谨、心不在焉、反应迟钝为基本特征。消极的课堂气氛会降低学生的学习效率。在消极的课堂心理气氛下，课堂情境不能满足学生的学习需要，背离了学生心理发展的特点，学生注意力分散、情绪压抑、无精打采、小动作多，有的甚至打瞌睡。对教师的要求，学生一般采取应付的态度，很少主动发言。有时学生害怕上课或上课时紧张焦虑。师生关系不融洽，学生之间不友好，学生产生了不满意、压抑、烦闷、厌恶、恐惧、紧张、焦虑等消极的态度和体验。

3. 对抗的课堂气氛。对抗的课堂心理气氛是一种失控的课堂气氛。在课堂活动中，学生过度兴奋、各行其是、随便插嘴、故意捣乱。教师则失去了对课堂的驾驭和控制能力，因此有时不得不中止讲课而维持秩序。

（五）课堂心理气氛的营造

1. 教师要对学生形成合理的期望。教育心理学的大量研究表明，教师期望的自我实现性预言效应是确实存在的。教师对学生的高期望会使学生向好的方向发展，教师对学生的低期望则会使学生越来越差。教师在课堂教学中往往通过一些特定的行为来向学生传达他们的期望信息，只有当教师在传达期望信息时采取恰当的方式，准确把握、合理评价每位学生，坚信"只要给予足够的学习时间和适当的教学，几乎所有的学生对几乎所有的学习内容都可以达到掌握的程度"，形成适度的高期望，才可能形成良好的课堂心理气氛。

2. 教师要以积极的情感感染学生。师生的情感共鸣是课堂心理气氛的重要变量。现代教学理论认为，教学过程不仅是传授知识的过程，而且更是师生在理性、情感方面的动态交流过程。学生是否乐于接受教师所传授的信息，关键在于这信息能否满足学生的情感需要。课堂教学要使师生双方的意图、观点和情感联结起来，教师传授的知识、提供的信息能使学生产生强烈的求知欲望、积极的思维活动和强烈的内心体验，教师就必须增加情感投入，给知识、信息附加情感色彩，实施情感性教学，以教师自身的情感体验营造良好和谐的课堂心理气氛。教师本身的情感状态，可以对学生产生共鸣作用，使学生受到潜移默化的影响，使课堂中出现某种心理气氛。这就要求教师在教学过程中倾注积极的情感和真诚的爱心，用情感和爱心去感染和打动学生，让他们伴随着丰富而快乐的情感体验参与教学过程。诸多优秀教师的经验说明，教师的积极情感有助于良好课堂心理气氛的形成。它还要求教师能够深入到学生内心，体验学生的情感，把自己的情感倾注到学生身上，重视与学生的情感交流，缩短因教师的权威、地位、角色而产生的与学生间的心理距离，增强与学生在心理上的合作，以让学生能够"亲其师，信其道"。教师的师爱是调控课堂心理气氛的长久动力源泉。

3. 教师要合理利用信息传递。教师所传递的信息也是影响课堂心理气氛的重要因素。教师所传授的教学内容是否新颖、科学，是否符合学生的实际，教学结构是否严密，教师对内容的表述是否形象、生动、具体等，都会影响知识的可信度。另外，教学信息传递的渠道、媒体、风格等构成的传播方式也会制约信息的可接受度。只有当学生认为教师所传递的信息是可信的、可接受的，他们的课堂心理状态才会是积极的、活跃的，课堂心理气氛才会是和谐的。因此，教师对所传递知识的准备、对传递途径方法的处理应该成为调控课堂心理气氛的重要环节。如教师所传授的内容和所提出的要求应难易适度，即应有一定的难度，但这个难度又不是不可逾越的。当学生经过努力，克服了困难，取得了学习上的胜利时，就会感到自己的智慧和毅力的力量，体验到一种刻苦努力获得成功的幸福和喜悦，学习情绪和课堂心理气氛就会为之大振。

4. 教师要重视课堂教学中的多向交流。课堂教学中师生、生生之间的交叉联系，叫多向交往。多向交往具有多层性、自主性、求异性、情趣性、差异性等特点，因此它能够满足学生的求知欲，提高学生的自学能力和智力活动水平，符合因材施教的特点。因此教师重视课堂教学中的多向交往，能营造良好的课堂心理气氛。

课堂交流是课堂互动的前提，保持课堂互动是现代课堂管理的核心功能。

因为课堂是共享的，其融合性非常大，涉及课堂中相互交流的每一个人。课堂活动本身也是一种寻求对话的实践活动，实际上是一个信息交流的过程。无论学生知识经验的获得、心智的开启、能力的发展还是教师课堂教育教学质量的提高，都有赖于课堂活动中信息的有效传递和交流。只有实现了课堂中人与人之间、人与环境之间自由的信息交流，课堂才会迈出僵化走向生机。因此可以说，真正意义上的课堂管理就是一种不断激发课堂交流、保持课堂互动的历程。

第一，教师在课堂中主动地创设能促进教学的课堂环境，满足学生合理的需要，调动学生的积极性，最大限度地发挥学生的潜能，从而促进学生的学习，这就是课堂管理的促进功能。学习不是一件轻松的事情，而是一项艰苦的劳动。因此在教学中，教师应有意识地激发学生的学习兴趣，使课堂环境优化、课堂纪律良好、课堂气氛健康积极；师生双方都有饱满的热情，师生关系融洽；学生应保持思维活跃，对教学内容的理解迅速准确，静心聆听与积极思维和谐配合。学生在这种有张有弛的课堂情境中才能有效地并且轻松愉快地学习。课堂管理的促进功能不是通过严厉斥责或放任自流来实现的，而是教师运用管理学、心理学、教育学等一系列相关知识，通过各种途径来实现的。

第二，使学生明确教学目标，使课堂活动朝着预定的目标前进。管理活动的目标就是管理主体希望被管理对象应达到的状态，是管理活动的出发点和归宿，也是评价管理绩效的衡量标准。在课堂管理中，其目标就是实现预定教学目标。在课堂教学过程中，使学生明确教学目标，对于教师来说可以卓有成效地有针对性地完成既定的任务。因为目标引发行为，使行为指向特定方向，诱发行为动机，促进人们为实现预定目标作出积极努力，使个体的力量聚合成一股合力。教学目标在课堂管理中所具有的启动、导向、激励、聚合、衡量等功能保证了师生双方在课堂情境中的活动均沿着预定道路前进，最终实现预定目标。

第三，激发课堂的生命活力，促进课堂持续生长。课堂活动的最终目的是促进师生的持久发展。对于学生而言，课堂的质量直接影响当前及今后多方面的发展。对于教师而言，课堂的质量直接影响教师对职业的感受、态度和职业水平的发展、生命价值的体现。因此，课堂活动对于师与生均具有个体生命价值，蕴涵着巨大的生命活力。只有生命活力在课堂中得到有效开掘，才能有真正的课堂生活，课堂中人的成长才能真正实现。

课堂管理就是要调动各种可能的因素，开掘课堂的活力，发挥其生长功能。如果失去了这一生长功能，课堂生活便会变得单调，缺乏应有的活力，课堂管理也就不能很好地为学生的持久发展创造条件。课堂管理以促进人的生长为价值取向，通过人的生长功能的开掘，促使课堂的资源不断再生和繁殖。这样，课堂便得以生长，课堂的生长又进一步为师生的持久发展奠定基础。

当然，我们必须认识到，课堂是"不定形物"，它一直处于动态变化中，课堂资源也是有机的而不是机械的，课堂的状态和运动情况依赖很多因素。因此，课堂管理功能的发挥，受到多种因素的影响，这是一个长期的、不断累积与建构的过程。

八、课堂问题行为

（一）课堂问题行为的含义

课堂问题行为是指在课堂情境中发生的，违反课堂规则、妨碍及干扰课堂学习活动的正常进行或影响教学效率和学习效率的行为。具体来说，课堂问题行为，既指那些直接指向环境和他人的不良行为、直接妨碍教学或学习活动的行为，如故意不遵守课堂规则，交头接耳，高声谈笑，怪异动作等，也指学生的某些适应不良行为，如上课时胡思乱想，心不在焉，胆小害羞等。课堂问题行为总是消极的、负面的，它不仅严重干扰课堂学习活动，而且阻碍学生身心的健康发展。教师必须正确判断和鉴别课堂问题行为，准确把握课堂问题行为的特征。

1. 课堂问题行为属教育性概念，具有特定的内涵。课堂问题行为是一个教育性概念，主要是针对学生的某一种行为而言，而不是针对某一学生所作出的整体评价。因此，它与差生、后进生等问题学生的概念不同。差生、后进生是对学生的一种总体评价，他们往往有较多的问题行为，但在正常班级里，其人数甚少。此外，课堂问题行为不同于过失行为、犯罪行为和变态行为等概念，它们之间既有联系又有区别。

2. 课堂问题行为既具有经常性和普遍性，又具有不稳定性和易变性。课堂学习中的问题行为是指在课堂活动中经常表现出来的比较稳定的、干扰课堂秩序、妨碍学习活动的展开和良好品德的形成以及个性和谐发展的行为。那种在课堂学习活动中偶然表现的影响教学和学习的行为不能称为问题行为。

课堂问题行为在课堂中是经常发生的，具有普遍性，涉及的学生比较广泛。不仅差生、后进生有问题行为，优秀学生也会有问题行为，只是他们在问题行为的数量多少、发生频率和程度轻重等方面不同而已。如有的学生学习努力，自觉遵守纪律，可是考试时却经常出现严重的考试焦虑症；有的学生精力旺盛，待人热情，可稍不注意便大发脾气等。在课堂里大约25%的学生有问题行为，主要表现为漫不经心，感情淡漠，逃避班级活动，与教师关系紧张，容易冲动，上课插嘴，坐立不安，活动过度等等。研究资料均表明，学生的问题行为带有很大的普遍性。同时还应当看到学生的问题行为带有极大的不稳定性和易变性，这是由学生心理不成熟和行为不稳定所决定的，正因为如此，才使得问题行为具有教育和矫治的可能性。这就要求教育工作者不能简单地依据学生的问题行为去预言其今后的发展，而要在课堂里灵活而机智地处理和矫正问题行为。

3. 课堂问题行为的危害性。在课堂学习中那些直接指向环境和他人的行为，会直接扰乱课堂秩序，妨碍课堂学习活动。譬如，打骂、推撞、追逐和讪笑等侵犯他人的行为；交头接耳、窃窃私语、擅换座位、传递纸条等过度亲昵的行为；高声谈笑、口出怪音、敲打作响、作滑稽表情、做怪异动作等故意惹人注意的行为；故意不遵守规定、不服从指挥、反对班干部和老师等盲目反抗权威的行为；恶意指责、互相攻击、彼此争吵、打架斗殴等冲突纷争的行为。

而课堂学习中那些个体适应不良的问题行为，虽然不会直接干扰课堂秩序，却会妨碍学生本人及其人格发展，同样会影响课堂教学效率和学习效率。比如，上课时凝神发呆、胡思乱想、心不在焉、做白日梦等注意涣散行为；胡写乱涂、抄袭作业等草率行为；胆小害羞、不与同学交往的退缩行为；迟到、早退、逃学等抗拒行为，等等。

4. 课堂问题行为的程度以轻度为主。研究表明，在课堂学习中的问题行为以轻度为主。在课堂活动中，问题行为的轻度表现约占整个课堂问题行为的2/3，而真正严重的问题行为只占2%。总之，在课堂学习中的问题行为主要表现为轻度问题行为，而且持续时间比较短。

（二）课堂问题行为的类型

1. 外向攻击型和内向退缩型。这是根据学生在课堂活动中行为表现的主要倾向来分的。前者是指在课堂活动中，学生的心理活动和行为反应过度外倾，妨碍课堂活动的正常进行，干扰教师的教学和同学的学习活动的问题行为。它具有公开性和破坏性等特征，主要包括活动过度、行为粗暴、不专心学习、不遵守纪律等。后者是指在课堂活动中，学生的心理活动和行为反应严重内倾，不容易被觉察，对课堂活动的正常进行不构成直接威胁的退缩型行为。它具有隐蔽性和持续性的特征，一般不直接威胁课堂秩序，对课堂环境不具破坏性，不直接影响教师的教学和他人的学习活动，但对学生个人的学习和人格发展有较大危害，进而影响教学效果和学习效率。主要包括过度的沉默寡言、胆怯退缩、孤僻离群，或神经过敏、敏感多疑、烦躁不安、过度焦虑，或感情淡漠、缺乏自信、凝神发呆、胡思乱想、过分依赖等。

从对课堂活动效果的影响来看，内向退缩型行为和外向攻击型行为一样对学生的学习、心理健康和人格发展都具有极大的危害性，而且内向退缩型行为表现得更为隐蔽，不易被发现，更多的是属于心理上的不健康，矫正起来也更困难，单纯用改变外部行为的方法是很难奏效的，需要通过专门的心理咨询与辅导来解决。因此，在课堂学习管理中，教师不仅应重视外向攻击型行为，也应重视内向退缩型行为，甚至更应重视对内向退缩型行为的咨询与矫正。

2. 品德性和心理性。这是根据引起课堂问题行为的原因来分的。品德性问题行为是指由于错误意识倾向或消极个性特点引起的违反道德规范、损害他人和集体利益的不良行为。主要包括不文明行为、不守纪行为、早恋行为、偷窃行为、流氓行为以及反社会行为等。心理性问题行为是指由于心理方面的原因而引起的问题行为。主要包括由矛盾心理引起的神经性问题行为、由情绪障碍引起的情绪性问题行为、由消极的性格因素引起的性格性问题行为以及由于教育不良或儿童综合性多动症等原因引起的活动过度性问题行为。这两种课堂问题行为之间是相互影响、相互渗透的。

新近的课堂教学心理学之所以对课堂问题行为进行这样的分类，是因为这两种分类可有效地帮助教师形成对课堂问题行为的正确认识和态度。实践表明，教育工作者和心理卫生工作者对课堂问题行为的认识是持不同观点的。在一般情况下，教育工作者比较重视外向攻击型问题行为和品德性问题行为，也就是说他们更关心维持良好的课堂秩序以及学生的品德优良，至于学生的情绪与性格、心理与人格是否正常则无关紧要，他们认为最严重的是外向攻击型问题行为和品德上有缺陷的行为。而心理卫生工作者则比较重视内向退缩型问题行为和心理性问题行为，也就是说他们更关心学生的心理与人格的健全发展以及情绪的稳定和行为的适应，他们认为最严重的问题是心理问题或人格缺陷。这两种不同的观点反映了工作性质的差异。随着教育心理学的发展和知识的普及，这两种观点的分歧正在逐渐缩小并趋于一致。教师对问题行为严重性的认识与心理学家的观点已取得70%的接近。有经验的教师与心理学家的观点比较接近，他们更多地从心理原因上看待问题行为；而没有经验的教师则多以行为的外在形式和现实的后果影响为依据。因此，教师在对待和处置学生的课堂问题行为时，对各类问题行为都应重视并及时解决，尤其是对一些内向退缩型问题行为和心理性问题行为，教师应借鉴教育心理学、咨询心理学的相关理论去给学生提供切实的指导和帮助。

3. 积极性、中性和消极性。这是根据引起课堂问题行为的态度来分的。

积极的课堂行为是与课堂教学目标一致的行为。中性的课堂行为是既不促进也不干扰课堂教学进行的行为。消极的课堂行为则是那些明显干扰课堂教学进行的行为。课堂管理一方面要区别对待三类课堂行为，对于消极的课堂行为，应该给予明确的警告，也有必要给予必要的惩罚，但应避免讽刺挖苦、威胁、隔离、剥夺、奚落或体罚等伤害学生自尊心的惩罚。中性课堂行为虽然影响了自己的学习，但毕竟没有干扰他人的学习，因此教师不宜在课堂里停止教学而公开指责他们，以避免干扰全班学生的注意。教师一般可以采取给予信号、邻近控制、向其发问、排除诱因、暗示制止和课后谈话等措施，制止中性的课堂行为。另一方面，不要期望一步到位地消除消极的课堂行为。在通常情况下，首先要求学生将消极的课堂行为转变为中性的课堂行为，然后再要求他们将中性的课堂行为转变为积极的课堂行为。例如，要求一位在上课时经常吵闹的学生（消极的课堂行为）先保持安静，即使自己听不进去，也不要干扰其他同学的学习，以后再要求他们在上课时注意集中、认真思索和积极参与课堂教学活动。

（三）课堂问题行为的影响因素

1. 教师方面的因素。课堂问题行为虽然表现在学生身上，但实际上许多问题行为的产生与教师有直接关系。

（1）教师的教育思想失当。教师缺乏正确的教育思想，会直接影响教师的教育教学方式，从而引发学生的问题行为。譬如教师缺乏正确的教育理念，重智轻德，将升学率作为唯一目标，就会使学生课业负担过重、压力过大，容易诱发学生的内向性问题行为。

（2）教师的课堂管理失范。教师缺乏适当的课堂管理，也是学生课堂问题行为产生的重要原因。实际中，有些教师遇到学生的问题行为不能冷静对待，处理问题主观、简单、粗暴，甚至滥用惩罚，这不仅无助于维持课堂秩序，而且容易使矛盾激化，大大降低了教师的威信，进而引起学生对教师的反感、怨恨或对立，易诱发外向攻击型问题行为。

（3）教师的教学偏差。如教师所选教材的内容、难度与学生的认知发展、能力不相适应；教学方法呆板，千篇一律，枯燥乏味，不善于激发学生的积极性；教师表达能力差，语言和要求含糊不清等。这些教学上的偏差易使学生感到学习是不愉快的、烦闷的、挫折的和疲惫的。根据行为主义学习理论，逃避烦闷、挫折、乏味和不愉快的活动是一种强化，易使学生产生课堂问题行为。

2. 学生方面的因素。

（1）生理障碍。学生的生理障碍是诱发课堂问题行为的重要原因。如学生的神经发展迟缓或神经功能障碍会造成"多动症",其特征是自我控制能力不足,主要表现为注意涣散、活动过度和冲动任性,这类学生易出现活动过多、情绪不稳、大声怪叫、注意力不集中等多种课堂问题行为。又如学生视、听、说等方面的障碍,会减弱学生学习能力和动力,妨碍学生活动的正常进行,易使学生在课堂上出现不敏感、不专心、退缩、消沉,甚至烦躁不安、自行其是等问题行为。

（2）适应不良。适应不良是指个体人格的适应不良,即个体不能很好地根据环境的要求改变自己,或个体不能积极作用于环境并改造环境,由此而产生的各种情绪上的干扰。学生的适应不良主要包括注意广度低、多动寻衅闹事、学习志向低以及人格的不成熟等。这些特征严重干扰着学生的学习,也是学生课堂问题行为产生的直接原因。

（3）情绪冲突。在教学过程中,学生的某些需要得不到满足,或者一定的教学情境对其基本需要造成威胁或破坏,就会产生情绪冲突。情绪冲突主要有紧张和焦虑,它会引发课堂问题行为。如教师或家长提出过高或不适合学生实际的要求而给学生带来的心理压力,会造成学生过分的情绪焦虑;或由于课堂上不和谐的人际关系而导致得不到他人的尊重以及自尊心受到威胁而引起的焦虑,都是情绪冲动。焦虑是一种恐惧和不安的情绪体验,由于焦虑,学生可能会出现灰心丧气、顾虑重重、徘徊不定等退缩性问题行为,也可能会出现厌烦、烦躁不安、无理发怒等逆反性问题行为。

（4）心理挫折。课堂学习中的问题行为在很大程度上与学生在学习活动中遭受的挫折有关。教师的教学行为不可能适合每个学生的情况,而只能照顾到大多数学生,这样就不可避免地会使有的学生面临失败或挫折的威胁。而挫折一经产生,学生就会产生心理上的紧张和情绪上的冲突,当这种紧张和冲突积累到一定程度时,必然要宣泄。面对挫折,由于学生的个性差异及耐挫能力的不同,其宣泄的方式也不一样,主要有攻击、冷漠、幻想、退化、固执等几种方式,每一种方式都可能表现为不同的问题行为。若学生把挫折的原因归于外部,就可能出现外向攻击型问题行为;若把挫折的原因归于内部,就可能出现内向退缩型问题行为。

（5）寻求教师和学生的注意。有些学习成绩较差的学生,发现自己在学习方面不可能得到教师和同学们的注意和认可,并发现在课堂教学中,教师为了维持课堂秩序对问题行为比较注意,于是这类学生便故意表现出课堂问题行为,以赢得教师的注意,哪怕是消极的注意;或者赢得其他同学的注意和赞赏,从而赢得自己在班级中的地位。

（6）学生的性别差异。学生的性别特征对课堂问题行为也会产生一定的影响。一般来说，男学生的问题行为比女学生多一些，这在低年级尤为明显。有研究指出，相对女孩而言，男孩精力旺盛，活动量大，又喜好探究，而他们的自我控制能力相对较低，集中注意的时间也更短，因而更容易产生问题行为，尤其是外向型问题行为。而女孩的活动多定向于人，她们喜欢交往，富于感情，对人与人之间的关系很敏感，容易获得社交技能；且她们易受暗示，缺乏果断，较少自行其是，而且集中注意的时间相对较长，因而她们的问题行为，尤其是外向型问题行为相对男孩而言要少一些。一般而言，男孩较多外向攻击型行为，女孩较多内向退缩型行为，这是由于性别差异决定的。

3. 环境方面的因素。

（1）家庭因素。特多塔的研究表明，父母惩罚的程度与少年犯罪以及攻击性行为有正相关。家庭结构、家庭气氛、家长的教养方式以及父母控制方式等都会对学生的课堂问题行为有影响。

（2）大众传播媒介。大众传播媒介作为一种强大的社会化影响力量，无疑对学生的课堂问题行为起着制约作用。在其他生活条件相似的情况下，观看暴力电影的学生比其他学生表现出更多的攻击性行为。由此可见，庸俗的、消极的、不健康的媒体宣传内容是诱发课堂问题行为的重要原因。

（3）课堂内部环境因素。课堂内部环境因素主要包括课堂内的拥挤程度（即班级规模）、通风、光线、色彩、温度、噪音的强度、清洁卫生状况及座位编排方式等，这些会对课堂问题行为产生明显的影响。如若课堂内学生超员、光线微弱、色彩灰暗、噪音干扰大、卫生条件差、课堂环境恶劣，学生就可能感受到压抑沉闷、烦躁不安、昏昏沉沉、懒懒散散的消极情绪，从而增加课堂问题行为产生的可能性。此外，学生座位的编排方式对课堂问题行为也有一定的影响。横排式排列时，学生学习的努力程度是圆桌式的二倍；圆桌式排列时，学生坏习惯的出现频率是横排式的三倍。

4. 课堂问题行为的矫正技术。

（1）权威制止。当课堂问题行为出现时，教师应利用自己的职权，迅速地加以制止。根据课堂问题行为表现的不同类型和学生的个别差异，可灵活选择如眼神暗示、手势利用、走近学生、突然停顿、使用幽默、有意忽视、正面批评、移除媒介、请出去等方式制止和控制课堂问题行为。

（2）消退。行为主义学习理论认为，不受强化或受到惩罚的行为将会减少发生的频率，也就是说适当的课堂行为通过表扬可以得到加强，不当的课堂行为可以通过忽视或轻微而必然的惩罚而消失。消退是指废除可以使课堂问题行为维持下去的一切奖励从而减少出现这类行为的频率的矫正技术。具体办法是安排相倚条件，以致停止奖励问题行为，并开始强化目标行为。

学生课堂问题行为的产生有时是为了赢得教师或同伴的注意，它是课堂问题行为最常见的强化物之一。如果学生想通过课堂问题行为引起教师的注意，消退的方法就是教师不予注意，忽视他们或请出去。如果一个学生通过恶作剧引起全班同学哄堂大笑，这时教师可采用请出去的消退办法，但不可用忽视，因为忽视会使恶作剧继续下去，还可能鼓励其他同学做出类似举动；也不可斥责，因为斥责只会吸引全班更多学生的注意，有可能增强他在同伴中的地位，这反而使他获得了满足。

（3）强化不相容的反应。这是将不强化不符合课堂要求的反应与强化符合课堂要求的反应相结合，借以消除顺应课堂问题行为反应的技术。也就是说这是一种否定和肯定相统一、消除与强化相统一的技术。具体方法是对顺应课堂问题行为的反应（表面上）无动于衷，而公开赞扬相反的、正确的行为反应。例如在小组学习中，有的学生总是故意捣乱，并得到一些学生的喝彩（顺应课堂问题行为的反应）；而另一些学生对这种学生的捣乱不予理睬（不顺应课堂问题行为的反应），并且互相帮助，友好协作，共同解决学习问题。面对这样的情况，教师不必批评捣乱者（在可以继续活动的前提下），亦不必责备那些顺应课堂问题行为的反应，而要大力表扬认真合作的同学，使抑与扬形成鲜明对照，使顺应课堂问题行为及其顺应者的反应逐步消除。由此可见，强化不相容的反应与消退有明显的不同，它把注意力放在与课堂问题行为相反的反应上，而且强化它。

（4）与家长合作。家庭因素也是影响课堂问题行为的重要原因。对于这样的课堂问题行为的矫正必须争取家长的配合，教师可以通过家庭访问，主动与家长合作，互通信息，共商教育方法，采取有效措施矫正学生的问题行为，促进学生积极行为的发展。教师应切忌告状式家访，这样会使师生关系紧张、对立，而诱发新的问题行为；教师应让学生感到家访是关心、爱护自己的表现，以引起学生积极的情绪体验。此外，以家庭为背景的强化方法，通常被用来改善个别在课堂上捣乱的学生的行为，也适合于整个捣乱的班级。

（5）运用"集体连坐"的策略。"集体连坐"是指整个集体将根据集体成员的行为给予奖励，它有赖于全班所有成员的平均成绩而不是某个学生的成绩。例如"如果所有的学生都不再吵闹，保持安静，我就开始讲故事"，这时任何一个学生的课堂问题行为都可导致推迟全班听故事。"集体连坐"之所以可以用来矫正课堂问题行为，是因为当集体根据每个成员的表现而受到奖励，集体成员将会彼此鼓励，以使集体获得奖励，"集体连坐"使得同伴由支持课堂问题行为转变为反对课堂问题行为。

（6）行为矫正。行为矫正是用条件反射的原理来强化学生良好的课堂行为以取代或消除其课堂问题行为的一种方法。它实际上是一门较复杂的心理治疗技术，需要师生间密切配合，使学生明确矫正课堂问题行为的目的。其基本步骤有：①确定需要矫正的课堂问题行为；②拟定矫正课堂问题行为的具体目标；③选择恰当的强化物，合理安排强化时间和次数；④排除维持或强化课堂问题行为的刺激；⑤以良好行为逐渐取代或消除课堂问题行为。这种方法的运用必须以师生的密切配合为前提。要让学生了解行为矫正的目标，运用的强化物应该符合学生的需要，还要排除不良刺激的干扰。不过，行为矫正对于改变复杂的问题行为的效果并不明显，因为复杂的问题行为常常是由于内在刺激引起与维持的，并与外部刺激交织在一起，单纯用改变外部行为的办法是很难奏效的。

（7）心理辅导。对于课堂问题行为的根本矫正不仅在于改变学生的外部行为表现，形成新的行为模式，而且要把良好的行为模式内化为学生的自觉意识与行动。这就要求教师善于运用心理辅导的原理和技术来矫正学生的课堂问题行为。心理辅导主要是通过改变学生的认知、信念、价值观念和道德观念来改变学生外部行为的一种方法。不少课堂问题行为的产生是由于学生自我发展受到阻碍和压抑，个人对自我缺乏正确的认识所导致的。而心理辅导可以调整学生的自我意识，排除和转移阻碍个人发挥自我潜能的种种障碍，以及帮助学生正确认识和评价自己，实现自我认同和接纳，从而真正转变课堂问题行为。尤其是比较复杂的课堂问题行为，更需要进行心理辅导。良好的心理辅导取决于师生间的认知距离和情感距离的缩短，因此教师在进行心理辅导时首先要尊重学生的认知和情感体验，信任和鼓励学生改正课堂问题行为；其次教师要引导学生真实地表达情感，积极地对学生进行心理疏导。

心理辅导是通过改变学生的认知、信念、价值观和道德观念来改变学生的外部行为的一种方法，这是一种合作式的、民主式协助学生解决心理障碍的过程。它不像传统意义上的教育那样带有某种强制的性质。它也不同于单纯重视矫正的心理治疗，因为它更强调协助正常学生的教育与发展。个人的问题行为往往起因于外界因素对自我实现的阻挠以及个人缺乏正确的自我评价。因此心理辅导的主要任务应该有以下四个。第一，帮助学生正确认识和评价自我，确立良好的自我意识。第二，帮助学生正确抉择行为方向，确立合适的行为目标。第三，帮助学生正确认识环境，善于改变环境或自己的不适应行为，增强社会适应能力和提高社会技能。第四，帮助学生发挥个人潜能，排除实现理想抱负的障碍，过有意义的健康愉快的生活。心理辅导的成败取决于师生之间认知距离的缩短和情感隔阂的消除。教师应该对学生充满信心，诚恳待人，给学生以必要的支持。还要尊重学生的感受与体验，能从学生的看法与感受出发去处理问题，从而调动学生的积极性，使课堂成为发展学生潜能的良好场所。

（8）课堂问题行为的自我矫正。对于课堂问题行为的自我矫正或自我管理，是通过启发学生的自觉性，增强其自制力，让其自己管理课堂行为，从而减少课堂问题行为的矫正技术。在一般情况下，对于课堂问题行为的自我矫正包括五个主要步骤：①画出靶子行为图；②画出情境图；③砸碎链环；④设立中介目标；⑤自我奖赏。

九、严重的不良行为

对于严重的不良行为，如打架、偷窃、毁坏公物、辱骂老师等。必须给予及时而必然的惩罚，任何延迟的和不定的惩罚都会使后果无效。如果使用的惩罚屡次无效，就要实施一个计划来解决这一问题。不受强化或受到惩罚的行为将会减少发生的频率。常采用以下具体的行为矫正策略来预防和处理不良行为。

（一）不良行为的原因分析

学生的不良行为绝非空穴来风，一定是有原因的。一个行为之所以持续了很长时间，是因为受到了某些强化的维持，要想减少课堂不良行为，教师就一定要知道是什么强化物在维持不良行为。课堂不良行为最常见的强化物一般有两种：一是获得老师或同伴的注意，一是逃避不愉快的状态或活动。

1. 教师的注意。有时候，学生表现出不良行为是为了获得教师的注意，哪怕是消极的注意，斥责对他们而言起到了强化作用。其解决方法就是尽量忽视他们，当他们表现不良时只注意那些表现好的学生。如果实在无法忽视他们的不良行为时，只好暂时请出去。例如，让学生站在一个安静的角落或者送到校长办公室。

2. 同伴的注意。学生表现不良另一个普遍的原因，就是为了获得同学的注意和赞赏。青少年时期这一原因就更为普遍。这时，忽视被同伴强化的不良行为是不应该的。教师可以采用以下两种方法：一是将犯规者从班上驱逐出去，以剥夺同伴的注意；一是使用集体绩效，根据全班（或小组）所有成员的表现给予奖励，可以消除同伴对不良行为的支持。

3. 逃避不愉快的状态或活动。不良行为第三个重要的强化是逃避烦闷、挫折、乏味和不愉快的活动。根据行为主义学习理论，逃避不愉快的刺激就是一种强化。那些在学校里反复遭受失败的学生把许多事都看作是不愉快、烦闷、挫折和疲惫的。甚至最有能力的学生，有时也会感到烦闷和挫折。

解决由这一原因引起的不良行为的最好方法就是防患于未然。使用合作学习的方法，选择具有挑战性又不是很难的学习材料等，让学生积极参与课堂，帮助学生获得成功，从而消除因挫折而引起的行为问题。表扬对大多数学生都很有效，但对成绩差的学生可能无效。如果给他们提供特殊的学习指导，他们的不良行为可能就会消失，在他自己的水平上体验成功，足以消除他通过表现不良来逃避挫折和失败的需求。

（二）行为矫正原则

行为矫正就是系统地应用先前刺激和后果来改变行为。它可以对个别学生进行行为矫正，也可以对全班同学进行行为矫正。建立和使用任何行为矫正程序，都需要遵循由行为观察到程序完成到程序评定等一系列步骤。

1. 识别目标行为和强化。完成一个行为矫正程序，首先第一步就是观察行为不良的学生，以识别出一个或少数几个行为作为目标行为。第一个被作为目标的行为应当是最严重、最容易看出、最重要、并且发生的频率较高的行为，并且看看是什么强化物在维持这一行为。观察的另一个意图就是设立一个基点，以便比较后来的改进。

2. 设立基点行为。在后面的几天里观察学生，看看其目标行为发生的频率有多高。在此之前需要明确界定这一行为的构成。例如，如果目标行为是"打扰同伴"，那么你就得决定什么具体行为构成了"打扰"（或许是逗乐、伸头、打断、拿走材料）。可以根据频率（如擅自离开座位多少次）或时间（离开座位多少分钟）来测量行为基点。频率记录较容易坚持一些，只需在讲桌上放一些纸，在纸上作一个标记就行。

3. 选择强化物和强化的标准。行为主义学习理论和行为矫正实践，都赞成强化适当行为而不是惩罚不当行为。在开始阶段需要始终一致地强化适当的行为，但随着行为的改进，强化就可以给的越来越少，最后逐渐消失。有时可能需要使用一两种惩罚，但只有在无法使用强化策略或强化策略不管事时才予以使用。

典型的课堂强化物包括表扬、权利、奖品等。在一个结构严密的行为矫正程序里，表扬对改善学生的行为极其有效，有意忽视不当行为与表扬适当行为效果常常相当。除了表扬以外，给学生以微笑或其他小的奖品也很有用。这些小小的奖品使教师的表扬更具体化、看得见，并且能使学生把作业带回家，接受父母的表扬。

4. 必要的惩罚及其标准。当使用强化程序也无法解决某一个严重的行为问题时，就需要使用惩罚了。作为惩罚的任何不愉快的刺激，个体都试图避开它。有效而人道地使用惩罚的原则如下。

（1）偶尔使用惩罚。

（2）使儿童明白为什么他要受惩罚。

（3）给儿童提供一个可选的方法以获得某种积极的强化。

（4）强化儿童与问题行为相反的行为。

（5）避免使用体罚。

（6）避免在你非常愤怒或情绪不好时使用惩罚。

（7）在某个行为开始而不是结束时使用惩罚。

5. 观察行为并与基点作比较。评价程序的有效性是非常重要的。一个行为矫正程序往往要持续好几天，如果一周以后行为并未得到改善，那么就要尝试其他系统或强化物了。

6. 减少强化的频率。一个行为矫正程序实施了一段时间，如果学生的行为得到了改善，并且稳定在某个新的水平上，强化的频率就可减少了。一开始，适当的行为每出现一次就予以一次强化，随着时间的推移，出现几次适当行为才给一次强化，减少强化的频率有助于长时间维持新的行为，并且有助于把行为延伸到其他情境中。

（三）实用行为分析程序

1. 以家庭为背景的强化。以家庭为背景的强化是指把学生在学校的行为报告给家长，家长提供奖励。教师让学生把一张每日或每周报告卡拿回家，根据教师的报告，家长给学生提供特权或奖励。

以家庭为背景的强化方法常常被用来改善个别在课堂上捣乱的学生的行为，也可用于整个捣乱的班级。以家庭为背景的强化具有这样几个好处。第一，父母能比学校提供更有效力的奖励和权利。父母控制着看电视、上商店、会朋友的机会，父母亲都很了解自己的孩子喜欢什么。第二，能时常给父母提供有关孩子的好消息。第三，容易管理执行。

2. 个人日志卡。日志卡是要求父母参与并且强化所期望的结果的一种行为管理系统。在日志卡上，教师需要对学生每堂课上的行为和作业评级。学生整天拿着这张卡，让上课的老师给他评分，每天回家，要拿这张卡给父母看。当他的得分达到某一标准后，父母就给予奖励，如果学生忘了带回家，父母就会认为他没达到标准。

很明显，这需要各位教师、父母共同协作，如果个人日志卡的确能减少学生的不良行为，这种努力也是值得的。建立和完善日志卡可以采用下列步骤：①确定日志卡所包括的行为；②向父母解释这一程序；③当行为得到改善时，减少报告的频率。

3. 集体绩效系统。集体绩效系统是根据集体成员的行为对整个集体进行奖励的一种强化体系。它比其他行为矫正方法如以家庭为背景的课堂管理策略更容易实施。首先，作全班记录通常要容易得多；其次，大多数情况下整个班级要么得奖，要么不得奖，避免分别处理学生。

集体绩效系统的理论基础是，当集体根据每个成员的行为而受到奖励时，集体成员将会彼此鼓励，以使集体获得奖励，使同伴由支持不良行为转变为反对不良行为。这些集体绩效行为管理使用的是一个简单的声明，如果稍加组织，就会增大其效果，方法可以考虑如下：①确定哪些行为要受强化；②设置一个适当的记分系统；③考虑给严重行为扣分；④当行为得到改善后，减少记分和强化的频率；⑤如有必要，将集体绩效与个人日志卡结合起来使用。

第十八章　教师的课堂教学

一、课堂结构

课堂是以教室为活动场所，通过师生之间的分工合作和职权、责任的制度化而有计划地协调师生活动，以达到教育目标的一种组织系统。在这个组织系统中，在教师指导下进行学习的学生、学习过程和学习情境是课堂的三大要素。这三大要素相对稳定的组合模式就是课堂结构。为了控制课堂，教师需要创设课堂情境结构和课堂教学结构。

（一）课堂情境结构

课堂情境结构是与教学内容无关的学生、学习过程和学习情境三大要素的组合模式，主要包括班级规模、课堂常规和座位分配等。

1. 班级规模。班级规模越大，学生的平均成绩便越差。因为班级规模与教师态度、学生态度和课堂处置等变量紧密相关。班级规模越大，教师态度、学生态度和课堂处置的得分就越低。当班级规模超过 25 人时，班级规模对教师消极态度的影响更加明显，说明过大的班级规模限制了师生交往和学生参加课堂活动的机会，阻碍了课堂教学的个别化，有可能导致较多的纪律问题，从而间接地影响了学习成绩。然而，过小的班级规模又是极不经济的。一般而言，中小学的班级以 25～40 人为宜。

2. 课堂常规。课堂常规是每个学生必须遵守的最基本的日常课堂行为准则。上课、发言、预习、复习、作业、写字姿势、自修和教室整洁等方面的常规，赋予学生的课堂行为以一定的意义，使学生明白自己行为所依据的价值标准，具有约束和指导学生课堂行为的功能，从而使课堂行为规范化。学生在课堂常规影响下所表现出来的服从，可能是自愿的，也可能是被迫的。然而当课堂常规真正为学生所采纳和接受时，便逐渐内化为自觉行为的内部观念。不过，课堂常规应该通过学生们的充分讨论由全班学生共同建立。因为参与讨论和共同决定，会使每一位学生都承担起课堂常规的责任，提高遵守课堂常规的自觉性。

3. 座位分配。分配座位时，教师主要关心的是加强对学生的控制和减少课堂混乱。课堂里存在着一个最受教师关注的"活动区"。当学生的座位从左右两边和后面调入"活动区"的时候，学生会明显意识到教师对自己的关注和重视，体验到教师对自己的特别期望，因而容易注意集中。而当学生从"活动区"被教师调向左右两边和后面时，则常有被教师忽视之感，容易发生违纪行为。有时教师为了控制爱吵闹的学生，还让他们坐在靠近讲台的座位上。教师分配座位的意图还通过座位的搭配反映出来。教师们总是让爱吵闹的学生与文静的学生坐在一起，通过文静的学生去控制爱吵闹的学生。男女同坐在中小学也是相当流行的一种座位分配法，教师经常让上课不安分的男生与女生坐在一起，企图使他们失去共同违反纪律的伙伴，能够比较有效地控制男生的课堂行为。但中学生大多了解教师的意图，容易引起反感。有时，初中男生在上课时故意"侵犯"女生，以示其男女界限分明，避免他人的讥笑。可见，男女同桌实际上往往无法完全防止中学生发生纪律问题，相反还有可能妨碍男女学生的正常交往。所以学生座位的分配，一方面要考虑课堂行为的有效控制，预防纪律问题发生；另一方面又要考虑促进学生之间的正常交往，形成和谐的师生以及学生之间的关系，并促进学生良好人格特征的形成。

（二）课堂目标结构

由于群体对个体达到目标的奖励方式不同，导致他们在达到目标的过程中形成不同的个体间相互作用方式。相互对抗、相互促进和相互独立是最主要的三种相互作用方式。在课堂学习情境中，形成了相对应的竞争型、合作型和个体化型三种课堂目标结构。

1. 竞争型课堂目标结构。竞争型课堂目标结构是指个体在其他成员达不到目标时才能达到目标，它主要激发以表现目标为中心的动机系统。竞争激发学生用社会标准进行比较，而社会标准往往相当充分地提供一个人的能力信息，所以竞争情境的最大特点是能力归因。学生往往认为获胜是与自己的能力直接相关的。当学生认识到自己有能力参与竞争时，就会努力学习，力争成功。而当认为自己缺乏竞争能力时，自尊心受到威胁，容易因焦虑过度而逃避竞争情境。同时，竞争也容易影响自我评价。竞争胜利者容易夸大自己的能力，认为自己比竞争对手更聪明、更有能力。竞争失败者则容易认为自己天生无能。也就是说，学生的自我能力有效感容易随成功的出现而被夸大，随失败的出现而被贬低。

2. 合作型课堂目标结构。合作型课堂目标结构是指群体成员只有达到共同的目标而后才有可能达到自己的目标。合作首先涉及共同的目标，只要有一个成员未达到目标，其他人的目标就无法达到。合作还需要共同努力，成员之间必须相互配合，相互支持和帮助，竭尽全力为集体的成功而努力。合作的成功与失败，有可能影响个体的自我评价。个体在成功的群体里与在失败的群体里所作出的自我评价有很大的差异，成功群体有可能提高个体对自己成就、能力和努力的自我评价，而失败的群体则会降低对个体成就、能力和努力的自我评价。

3. 个体化课堂目标结构。个体化课堂目标结构是指个体是否成功与群体成员目标是否达到无关，个体所注重的是自己完成学业的情况和自己的进步幅度。这种目标结构很少注重外部标准，强调的是个人的自我发展和自身进步，不太关注他人是否完成了任务。因此，学生更可能将自己的成功归因于自己的努力，产生很强的自豪感。失败了归因于自己努力不够，容易产生内疚感，但不会认为自己无能，总是企图通过增加努力或寻找更好的学习方法去争取以后的学业成功。这样的学生常常表现出自信，相信自己的能力会在学习中不断提高。即使遭遇失败，也不会降低自我评价。

从总体上看合作型目标结构的影响优于竞争型和个体化目标结构；竞争型与个体化目标结构的影响没有明显的差异；合作型目标结构的影响不受有无组间竞争的影响。尽管合作型的课堂目标结构能够最大限度地激发学生的学习动机，但是要使合作学习更加有效，应该注意将小组奖励与个人责任结合起来。当合作成功时，必须给予群体奖励，从而使成员进一步明确群体目标，以激发进一步达成目标的动机。同时还要使所有成员对群体的成功承担责任，积极参与到群体活动中去，使所有成员都得到进步和发展，防止出现责任扩散和"搭便车"的现象。

(三) 课堂教学结构

课堂教学结构是与教学内容相关的学生、学习过程和学习情境的组合模式，能使教师满怀信心地按照教学设计，有条不紊地进行教学。它主要包括教学时间的合理利用、课程表的编制和教学过程的规划等。

1. 合理利用教学时间。课堂里的时间可以分成分配时间、教学时间、投入时间和学业学习时间等四个层次。分配时间是学校为某一门学科安排给教师的时间，是由课程表所决定的。教学时间是在完成了点名考勤、处理课堂问题行为之后所剩余的用于教学的时间。投入时间是学生实际投入学习的时间（包含没有听懂、无法解题的时间）。学业学习时间是学生成功地完成学业所花的时间。在通常情况下，用于学业活动的时间越多，学业成绩便越好。虽然我们不能要求学生将在校的每一分钟都用于学习并获得成功，但学生不应该将过多的时间花费在从一种活动转移到另一种活动、做学习准备、等待教师的帮助、上课做白日梦以及在课堂里嬉闹等方面。所以教师必须通过课堂管理，合理利用教学时间，通过激发学习兴趣来提高学生的课堂参与性，增加学习的机会；保持课堂的动量平衡，使教学节奏紧凑，学生在课堂里总是有事可做；注意保持教学的流畅性，尽量减少花在从一种活动转向另一种活动的时间，并给学生明确的过渡信号；维持课堂群体的注意焦点，善于通过课堂提问引导学生的注意。总之，要努力将维持课堂纪律的时间减少到最低限度。

2. 课程表的编制。课程表是使课堂教学有条不紊地进行的重要条件。编制课程表，要尽量将语文、数学和外语等核心课程安排在学生精力最充沛的上午第一、二、三节课，将音乐、美术、体育和习字等技能性的课程安排在下午；注意将文科和理科、形象性学科与抽象性学科交错安排，避免同类刺激长时间地作用于大脑皮层的同一部位而导致疲劳和厌烦。

3. 教学过程的规划。教学过程的合理规划也是维持课堂纪律的一个重要条件。

二、课堂教学互动的模式

课堂作为一种师生生活和成长的互动情境，它一直处于动态发展之中。课堂中人与人之间、人与环境之间的相互作用或相互影响构成了课堂情境中的互动，它是有效课堂的基本标志。

（一）课堂教学互动的含义

课堂互动教学是指在课堂教学环境中，师生之间、学生之间及人与环境之间，在教学过程中通过对信息的交换、沟通与分享、创造而产生的相互影响、相互作用的方式和过程。它以教师的"教"与学生的"学"为主线。

良性的课堂教学互动有助于促进师生的全面发展，为个体成长提供了良好的空间，也使人更能尊重他人的存在与价值，吸收他人长处，以更好地体现自身的价值；主动、平等、合作、探究的互动式教学极大地激发了学习的兴趣。并且，不同的评价标准也使师生的心智得以历练与展示，知识得以丰富与深化，智能得以发展，情感得以丰富，人格逐步完善。至此，教育的价值得以彰显，课堂教学互动在发展个体的社会性方面亦是功不可没，它增强了师生的参与性、融入性，使其能更好地融入群体、组织、家庭与社会，也使教育最终为社会服务的目的得以实现。

（二）课堂教学互动的特征

有效的课堂教学互动最大的特点在于，它注重以学生为主体的教学设计，注重创设课堂教学情境，注重师生、生生之间尤其是生生之间在参与过程中的相互影响，同时也探索如何在教师的组织与指导下，培养学生获取、处理、加工信息的能力，它是一种知、情合一，多向交流的教学形式。具体来说，课堂教学互动有以下几大特点。

1. 目标制约性。社会互动总是受一定目标的支配，主体间通过互动改变自己与他人的观念，或者影响自己与他人的情绪和行为等。课堂教学互动则受教学目标的制约，通过互动促使学生掌握知识、发展技能、形成良好个性、获得心理发展。

2. 多向性。课堂教学互动并非是师生单向交流的活动，也不只是师生的双向信息流动，而是教师—学生之间、学生—学生之间、学生—环境之间多向信息流动构成的互动网络体系。学生可以从多个渠道获得信息。

3. 和谐性。课堂教学互动的氛围是平等、融洽而民主的，互动双方"不仅交流信息，而且交流思想和情感"。在这种教学氛围中，学生会受到感染，并以自己的反应来进一步影响氛围的形成，最终在轻松愉悦中获得知识与情操的提高。

4. 动态发展性。课堂教学互动的发展呈现出由"点"式互动到"面"式互动、从单一互动到复合互动、从形式互动到本质互动的过程。它可根据师生水平的高低、环境建设的不同、教材内容的改革等不断作出调整，以在现有资源（人力、物力）条件下，获得最佳教学效果，使学生的主体性得到最大发挥。

5. 异质性。在课堂教学中，每个学生原有的知识结构不同，学习风格不同，智力与非智力因素不同。因此，教师要针对学生的个性差异，发现其优势所在，给予不同的评价和指导帮助。在不违背大目标和要求下，也可给个别学生以不同的学习目标和要求。

6. 叠加整合性。课堂教学互动并不是要完全抛弃传统教学的手段和形式、方法，而是在继承传统教学优势的基础上，在新理论、新技术的支持下构建自己的体系，以最大限度地发挥环境、媒体的效用，将单一的传播转变为综合传播，将单功能媒体组合转变为多功能媒体。

7. 形式多样性。课堂教学互动的形式多样性，一方面表现在教学组织形式的多样性，它可以包括集体教学、小组合作学习和个别化学习；另一方面表现在互动形式的多样性，包括问答、讨论、协作、辩论、游戏、反馈评价等；同时，也表现在组合形式的多样性，教学组织形式、互动形式都可以单独进行，也可以相互配合进行。

8. 人格互渗性。课堂教学互动是全方位、多层次的。它以师生间的知识对流为主线，以情感沟通为基础，以人格渗透为最高境界，而三者之间又是交叉联系、相互影响与制约的：教学互动最初从师生的表层人格互动开始，进入常规的知识对流，在高质量的知识对流中产生情感共鸣，并进一步发展，从而达到深层次的人格渗透。

9. 效果全面性。课堂教学互动所实现的是认知、情感和人格的全面沟通，因而能够促进学生的智慧、情感、人格的全面成长，促进学生社会性认知和自我认知的全面提高。

（三）课堂教学互动的基本类型

1. 外互动和内互动。从课堂教学互动的范围来分，可以将其分为外互动与内互动两种类型。

外互动是指其中一方与外界信息传递的过程，是人际互动、人与媒体及环境互动的综合。其中人际互动中的生生互动是教学中非常重要的人力资源。学生之间的关系比任何其他因素对学生学习的成绩、社会化和发展的影响，都更强有力。创小组学习是课堂教学中生生互动的有效的形式，它有利于扩大参与面，能有效激发学生的学习动机，促进学生主体作用的发挥和促进互帮互学。

内互动是互动主体内部的信息交流活动，是人内互动，主要包括感知、记忆、思维、想象、情感等心理活动。互动主体大脑信息库中存储信息的多少，在很大程度上取决于其内互动的活跃程度。

学习的过程正是学习者在已有结构的基础上，不断进行外互动和内互动，以及两种互动相互转化的过程。如果说，外互动是信息的最初来源，那么，内互动就是学习主体最终获得知识、能力的归宿，也是表现能力、素质的起源地。

2. 认知互动和情感互动。从课堂教学互动的内容来看，主要有认知互动和情感互动两种类型。

认知活动是教学的实质所在，它是师生教学互动的第一目标——知识的传授、探索与获得。认知互动可使学生的智能得到发展，它更多通过精巧的教学设计来体现。

教学过程不但是认知信息交流的过程，也是情感信息交流的过程，认知互动为求共识，情感互动为求共鸣，在课堂互动教学中，二者不能截然分开，教师应特别注重情感互动在教学中的作用。

3. 正互动和负互动。从互动的性质来分，课堂教学互动可以分为正互动和负互动两种。

正互动是指师生双方在良好的人际关系氛围中进行积极的认知与情感交流，师生的交往需要得以满足的互动。一般来说，学生的课堂交往需要主要有社会接纳、决策及亲和需要三种。若得以满足，学生则能在很大程度上愿意和教师、同学交流，积极参与各种教学活动，且思维活跃，最大限度发挥自身潜能。教师的课堂交往需要主要有尊重与认同的需要，它们的满足激励教师更灵活自如地指导、调控学生的学习，发挥正面影响，达到最佳教学效果。

负互动是在教学过程中，由于反馈延迟、错误，师生或学生间关系不友好、相互排斥，或者教师控制不当，相互传递错误信息等因素造成的不利影响，使互动无效或产生消极影响，这是在教学过程中应尽量避免的。

4. 平等互动和不平等互动。按课堂教学互动中双方的地位来分，可以分为平等互动和不平等互动两种类型。

平等互动是指在和谐民主的教学氛围中，所有学生都有机会参与各项活动，教师不以成绩好坏而对学生有所偏爱或轻视。而对于班级这样的教学群体，平等互动体现为多种思想观点共存，有双向或多向交流的信息网络。对于个人而言，平等互动则体现为每个学生根据自己的发展条件、水平和经验，可以选择不同的学习方式和方法，不同长短的学习时间；教师对学生应产生与其能力相应的结果期望。

不平等互动是指教师在课堂教学中表现出权威倾向，使学生在沉闷的气氛中不敢发言，或者是教师对学生表现出不同的偏爱或漠视，给予学生参与的机会不均等，使一部分学生因厌学而掉队。

（四）课堂教学互动的认知偏差

所谓认知偏差是指人们根据一定现象或虚假的信息而对他人作出的判断失误或判断本身与判断对象的真实情况不相符合的现象。这种心理现象在课堂教学中亦有所体现。在课堂教学中，教师总是基于对学生的基本认知作出判断，并据此确定自己相应的教学行为。然而，教师对于学生的认知并不总是正确的，而可能出现偏差。

教学交往中的认知偏差所导致的结果是，教师对学生进行判断、分类、分化的错误。教师在课堂教学中所形成的认知偏差可能会对学生的学习与发展产生下列几方面的影响：妨碍学生积极自我概念的形成；对学生产生消极的教师期望；影响教师对学生课堂行为的解释；影响学生对学校价值观的接受。

基于认知偏差对教学互动所带来的负面影响，在课堂教学中，教师应力求消除这种偏差，以实现良性教学互动。为此，教师应该注意以下几点。（1）全面准确客观地了解学生。由于教学认知偏差是基于教师对学生的偏见，因此要消除认知偏差，就需要教育者根据较全面、准确的信息来对学生进行判断。（2）形成对学生的积极的心理态度。要避免认知偏差，教师须从内心深处改变自己对学生的不正确假设与看法。应该说，每个学生都有完善发展的可能性；他们现在的不完善（种种不足与缺陷）正是其接受教育的基本理由，是教师施教的前提。（3）提高对学生的期望与评价。这意味着，在面对学生的一些不良行为时，教师要尽可能地发现其中的"闪光点"，将那些所作所为朝"好处"想。另外，可制订一个富有挑战性的、经过努力可以实现的教学目标，把对所有学生的期望付诸实际教学。在实际的课堂教学中，教师要经常反思他们对学生的期望与评价是否合理、正确，并思考把它们传递给学生的方式和途径，这样教学互动才能得以有效进行。

三、课堂教学的互动策略

教学互动贯穿于教学过程的始终。因此，教学互动策略就成为教师必须掌握的基本教学策略。从课堂教学任务的角度，教学互动策略可分为两个大类：以内容为主的互动策略和以条件为主的互动策略。

（一）以内容为主的互动策略

从课堂教学内容来看，可把教学互动目标分为认知互动目标、情感互动目标、人格互动目标三类，这三种互动不仅体现了教学互动的基本目标，而且代表着不同层次的教学互动。

1. 认知互动策略。认知互动策略，指通过教学主体间的知识交流，以实现特定认知目标的教学策略。认知互动目标是多元的：不仅包括各种科学知识的教与学，也包括自我认知、道德认识、技能性知识的教与学，还包括知识教学、能力养成与认知策略的获得等内容。主要的教学互动策略有以下几种。

（1）创设问题情境。问题情境是人们在无法运用已有知识顺利解决新问题时所表现出的一种心理状态。在课堂教学时，创设特定的问题情境，可激发学生的学习兴趣，产生学习内驱力，使智力活动达到最佳状态，并主动参与教学过程。在创设问题情境时，教师应注意问题设计的科学性与艺术性，为学生营造一种兴奋、期待、渴求的心理境界。

（2）科学提问。问答式教学也常被当做激发学生参与的手段。有效的提问应该是：在内容上融合新旧知识；在难度上处于学生的"最近发展区"之内；在方式上循序渐进，由浅入深；在对象上以一名学生为主，面向全体，调动所有学生思维的积极性。此外，教师还可下放"提问权"，鼓励学生自己发现问题、解决问题。

（3）适时适度。当学生有了充分的心理准备与求知渴望，对问题发生兴趣，无法自行解决问题，或者需要确立新目标才能完成当前任务时，深层的认知互动就发生了。因此，教师一方面要善于创设适时的教学情境，另一方面还要恰当地把握互动的"度"。在设定教学任务时，不宜贪多贪难，以免超过学生的认知负荷，造成心理焦虑，导致厌学情绪。

（4）因人而异。因材施教就是要针对不同学生的不同学习心理进行恰当的教学。有的学生好奇好问，教师可从启发兴趣入手；有的学生善于观察、动手，教师便需进行直观教学。认知互动中，教师不仅要熟悉学生所长，扬其所长，还应了解学生所短，补其所短。只要采取相宜的互动措施，都能帮助学生开展高效学习活动。

2. 情感互动策略。情感是认知活动的动力与润滑剂。情感缺失的教学必然导致教育的失败。总的来说，教学过程中的情感互动策略有以下几种。

（1）优化班级心理气氛。良好的班级心理氛围既是情感互动的基础，又是情感互动的结果。置身于尊重、理解、友好、关爱的心理场之中，师生更易于相互激励、配合默契。为此，教师首先要真诚地关爱每个学生，引导学生相互帮助，共同提高；善于表扬、激励学生，促进其积极情感的发展；要求学生宽严适度、约放结合，自然而不呆板。其次，要彼此宽容，对不同见解、观点、行为要耐心和容忍；要注意克服师生之间相互抱有的偏见、偏狭行为。

（2）激发理智感。理智感是个体在获取知识的过程中产生的情感体验，总是与个体的求知欲、兴趣和解决问题的需要的满足与否相联系。积极、丰富的理智感体验可诱发学习的欲望，满足学生的心理需要。教师以新颖、别致的方式呈现问题，可激发学生的好奇心、求知欲；将其引入欲罢不能的状态，可使其产生痴迷感；目标设定恰当，可以激发学生自信，促其产生胜任感；创造条件，使学生获取成功，助其产生成就感与自我效能感。作为认知活动的强大内驱力，理智感可以激发起学生探求真知、学做真人的持久热情。

（3）积极的教师期待。教师的积极期待也可激发学生的潜能，从而使学生获得教师所期望的进步。只有相信每个学生都有积极向上的要求、自我完善的愿望和自我调控的能力，教师才能以极大的热情去唤起学生的主体意识，鼓励学生充分挖掘潜力。师生积极的情感互动从教师的期待中开始，在学生的积极回应中得以延展，同时又反过来强化师生的积极性情感，从而形成一个良性循环，有力地推动着学生的发展，也给教师带来事业上的成功感与心理上的满足感。

3. 人格互动策略。健康的人格、创造的个性只能在师生互动中形成。因此，教师应把对学生的人格培养放在首位。教学过程中的人格互动策略有以下几种。

（1）引导自我评价与自我认同。个体的自我概念是在与他人的互动中以他人的立场、观点来评价自身行为而逐步获得的。教师的评价与态度极大地影响着学生的自我评价。因此，互动中教师应采取积极的、肯定的态度，促进学生自尊心、自信心的建立。同时，教师还可让学生通过客观、全面地评价自我，来充分肯定、认同自我，形成自信、乐观、向上的人格特征。

（2）通过自身的人格魅力促进人格互动。教师的言行、处世方式与态度都对学生产生着深刻的影响。因此，教师可有意识地与学生接触，以影响、感化、鼓舞、启迪学生。教师热情、合作、创造的个性风格可促进学生形成豁达、进取的人生态度；严谨、认真、坚韧的行为特征能促使学生养成科学的探求精神。在引导学生间的互动时，要引导学生以宽容、友善、合作的态度去接纳同伴，帮助同伴形成良好的"镜中自我"概念。

（二）以条件为主的互动策略

欲使教学过程有效展开和顺利进行，我们有必要进一步研究如何推进教学过程的互动策略。它包括教学互动的背景创设策略和互动调控策略。

1. 背景创设策略。开展教学互动需要特定的教学物质环境和心理环境为背景，为此教师须注意精心设置。就教学物质环境而言，从课桌椅的摆放到整个教室的布置，教师都要仔细思考，以创设有利于双向甚至多向沟通的互动背景。从教学心理环境的营造来说，要注意两个方面。

（1）师生关系。师生关系既决定着特定条件下师生互动的类型，又决定着互动展开的程度。融洽、合作的师生关系是教学互动的重要条件。人本主义心理学家戈登认为，师生关系具有下列特征时，才具有教育意义：公开、坦诚、相互信任；相互关怀、尊重；相互依赖；允许分离，让每个人都能充分展示其独特性、创造性、个体性；需要的相互满足，即师生均无须牺牲自己的需要而去满足对方的需要。唯有如此，课堂教学互动才能得以发生与展开。

（2）互动技巧。具备相应的互动技巧是顺利互动所必需的条件。因此，教师可引导学生通过观察和分析，或通过案例解析、示范、演练等手段，来学习交往知识与行为，产生交往体验。通过把课堂情境、模拟情境与日常生活情境的结合，也可使学生体验感情、形成技能，恰当地进行人际交往。

2. 互动调控策略。互动式教学要求学生具有较强的主体参与意识和参与教学的能力。教师可通过下列途径培养之。

（1）激发主体意识。只有学生的主体意识调动起来了，才会使教学情境发生质的改观，由"要我学"一跃而成为"我要学"。例如，教师要想使学生产生学习兴趣，并且投入到一项有创造性的任务当中，就可通过给予学生热情的鼓励，称赞学生以前的有效工作，使学生能够享受成功的快乐；或者刻意创设问题情境，使学生产生身临其境之感，滋生必须参与之念，从而吸引学生积极求索、主动学习。

（2）合作学习。合作学习是激励学生参与教学的重要方式。教师可通过多种途径组织学生合作学习。如小组学习时，在一个小组内可组织学生进行独立活动、依次活动、协作活动等不同形式的活动；也可运用分组竞赛法，组织学生在合作基础上进行学习竞赛。在合作条件下，积极的相互依赖可产生促进型互动方式，它比单纯竞争更能提高参与者的努力程度、人际关系与心理调适水平。但在社会生活中竞争是不可避免的，教师亦应适当组织学生的竞争性互动，增强其好胜心、成就欲，提高心理适应能力。另外，群体间的合作性互动可增强互动质量，集结集体智慧；群体间的竞争性互动则可培养学生的上进心、效能感，也增强了学习活动的乐趣。

（3）角色转换。教师只有进行角色转换才能成功地引导学生的发展；同样，学生若能亲身体验教师的角色心理与行为，也能加深对教师工作的理解，增强配合、参与意识，主动关注教学进程，自觉进行行为调控。同时，师生角色转换还具有"师亦可为生，生亦可为师"的内涵，它更能体现师生关系的平等性，促进教学相长。

（4）与日常生活相结合。如果给学生以身心关怀以情感慰藉，不仅可增强个人了解，促进个性健康，还可作为教学互动的润滑剂，反过来促进教学互动的自主性、和谐性。

总之，在具体教学过程中，以内容为主和以条件为主这两类策略是紧密联系、协同作用的。以内容为主的互动策略侧重于具体教学内容的实施与教学任务的完成；而以条件为主的互动策略则用以激发、维持、调控教学进程，它贯穿于教学过程的始终，又具体体现于各个目标教学互动过程中。二者相互影响，共同推进教学过程，促使教学活动的顺利进行。

第十九章　班主任的班级工作

　　班主任是学校教师群体中的一个成员。作为一名教师，他受社会的委托，在学校中、在班级里对学生施加有目的、有计划的教育影响。作为一个班级的组织者与管理者，他还要对班级的组织建设与管理负有专门的责任。

　　班主任不仅是知识的传递者，而且是班集体的组织者与教育者，是道德的引导者、思想的启迪者、心灵世界的开拓者、情感意志的塑造者，是学生全面发展的指导者，是联系班级中各任课教师的纽带，是沟通学校与家庭、社会的桥梁，是学校领导实施教学、教育计划的得力助手和骨干力量。

一、班主任工作概述

（一）班主任工作的意义

　　1. 班主任是班集体的组织者和教育者。班级是学校教导工作的基本单位，也是学生学习、活动的基层组织。当学校把几十名来自不同家庭、不同学校的年龄相当、身心发展水平相近的学生编成一个班级的时候，还不能说这样的班级就是一个集体。它需要由教育工作者通过大量的工作，有目的、有计划地组织、培养而建设成为一个真正的集体。班主任对班集体的组织建设负有专门的责任。

　　2. 班主任是学生全面发展的指导者。学生正处在身心发展的重要时期，他们要长身体、长知识、增长独立生活和工作的能力，这一切都需要班主任在实施素质教育的过程中，对学生施加有目的、有计划的影响与专门指导，使他们在德、智、体诸方面得到生动活泼的发展。特别是在当今时代，班主任不仅要教会学生去适应社会生活，同时还要帮助他们开发潜能，培养创新精神，指导他们去创造新的生活。班主任对学生的全面发展起着重要的作用。

　　3. 班主任是联系班级中各任课教师的纽带。一个班级中往往有好几位教师任教，班主任的作用就是使各位教师互相配合，步调一致，统一教育要求，形成教育合力，以增强教育的整体效应。

　　4. 班主任是学校领导实施教学、教育工作计划的得力助手和骨干力量。学校一般是通过班级来开展教学、教育工作的。国家教育目的的贯彻落实，学校工作计划的实施，各项活动的开展以及学生的成长都取决于班级工作的开展，取决于班主任工作的质量。因此，班主任在学校工作中有着特殊的地位和作用，他是学校领导的得力助手，是办好学校的骨干力量。

与其他教师相比，班主任与学生接触最多，对学生影响最大，对学校各项工作的顺利进行和对学生的个性形成与发展起着更重要的作用。因此，学校应当选派最优秀的教师来担任班主任。

（二）班主任的素质要求

班主任的素质是指其思想品德、心理、行为和能力等素质状况，这种素质状况在很大程度上影响着班级和学生。

1. 具有民主精神和友善的态度。

（1）尊重和信任学生。与学生平等相待热爱学生，对学生满腔热忱；以诚相待，善于发现每个学生的长处，善于调动学生的积极因素，启发学生克服消极因素；对全班学生一视同仁，不偏爱优秀学生，不冷落、歧视后进学生，针对每个学生的特点施教，尊重学生的人格，与学生平等相待，不讽刺、辱骂、体罚学生。

（2）宽容、与人为善。班主任的宽容有利于加深师生间的了解和尊重，从而有利于对学生的教育。要宽容、与人为善，就要正确评价学生，以发展的眼光看待学生。当学生有缺点、错误或出现反复时，能给予理解，能看到积极的一面，加以引导；当学生顶撞自己或是故意与自己作对时，善于克制自己的情绪，注意以自己良好的气度去影响学生，并能抓住有利时机对学生因势利导；当自己与学生意见不一致时，能虚心听取学生的意见。尤其是当自己确实有错误时，不掩饰自己的错误，能诚恳地作自我批评。这不但不会有损自己的威信，相反会更赢得学生的尊敬与爱戴，而且以自己的实际行动教育学生，为学生树立自我教育的榜样。

2. 具有渊博的知识和善于吸取新知识的能力。

（1）具有渊博的知识。一般来说，班主任也负担本班一门学科的教学工作。班主任所具备的知识应包括：对所教学科的知识精益求精，不仅掌握本门学科的理论和基础知识、基本技能，也熟悉本门学科的历史、现状及最新成就；具有广博的知识面，了解其他学科与本学科的联系；具有教育学、心理学、教育管理学等方面的知识，了解教育规律，掌握教育方法。

（2）具备善于吸收新知识的能力。班主任工作面对的是正在发展中的新一代，为要把这些学生培养成自强不息、勇于开拓的新时代的创造者，就应使自己更具有求知的意识和善于学习的能力。

3. 具有与学生进行思想沟通的能力。学生身心发展迅速，精力充沛，活泼好动，有旺盛的求知欲和广泛的兴趣爱好。当班主任以浓厚的兴趣组织学生的各种活动时，就缩短了自己同学生的距离，容易和学生打成一片；当班主任能进一步表现出自己的一定特长时，就更容易受到学生的欢迎，更加树立自己的威信，从而增强了对学生的影响力。

善于与学生交流思想，做学生的大朋友。教师是良师，更是益友，尤其是在交流思想中更希望教师是他们的大朋友，给他们更多的理解，和他们平等相待。班主任关心学生、了解学生的目的是在与学生的相互交流中，不断学习新事物、新思想。

4. 具有开展班级工作的多种能力。一是创建班集体的能力。二是了解学生、因材施教的能力。三是组织各种活动的能力。

5. 具有良好的心理素质。良好的心理素质对于顺利开展班级工作有着十分重要的特殊作用，是促进学生个性发展的催化剂。

（1）培养积极情绪习惯。

（2）富有幽默感。

（3）善于控制自己的情绪

6. 具有不断提高教育职业素质的能力。

（1）投身终身学习，提高职业发展。班主任要抓住一切机会学习，不断调整自己的思想观念、价值取向，丰富自己的职业知识，训练职业技能，以使自己得到充实与提高。

（2）加强教育科研，探索教育规律。新世纪的教师不能只是满足于作教书育人的教育者，还要成为教育科研的研究者，只有使两者紧密结合，才能实现教师最终的事业的成熟。

中小学教师要进行教育科研，重在使教育科研与教育实践相结合。这就要求班主任要勤于学习，用现代教育理论武装自己的头脑，以教育理论指导教育实践；要善于研究，在教育实践中审视、反思自己的教育教学过程与经验，把教育实践经验上升为教育理论，实现自我超越。

每一位具有高度使命感、责任感的班主任都应该意识到自己工作的价值，自觉提高自我修养，努力塑造理想的班主任形象，以此来影响、教育新一代。

二、班主任工作的主要内容和方法

（一）了解和研究学生

1. 了解和研究学生的内容。

（1）了解学生个体。

①研究学生特点，掌握教育规律。学生的身心发展随年龄的增长有所变化，也随时代的发展而带有新的特点，这些都是新时期班主任工作所要解决

的新问题。这就要求班主任能不断研究新问题，摸索经验，掌握规律，以便更好地了解研究学生，因人施教。

②了解学生的成长环境。一是了解学生的家庭环境。主要是了解学生家庭的物质生活状况，如经济条件、生活居住条件、学习条件、家庭人口等；了解学生家庭的精神面貌，如家庭成员的智力结构、智力水平，道德、思想状况，家庭社会关系、教育方法等。二是了解社会环境。主要是了解学生家庭居住周围的环境状况。在了解学生的成长环境时，特别要注意了解学生的交往关系，例如，学生在家里最常接触的是谁，最听谁的话，与家里人关系如何；与哪些人交往密切，与哪些同学、伙伴关系很好；最喜欢哪位教师等等。

③了解学生的发展情况。了解学生德智体发展的一般状况，例如，思想品德、学习成绩、身体素质、身体健康等状况；了解学生学习态度、学习目的、学习习惯、学习方法；了解学生的兴趣爱好、特长。

④了解学生的性格、气质。由于每个学生的性格、气质不同，他们在活动中表现的特点很不相同，这就要求我们对学生采取的教育措施必须因人而异，它也直接影响着教育效果。虽然气质类型的形成有先天的遗传作用，但在后天的环境教育影响下，可以向更理想的方向转化、发展。一个人的性格是在生理素质的基础上、在社会化过程中逐渐形成和发展的。初中阶段，正是学生形成气质、性格的关键时期，所以，了解学生的性格、气质不仅有助于我们有针对性地做学生的工作，更有助于我们因势利导，有效地培养学生良好的性格。

⑤了解学生的心理状态。刚刚进入新学校、新班级的学生一般对新教师、新环境充满希望，对自己也充满信心，希望自己能有良好的开端，给新教师、新集体好的印象。班主任可利用这一时机，通过问卷调查等方式及时了解学生心理状况。最好能事先拟好调查表，在学生报到时就发给他们，以便开学后就可以收回表格。下列一些问题可供调查时参考。

你喜欢怎样的班主任？你对新教师有何要求？对新的班级有什么建议？你在学习上的优势是什么？学习的最大困难是什么？你有什么兴趣爱好？有什么特长？爱看哪些书刊？爱听哪些歌曲？喜欢哪些娱乐活动？你最崇敬谁？最喜欢什么样的人？你和家长的关系怎样？你对家长有什么要求？你每月零用钱主要用来做什么？等等。

（2）了解班级整体。

①了解班级的成员结构。学生的总数，男、女生人数，每个学生的情况。

②班级组织的情况。班集体发展状况，例如，学生干部队伍的状况，班

级规章制度的建立、执行情况，班级的舆论、班风、传统情况。班级中团支部（或少先队）的工作情况。非正式群体的状况及其对班级的影响。班级人际关系的情况。

③班级德智体发展状况。班级学生的一般发展水平，例如，优秀学生、中等学生及后进学生的人数比例；思想品德方面的表现；各科成绩，班级平均成绩，学习风气；身体健康状况，身体发展一般水平，近视眼发病率；学生心理健康状况等。具有特殊才能的学生的状况。

2. 了解和研究学生的方法。

（1）分析书面材料。这是初步认识、了解班级、学生基本情况的方法，它简便易行，很适合接任新班时使用。书面材料大致可归纳为三类：一类是学生的档案资料，如学籍卡、成绩册、操行评定和奖惩记录、体格检查表等；一类是班级的记录资料，如原班主任工作日记、班日志，班会记录，团支部会议记录，好人好事登记簿等；一类是学生个人写的资料，如日记，入团申请书，作文、作业等。

班主任在分析书面材料时应注意：要分析地利用这些资料，它们只反映过去的情况。而学生是不断发展变化的，不能以先入为主的眼光看待学生；要不断充实、更正这些材料。在使用此方法时最好配合建立档案，以不断积累较全面的材料。

（2）全面观察。这是一种基本的方法。可以通过各种途径进行观察。可在教学过程中观察，了解学生学习兴趣、动机、学习方法等；可在各种活动中观察，了解学生的人际关系，行为表现，能力水平，特长等；可在日常生活中观察，从日常小事如服饰打扮、生活习惯、情绪变化方面了解学生、分析学生。

观察时应注意：有目的、有意识地观察，善于发现细小的变化；和学生保持融洽的关系，在良好的环境中观察；切忌主观、片面。

（3）调查研究。这是一种普遍采用的有效方法，主要有如下两种形式。

①个别谈话。个别谈话有助于促进师生的思想交流，有利于深入了解学生的真实思想。谈话要注意真诚，尊重和信任学生，态度和蔼可亲，使学生无拘无束，以便于敞开思想；要选择适宜的环境，创设良好气氛，抓住最佳时机；谈话可以是采取正规方式，也可以是在活动中随机地聊，必要时可以进行严肃的谈话。

②开调查会。有时，为了广泛地了解到学生的真实情况或者是对某个问题的普遍看法，往往需要开调查会。开调查会要注意：事先有所准备，拟好调查提纲，有目的地向到会者提出问题，展开讨论；参加调查会的人要有代

表性，可提供较真实的情况，人数适当，五六人即可；主持会时随时掌握会议，引导参加会的代表就调查问题深入研究，并做认真记录。

（4）建立档案。为了使了解学生的工作更有成效，建议在开始接任一个新班的工作时，就建立班主任工作档案，有计划地把平时了解到的情况分门别类地整理出来，这不仅有利于做学生的细致思想工作，也为工作总结和进一步的科学研究提供了丰富的资料。档案的内容可分为开展班级工作情况和对学生个体的工作情况两大部分。每个部分又都可分为一般状况和具体工作记录两方面内容。尤其是具体工作记录方面要记录出现的问题，采取的措施，实际效果，自己的分析总结，心得体会，有何改进等。

（二）做好全面发展教育的各项工作

1. 提高认识，采取多种形式做好班级德育工作。

（1）提高认识。班主任是班级德育工作的主导力量。一方面，班主任与学生接触最多，对学生影响最大，因此班级学生的思想品德状况和政治思想水平与班主任的思想水平和教育工作状况有密切关系；另一方面，学校德育工作的贯彻落实及各方面教育力量的协调取决于班主任的工作。所以班主任要自觉承担起责任。

（2）采取各种方式。做学生思想品德教育工作，除了课堂教学之外，还有很多种方式，要善于把德育工作渗透到班级学生的学习、活动、劳动、课余生活的各个方面。

2. 教导学生勤奋学习。提高学生的学业成绩主要靠各科教师，但离不开班主任的密切配合。班主任对学生的教育、指导、督促、检查是提高学业成绩的重要条件。班主任在完成本科教学任务的同时，还应该做好以下一些工作。

（1）教育学生明确学习目的，端正学习态度。用班级中优秀学生勤奋学习的生动事例和古今中外科学家、名人、学者热爱科学、献身科学的先进事迹教育学生增强学生的社会责任感和紧迫感，激励他们树立热爱学习、热爱科学、为科学献身的伟大志向和扎实、刻苦的学习态度。

（2）指导学生掌握正确的学习方法和培养良好的学习习惯。学生进入初中以后，要指导学生尽快适应中学学习，最主要的一条是指导学生掌握正确的学习方法和培养良好的学习习惯。

（3）创设良好的学习环境。保证室内整洁、安静，适宜学习。室内装饰富有感染力，例如，墙壁上张贴名人画像或格言警句，以使室内充满学习气氛。

（4）形成优良的学风。班级内学习扎实、刻苦蔚然成风，有严格的学习纪律。例如，全班学生能自觉遵守学校、班级的规章制度，按时到校，上课认真听讲，并能及时完成作业等。

3. 关心学生的身心健康。初中阶段，正是学生身心发展的关键时期，关心学生身心健康，促进学生良好发育是班主任工作又一项重要内容。

（1）搞好班级体育锻炼和课外体育活动。坚持搞好平时的锻炼活动，例如，每天做操，课间坚持户外活动，课外体育活动搞得生动活泼。组织季节性体育锻炼以及开展各种体育竞赛活动。通过各种活动使学生养成坚持锻炼身体的好习惯，达到增强学生体质的目的。

（2）做好卫生保健工作。教育学生搞好个人卫生、环境卫生、预防疾病、养成良好卫生习惯；注意用眼卫生、用脑卫生、按时作息、养成良好生活习惯。

（3）搞好心理卫生。初中学生随着生理的急速发展，心理也发生相应的变化。日益增长的独立性、自觉性与依赖性、幼稚性的矛盾交织在一起，扰乱着学生的心理平静，使他们时时感到烦恼和迷惑。这一时期既是培养道德行为规范、发展能力、形成个性的关键时期，也是诱发各种心理疾病的敏感时期。所以，要善于根据学生心理发展的特点，因势利导，促使学生健康发展。

（4）培养学生正确的审美观，使学生形成表达美、创造美的能力。即在班级的各项工作中都要考虑到能使学生在精神上感到愉快、舒畅，体验到情感上的满足和享受；有意识地组织丰富多彩的班级活动和课外活动，为培养学生鉴赏美、表达美和创造美的能力创造有利条件。

（三）协调各方面的教育力量

学生生活在家庭、学校、社会的环境中，必然受到来自各方面的影响，班主任要做好学生的教育工作，必须和家长、团队干部、各科教师及社会有关方面密切配合，形成教育的合力。

1. 与各科教师密切配合。学生的成长是教师集体努力的结果，教师集体的协调一致对学生的充分发展起着重要的影响作用，班主任要主动协调好各科教师的力量。

（1）与各科教师加强联系，互通情报。开学初，班主任要向各科教师作综合介绍，如，全班人数，学生家庭情况，班级德智体发展状况，班级干部力量等。平时，经常向各科教师介绍本班级的情况、学生个体的情况及存在的问题，同时听取各科教师对班级以及学生的有关情况的反映，以便统一认识，统一要求，更好地发挥教师集体的整体效应。

（2）合理安排各门学科的作业、自习辅导和考试。为保证学生生动活泼主动地学习和健康成长，班主任要与各科教师协商，合理规定各门学科的作业量，统筹安排学生的自习辅导以及各科考试。除此之外，通过听课、分析学生成绩、征求意见等了解本班的教学情况和学生的要求及时向各科教师反映，以进一步提高教学质量。

（3）充分发挥各科教师的作用。班主任要通过各种活动使学生了解各科教师工作的甘苦，从而增强学生与各科教师之间的情感，提高各科教师的威信，使教、学双方都有良好的心理气氛，促使各科教师发挥更大的影响作用。班主任要严于律己，对各科教师多给予理解和热情帮助，加强教师之间的团结。对于青年教师，要关心他们，帮助他们解决实际困难，为他们开展教学、教育工作提供更有利的条件。要积极争取各科教师参加班级的各项活动，这不仅可以使班级活动更有活力，而且通过活动密切了师生关系，加强了团结。

2. 协调、指导共青团工作。

（1）班主任与团支部虽无领导关系，但他对团支部负有帮助和指导的责任。

①协助做好发展新团员的工作。初中是建立共青团组织的开始阶段。进入初二以后，一些学生开始加入共青团，随之就开始了建立团小组、团支部的工作。班主任有责任向团组织推荐优秀学生、积极分子，帮助团组织做好发展团员的工作。为配合这一时期的思想教育工作，要有计划地开展班级教育，引导学生高标准要求自己，积极创造条件争取早日加入共青团。

②指导团支部工作。指导团支部制订工作计划，在实施计划中随时指导、督促、检查、创造一定条件促使计划顺利完成。班主任可以经常参加团支部的活动，以便在活动中给予具体帮助，帮助团干部提高思想水平和工作能力。

③协调团支委与班委会的工作。团支委与班委会分别是团支部与班集体的领导核心，班主任要注意使两个核心的工作协调一致，以更好地促进班级工作的发展。

（2）配合做好共青团与少先队的衔接工作。

①充分发挥班集体的作用。学生进入初二，绝大部分人到了退队年龄，而只有少数人刚刚够入团的年龄，这样就会使相当一部分学生处于既不是少先队员，又不够入团的年龄阶段，出现了组织生活上的空白。班主任要针对这一具体情况通过丰富多彩、富有教育意义的班级活动把学生吸引到班集体中来，帮助他们顺利度过这一时期。

②做好思想教育工作。入团、入党，是一个学生政治生活中的大事，如何引导他们靠拢组织，积极争取进步，很大程度上取决于班主任的思想教育工作。因此，在学生退队前后，就要抓住时机，通过进行正面教育以及树立先进典型、与模范人物座谈等多种形式激励学生，为他们不断争取思想上的

进步打下良好基础。

3. 学校、家庭、社会的协调。家庭是学生受教育时间最长的地方，家庭环境、家庭教育对学生有着重要的影响作用。改善家庭教育，提高家庭教育质量，直接影响着学生的健康成长。学校要善于通过健全"家访"、"家长接待日"等与家庭的联系制度，以及采用举办"家长学校"等方式加强对家庭教育的指导，把家庭教育纳入学校教育的轨道。此外，学生在与社会进行交往中接受社会生活的影响和熏陶，既受到积极的影响，也受到消极的影响，这就需要协调各方面的教育因素，充分发挥其积极作用，克服消极影响，使学生得到全面的发展。

（四）做好学期评定工作

评定学生操行和评选三好学生是班主任工作的一项重要内容，做好这一工作有利于帮助学生正确地认识自己，看到自己的优点与进步，知道自己的缺点和问题，明确自己今后努力的方向；有利于班主任更好地检查、总结自己的工作；有利于家长更好地了解自己孩子的情况，以便进一步采取教育措施；还可以为学生升入新的年级或走入工作岗位提供介绍，以便于新单位对学生的了解。

1. 评定学生操行。评定学生操行是对于学生在一定时期内（一学期或一年）的思想品德、学习、纪律、劳动态度、社会活动等各方面的表现和发展情况作一全面的评价。不同年级的操行评定应有不同的具体标准。中学生的操行可大致分为优秀、良好、及格、不及格四个等级。要做好操行评定就要充分掌握学生情况，班主任在平时要注意了解学生各方面的表现及发展变化情况；注意征求各科教师的意见；注意参考学生的个人鉴定和小组评议意见。

为学生写操行评语要注意全面衡量，有所侧重，即在全面评价的基础上抓主要问题；要实事求是，充分肯定、热情鼓励学生的进步，同时指出应注意的问题及今后努力方向；评语文字简明、具体，有的放矢，不要用空洞抽象的言词，也不要用过激的语气。总之，做好操行评定，写好评语也是对学生进行教育的重要方法，班主任要认真做好这项工作。

2. 评选三好学生。评选三好学生是引导学生努力学习、奋发向上的行之有效的教育形式。评选三好学生要坚持"三好"的标准。既不能要求过高，也不要降低标准或以一好代三好；既要看考试成绩，也要全面考察学生的实际水平，既要看校内的表现，也要看在家庭、社会中的表现。只有严格把握三好标准，才能把真正够条件的优秀学生评选出来，才能使评选出来的三好学生真正成为班级学生的榜样，才能形成人人争当先进的良好风气。

评选三好学生的过程正是教育集体并通过集体教育个人的过程，要充分发扬民主，组织大家积极参加讨论，反复酝酿；要征求各科教师和团、队干部的意见。

（五）做好班主任工作的计划和总结

班主任工作复杂而细致，涉及面广，连续性强，为了使工作有条不紊地进行，就要加强计划性；为了使工作不断得到改进和提高，就要注意总结工作的经验教训。因此，做好计划和总结是搞好班主任工作不可缺少的重要一环。

1. 班主任工作计划。

（1）学期工作计划。学期工作计划的基本内容是，本班级的基本情况和学习全面发展状况的分析；本学期教育任务；本班教育工作重点、工作内容、时间安排；按周次顺序列出周工作要点和方式等。

（2）具体执行计划。具体执行计划的内容有，目的要求，活动内容、形式和方法，时间安排，分工，完成的步骤和期限等。制订具体执行计划要广泛征求各方面意见，使计划有代表性，切实可行；计划要明确具体，各项工作有专人负责，以确保计划按时完成。制订某项班集体活动的具体计划时，也可指导班委会来制订，以便培养、提高干部的工作能力，也有利于充分调动学生的积极性，促进教育活动的顺利开展。具体执行计划可以按周或月末制订，也可以按活动来制订。

2. 班主任工作总结。班主任工作总结可分为全面总结和专题总结。全面总结是对一学期的工作进行全面的分析和评价，反映本学期班级学生全面发展的基本情况和存在的问题，并分析其原因；专题总结即是对班主任工作的某一方面或某个问题的总结以及深入的分析。班主任要做哪种总结，应依自己工作的情况而定。

要做好工作总结，必须在平时的工作中注意积累资料。例如，通过写"班级工作日志"、"班主任日记"以及通过建立学生档案等形式把工作的情况、自己对情况的分析、采取的办法、措施以及群众的反映，自己的体会等记载下来，以便从中总结出教育规律。进行工作总结要一分为二，实事求是，既要总结成绩，又要指出失误；要进行理论上的分析研究，搞清取得成绩的根据和产生失误的原因，探索规律性的经验，以便提高认识水平和实际工作的能力，进一步完善班主任工作。

班主任工作的计划和总结是相互联系的。新学期工作计划的制订要以上一学期的工作总结为依据；而做好本学期的工作总结要研究本学期工作计划的执行情况，对之作出正确的分析、评价。

三、培养和建立班集体

培养和建立良好的班集体，不仅是班主任工作的一项重要任务，也是班主任开展班级工作的基础。当你开始担任一个班级的班主任的时候，请认真做好这项工作。

（一）班集体概述

它是班级群体的高级形式。良好的班集体能最大限度地调动集体中每个成员的主动性，把教育和自我教育紧密地结合起来，形成巨大的教育合力，促进每个成员在德、智、体诸方面得到发展。因此，良好的班集体是各级各类学校对学生进行教育的基本组织形式，是学生身心健康发展的最佳教育环境。培养和建立班集体不仅是教育目的，也是教育的手段。因此，我们应当重视对学生集体在教育工作中的作用，重视对如何建立良好的集体以及怎样通过学生集体对每个成员进行教育的作用。

（1）班集体一经形成就成为强大的教育力量。当班级尚未形成集体时，它是教育的对象；一经形成集体后，它就成为强大的教育力量。马卡连柯非常重视集体的教育力量，并提出了平行教育原则。他说："教育了集体，团结了集体，加强了集体，以后，集体自身就能成为很大的教育力量了。"班集体对学生的教育作用表现在如下方面。

①它具有巨大的凝聚力量，可以把与班级有关的各方面因素凝聚起来，对集体成员施加影响，进行塑造，起到班主任、教师无法替代的作用。

②它具有积极主动的教育力量，通过学生独立地或在班主任指导下自主地制订集体活动计划，进行自己管理自己、自己教育自己等方面的工作，可以培养学生的自我教育能力。

③它具有潜移默化的互相影响的力量。在集体成员的不断交往过程中，每个学生的言行都会影响其他学生，都在发挥着教育的影响作用。因为这种同龄人的榜样作用更为亲切易学。因此，可以说，集体中的每个成员都是集体的教育对象，又都在教育和影响着集体。

（2）班集体为学生实现个体社会化创造了有利的条件，班集体是促进学生实现个体社会化的最重要的社会单位。

①班集体在组织学生开展学习、劳动和交往以及各种社会实践活动中，向学生进行理想、道德的教育，使学生从小树立世界观、人生观，从小养成学生社会主义思想品德。

②班集体通过各种教学、教育活动向学生传授系统的文化科学知识和社会生活的基本技能，使学生积累大量的集体生活经验，为其发展智力、锻炼

提高学习能力、交往能力、社会实践能力创造更有利的条件。

③按照社会的行为规范教导学生，通过班级舆论、班风、传统以及班主任的表率作用感染学生，并通过诸如遵守班级规章制度等方式对学生进行道德规范教育和社会行为训练，使学生掌握丰富的道德规范并形成良好的社会行为。

④班级具有学生进行社会交往、角色学习的多方面的条件。例如，学生在班集体中担任不同职务，这给学生以一定的角色地位和交往的情境；学生在课程学习中的态度、学习成绩，教师和班集体对学生的评价，决定了每个学生在交往中的角色地位。这些都为学生积累交往经验、进行角色学习提供了机会。

（3）班集体为学生的个性发展提供了良好的机会和条件。班集体不仅具有社会化功能，而且具有个性化功能。所谓个性化，即按照学生身心发展的特征、水平及规律，把环境、教育的社会化影响内化为学生的主体要求，以形成学生的个性。人的个性具有独特性、稳定性、社会性等特质，其中，个性的独特性决定了人的个性的差异。正是这种个性的差异确定了学生个性不同于他人的可能塑造的方向。班集体对学生个性发展的重要作用表现在按照学生身心发展的年龄特征及其形成发展的规律来组织各种活动，在活动中不断发现每个学生特有的兴趣爱好，促进其发展，形成一定的特长；为有多方面特长的学生提供表现和发展聪明才智的机会，促使他们健康发展；尊重每个学生的个性独特性，为发展个性独特性提供适宜的条件，以及通过集体活动和完成集体委托的任务来培养学生良好的个性品质，以促进学生个性的发展。

（4）班集体为培养学生自我管理、自我教育能力提供了良好的活动场所。中学生随着身体的迅速成熟，其个性发展中突出了自主性特征。他们开始将视线转向内部世界，比较注重自我探索，追求自我，关心自我体验。他们反感成人对他们的过多干涉，力求摆脱对成人的依赖。这个时期正是启发、培养和强化其主体意识，培养其独立自主、自我教育能力的良好时机。

培养学生自我管理、自我教育能力是日益受到教育家重视的重要问题，也是我国当前改革教育工作的一个重要课题。

班集体正是为学生自我管理、自我教育提供了良好的活动场所和实践基地。

班级组织是社会组织的雏型。班级里有着最基本的人际交往和社会关系，它为学生进行社会角色学习，以便适应社会生活提供了集体生活的环境。例如，班级里有各种组织，组织中有一定的层次和分工，为每个学生提供了角色学习的机会。学生干部担任一定职务，履行相应的职责，在完成工作任务、进行班级自治的过程中增强了民主意识，增长了管理才干；全班学生在积极参与班级组织的各种活动、认真完成自己的任务的过程中强化了自主意识，锻炼了诸如服从集体利益、善于自觉控制自己行为、正确处理人际关系等社会交往的能力。

班级中丰富多彩的集体活动为学生施展才华以及培养他们社会活动能力提供了机会。

（二）培养和建立班集体

任何一个班集体都不可能是通过简单的道德说教而形成，它需要采用一定的方法、经过艰苦的工作而逐渐培养建立起来的；任何一个班集体都不可能采用同一种方法建立起来，它要经过班主任创造性的工作来完成。

一个良好的班集体的形成必然是班主任创造性劳动的成果。建立班集体过程中应该注意的基本方法。

1. 确定共同的奋斗目标。

（1）有正确的方向。目标的提出要符合社会主义教育的大方向，符合我国的教育目的。

（2）适度。应从集体的实际情况出发来提出目标，并使之符合全班大多数学生的要求，能被全体成员所接受；同时，目标的提出应有一定的激励作用，能刺激、提高集体的现有发展水平，正如马卡连柯所说："人的生活的真正刺激是明天的刺激，是明天的快乐。"

（3）由易到难，逐渐提高。最好的目标应该是易于实现的，当一个目标达到以后，就要接着提出下一个目标，从而激励集体及其成员向着新的要求奋进。

（4）近期目标与远景规划相结合。一个班级的奋斗目标可以有近期的，例如，搞好课堂纪律，建立班级常规等；也应有远期的，例如，争当优秀班集体，使全体成员都获得全面发展。这样，能使班级全体成员立足今天，看到明天，脚踏实地为达到更高标准而努力奋斗。

2. 健全组织，培养干部，制定规章制度。

（1）健全组织。将全班学生分成若干个小组，这些小组就成为在班级活动中具有相对独立性的基本单位。在编组时一般要根据班级工作的需要来确定小组的数目。小组的人员要合理搭配，使每个小组的力量均衡，以便于小组内的互相帮助和小组之间的竞赛、评比活动的开展。

（2）培养干部。班、团（队）干部、小组长以及积极分子都是班里的主力，是班级行为规范的示范者，是各项活动的带头人，是团结学生集体的骨干力量。良好的班集体的建立很大程度上取决于这支队伍的数量和质量。班主任要善于在各项活动中发现品学兼优、关心集体、能起带头作用的积极分子以不断壮大学生干部队伍。同时要注意把最有威信、最有能力的学生推选出来形成班级的领导核心。为形成坚强的领导核心，要注意锻炼和培养干部。

①要大胆使用，放手锻炼。除了必要的指导之外，要让小干部独立工作，不要包办代替。干部犯错误是难免的，这时班主任应主动承担责任，以维护干部的威信，不要求全责备，不要急躁，要耐心引导他们总结经验教训，指导他们改进工作计划，使他们学会在实践中摸索规律，帮助他们提高工作能力。

②要严格要求。教育干部与同学平等相处，克服优越感，在实际工作中树立为群众服务的思想；对于干部的缺点不姑息，不护短，教育他们严格要求自己，通过自己的带头作用来树立威信。

③有计划地调整学生领导机构，使更多的人有锻炼的机会。

（3）制订规章制度。刚接任一个新班时，不要不分主次地制订许多制度，要抓主要矛盾，针对最迫切需要解决的问题制订切实可行的制度，并使所制订的制度保持相对的稳定性。当一个问题解决之后，可在继续执行这个制度的基础上提出新的要求，使班级工作有计划地深入开展。

①制订规章制度要发动全班学生反复讨论、研究决定。制度要符合学生实际，要求科学、合理，文字简明准确，使学生易记、易行。

②制度制订后要坚持执行。为确保制度的贯彻落实，可配合进行各种场合的常规训练。例如，课堂常规：举手、坐、立的姿势，书本的摆放等都有统一要求。在训练过程中进行检查、评比，实行必要的奖、惩，以强化训练效果，确保规章制度的实施。

3. 培养正确的舆论，树立优良的班风和传统。

（1）培养正确的舆论

①要进行正面教育，提高认识。学生的正确认识是教育、教学活动和课外活动等综合影响的结果。班主任要通过班集体在各种活动中进行有意识的培养。例如，引导学生学习《中学生守则》、《中学生日常行为规范》等有关规定，加深学生的理解，提高其对各种社会公德的认识，使他们在最基本的行为准则上明辨是非。在提高认识的基础上抓住一些班集体中有争议的问题进行讨论，引导学生在实践中提高鉴别能力。

②表扬先进，树立榜样。对于班级中随时出现的先进思想和模范行为及时给予表扬，号召大家学习。此外，还可以利用社会上先进人物的感人事迹来推动正确舆论的形成。班级领导核心的每个成员都应该成为班级的带头人，

应该自觉地为班级树立榜样。特别要指出的是，班主任的以身作则是非常重要的，要自觉提高自身修养，使自己的一言一行都成为学生效仿的榜样。

③开展批评与自我批评。批评的目的是要引起自我批评，自我教育。因此，批评要实事求是，以理服人；要区别对象，采取不同方式。例如，批评是针对集体的，最好引导学生进行讨论，分清是非；批评是针对某个人的，最好进行个别谈话，晓之以理，动之以情；个别问题需要在班里点名批评的，要慎重考虑。班主任自己有了缺点错误，要敢于做自我批评，同时欢迎学生批评，这不但会更赢得学生的尊敬，而且为学生树立了进行自我批评的榜样。

（2）树立优良的班风和传统

班风是一个班集体的稳定的风气，它反映着班集体的精神面貌和道德风尚。班风的稳定化和凝固化形成传统。

4. 开展丰富多彩的活动。

（1）富有教育意义。开展活动的目的是为了育人，因此选择班级活动内容时，要首先考虑到富有教育意义。正如苏霍姆林斯基所说，如果在集体里搞的一切活动都是为了娱乐，就会给少年特别是青年的生活中带来贫乏和局限：个性变得空虚了，没有丰富的精神需要，于是他的愿望就主要地转移到获取物质财富和寻求娱乐上。为此，要注意从班级的实际情况出发来制订活动计划。

（2）内容丰富，形式多样。学生喜欢丰富多彩的活动，我们要从学生的年龄特点出发，创造性地开展多种多样的活动，以使学生在活动中受到教育。近几年来，班主任在实践中创造了许多活动形式。例如，经常性的活动有文体活动、学习活动、科技活动、劳动教育活动、社会活动等。又如，传统性的活动有郊游、联欢会、季节性的体育锻炼、运动会等。这些都是学生喜闻乐见的。

（3）班级整体和全体成员是活动的主体。开展班级活动重要的是让大家都参与活动。班主任作为班级中一个成员，可以起重要的指导作用，但不能包办代替。要让团支部（中队委员会）配合班委会发挥主动性和积极性自觉担起组织班级活动的责任，同时，最大限度地调动全体成员的积极性，使每个成员都行动起来，在活动中充分施展每个人的才能。使每个人在活动中得到锻炼，在活动中加强交往，密切联系，从而提高班集体及全体成员的自我管理自我教育的能力。

（三）做好后进生的转化工作

后进学生一般是指品行方面后进或品行、学习均后进的学生。后进学生的产生是学生个体在社会化和个性化过程中发展不和谐的反映。班集体中存在后进生是客观现象，班主任要对后进生有正确的认识。任何一个后进生都有值得肯定的一面，要善于发现他们的优点、特长，以此为教育、转化的突破口；任何一个后进生不是一成不变的，要善于抓住时机进行有效的转化、教育；要坚持做长期的、耐心的、细致的工作，防止出现反复，不断巩固已出现的进步。

1. 产生后进的原因。产生后进的原因相当复杂，有时后进的表现形式相同，原因却不一样。因此，分析产生后进的原因是转化、教育后进生的重要前提。为便于分析，我们把原因归纳为如下两个方面。

（1）环境教育方面。家庭环境的不良影响往往是直接的、大量的、潜移默化的。例如，家庭成员的政治、思想、道德、文化状况以及兴趣爱好方面、家庭经济状况、人际关系状况及学生在家庭中的学习环境状况、家庭成员对学生的教育方式等方面的不良的影响是造成学生后进的一个方面的原因。

随着年龄的增长，中学生越来越容易接受社会中的消极影响。社会上的不正之风，思想不健康的出版物，影视节目网络游戏等都会对学生造成极大的不良影响。

学校中工作的失误、教师的教育方法失当以及学校中某些小群体的不良习气等都可能给学生造成极坏的影响，以至使其受到伤害而成为后进生。

（2）学生自身方面。由于学生心理品质、个性气质及思想认识等方面的原因以及素质方面的原因而造成学生的后进。例如，意志力薄弱，自我控制能力不强往往导致学生品德行为不合规范，或是学习不刻苦而成绩跟不上。

2. 后进生的转化、教育。

（1）建立诚挚的师生感情。"亲其师，信其道"。转化后进学生应从建立感情入手。班主任要真挚地爱每个学生，尤其对后进生更要多亲近他、爱护他、理解他，多和他们交谈，使他们感受到教师的期待，使他们愿意把教师的要求变成自己内心的愿望。班主任要真诚地尊重每一个学生，对于后进生更要给予足够的重视。只有这样才能帮助他唤起自尊心、树立自信心，激发上进心。因此在做后进生的工作时要注意方式，不要当众批评、揭短，更不要有损伤学生自尊、损害学生人格的言行。

（2）调动其自身的积极性。对于后进学生，教师的全部工作只是作为一种外部条件来施加影响，这些外部条件只有引起学生自身的自我教育的积极性才能达到预期的目的，每一个学生的积极因素，消极因素不尽相同，采取的作法也应有所区别。例如，有的后进学生，虽然某些方面表现不好，但自尊心很强，也有一定的工作能力，就可以让他担负一项力所能及的工作，并及时肯定他工作中的成绩，由此入手引导他克服自己的不足之处。有的后进学生学习、纪律不好，但关心集体、热爱劳动，要善于发现他的优点，及时给予表扬和肯定，使他看到自己好的一面，同时给他提出新的要求，引导他遵守纪律，专心学习，帮助他逐渐提高学习成绩。

（3）发挥班集体的教育作用。良好的班集体具有强大的"同化"作用，班集体的制度、舆论、风气等都有效地约束着、教育着每个成员。要善于利用集体舆论的压力使后进学生的消极因素逐渐受到抑制和克服，以促进他向积极方面转化；善于运用良好的班风，传统和优秀学生的模范行为感染和影响后进学生，以激发他们的上进心，促进他们以先进学生为榜样，奋起直追。

（4）运用教育的合力。做好后进学生的转化工作，单靠班主任是不能完成的，要依靠一切可以利用的力量，包括学校领导、任课教师集体、家长、校外教育机构等。其中取得家长的配合，发挥家长的作用是非常重要的。有不少家长教子心切，但方法欠妥，效果往往不好。班主任要注意指导家长掌握正确的教育方法，以使家庭教育纳入学校教育的轨道。

除此之外，运用教师集体的力量进行教育也不可忽视。班主任要做好各任课教师的协调工作，以加强教育工作的一致性。

（5）树立信心，耐心引导。对于后进生，不可能通过一次谈话或几次教育就能使他们发生根本的变化。而且往往在有了变化之后，还可能在新的问题上出现很大的反复，尤其是那些多方面表现较差的学生更是如此。因此要对做后进生的转化工作有充分的思想准备，树立信心，反复做工作，并启发学生自觉防止出现反复，巩固所取得的成绩。即使出现了反复，也不要急躁，要耐心做工作，引导学生有效地克服反复，争取新的进步。